張宗祥文集

曹錦炎　主　編
徐曉軍　副主編

鐵如意館碎錄
鐵如意館讀書札記
（外四種）

張宗祥　著
浙江省文史研究館　編

《張宗祥文集》編纂委員會名單

《張宗祥文集》前言

張宗祥(1882—1965)，原名思曾，因崇仰文天祥，改名宗祥，字閬聲，號冷僧，又署鐵如意館主人。先生祖籍浙江海寧硤石鎮，前清舉人，曾任桐鄉縣學堂、秀水縣學堂、嘉興府中學堂、浙江高等學堂、浙江兩級師範學堂、清華學堂教員，清末任大理院推事，民國時期任教育部視學兼京師圖書館主任、浙江省教育廳廳長、浙江省甌海道道尹等職，後任職鐵道部，抗日戰爭時期任職中國農民銀行，新中國成立後擔任浙江圖書館館長、西泠印社社長、浙江省美術家協會副主席，浙江省第一屆人大代表、浙江省政協常委，1953 年被浙江省人民政府聘為浙江省文史研究館副館長。

先生國學造詣深厚，涉獵領域眾多，在文史哲、詩書畫、中醫及戲曲等領域都有廣泛的研究成果，特別是在古籍整理、版本目錄學方面，洵為一代宗師。

對張宗祥先生文集整理編輯，是浙江省文史研究館繼整理首任館長馬一浮先生學術成果並編輯出版《馬一浮全集》之後，確立的另一項重要課題。《張宗祥文集》的整理出版，一方面是對張宗祥先生學術成果的宣傳，也是對先生更好的一種紀念方式；更重要的一方面是旨在傳承和弘揚中華民族優秀的傳統文化，這也是新世紀文史研究館工作責無旁貸的重要任務。本課題由浙江省文史研究館與浙江圖書館合作,整理收藏於浙江圖書館內張宗祥先生的著作手稿。先生著作等身,收入《張宗祥文集》中的,以先生撰寫並自己編定的文集為主,兼及其他若干文稿及戲曲劇本。至於手稿中大量的有關整理、校注、輯佚的古籍專書(如《校注晏子春秋》、《神農本草注新疏》、《熙寧字說輯》等),及輯述、編撰著作(如《全宋詩話》、《本草簡要方》等),由於和本書編輯宗旨不符且篇幅浩大,故不采入本文集中,這是首先需要說明的。

收入本文集的手稿,除了先生若干單篇文章如《書學源流論》、《臨池一得》、《清代文學概論》、《中國戲曲瑣談》等,以及戲曲劇本外,其餘皆由先生自己在不同時期先後編定成專集。這些專集主要可分成以下兩大類:

第一類是隨筆札記體的文集。以先生書齋"鐵如意館"命名的,有 1943 年成集的《鐵如意館讀書札記》;1950 年成集的《鐵如意館手鈔書目》;1957 年成集《鐵如意館隨筆》,其初稿原名《手鈔六千卷樓隨筆》;九卷本《鐵如意館碎錄》,是 1960 年成集的五卷本與 1963 年撰成的四卷本《鐵如意館雜記》的合併,定稿以"碎錄"名之。或者是另外取名的,有 1945 年成集的《巴山夜雨錄》,時先生抗戰避難重慶,居虎頭巖八年,未離巴縣轄境,故以"巴山"名之;1959 年成集的《騎狗錄》,其初稿原名《苦樂集》,本為抗戰逃難途中滯留桂林時所作,取名以歇後語"黃楝樹下彈琴——苦中得樂",原稿燬於 1940 年五三、五四日軍轟炸重慶時,後憑回憶重記,新中國成立後,先生感到"十年之中,國勢強盛,一日千里。予雖日老,而心則真樂而不苦"(見《騎狗集》卷首語),故以諺語"老壽星騎狗,自得其樂"而改名；1934年撰成的《鑄鼎錄》，原稿毀於日機轟炸，後據回憶重寫，是記述清末民初及抗戰發生前有關朝政舊聞，以揭露篡國、賣國者的醜惡行徑為主，故以"鑄鼎"劾之。《疑是錄》系抗戰勝利歸來整理舊篋尚存之草稿，是當年記述清末民初"自辛亥至丙辰六年中事，有確有不確"（見是卷跋語），故以"疑是"名之。另有撰成年份不詳的《芥子錄》，則為草稿本。

第二類為詩集，以詩為主，兼及詞。從內容劃分，詩集中又可細分為兩類。一是按年份編成的詩稿之作，有匯輯抗日戰爭以前作品的《不滿硯齋詩稿》，系1939年先生在重慶時，根據長女張珏鈔錄之舊稿而成集，"然亦十存一二而已。因奔走萬里，硯石獨一折角澄泥相從，前人銘曰'不滿'，即取以名此稿"（見是卷卷首語）。抗戰時期，1938年8月從漢口撤退到桂林，年底離開時所作後成集的《游桂草》；1939年元旦撤退到重慶，至1946年5月離開時所作後成集的《入川草》；抗戰勝利後東歸所作的《還都草》，1947年成集；新中國成立後，定居杭州後所作的《歸杭草》，1959年成集；《歸杭續草》，1965年成集。皆是以當時所居地點而取名。一是專門論歷代書法家的《論書絕句》，撰於1934年，1936年補注，於1943年寫定成集；專門題畫作的《鐵如意館題畫詩》，有題古人畫，有題友人畫，兼及自畫，為先生歷年所作，於1953年寫定成集。

需要特別說明的是，上述這些集子有的為草稿，有的為未定稿，有的為謄清後定稿（也有已正式出版者），由於編成時間先後不一，在內容上或有重複者。針對這一問題，我們在整理過程中，對出現重複的情況主要作了以下的考慮和解決：

以隨筆、札記為主的文集，其中有關古籍版本目錄學方面的内容為大宗，記載先生當時所見所聞的一些古籍版本和珍稀遺稿的流傳、收藏經過，提供了大量豐富的古籍版本及目録、校勘資料。而對同一部書的版本及内容，先生或考證多次，札記或多或少，校勘情況及見解又或有新得後增補的，因此文集中有所互見，這主要出現在《鐵如意館隨筆》和《鐵如意館手鈔書目》兩集中，《巴山夜雨録》及《芥子録》也有少量存在。我們覺得，因是考訂對象為同一部書，所述内容難以避免重複，但是不同時期的札記，雖增片言隻語，卻能反映出作者在某些方面的前後不同認識和新的研究成果之積累，尤其是對古籍版本、目録及校勘而言更是如此。再者從定稿時間看，《鐵如意館隨筆》雖然謄清於 1957 年，但“此為四十餘年前之作，正當辛亥革命之後，袁氏稱帝叛國之時，蝱處長安”（見卷末跋語）即 1914 年至 1916 年先生任職於北京教育部之時撰寫，反映先生早年在古籍整理、版本目録學上的學術功底和卓識。而 1950 年對經歷抗日戰爭、劫後餘存的“手鈔諸書，清理、編目，所存者僅二千數百卷”（見《冷僧自編年譜》1950 年條下）撰成專集的《鐵如意館手鈔書目》，不僅是先生擬將此批珍貴手鈔本古籍捐贈浙江圖書館時所作的目録，更是先生以一生心血整理手鈔六千卷古籍的歷史紀録，雖然成書在後，卻意義重大，當以保持原貌為宜。因此，對《鐵如意館手鈔書目》和《鐵如意館隨筆》的相關内容不作任何删改，《隨筆》原無小標題，這次整理編者添加了小標題。對 1945 年成集的《巴山夜雨録》及撰成年份不詳的《芥子録》中互見内容，則相應做了删除處理。至於《鑄鼎録》與《疑是録》中，所述事件或亦有重複，但前後所記或簡或繁，因此也未做删改。

《鐵如意館題畫詩》編成於 1953 年，由先生手寫謄清成集。此集是先生將此前三四十年來專門題畫的詩作加以彙編，其內容有不少已互見於按年份不同時期編成的詩集中。考慮到此集是對畫作題詩的專輯，反映了先生在畫學研究上的成果，為了便於讀者查閱，同時也為了保持按年份編成詩集的完整性，因此也不作刪改。

1960 年成集的五卷本《鐵如意館碎録》，是歷年所作的集録，後與 1963 年撰成的四卷本《鐵如意館雜記》合併，定稿為九卷本的《鐵如意館碎録》。由於成集年代不同，再加上各卷內容較為龐雜，因此同類題材分散各處，尤不方便讀者作相關研究和閱讀。為此，在內容上我們合併同類項，重新作了分卷。至於其餘各集的內容順序，皆保留原貌，不作任何變動。這是特別需要說明的。

另外，收入文集中的五部劇本，皆撰成於 1955 年到 1958 年期間。其中祇有崑曲劇本《浣紗記》改編自梁辰魚的原作，雖然是節録刪改之作，但先生從劇本主旨、框架結構，到具體唱詞、曲牌皆花費大量心血，改編甚多，這從手稿中謄清稿前所附給王傳瑛的信以及珍藏於浙江圖書館的改編《浣紗記》兩個本子(一為草稿，一為定稿)看得很清楚。這是先生於 1957 年為了振興傳統的崑曲藝術，專門為浙江崑蘇劇團(今浙江崑劇團)而作，有著特殊意義，所以也和其他先生自編的崑曲、京劇劇本一樣，同時收入本文集。今日崑曲藝術已入選為聯合國教科文組織公布的世界非物質文化遺產名録，亦可以告慰於先生的在天之靈。

附帶指出，先生曾於 1917 年撰有《靈魂學》一卷，現手稿中衹存兩頁,其中一頁為封面;一頁為序言,內容僅存 5 行半字而已。原文已不見,無法整理收入集中,是為遺憾。另外,先生編有自定年譜(即《冷僧自編年譜》),起於 1882 年,止於 1964 年,現作為附錄,列於文集之末。

　　《張宗祥文集》的整理工作,主要由我根據手稿完成,協助整理與參預校訂工作的,還有仲偉行女士,羅浩銓先生,岳曉峰博士,楊奉聯博士,吳毅強講師及曹建墩副教授。整理工作中,同時也參考了若干已發表的張先生著作,如 1984 年刊載於《中華文史論叢》第 1 輯(總 29 輯)由倪鼎元先生校訂的《鐵如意館隨筆》;2000 年由浙江省文史研究館整理、西泠印社出版的《鐵如意館碎錄》;1995 年由宣大慶先生整理、浙江人民美術出版社出版的《張宗祥論書詩墨蹟》(即《論書絕句》);1997 年由宣大慶先生整理、浙江人民美術出版社出版的《張宗祥題畫詩墨蹟》(即《鐵如意館題畫詩》)等。整理工作自始至終得到張先生親屬張玖女士及外孫女徐潔女士的熱忱關心和浙江省文史研究館領導、浙江圖書館領導的大力支持。徐潔女士和西泠印社、浙江省文史研究館還提供了張宗祥先生的珍貴照片作插圖。上海古籍出版社的張旭東先生,作為責任編輯,為本書的編輯出版,付出了辛勤的勞動。在此向上述諸位女士、先生一併表示衷心的感謝。

　　　　　曹錦炎
　二〇一三年端午節於杭州西子湖畔寶石山下

本　冊　總　目

鐵如意館碎錄

目　録

卷 一

全相楊家府世代忠勇通俗演義

《新編全相楊家府世代忠勇通俗演義》，又標"鐫出像楊家府世代忠勇演義志傳"，共八卷。首有萬曆丙午秦淮墨客序。書中敘事時代，自宋太祖登基，至神宗時止。敘楊氏一門，自何繼業起。北漢劉鈞妹初適薛釗，生繼恩，劉鈞養爲己子；改適何元業，生二子，長繼元，次繼業，鈞亦養爲己子。繼恩嗣爲漢王，繼業入宋，賜姓楊，故楊非繼業本姓。繼業七子：淵平、延廣、延慶、延朗、延德、延昭、延嗣，二女：琪、瑛，八娘、九娘。延昭生宗保，宗保生文廣，文廣四子，懷玉最著名。敘戰事，自抗遼至平儂智高新羅國止。陷楊繼業者爲潘仁美，陷宗保、文廣者爲張茂、狄青。潘仁美當即潘美，張茂無可稽考。平南之役，原屬狄青之功，此書歸功楊氏，且列狄青於姦惡一途。書中故事，如八虎闖幽州、碰死李陵碑、木閣寨宗保招親，現名穆柯寨。孟良兩番盜骨、八王箭射白虎現名白虎堂。等等，皆見於流行京劇中。惟楊延朗招親，改名木易，現戲曲雖與書中事蹟相同，而延朗改名延輝，公主書中名瓊娥，而戲中又無之，書中無盜令回營等事。敘蕭太后爲戰敗自縊，戲中則有南北和一齣，且將八妹改爲八郎，亦招爲婿，此其大異之處。焦贊書中先出其名爲焦光贊，按焦光贊乃一宋將，投遼之後，又復歸宋，其部屬後有編入惰民者，豈即此人耶？全書立意，重在抗禦異族侵凌，封建正統思想時時流露，然又歸宿於楊氏全家遷入太行山中，不願爲官，如有外寇，則仍願出而作戰，奉宣不奉詔，雖未嘗有獨坐山岡自立爲王之迹，其心則顯然不以朝廷舉措爲然，而欲脱此羈絆也。秦淮墨客無考，書成於萬曆時，意者鑒於遼東邊事，故憤而爲此乎？崑劇中有"昊天塔"等戲，亦取材此書，惟不及京戲之多。

女 僊 外 史

《女僊外史》一百卷，清吕熊文兆撰。刻於康熙辛卯，有江西南安知府陳奕禧、江西按察使劉廷璣、江西學使楊顒爲之序記，表揚備至。書叙唐賽兒事。以賽兒爲女僊，奉建文正朔，削永樂年號，自洪武三十一年之後即爲建文，至建文二十六年，接以洪熙，始終以燕王爲反賊，表揚方、鐵、景及隨侍建文諸臣。雖正統之見極深，然借一女子爲中心人物，史所書爲妖賊者，推尊倍至，實一異書。

醉　醒　石

　　《醉醒石》十四回,署東魯古狂生著。每回一事,猶存評話規模。叙事以明代爲多,尤能詳寫明代各種社會狀況。第四回中有引屠赤水先生云云,第五回中有先朝嘉靖間云云,又聖上、聖駕、獻皇、聖上均空一格,必爲萬曆後明人所著。

萃　忠　傳

《萃忠傳》十卷七十回，明錢唐孫高亮明卿撰。取《皇明實録》、《皇明統記》、《皇明政要》、《我朝綱鑒》、《憲章録》、《皇明奏疏》、《列卿傳》、《名臣言行録》、《吾學編》、《探古奇編》、《天順日録》、《復辟録》、《水東日記》、《菽園日記》、《今説海》、《震澤長語》、《瑣綴録》、《蘇談》、《枝山野語》、《夢占類考》諸書爲資料，演述於忠肅公事蹟者，不甚合於小説體裁，故知之者少。向嘗恨岳忠武事實至多，而《説岳全傳》一書，悉皆向壁虚造，地理尤不合符。其至朱僊鎮之時，北方義士與之聯絡者不少，乃是絶妙好文，何以竟無一字及之？忠武死後，牛皋被鴆，亦是大事，而反横生枝節，有虎騎龍背一回，真使讀者不滿，屢欲爲之改編。今讀《萃忠》，又覺寂無生氣。甚矣！小説之難也。

樊南文集書後

　　《樊南文集詳注》八卷,唐李商隱撰,清馮浩注;《樊南文集補編》十二卷,撰人同上,清錢振倫箋,錢振常注。馮本係據崑山徐氏藝初箋、章仲注之本,而徐本又出自吳江朱長孺之本,略加增補者。朱氏之本,則從《文苑英華》、《文粹》二書彙輯而成,當時固未見《全唐文》也。《四庫》著録即據徐本。錢氏見《全唐文》七百七十一卷至七百八十二卷中,所收李商隱之文尚多,因輯出二百三篇,成《補集》十二卷。此二書之來源也。按李商隱以詩文名於唐,生平隨府主歷職各幕,又太半以文爲職業,其手自訂定、見之集中者,有《樊南甲集》、《乙集》二序,各二十卷。二集之外,《新唐書・藝文志》更有賦一卷,文一卷;《宋史・藝文志》又有文集八卷,別集二十卷,著作之富,蓋可知矣。又《舊唐書》商隱本傳云,商隱能爲古文,不喜偶對。是今所見四六之作,皆當時酬應之文。其他古文,當復不少,《唐志》云一卷,《宋志》云八卷,又《別集》二十卷,疑《別集》殆爲古文四六皆備之文,一卷、八卷之本,或盡屬於古文,未可知也。惜乎宋刻李集,竟無存者,今世所見,僅此三百五十餘篇而已。其中古文僅百分之一二,以意度之,甲、乙《集》中之作,恐未必盡在此中,況甲、乙《集》以外之文乎? 李文散佚,正不可考。

　　自"典謨""訓誥"以降,文字之用日繁,文士之名日顯,潤色屬之行人,文學獨標游、夏。呂相絕秦,李斯刻石,相如諭蜀,諸葛出師,代有其人,更難僕數。即以唐代而言,敬業馳檄,武后恨有司之失人;奉天頒書,父老讀詔文而下涙。此皆筆回造化，氣挾風雲，是以上自祕閣蘭臺，旁迄軍牙蓮幕，莫不爭先恐後，攬俊求賢，丐文字之靈，爲聲光之助。義山既得金針之度，又深獺祭之功，雖去醲太羹，不侔上古，而繁絃縟彩，亦異初唐。當中、晚之間，數才華之士，無牧之之放曠，異飛卿之柔靡，兼之述情曲盡，運典精詳，固非一時之豪，實乃千載之傑。況乎古文，雖存片羽，橫空排奡，實毗昌黎；冤憤呼天，追師司馬，已窺管中之豹，當識雲際之龍，此馮氏、錢氏所以窮年屹屹，而樂爲之箋注者歟？至若上追漢魏，下迄汴梁，駢儷之文，胎息各異，此則時代所關，非工拙有異，論文者但宜於高山流水之中，各求其適，未可在重規疊矩之內，必求其同也。

馮氏本雖照徐氏刊本，然表類中删去《爲成魏州賀瑞雪慶雲日抱戴表》、《爲柳州鄭郎中謝上表》二通。馮氏曰："賀表載《文苑英華》'賀祥瑞'類中，其上篇商隱爲汝南公賀彗星不見表，此篇題下缺書人名，亦並不書前人，其下篇則李嶠《賀雪表》，蓋一類中又各以小類爲次也。《英華》有崔融《爲魏州成使君賀白狼表》，筆法正同。崔融於武后聖曆中，自魏州參軍，入授著作佐郎，故其先有代魏州之作。而魏州地在河朔，中葉後藩鎮擅命，至文宗、武宗時，則何進滔父子所據，魏州既爲節度治所，刺史乃其自領，安得更有他使君哉？其承上篇而誤收無疑，故竟删去。"今按此篇《全唐文》亦未收入李商隱文中，徐本確爲誤收，仍承馮本删去。《柳州鄭郎中謝上表》，馮氏云："此表見《文苑英華》'藩鎮謝官表'類第二卷中，此表之上首《于邵爲福建李中丞謝上表》，此首題下缺人名，下則《李邕淄州刺史謝上表》等十六首也。李商隱《爲安平公謝除兗海觀察表》在上卷，《爲安平公兗州謝上表》在下卷，皆不相接，故他書引此表句同上首作于邵也。衹因本集有紀象江太守鄭璠事，此表云'二紀蠻陬，三提郡印，惟真苦節，以奉休辰'，似與紀事有相近者，疑即一人先後守象、守柳，故《粵西文載》亦從徐刻本作義山。然柳州、象州，地既異矣，表雖自述清廉，而云'渭水之陰，敝廬斯託'，與紀事云'還長安，無家居'不合，且由象州還長安，非由柳州也。玩其句調，圓麗而短勁，乃中唐以前筆法，與樊南四六自異，則《英華》雖漏人名，未嘗錯簡，其十六首中有《于邵武州刺史謝上表》，則此表即于邵，亦疑非是，況可强屬之商隱哉？余初因其誤，繼存其疑，今則斷其必非而亦削之矣。"今案，此篇《全唐文》收入李商隱文中，因用錢氏附載《修華獄廟記》之例，附於表末。《全唐文》失入失出之處至多，原不可據爲定案，第昔人既有此舉，則不妨疑以傳疑可耳。

　　馮氏注時有繁而寡要之處，今舉一例：《代安平公華州賀聖躬痊復表》中云"日至明焉，有時而氣如虹貫"，此明明以日喻君，以虹貫喻有疾。注欲明其出處，衹引《戰國策》"白虹貫日"語足矣，而馮注乃首引《禮記》"君子比德於玉，氣如白虹天也"十四字，讀之使人反使文義所在且與"貫日"無關。又時有牽强曲解處，更舉一例：《代安平公遺表》中云"忽自今月十日夜暴染霍亂，並兩脅氣注"，注云："《英華》作'痙'。按痙，《廣韻》：'古隘切，病也。'《玉篇》：'五圭切，痴兒。'皆非此義。徐刊本作'注'，亦非。竊疑爲'疾'字無訛。嗽上氣疾，見《周禮》注曰：'上氣，逆喘也。'與此頗相合。《太平御覽》醫針類王渾表曰：'臣有氣疾，善夜發。'《梁書》：'徐擒因感氣痰而卒。'《周書》：'蔡祐遂得氣疾。''氣疾'固常語，且與'霍亂'相合。"今按，此文明言霍亂暴發，因之兩脅氣注，"氣注"醫書習見，乃氣不順行，流注成患，此實霍亂之時并發此症，非凡爲霍亂症者必有此症也。今注中繁引"氣疾"諸典作證，不知氣疾即喘症，與兩脅氣注，更迥不相同，故原文用"并"字明之，假若爲氣疾，更與霍亂風馬牛之不相及矣。"且與霍亂相合"一語，尤爲曲解武斷。馮注尚有可商者，例如《爲濮陽公陳情表》文云"佩鞬插羽"，注云："羽，箭也。"未引羽之爲箭，出於何書。而上文《爲安平公兗州謝上表》文云"佩鞬戴鶡"，注云：《後漢書·志》，"武冠環纓無蕤，以青絲爲緄，加雙鶡尾豎左右，爲鶡冠云。五官、左右虎賁、羽林將監、武騎皆鶡冠。"今此處"羽"字，若引射之飲羽之類作證，固不妨解之爲箭，但"插"字又如何安排耶？正恐即爲鶡尾豎於冠上者耳，何必另作一解乎！此可商者也。以上略舉數例，讀者可以按例以求，不必泥於注文。至其關於年代、地理、官職、氏族，下至當時風俗、人情、物産，繁徵博引，實爲義山功臣，較徐本精確多矣。其用力之勤，真後學所當取法者也。

馮氏補注，有附於各篇之後者，有彙列各卷之末者，有既附於各篇之後，而又重見於卷末者。其性質，有補原注之不足者，有糾原注之不合者。其附列卷末各條，有案之原文，前後倒置者，殆暮年續有所得，隨時標錄而成之，故不免於龐雜。今悉移置各句之下，以便閱者，至於原注字句，除删去重複之外，悉仍其舊，以免失真。

錢氏家傳訓詁音韻之學，楞僧、笘僧二先生，均以樸學名世。楞僧先生無後，笘僧先生之子恂字念劬，季子中季又名玄同，後號疑古，亦皆世守其學。以此補編所注，較馮氏爲謹嚴，不徒能糾馮氏之失而已。古籍出版社欲印李文，爲綴數語，用當介紹。

余覺沈壽夫婦痛史

　　《余覺沈壽夫婦痛史》，余覺手寫石印本。覺原名兆熊，紹興人。妻沈壽，工刺綉，有"針神"之目。清末農商部設刺綉科，夫婦供職部中。一九一四年，張謇招至南通州，以沈壽充女工傳習所所長，兼刺綉教員。沈多病，張借謙亭以居之，繼爲築濠陽小築，終爲建綉織局，皆所以居沈也。而張亦混迹其間，勢逼利誘，人言習習。沈體弱志懦，而余又有煙癖，其他生活亦不甚整飭，遂爲張所劫持。一九二一年，沈得臆癥，殁於南通，年四十八，張葬之南通黄泥山東南麓，刻地券於石云："男子張謇，有地八十三方丈强，割爲世界美術家吴縣沈雪宧女士墓兆。"擯余不得歸葬。余自妻死，乃著此書，歷叙張離間夫婦，及引誘沈壽事實。附有張謇親筆致沈函件，語極親昵，以爲佐證，印以贈人。此狀元公一段小公案也。

西 廂 曲 譜

　　南《西廂曲譜》,見於納書楹刻本中者計九出,《正集》卷三爲聽琴、驚夢二折,《續集》卷二爲游殿、酬韻、請宴、寄柬、送方、佳期、長亭七折。癸巳歲闌,朱少濱先生以鈔本見假,上卷九套,爲驚艷、借廂、酬韻、鬧齋、寺驚、傳書、請宴、賴婚、琴心,下卷八套,爲前候、鬧簡、賴簡、後候、酬簡、拷艷、哭宴、驚夢,續集四套,爲報捷、緘愁、求配、榮歸。全部南西廂曲文,均入譜中。據刻本乾隆五十七年壬子王文治序,則知北《西廂》、《臨川四夢》曲譜,均有全本行世。據抄本乾隆六十年乙卯懷庭居士葉堂自序,有云:“余譜《西廂記》行世,購者寥寥,有板無眼,此所以裹足不前也。邇因原板日久散失,復加校訂,於可用小眼處,一一增入,以付剞劂。”則知不獨北《西廂曲譜》有全本行世,南《西廂》亦曾全本付刻行世矣。然壬子王序又有曰:“除北《西廂》、《臨川四夢》全本,先已行世外,自《琵琶記》而降,凡如干篇,命之曰《納書楹曲譜正集》。然世俗之所流通者,或不能盡,又廣之曰《續集》,曰《外集》。”今考南《西廂》九折,正在《正集》、《續集》之中,是可證壬子時實未有全本也。刻本全者不可得,此鈔本至足珍矣。《正集》所收聽琴一折,即抄本第九折之琴心,《續集》所收游殿一折,即抄本第一折之驚艷,寄柬一折,即抄本第十折之前候,送方一折,即抄本第十三折之後候,佳期一折,即抄本第十四折之酬簡,長亭一折,即抄本第十六折之哭宴,其他驚夢、酬韻、請宴三折,標題均同。曲文、曲譜,兩本大有出入,如游殿刻本首爲《僥呂忒忒令》,“隨喜到僧房古殿"句起，與抄本驚艷完全不同。其他各折亦然。抄本有朱允倩先生朱墨批校。據卷首道光丙午自記，則謂據王實甫原本訂證者。然予用富春堂本對校，實大不同，不知朱先生所據何本，抑以意改是也？予本擬録竣後據納書楹刻本勘譜，據富春堂刻本勘詞，今既方柄圓鑿，不能相容，則衹能存其本真，使世間多一異本而已。

製譜者每改曲文以就譜，此實無奈何之事，此朱氏所以有點金成鐵之慨。然專求曲文之美，使與譜相違，則又不能被之絃管，成爲啞曲。《桃花扇》可唱者絶少，時時引以爲恨。

記 中 國 佛 藏

"三藏"者，經、論、律是也。自唐以後，譯述佛書，日增月盛，於是彙輯諸書，名之曰"藏"。未有板刻之前，先鐫於石，故石經實爲藏經之第一步。石經除泰山經石峪摩崖有《金剛般若經》一種，年代尚難確定外，最早當推北齊後主天統四年（公元568年）北齊特進驃騎大將軍唐邕，刻《維摩詰經》、《勝鬘經》、《孛經彌勒成佛經》諸種於北響堂山石壁，河南小武都縣。此爲現在所見最早之品。至隋文帝開皇九年（公元588年），靈裕在今之河南省安陽縣寶山，開鑿金剛性力住持那羅延石窟，雕鐫佛像之外，入窟外壁，刻《嘆三寶偈》、《法華經·壽量品自我偈》、《勝鬘經·一乘章》、《大集經·月藏分法滅盡品初》、《涅槃經·無常偈》；入窟內壁，刻《大集經·月藏分》、《摩訶摩耶經》；窟中壁上，又刻《法華經偈》。靜琬在大業初年，於幽州西南五十里大房山群中之白帶山，鑿石室刻經，至唐貞觀五年（公元631年），凡刻石室七間。其時《大涅槃經》方刻竣，而靜琬逝世，其弟子歷世相承至元代七百年中，刻經不絶。明永樂時，既板刻北藏，復刻石經一藏，藏大石洞。此佛經石刻史之大略，實爲版刻之先驅。

隋大業初，敕官寫一切經文，置之祕閣；同時寫送相州、並州、洛州等大都會諸寺院中。此爲大規模寫經之始，實與石經同一廣播佛學之事。

編輯佛經目錄之舉，盛於唐時。唐有《古今譯經圖記》四卷靖邁，《大唐內典録》十卷、《續録》一卷道宣，《大周刊定衆經目録》十五卷明佺,《續古今譯經圖記》一卷,《開元釋教録》二十卷,《開元釋教録略出》五卷智昇,《大唐貞元續開元釋教録》三卷,《貞元新定釋教目録》三十卷圓照。此爲佛經編目最備之時,亦即爲後來刻藏預備之始。

經用木刻,或者認爲起於五代馮道,其實隋、唐已有之,特隋、唐所刻爲佛經,馮道所刻爲儒經,此其不同。《歷代三寶記》中,有"開皇十三年廢像遺經,悉令雕撰"一語,"雕撰"二字,即可作隋代已有板刻經文之證。莫高窟遺經中,亦有大字刻經及佛像。予曾得佛像半卷,每像高不及二寸,闊半之,自上而下,計佛四層,自右而左,因非全卷,不能計其多少。上下左右,佛佛相連,皆坐像,一式無異,刻法類雷峰塔中《寶篋陀羅尼經》卷首之佛,更爲堅勁。紙爲綿料,薄而白净。唐紙分四類:黄麻過蠟者,最光滑,所寫經文,字體工秀者,多在此種紙上,惟脆而易碎;其餘爲黄麻、白麻、綿紙三種。黄麻用黄蘗汁浸成,云以辟蠹;白麻最普通,凡小沙彌學寫經文,以及其他捐疏賑單之類均用之;綿紙較薄,用以寫字者不多見,其製頗與貴州都匀所製綿紙相似,惟久藏不慎,受潮後至易霉爛。紙背有淡墨書"天寶十二載"五字,字迹似小沙彌所爲,極不工。惜抗戰歸里,檢點書櫃,此卷早已物化。民國初年,在北京於孫壯先生處,見唐刻殘經數頁,零星瑣碎,無整齊者,字皆類顔平原,兼有魏碑遺意,大至三四分,質樸古雅,紙皆用較薄之黄、白麻,決非唐以後之物,此可證也。惟此僅爲刻經而非刻藏,刻藏實始於宋初。今自宋至清,在中土所刻各藏,略述如下:

一、《開寶藏》。自宋太祖開寶四年(公元 971 年)敕在益州開雕,今四川。刻印之術盛行時,必擇木材、紙張、人工三種條件具備之處舉行,故此藏首刻於蜀。其後諸藏,或閩,或浙,刻印亦多,皆緣此故。至太宗太平興國八年(公元 984 年),歷十三年之久,始告竣工。藏中經籍悉遵《開元釋教録》所載刻印,計版十三萬,卷子式,書已久佚,若依《開元釋教録》計算,當爲五千零四十八卷。今或偶見零本,但亦有並非蜀刻,而爲他處仿刻之本,卷上編號,用千字文。

二、《崇寧萬壽藏》。神宗元豐三年(公元 1080 年)福州東禪寺沙門冲真普明等募刻,至徽宗崇寧二年(公元 1109 年)告成,故名"崇寧",又名"福州東禪寺本"。梵夾本,《開寶藏》卷子式,與吳越錢氏所刻雷峰塔《寶篋陀羅尼經》同,是知當始刻時,尚皆依照古來抄寫中國書卷之式。至此始改爲梵夾。然亦並非盡同梵夾,蓋梵字橫行,華字直行,不能盡同,一也;梵以貝葉書寫,華以紙印,二也;梵經大、中、小各種書籍,所用貝葉,亦大、中、小不同,有類於中國古籍竹簡,尺寸亦大小不同,故裝束有橫有直,橫者復分大、小,華則紙張大小一例,三也;有此三不同,故所謂"梵夾"云者,實不過取其大意而已,又名"旋風裝"。自此之後,各代所刻藏經,直至清《雍正龍藏》,皆用此式,其中惟趙城仍用卷子式。《武林》《嘉興》二藏,不用此式。此藏高宗紹興二十六年(公元 1156 年)慧明修補,孝宗乾道八年(公元 1177 年)、淳熙三年(公元 1176 年)又有增刻,元至治泰定間,又重修,全部五百九十五函,六千四百三十七卷。今全藏已不可見,零本偶有存者。

三、《毗盧藏》。徽宗政和二年(公元 1112 年)福州開元寺本悟等募刻,至高宗紹興二十年(公元 1150 年)告成,孝宗乾道八年(公元 1172 年)增刻"禪宗部"。梵夾本,全部五百六十七函,六千一百十七卷。今亦僅存零本。

以上二藏,皆刻於福州,款識相似,人易誤認。日本宮内省圖書寮即以二藏存本,配成一藏。

四、《思溪圓覺藏》。宋高宗紹興二年(公元1132年)天台宗大慈院净梵、禪宗圓覺禪院懷深等刻於歸安縣思溪圓覺禪院,鄉人王永從等施財。梵夾本,全部五百四十八函,五千四百八十卷,一千四百二十一部。國内僅存殘本,日本東京增上寺有全書。《大正藏》中所云"校宋本"者,即指此本。

五、《思溪資福藏》。刻年無考,但知版出思溪法寶資福禪寺,今所存書上或有"淳化二年"字記,是刻在《圓覺藏》之前。梵夾本,全部五百九十九函,五千七百四十卷。北京圖書館藏有四千餘卷,零星散見者,亦偶有所見。

二藏皆出湖州思溪,是否資福在前,圓覺即修補增訂資福而成,尚待訂正。

六、《磧砂藏》。南宋平江府今江蘇省吳縣。磧砂延聖院法忠募刻,傳爲理宗寶慶初年開雕,中間因故停刻,竣工已在元《普寧》、《弘法》二藏之後,故續刻諸經,即依據《弘法藏》補入。梵夾本,全部五百九十一函,六千三百六十二卷,一千五百三十二部。現陝西西安開元、臥龍二寺,合存十之七八。近年上海影印磧砂藏經會影印此藏時,其中所缺之書,即以《資福》、《普寧》等藏補入,共印五百部。

七、《契丹藏》。據覺苑《大日經義釋演密鈔序》云,興宗敕雕,道宗清寧間完成(約爲公元1055年—1064年)。又《金石萃編》載覺苑《陽臺山清水院創造藏經記》云:"咸雍四年(公元1068年),頃南陽鄧公募同志印《大藏經》五百七十九帙"云云,即爲此書。梵夾本,簡稱"丹藏",或"丹本",中土久佚,惟清寧九年(公元 1063 年),遼曾以此經頒發高麗,後高麗刻藏,即據此本校對,凡《高麗藏》中標爲"丹本"者,即此書也。吉光片羽,所存止此而已。

八、《趙城藏》。金太宗當作熙宗。皇統八年(公元 1148年)刻於山西解州天寧寺,至世宗大定十三年(公元 1173 年)告成。書已久佚,一九三四年,山西省趙城縣東南四十里廣勝寺中,有藏經六百八十二函,約六千九百餘卷,卷子本,發現内有四千九百五十七卷,爲此藏之書,因即名曰"趙城藏",世界孤本也。

九、《河西大藏》。西夏景宗,自宋乞《大藏》歸,即敕回鶻僧譯成西夏文字。《磧砂藏》中《大宗地立文本論》第三卷,有木記云:"松江府僧録管主八誓報四恩,流通正教,累年發心,印刻漢東《大藏經》五十餘藏。"云云。"欽覩聖旨,於江南浙西道杭州路大萬壽寺,雕刻河西字《大藏》經板三千六百二十餘卷,《華嚴》諸經懺板,至大德六年完備。管主八欽此勝緣,即造三千餘藏,及《華嚴大經》、《梁皇寶懺》、《華嚴道場懺儀》各百餘部,《焰口施食儀軌》千有餘部,施寧夏永昌等路寺院,永遠流通。"此記載《河西大藏》緣起頗詳,而且曾在杭州刻板。一九〇八年,科兹諾夫;一九一四年,斯泰因,於寧夏西北弱水下游之黑城,發現西夏文寫本、刻本、佛像等,其中以佛經爲主。刻本是否即爲《河西大藏》殘遺之書,惜未得見。余向在邵伯絅章同年處,見其所藏寫本西夏文佛經一册,梵夾式。據云,彼土人士,往往以陶罈、磁罐藏經若干册,埋藏土中,西北地燥,故得歷久不壞。西夏文早已死亡,伯絅所藏,云是《無量壽經》,無從得證,或者因唐人所寫此經最多,因亦臆定爲此經乎？全藏卷數不明。

十、《普寧藏》。元世祖至元六年(公元1269年)杭州路餘杭縣白雲宗南山大普寧寺釋道安如一等募刻，至元二十二年(公元1286年)完成，依據《思溪資福寺藏》，略有增加。梵夾本，計五百五十八函，六千零十卷，一千四百二十二部。後又增刻"秘密部"等二十九函。刻成後，敕印三十六部，頒佈歸化諸國。今日本東京增上寺及淺草寺，各藏一部，中土亦偶見零本。

十一、《弘法藏》。至元十四年(公元1277年)敕在大都即今北京及浙江弘法寺開雕，至元三十一年(公元1294年)完成。梵夾本，全部七千一百八十二卷，一千六百五十四部，今無存書。

十二、《南藏》。明太祖洪武五年(公元1372年)命四方名德點校藏經，即在南京開雕，成祖永樂元年(公元1403年)完成，藏大報恩寺。憲宗成化、神宗萬曆時，皆曾修補。梵夾本，全部六百三十六函，六千三百三十一卷，一千六百一十部，今濟南圖書館存有全藏，浙江圖書館亦存有十分七、八。

十三、《北藏》。成祖永樂十七年(公元1419年)命道成、一如等勘校《藏經》，聚僧録寫，十八年開雕於北京，英宗正統五年(公元1440年)完成，收藏內庫。梵夾本，全部計六百三十七函，六千三百六十一卷，二千六百十五部。神宗萬曆十二年(公元1484年)又續刻四十一函，四百十卷。今南通狼山廣教寺，鎮江超岸、定慧二寺，均存有全書，他處亦尚有存者。

十四、《武林藏》。明嘉靖時，刻於杭州，板存武林昭慶寺，今已盡燬。方册本，此藏乃民間因南、北二《藏》請印不易，募資集刻。究成若干卷册,既無目録,極難考定。

十五、《徑山藏》。萬曆中,紫柏達觀真可欲繼《武林藏》之後,發願刻藏。其始在五臺山紫霞谷妙德庵創刻,時爲萬曆十七年(公元 1589 年),後移徑山寂照庵、興聖萬壽寺等處續刻;又在嘉興、吳江、金壇等處開雕,至清康熙十六年(公元 1677 年)正藏告成,方册本,全部計六百七十八函,六千九百五十六卷,一千六百五十四部。尚有《續藏》十九函,《又續藏》四十三函,諸板後皆匯集嘉興楞嚴寺印行,故世又名之曰"嘉興藏"。往時北京嘉興寺有此全藏,因以名寺,惜目録已失。一九一九年,予主京師圖書館時,曾派同事二人至寺,重編一目,此目後來曾有印行,今聞此書已移入北京圖書館庋藏。洞庭西山顯慶寺亦藏一部,是否正、續皆全,不知其詳。抗戰時,予至重慶華嚴寺,曾見殘本數函,目録獨存,係刻於康熙十七年中。據此,則向來世人對於《續藏》、《又續藏》雕時期亦可確定爲清初無疑矣。此藏一律用萬曆字體,每頁四周邊綫及板心皆與一般書籍相同,惟板心魚尾不同,最易辨別。

十六、《龍藏》。清雍正十三年(公元 1735 年)特開藏經館,董理編刊諸事,乾隆三年(公元 1738 年)完成。梵夾本,全部七百十八函,七千一百六十八卷,一千六百六十二部。因上、下邊刻龍文,故有"龍藏"之名。板在北京柏林寺,現國内寺院,藏者尚多。

以上《藏經》十六部,皆中土自宋迄清歷代所刻印,其中《河西大藏》爲西夏文,經雖或存零本,文字已無人知。餘十五《藏》,多見者唯《龍藏》。《龍藏》以前諸藏,南北二《藏》及《徑山藏》,中土尚有全帙,《磧砂藏》近時重印,雖配以他《藏》,亦得流傳，獨《趙城藏》最爲孤本，別無所見。其他諸《藏》，《崇寧》、《毗羅》，日本尚有合成之本；《契丹藏》，《高麗藏》中略存梗概；《普寧藏》，日本尚有二部。在中土者，均逐漸消失矣。倘能及今收輯校勘，且借助於日、韓二國所藏，及日本鉛印之《大正藏》，匯輯付印，凡諸《藏》所收之書，一書而前後異譯者，或兩種俱存，或加以疏注；真僞錯雜者，真固分類排列，僞亦附列於後，加以説明，務使寸羽片鱗，網無遺漏，供東土研究佛氏哲學之用。此亦世界學術上一極盛之擧也。

佛書原起

錫蘭舊籍所傳佛滅度歲月云,阿育王即位,在佛涅槃後二百十九年,公元前二百六十八年。故佛涅槃爲公元前五百四十三年之舊説,及唐法琳所撰《破邪》、《護法》二論,以爲佛生在周昭王二十四年,涅槃於公元前九百四十九年之説,今又有人推算作爲周昭王二十六年爲公元前一六七一年,相差計有二年。以佛在世壽命計之,皆絶不相符,以後來佛徒結集事實證之,亦惟錫蘭舊説可信。第一次結集,在佛滅度後第二年,在王舍城結集,迦葉爲上座,先討論"律",以持律最精之優波黎爲上座,迦葉發問,優波黎誦出,五百大衆同聲誦應,決定爲佛所製。其次爲"法",以多聞廣博之阿難爲上座,從教法諸條,答迦葉問,五百大衆誦應決定。而龍樹《大智度論》,玄奘《西域記》,又載有阿毗曇結集之"論",豈開始結集,僅"律"、"法"二部,後乃有"論",或視"論"較輕於"律"、"法",故略而不載耶?然此皆佛滅度後,佛弟子輩,欲確定爲真實屬於釋迦所説、所定,故"律"、"法"二類特重,"論"則佛後之説居多。迦葉當時或不注意及之也。第二結集,佛滅度百餘年之後,因爲對於經典解釋,發生許多紛歧,西方教團黎婆多等,與東方教團薩婆迦摩等,相與結集於吠舍黎,辨論"律"、"法"異同,共同駁斥當時創爲異義之跋耆一派。但是跋耆一派,人數既多,信從亦力,遂分裂爲二:一名"長老派",一名"大衆派",故佛滅度百餘年後,第一次結集所定之"律"、"法",已因解釋不同,分裂爲二,若後世政黨在朝、在野之異。第三結集,佛滅度二百餘年後,阿育王時代。阿育王即位，爲公元前二百七十年左右，死在二百二十六年，自阿育王屏棄舊教，改歸佛教之後，各領土到處刻有石柱、石窟、摩崖諸誥文，皆爲崇奉佛法文字，定"佛"、"法"、"僧"爲"三寶"。當時婆羅門教徒無所得食，混入佛教中，其實仍行彼法，佛法雜亂，王乃命目犍連子帝須，選僧衆千人，於華氏城結集佛説，排斥異教。目犍連子帝須分遣末闡提等至所屬國土，樹立佛法。阿育王又建造寶塔，數建八萬四千，現存遺迹有：一、中印度桑琪之十座塔；二、婆爾呼博塔。至王没後，印度分裂，佛教漸衰，波羅門教復盛。自此之後至公元第一世紀迦膩色迦王始再興盛，而有第四結集。當公元前二世紀初，大月氏爲匈奴所逼逐，漸向西南侵佔大夏，至公元前一百二十年後，更進入印度西北，建立休密、雙靡、貴霜、肸頓、都密五翎侯將軍也。貴霜最强，後即併吞四部，建立貴霜王國。至公元第一世紀，嗣王迦膩色迦，由婆羅門教改信佛教，復與脅尊者等結集於迦涇彌羅，注釋《經藏》、《律藏》、《論藏》，造十萬頌，再興佛法。此釋氏所謂四大結集也。由此四結集事蹟，以求佛經之來源，則第一結集爲確定"律"、"法"二部，附帶及於"論"部，此可證"經"、"律"皆非釋迦親手所定，遂造成解釋歧異，内部分裂之第二結集。自第三結集阿育王時始有石刻。則第一、第二結集時所定"律"、"法"，其記録傳世者，諒亦用貝葉爲之。貝葉壽命不長，且易脱落，錯簡、脱簡，理所難免，以非親手所定之文，藉徒衆之裒集，又寄命於易燬、易脱之物，越二百餘年後始有石刻，而異教徒復頻加摧燬之，則佛書之真存者蓋鮮矣。

卷 二

讀四庫五桂兩種明文海目錄書後

　　此書共四百八十二卷。《四庫》本與嘉慶二十二年諸如綬從黄氏鈔録各門篇目，釐爲四卷，送黄石泉"五桂樓"之目，卷數相同，内容則略有不同。第一類"賦"共四十六卷，《四庫》目第一卷標"賦甲"，至第八卷標"賦辛"，九卷起至末卷，則皆直標數字。黄氏目自"賦一"至"賦四十六"皆直標數目，不用"甲"、"乙"，較妥。自卷一至卷五，"賦"字下標小目曰"國事幾"；卷六至卷八，下標"時令幾"；卷九至卷十八，下標"山川幾"；卷十九至二十，下標"弔古幾"；卷二十一、二十二，下標"哀傷幾"；卷二十三至卷二十六，下標"述懷幾"；卷二十七、二十八，下標"人事幾"；卷二十九至卷三十二，下標"居處幾"；卷三十三標"感别"；卷三十四標"閑情"；卷三十五標"賞鑒"；卷三十六標"音樂"；卷三十七標"儇隱"；卷三十八至四十二，下標"禽蟲幾"；卷四十三至卷四十五，下標"花木幾"；卷四十六標"器物"。"國事"五卷中一、二兩卷，皆賦南、北二京，實"二京"、"三都"之類；第三卷爲早朝大祀之類，實屬於禮，中有《朝鐘》一篇，不列"器物"類中，待查原文；第四卷《秋夜繩牀賦》，何以附於"感宦籍賦"之後，待查原文。"時令"門中《續春思》、

《哀春》、《秋懷》、《感秋》諸篇，是否與“哀傷”、“述懷”二類相混，待查原文。“山川”類既不按照地域分列，復不按照山川編排，極雜亂。“人事”類《悶賦》、《愍惑》、《歡賦》諸篇，是否涉及“述懷”，待查原文。“居處”類中《登樓》、《黃金臺》、《岳陽樓》、《太白樓》、《歸來堂》、《登玄覽閣》、《煙雨樓》諸篇，是否屬於“弔古”，待查原文，其中更有《藥市》、《燈市》等賦，決不可屬之“居處”，必須查後再定。“閑情”類《嬌女》、《丑女》等篇，是否應屬“人事”，待查原文。第三類“奏疏”，自四十七卷起，至六十五卷止，不分小類，依照作者時代先後排列。第三類中“奏表”，止六十六一卷，第一篇爲王禕所撰《定嶽鎮海瀆名號詔》，故《四庫》定名爲“詔表”，較“五桂”目“奏表”爲是。我意作爲一代文章之海，身處封建之時，編列次序，“詔令”居首，“表奏”次之，“賦”再次之，比較合宜。此書卻仍仿《文選》之例，以“賦”居首，當然此亦可用，但六十六卷中又有“詔書”，則以“詔表”、“奏疏”兩種來説，亦應“詔表”居前，“奏疏”在後。又“奏疏”多至三十九卷，亦可分成小類，以便檢閲，今不分，與“賦”分小類之例，自相矛盾，亦所不解。第四類“碑”，自卷六十七至卷七十五，不分小類，其中“碑三”卷内有《東吳靖海鑒》，“碑四”卷内有《王江涇戰序》，“碑五”卷内有《平二源序》、《平廣西十寨序》、《張公平逆序》、《記龍門之戰》諸篇，既稱“鑒”、“序”、“記”，是否應入“碑”類，待查原文。第五類“議”，卷七十四至卷八十三，亦不分小類。第六類“論”，卷八十四至卷一百，亦不分小類，其中“論四”卷内有《責言》上、中、下三篇，“論七”卷内有《尊道》、《定志》、《別嫌》三篇，“論十四”卷内有《嗤道學》、《慎橫議》二篇，“論十六”卷内有《放言》三篇，“論十七”卷内有

《本治》上、中、下、《過臣》、《學術》、《國是》、《民生》、《君子小人》、《憤世》、《放言》十篇，是否屬"論"，須查原文。第七類"說"，自一百一卷至一百九卷，亦不分小類，其中"說三"卷內有《修天草記》一篇，"記"字是否"說"字之誤，待查原文。第八類"辨"，自一百十卷至一百十八卷，亦不分小類，其中一百十八卷內有《答翼兒不脫衰問》、《蟜固能守禮議》、《爲人後而復歸者爲所後服議》、《爲人後者爲生母服議》、《喪服妄議》、《不用浮屠》、《嫡庶議》諸篇，恐應入"問答"及"議"類，誤入"辨"類。第九類"考"，自一百十九卷至一百二十一卷，亦不分小類。第十類"頌"，一百二十二卷。第十一類"贊"，一百二十三卷。第十二類"銘"，一百二十四卷。第十三類"箴"，一百二十五卷。第十四類"戒"，一百二十六卷。第十五類"解"，一百二十七卷至一百三十卷，其中"解三"卷內《學庸疑義》五、《格物訓》二、《乳母廟訓》、《易學義例》七條，"解四"卷內《格物致知義》、《七七義》、《經義》、《周誥義》、《祭祀章》、《禮慶章》，全卷六篇，無一以"解"名者，待查原文。第十六類"原"，一百三十一卷，中有《文說》、《文訓》、《文旨》三篇無"原"名，不知何以列此。第十七類"述"，一百三十二卷。第十八類"讀"，一百三十三卷。第十九類"問答"，一百三十四卷至一百三十八卷，其中"問答一"卷內《賣柑者言》，"問答四"卷內《釋門》，"問答五"卷內《麻言》、《瘄言》，皆當再查。第二十類"文"，一百三十九卷至一百四十卷。第二十一類"諸體文"，一百四十一卷至一百四十六卷，諸卷中所收有"疏"、有"志"、有"喻"、有"問答"，似皆有類可歸，何以雜列於此？又上一類"文"體中收有《嘲孟嘉落帽文》、《王皇寺募文》，亦與此類所收無異，何以必欲分成兩類，真覺不安。第二十二類“書”，自一百四十七卷至二百九卷，其中又分小類：“經學”四卷，“論文”九卷，“論詩”三卷，“講學”八卷，“議禮”二卷，“議樂”一卷，“論史”一卷，“字韻”一卷。一百七十六卷未標名，中有《論五行》一篇，疑爲本標“技術”，誤脱二字。下爲“技術”，中收《談命》、《論葬》二篇，餘無他文，皆須查。又下爲“國事”、“國是”、“民事”、“籌邊”、“士習”諸類，“士習”前一卷無標題，不知屬“士習”，抑“籌邊”？須查。自一百八十四卷至一百八十七卷，兩本皆缺，不知所載何種文字。一百八十八卷爲書四十二，標“持正”，凡四卷；至一百九十二卷，爲書四十六，標“忠告”；一百九十三卷標“考古”，凡二卷；一百九十五卷標“出處”；一百九十六卷至一百九十八卷標“自叙”；一百九十九卷標“憂讒”；二百卷、二百一卷標“悽惋”；二百二卷標“感憤”；二百三卷標“頌美”；二百四、五兩卷標“訟冤”；二百六、七兩卷標“吏治”；二百八卷標“適性”；二百九卷標“游覽”，據現存小類標題，凡分二十七類，缺卷失標者，不知若干種。“悽惋”亦成類名，似屬不妥。此類中各篇文字，《四庫》與“五桂”中前後排比不同，待查。第二十三類“序”，自二百十卷至三百二十卷，亦分小類：一、“著述”，計二十三卷，自二百十卷至二百三十二卷，“序一”卷内有趙汸五篇《讀貨殖傳》等文，皆爲書後及題跋。以下諸卷中所收文如此類者至多，不知此書既以文體分類，何以“序”、“跋”不分？既不分，何以不標名爲“序跋”？二、“文集”，自二百三十三卷至二百五十五卷，此類“序”文，如以爲專屬明代人所著文集之序，則其中有《王臨川集後序》之類，而上一類著述中又有《陸宣公奏議序》之類，選例極不嚴謹，似應改編。三、“詩集”，自二百五十六卷至二百七十七卷，凡詩文集序文，皆須一查原書，是否有詩、文合一之集在内。四、"贈序"，自二百七十八卷至二百八十四卷。五、"送序"，自二百八十五卷至二百九十六卷。六、"雜序"，自二百九十七卷至三百七卷。七、"序事"，計三百五、六兩卷。八、"時文"，自三百七卷至三百十三卷。九、"圖畫"，計三百十四十五兩卷。查上"雜序"小類中所收文，其中序、跋碑帖書法者頗多，何以書畫不合爲一類，而一入"雜序"，則自標一類？十、"技術"，自三百十六卷至三百十八卷，其中所收有《跋石田畫》之類，其雜亂可知。十一、"壽序"，自三百十九卷至三百二十一卷。十二、"哀挽"，三百二十二卷。十三、"方外"，三百二十三卷，其中《送贈詩集》等序，凡屬於"方外"者，皆在此卷中。十四、"烈女"，計三百二十五、二十六兩卷，其中"詩序"、"壽序"爲多。第二十四、"類記"，自三百二十七卷起，至三百八十六卷止，亦分小類：一"居室"，自三百二十七卷至三百四十卷；二"紀事"，自三百四十一卷至三百五十二卷；三"游覽"，自三百五十三卷至三百五十九卷；四"古迹"，自三百六十卷至三百六十三卷；五"學校"，計三百六十四、五兩卷；六"書院"，三百六十六卷；七"祠廟"，自三百六十七卷至三百七十一卷；八"寺觀"，自三百七十二卷至三百七十四卷；九"題名"，三百七十五卷；十"考古"，三百七十六卷；十一"圖畫"，三百七十七卷；十二"清玩"，三百七十八卷；十三"功蹟"，計三百七十九、八十兩卷；十四"名號"，三百八十一卷，此記別號，似不必專立一門；十五"興造"，自三百八十二卷至三百八十四卷；十六"紀行"，計三百八十五、六兩卷，此與"游覽"有混淆之處。第二十五"類傳"，自三百八十七卷至四百二十八卷，亦分小類：一"名臣"；二"功臣"；三"能臣"；四"文苑"；五"儒林"；六"忠烈"；七"義士"；八"奇士"；九"名將"；十"名士"；十一"高隱"；十二"氣節"；十三"獨行"；十四"循吏"；十五"孝子"；十六"烈女"；十七"方技"；十八"僊釋"；十九"詭異"；二十"物類"；二十一"雜傳"。第二十六類"墓文"，自四百二十九卷至四百七十二卷，亦分小類：一"文苑"；二"儒林"；三"名臣"；四"輔臣"；五"能臣"；六"義士"；七"名士"；八"忠義"；九"名將"；十"方技"；十一"二氏"；十二"烈女"；十三"雜類"，其中四百六十一卷至四百六十四卷，凡四卷，兩本皆缺，不知所缺爲何類文字。此類中編排次序，又與"碑文"次序不同，亦自相矛盾。又結以"雜類"一名，亦大不妥。而且四百七十卷"雜類"文中，又有徐渭自爲《墓志銘》一篇，《四庫》本移在四百六十八卷中，則又混入"烈女"，徐渭何以不入"文苑"，而入"雜類"，真一異事！以上兩類，分類名稱及次序，皆須一一查明，再行決定。第二十七類"哀文"，自四百七十二卷至四百七十八卷，不分小類。第二十八類"稗"，自四百七十九卷至四百八十二卷，四卷中所收之文，有王褘之佛學、道家，有海瑞之評二相，有邢侗之墨評，不盡屬於"稗官小説"，實極龐雜。

　　以上爲《四庫》、"五桂"兩種《明文海》目録大略情況。今再爲綜述如下。此書總類，計分"賦"、"奏疏"、"詔表"、"碑"、"議"、"論"、"説"、"辨"、"考"、"頌"、"贊"、"銘"、"箴"、"戒"、"解"、"原"、"述"、"讀"、"問答"、"文"、"諸體文"、"書"、"序"、"記"、"傳"、"墓文"、"哀文"、"稗"二十八類。若"諸體文"一類，併入"文"類，則爲二十七類。大類中復分細目者，計有"賦"、"書"、"序"、"記"、"傳"、"墓文"六類。"賦"分"國事"、

"時令"、"山川"、"弔古"、"哀傷"、"述懷"、"人事"、"居處"、"感別"、"閒情"、"賞鑒"、"音樂"、"儌隱"、"禽蟲"、"花木"、"器物"十六小目。"書"類分"經學"、"論文"、"論詩"、"講學"、"議禮"、"議樂"、"論史"、"字韻"、"技術"、"國事"、"國是"、"民事"、"籌邊"、"士習"、"持正"、"忠告"、"考古"、"出處"、"自叙"、"憂讒"、"悽惋"、"感憤"、"頌美"、"訟冤"、"吏治"、"適情"、"游覽"等三十七小目。"序"類分"著述"、"文集"、"詩集"、"贈序"、"送序"、"雜序"、"時文"、"圖畫"、"技術"、"壽序"、"哀挽"、"方外"、"列女"十三小目。"記"類分"居處"、"紀事"、"游覽"、"古迹"、"學校"、"書院"、"祠廟"、"寺觀"、"題名"、"興造"、"紀行"十一小目。"傳"類分"名臣"、"功臣"、"能臣"、"文苑"、"儒林"、"忠烈"、"義士"、"奇士"、"名將"、"名士"、"高隱"、"氣節"、"獨行"、"循吏"、"孝子"、"列女"、"方技"、"儌釋"、"詭異"、"物類"、"雜傳"二十一小目。"墓文"分"文苑"、"儒林"、"名臣"、"輔臣"、"能臣"、"義士"、"名士"、"忠義"、"名將"、"方技"、"二氏"、"列女"、"雜類"十三小目。從總類來説,此書是依照各種文體來選定諸家文字,此是第一標準。執此標準以求目中分類,則"文"類之後,不應再列"諸體文"爲一類,因"諸體文"亦"文"也。就廣義言之,"賦"、"頌"、"畫"、"序",皆"文"中諸體之文。就狹義言之,既立"文"類,自然包括"諸體"在内,此類決須删去。又"稗"字不能作"文體"名詞,不如直用"小説"二字。"讀"既另立一類,則"書後"、"跋"、"題"、"引"、"後記"之類,何以不從"序"類中分出,另立門類? 此分類定名之可商者一。此書是梨洲先生以遺民身份,選定故國一代文字,或者有所避忌,故特以《文選》爲例,以

"賦"居首,不以"詔表"爲先。惟文中既選"詔表",何又列於
"奏疏"之後? 此分類次序之可商者二。至若"賦"、"書"、
"序"、"記"、"傳"、"墓文"六類中所分小類,命名之未當,次第
之矛盾,前已舉例指出,不再重述。今再列舉他書中所載此書
情況如下而分析之。

一,《四庫全書總目》卷一百九十"總集類五":"《明文海》
四百八十二卷,國朝黃宗羲編。宗羲有《易學象數論》,已著
録。宗羲於康熙乙卯以前康熙十四年(公元 1675 年),嘗選《明文
案》二百卷,既復得崑山徐氏所藏明人文集,因更輯成是編。
分體二十有八,每體之中,又各有子目,'賦'之目至十有六,
'書'之目至十有七,'序'之目至五,'記'之目至十有七,'傳'
之目至二十,'墓文'之目至十有三,分類殊爲繁碎,又頗錯互
不倫。如'議'已別立一門,而'奏疏'內復出此體;既立'諸體
文'一門,而《卻巧》、《瘞筆》、《放雀》諸篇,復別爲一類,而止目
爲'文',尤爲無謂;他若'書'、'序'、'傳'、'記'諸門,或析'學
校'、'書院'爲二,或叙'文苑'於'儒林'之上,或列論文、論詩
於'講學'、'議禮'、'議學'、'論史'之前,編次糅雜,頗爲後人
所譏。考閻若璩《潛丘札記》辨此書體例,謂必非黃先生所編,
乃其子主一所爲。若璩嘗游宗羲之門,其說當爲可據,蓋晚年
未定之本也。明代文章,自何、李盛行,天下相率爲沿襲剽竊
之學,逮嘉、隆以後,其弊益甚。宗羲之意,在於掃除摹擬,空
所倚傍,以情至爲宗。又欲使一代典章人物,俱藉以考見大
凡,故雖游戲小説家言,亦爲兼收並採,不免失之泛濫。然其
蔥羅極富,所閱明人集,幾至二千餘家,如桑悦《北都》、《南都》
二賦,朱彝尊著《日下舊聞》時蔥討未見,而宗羲得之,以冠兹

選。其他散失零落，賴此以傳者，尚復不少，亦可謂一代文章之淵藪，考明人著作者，當必以是編爲極備矣。其書卷帙繁重，傳鈔者希，此本猶其原稿，四百八十一及八十二卷内文十二篇有録無書，無可核補，今亦並仍之"云。

按此録分體爲"二十八"，是"文"與"諸體文"亦分二類。子目序分"十三"，而此録作"五"；記分"十一"，而此録作"十七"；傳分"二十一"，而此録作"二十"，多寡不符，當係有誤。

又，"總集類存目四"："《明文授讀》六十二卷，國朝黄宗羲編。初宗羲輯有明一代之文爲《文案》，後得崑山徐氏傳是樓藏書，益以所未見文集三百餘種，增爲《文海》。後其子百家以《文海》卷帙浩繁，請宗羲選其尤者爲此編。其序則仍《明文案》之舊，蓋其門人寧波張錫琨移冠此集，以見去取宗旨。"云。

南雷明定《明文案序上》乙卯："某自戊申以來康熙七年，即爲明文之選，中間作輟不一，然於諸家文集，蒐擇亦已過半。至乙卯七月，《文案》成，凡二百七卷。而嘆有明之文，莫盛於國初，再盛於嘉靖，三盛於崇禎。國初之盛，當大亂之後，士皆無意於功名，埋身讀書，而光芒卒不可掩。嘉靖之盛，二、三君子，振起於時風衆勢之中，而巨子嘵嘵之口舌，適足以爲其華陰之赤土。崇禎之盛，王、李之珠盤已墜，邾、莒不朝，士之通經學古者，耳目無所障蔽，反得以理既往之緒言，此三盛之由也。某嘗標其中十人爲甲案，然較之唐之韓、杜，宋之歐、蘇，金之遺山，元之牧庵、道園，尚有所未逮。蓋以一章一體論之，則有明未嘗無韓、杜、歐、蘇、遺山、牧庵、道園之文；若成就以名一家，則如韓、杜、歐、蘇、遺山、牧庵、道園之家，有明固未嘗有其一人也。議者以震川爲明文第一，似矣，試除去其叙事之合作,時文境界間或闌入,求之韓、歐集中,無是也。此無他,三百年人士之精神,專注於場屋之業,割其餘以爲古文,其不能盡如前代之盛者,無足怪也。前代古文之選,《昭明文選》、《唐文粹》、《宋文鑒》、《元文類》爲最著,《文選》主於修辭,一知半解,文章家之有偏霸也;《文粹》掇菁擷華,亦選之鼓吹;《文鑒》主於政治,意不在文,故題有關係而文不稱者,皆所不遺;《文類》則蘇天爵未成之書也,碑版連續,删削有待。若以《文案》與四選併立,文章之盛,似謂過之。夫其人不能及於前代,而其文反能過於前代者,良由不名一轍,惟視其一往深情,從而捃摭之。鉅家鴻筆,以浮淺受點,稀名短句,以幽遠見收,古今之情無盡,而一人之情有至有不至,凡情之至者,其文未有不至者也。則天地間街談巷語,邪許呻吟,無一非文;而游女田夫,波臣戍客,無一非文人也。試觀三百年來《集》之行世藏家者,不下千家,每家少者數卷,多者至於百卷,其間豈無一、二情至之語而埋没於應酬訛雜之内,堆積几案,何人發視?即視之,而陳言一律,旋復棄去。向使滌其雷同,至情孤露,不異援溺人而出之也。有某兹選,彼千家之文集,龐然無物,即盡投之水火,不爲過矣。由是而念古人之文,其受溺者何限,能不爲之慨然。”

《明文案序下》:“有明文章正宗,蓋未嘗一日而亡也。自宋、方以後,東里、春雨繼之,一時廟堂之上,皆質有其文。景泰、天順稍衰,成、弘之際,西涯雄長於北,匏庵、震澤發明於南,從之者多有師承。正德間,餘姚之醇正,南城之精煉,掩絶前作。至嘉靖,而崑山、崑陵、晉江者起,講究不遺餘力,大洲、浚谷,相與犄角,號爲極盛。萬曆以後又稍衰,然江夏、福清、稜陵、荆石，未嘗失先民之矩蒦也。崇禎時，崑山之遺澤未泯，婁子柔、唐叔達、錢牧齋、顧仲恭、張元長，皆能拾其墜緒；江右艾千子、徐巨源，閩中曾弗人、李元仲，亦卓犖一方，石齋以理數潤澤其間。計一代之製作，有所至，不至，要以學力爲淺深，其大旨罔有不同，顧無俟於更絃易轍也。自空同出，突如以起哀救弊爲己任，汝南何大復，友而應之，其説大行。夫唐承徐、庾之汩没，故昌黎以六經之文變之，宋承西崑之滔溺，故廬陵以昌黎之文變之。當空同之時，韓、歐之道，如日中天，人方企仰之不暇。而空同矯爲秦漢之説，憑陵韓、歐，是以旁出庶子，竄居正統，適以衰之弊之也。其後王、李嗣興，持論益甚，招徠天下，靡然而爲黄茅、白葦之習，曰：'古文之法亡於韓'，又曰：'不讀唐以後書，則古今之書，去其三之二矣。'又曰：'視古修辭，寧失諸理。'六經所言惟理，抑亦可以盡去乎？百年人士，染公超之霧而死者，大概便其不學耳。雖然，今之言四子者，目爲一途，其實不然。空同沿襲左史，襲史者斷續傷氣，襲左者方板傷格；弇州之襲史，似有分類套括，逢題填寫；大復習氣最寡，惜乎未竟其學；滄溟孤行，則孫樵、劉蜕之輿臺耳。四子所造不同途，其好爲議論則一，姑借大言以弔詭，奈何世之耳目易欺也！鄖人君房、緯真，學四子之學者也，君房之學成，其文遂無一首可觀；緯真自歉無深湛之思，學之不成，而緯真之文，泛濫中尚有可裁。由是言之，四子枉天下之才，亦已多矣。嗟呼！唐宋之文，自晦而明，明代之文，自明而晦。宋因王氏而壞，猶可言也，明因何、李而壞，不可言也。"

《明文授讀序》四篇，第二篇爲康熙戊寅遼陽靳治荆序，無關本篇史實；第四篇爲康熙乙卯四明門人張錫琨序，張爲刻印

《授讀》之人，但序刻印經過，亦與本文無關，皆不録。今節録徐序、黃序如下。

康熙三十八年崑山徐秉義序云："……姚江梨洲黃先生初有《明文案》之選，其所閱有明文集，無慮千家。蒐羅廣矣，猶恐有遺也，詢謀於余兄弟。伯氏細檢傳是樓所藏明集，復得《文案》所未備者三百餘家，先生驚喜過望，侵晨徹夜，拔粹摭尤，余亦手抄目勘，遙爲襄理，於是增益《文案》而成《文海》。夫以先生之明眼卓識，而又精勤於蒐羅擇取，如此則《文海》成而有明一代有全書，更無有埋没、闌入之憾矣。顧其緗帙浩繁，爲卷幾至五百，令嗣主一嘗私請於先生，更掄剔其最者，祕之枕中，是名《授讀》。蓋《文海》所以存一代之文，《授讀》所以爲傳家之學，各有攸當也。"

康熙戊寅三十七年黃百家序："先夫子自戊申歲，取家所藏有明文集約五六千本，擷其精華，至乙卯歲，成《明文案》二百一十七卷。庚申歲，蒙今上有遺獻之徵，既以老病不能赴，又奉特旨：'凡黃某所有著述，有資《明史》者，著該地方官鈔録來京，宣付史館。'於是藩司毅可李公，俾胥吏數十人繕寫，不孝入署校勘，而《文案》亦在其中。丁卯歲，不孝入都門，故相國立齋先生監修《明史》，以史志數種見委。簡閱史館中書，此《文案》固在也。未幾，不孝以思親告歸，先生許以在家纂輯。己巳書成，先生復招不孝入都，再至史館，已不見所謂《文案》，蓋有潛竊之而去者矣。不孝思此本頗爲海內傳鈔，此間之有無，略不置意中。逮後先夫子究以有明作者林林，歉於未盡，親至玉峰，蒐假司寇健庵先生傳是樓明集，得《文案》以外所未有者又如我家藏之數，汗數牛而歸。綴以紅楮，第其甲乙，復還玉峰。宮詹果亭先生命諸佐史，繭指録出，親正豕魚，以寄先夫子，於是復合《文案》而廢之，又有《明文海》之選，爲卷凡四百八十，爲本百有二十，而後明文始備。先夫子嘗謂不孝曰：'唐《文苑英華》百本，有明作者，軼於有唐，非此不足存一代之書。顧讀本不須如許，我爲擇其尤者若干篇，授汝讀之。'於是更有《授讀》一書。未幾，《文案》爲潛竊之人掩爲己有，易名行世。或有訝而來告曰：'是人也，亦嘗受業於夫子之門人，得毋類鑱門乎？'不孝曰：'子言亦不倫矣，鑱門盡羿之道而殺羿，是人也，腹儉詩畫，行多未檢，頗大不類於乃師，烏得與鑱門比乎？且先夫子之爲是選也，亦不過欲表揚一代之文人，嘉惠後日之學者，奚必諉功自己出？苟有傳刻是書者，亦即先夫子之志也，特嫌其不悉依原本，稍加竄易，點金成鐵耳。嗟呼！以先夫子之平生，繼孝閔曾，闡學濂洛，文章則平揖廬陵，節義則追踪孤竹，即無明文之選，何嘗有損於毫末！況廣而《文海》，精而《授讀》，明文之選自在也，即百鑱門，烏得而殺之？！子言不倫矣。'……"

《明文授讀》目録分類如下：一、"奏疏"，凡四卷，不分小類。二、"表"，一卷。三、"論"，凡五卷，不分小類。四、"議"，一卷。五、"原"、"考"、"辨"，一卷。六、"解"、"説"、"釋"，一卷。七、"頌"、"贊"、"箴"、"銘"，一卷。八、"疏文"、"對答"、"述"、"憂"、"叢談"，一卷。九、"書"，凡八卷：第一卷所收爲方孝孺一人之書，不分類；卷二小注"經學"、"講學"；卷三小注"雜論"；卷四小注"國是"、"吏治"、"持正"、"交游"；卷五小注"論詩"；卷六、七小注"論文"上、下；卷八小注"自叙"、"憂讒"、"悽惋"、"感憤"、"訟冤"。十、"記"，凡七卷：卷一小注"考古"、"紀功"、"紀事"類；卷二小注"學校"、"書院"、"官廨"類；卷三小注"廟宇"、"寺觀"類；卷四小注"居室"、"亭池"類；卷五小注"古迹"；卷六小注"游覽"、"紀行"類；卷七小注"雜"類。十一、"序"，凡十四卷：卷一、二小注"著述"類上、下；卷三、四小注"文集"上下；卷五、六、七小注"詩集"上、中、下；卷八小注"時文"；卷九小注"贈"；卷十小注"送别"；卷十一小注"雜"類；卷十二小注"題跋"；卷十三、十四小注"壽"、"輓"。十二、"碑文"，一卷。十三、"墓文"，凡五卷：卷一小注"名臣"；卷二小注"忠義"；卷三小注"儒林"；卷四小注"文苑"；卷五小注"雜"類。十四、"哀文"，一卷。十五、"行狀"，一卷。十六、"傳"，凡四卷：卷一、二無小注；卷三小注"雜流"；卷四小注"物類"。十七、"賦"，凡五卷：卷一小注"國事"；卷二小注"時令"、"山川"類；卷三小注"居處"、"人事"、"閒情"、"音樂"；卷四小注"市古"、"述懷"、"欣賞"、"哀傷"；卷五小注"禽蟲"、"花木"、"器物"。十八、"經"，一卷。

　　《授讀》目録後有黄百家"發凡"六則，今摘録有關之語如下："一《明文授讀》，先遺獻於《文案》、《文海》中更拔其尤，加朱圈於題上，以授不孝所讀者。一選中篇數，'序'、'記'最多，其次則'書'與'墓文'。若依《文案》，以撰人之前後序列，難於記憶，今遵《文海》例，如《唐文粹》於各體中條别門類，以便檢讀。但《文海》篇章大備，其分最細，此則稍區大略耳。一先遺獻平日有嘗稱道其文，而未見其集者，如歸元恭、顧寧人諸公，不一二數，不孝耿耿在懷，多方購索，謹敢私登數篇，亦先意也。"

　　統觀以上諸記載，黄先生於清康熙七年戊申著手編選《明文案》，閲七年，至清康熙十四年乙卯告成，計二百七卷梨洲自序數目如此,百家《序》作二百十七卷。《文案》是以作者時代排列,不以文體分類,而且定有甲乙,《自序》中"某嘗標其中十人爲甲案"一語可證。其後清康熙十九年被徵不赴,始至崑山,得傳是樓之書,益爲《文海》。據徐秉義《序》文,當是充實《文案》,改定體例之作,故《文海》成而《文案》遂不必問。然《文案》早成於《文海》之前五六年,已有傳抄之本,亦可斷言,故百家《序》有被人竊取改竄行世之説。然此事竊取改竄後究改何名,在清初《明文選》中,尚未見有類似之書,則百家"行世"一説,尚待證實。且徐《序》所載《授讀》之文,採自《文海》,《四庫》説同,而百家《序》記則云出自《文案》、《文海》。今試爲之對照,《文案》全書,雖不可見,然《授讀》一書,除"書"類第一卷方孝孺之作不復分類外,其餘分類。分子目之法,固一一皆仍《文海》之舊,獨移"賦"類居後,爲大異耳。方孝孺書不分類,下有小注説明此係奉先遺獻之意,則亦不能定爲採自《文案》之證。至其他文章,小有出入之處,"發凡"中已有説明,不復再談。余獨怪黄先生歿於康熙後期,陳卧子輩所編《明經世文編》崇禎時已刻行,宜無不見,書中亦蒐輯明人文集七百餘家,當有可採之處,何以一語未及?其時船山匿迹山中,著述固不可見,至若亭林、玄恭、青主之文章,皆在人間,且較朝宗爲高,何以侯則入選,顧、歸、傅均未選及,豈有所避忌耶?又《文案》有上、下二《序》,而《文海》竟無一言,故《文海》爲先生未定之書,而有待於後人之整理,可無疑也。

整理之法有二:一、改編原書,分爲"詔令"、"表"、"奏疏"、"策"、"議"、"賦"、"碑"、"論"、"説"、"辨"、"考"、"頌"、"贊"、"銘"、"箴"、"戒"、"解"、"原"、"述"、"讀"、"問答"、"文"、

"書"、"序"、"跋"、"書後"、"記"、"傳"、"行狀"、"墓文"、"哀文"、"小説",凡分大類三十有二,"詔令"可查各朝實録補選。"跋"、"書後"可從原書"序"類中分出,"行狀"可分出亦可補充。删"諸體文"一類,改"稗"名爲"小説",其中"賦"、"書"、"序"、"記"、"傳"、"墓文"之子目,如爲便於檢查,可仍用之,惟亦宜改定,決不可全用舊名。至"書"類中缺一百八十四至一百八十七四卷,"墓文"類中缺四百六十一至四百六十四四卷,所缺皆爲"書"及"墓文",亦可補選,但各補選之文,必須於題下注明"補選"字樣。凡補選之文,必當遠及船山。此一法也。

二、次序不動,仍以"賦"居首,但改"奏表"爲"詔表",移居"奏疏"之前。删"諸體文"一類,併入"文"類。"序"類下添"小注","跋"、"書後"附。"稗"類改名"小説"。子目名號不妥者改定之,文體歸類不當者移易之,不再補充,缺卷一仍其舊。此又一法也。

昔在一九二七、八年間,蟄居海上,静安、不庵勸予編輯《全宋文》,予亦怦怦心動,繼覺其難。一夕長談忘倦,又及此事,予曰:"我所最難定者,爲各家語録,語體文自然當列入,而且其中理識豐富,史實極多,安可捨去? 既列入而書又名'全宋',其勢不能删節,則卷帙將不勝其繁,此事實最爲難。"遂相對默然而散。將來如編全明、全清文,此一難題,亦復存在。在《全明文》未能着手編輯之前,則《文海》一書,尚有整理行世之必要,蓋梨洲選文之旨,《文案》二《序》已發其凡,既無門户之見,亦不爲時代所限,故可取也。

附閻若璩《潛丘劄記》中所載關於《文案》、《明文授讀》事:

卷五"與戴唐器書":"近代圖章力駁何雪漁,而返文三橋;

書家力駁董文敏，而歸趙松雪，皆鑿鑿至理，古學復興，亦其一也。適閱《明文案》目錄，可惜其中多生平欲見之文而不得見，亦可惜。吳園次名綺，今揚州人，見在，且爲湖州郡守，豈可與李世熊比而入明文也？他文體宜辨：'行狀'豈可合'墓文'，'題後'豈可作'弁首'？皆紕繆之大者，出牧齋手，必不如此。兄以爲何如？"

又，"……《明文授讀》，必不出黃先生手，果出黃先生手，敢直標其父名曰'黃尊素'乎？"

又，"……口口推震川爲有明第一，南雷先生頗以爲否。進瓣香於潛溪，亦允當。"

據以上三則，是閻氏所見爲《明文案》目錄及《明文授讀》二種，未嘗見《明文海》目錄也。《四庫提要》"明文海"下何據而有閻若璩辨此書必非黃先生所編之說，豈紀氏誤記乎？抑《潛丘劄記》一書，尚有未刪之全稿，曾載此事乎？此事不應刪，《四庫》所記當誤。又吳園次"與李世熊比而入明文"一語，《文案》以人相次，又得一證。文體雜亂，閻氏亦言之，是《文案》、《文海》有同病。又閻氏必以直標"尊素"之名，否定《授讀》非出南雷之手，例以臨文不諱之義，恐未能作爲定讞。至南雷論文，雖與牧齋略有異同，然極推重牧齋。又《文海》之名，宋已有之，《建炎以來朝野雜記》云："《文鑒》者，呂祖謙被旨所編也。先是，臨安書坊有所謂《聖宋文海》者，近歲江鈿所編。孝宗得之，命本府校正刻板，周益公奏去取差繆，莫若委官詮釋，遂以屬伯恭。書進日，上諭輔臣曰：'祖謙編類《文海》，可除直祕閣。'時益公爲禮部尚書兼學士，得旨撰《文海序》，奏乞名《皇朝文鑒》，從之。"是"文海"之名，宋已有之。

卷　三

雪　翁　詩　集　序

　　詩文之道，關乎氣節，出之性情。若徒依傍纂竊以爲工，此所謂賊假衣服，禪販如來者也。故氣節衰，性情薄，舉世混濁，即有鳴者，亦寒蟬凡鳥耳，力竭聲嘶，豈有可聽者哉？試以詩論，有唐一代，可云盛矣，及其衰也，士節屈於武夫，人情漓於迎合，閴無人焉。宋之季則有文山、疊山爲之創，明之季則有道鄰、石齋、蒼水爲之創，振臂一呼，慕義者雲合而景從，蓋正氣感人之深，故其作者較晚唐爲盛也。白衣先生當朱明易姓之際，奔走江湖，日圖恢復，其行誼詳全榭山先生墳版文及《海東逸史》。其詩集，《續甬上耆舊詩》作《息賢堂集》，《慈溪新志》作《息賢集》十五卷，而此稿則得之先生裔孫魏仲車同年友枋，其自序則稱“雪巖”，標題則爲《雪翁詩集》，卷則十四，與《志》不同，豈當時輯者未見先生自序歟？今從家稿。先生是集訂定於丁酉，而就義在癸卯，相距七年，不知此七年中之詩，世間尚有傳本否？石齋、蒼水，被羈成仁之作皆有傳，而先生獨以此十四卷者傳世，可慨也！雖然，此十四卷中，氣節性情，隨在可見，宜嶺南屈氏獨心折而推重之乎。

聽天閣詩存序

詩，言志舒情之作也，起於兒童、婦女，歌於隴上、水涯，無所謂律也。漢魏後稍有詩律。唐以詩取士，而律日以嚴，詩之境遂日以窘。能掉臂游行律中，不爲律困，而入律極細者，杜少陵也；不受律束，肆意言之者，韓昌黎、盧玉川也。韓之詩，“橫空盤硬語，妥帖力排奡”二語得之；盧之詩，三、四、五、六、七言、十餘言，雜居一篇之中，雖導源於太白，太白無此奇險也。舉昌黎、玉川之詩，與子美、義山量短衡長，或與樂天、微之之詩，權輕比重，則慎矣。何也？彼固各言其志，各抒其情者也，今乃以己意爲權量，而長短輕重之，詎不繆乎？及門陳仲陶法梅宛陵，錢琢如效韓昌黎，予兩善之，蓋不欲以己意側其間也。潘子天壽，癸卯暮春出所作《聽天閣詩賸》一卷、《詩存》二卷見示，其古詩法昌黎、玉川，其近體又參以倪鴻寶之筆。倪氏以文章、經濟名，其餘技書、詩、畫皆精，而又以身殉國，此真我浙之完人。予曾爲之輯全集，徧蒐明清諸刻本，皆有文而無詩，後乃得一鈔本，又從墨迹、地志中輯補數章，於是始備。其詩峻峭險拔，予尤愛之。今讀潘子近體詩，何有時相似之甚也。潘子以畫名世，近琢印文曰“一味霸悍”，其志之所在可知矣。抗戰時，予自粵西入川，曾有句曰：“是處青山可埋骨，何須白髮始灰心。”今《詩賸》中諸作，皆避兵時所詠，流離顛沛悲憤之意，躍然紙上，回思往事，不覺戚然。願世之讀潘子此集者，知二十餘年前政府抗敵之無狀，凡民奔竄饑寒之無告也。

補李義山錦瑟詩注兼談注詩之難

四十餘年前，予選録自唐至明各家七律、七絶詩，以供吟賞。抗戰歸來，撿篋笥，僅存七册而已。今年八月十三、十八兩日，香港《大公報·藝林》中，連續登載柳文英先生所撰《李義山錦瑟詩發微》，頓觸舊好，檢視存册，玉溪詩宛在，眉間當時曾評云：“起聯託興，此當是義山晚年追憶平生之作。”又云：“二、三聯述以往情形，用莊子夢蝶，不用莊子鼓盆事，當非傷逝之作。”又云：“結聯歸到不堪回念。”蓋歷來注李詩者，以桐鄉馮氏爲最精博，而此詩亦注爲“悼亡”，予意與之相反，故有此評也。柳先生之文，引證繁博，考據詳盡，自可一掃從前之誤。現在我根據我向日評語，再來補充一點。古瑟相傳爲庖犧氏所製，黃帝聽素女彈五十絃之瑟而悲，破之爲二十五絃，説見《説文》，是古瑟原爲五十絃。此詩託物以興，則義山作此詩時，必在五十左右，正是流落蜀川幕府之時，看到古瑟，循着五十絃綫，而歷想往時一切經過情況。起二句總領全詩，用意極爲明白，不必東轉一圈，西繞一彎，如宋人輩發生異説。第三句，原來莊子化蝶，是表示物我兩忘之意，義山借來形容以往之事，如夢境迷離，有若莊之化蝶，蝶之化莊，暗指令狐楚死後，依傍王茂元、鄭亞事，亦若迷離夢境。此是自解，亦有自悔之意。若欲以引用此事作爲悼亡之詩，則莊生鼓盆，明明另有一事，何不引用，而反欲引用化蝶之事？恐義山不致如此顛頇也。自有此種誤解，後人乃推波助瀾，演爲《蝴蝶夢》一劇，真覺可笑。第四句即指作詩時身在東川柳仲郢幕中，無人援引再作朝官，欲歸不得，意極明顯。五、六二句，一言沉淪既久，如滄海之遺珠，無人採貢，徒自掩泣，因之思及此種境界之造成，實由於娶王茂元之女而起，當時固藍田日暖，豈意玉已生煙而化乎？此非悼亡，不過追叙經過而已。此正用雍伯種玉得婦事，碻指婚王氏而言。蓋義山首受令狐楚培植，而且教導之作文，相待極厚，至娶王氏，而牛、李之黨相争日烈，令狐綯遂恨其輕薄忘本，不再援手，此實義山晚歲沉淪一大關鍵也。結後二句極明顯，末句亦表露悔意。以上是我一得之見。

因義山此詩，連想到注詩之難，注"游僊"、"無題"詩尤難。舉一現例：我在袁世凱帝制時，曾作《畫堂》一詩，詩曰："四面流蘇掩畫堂，不聞人語但聞香。三春打漿迎桃葉，九日梳頭嫁阮郎。共道憐才留玉枕，何時踐約悵銀潢？當筵薄醉扶難起，又見繁花拋滿牀。"舉以示友，大抵皆認爲詩法唐人，意則不解。其實起聯指袁氏當時爲其子克定等所蒙蔽。例如袁氏每日必索閱上海《申》、《新》二報，而克定等遂逐日邀人撰寫贊成帝制擁戴袁氏之社論及新聞，改排重印送閱，故袁氏所見，非真《申》、《新》二報也。深處禁中，不見天日，所聞於耳者，無一似人之言；所接於目者，迷離變幻之氣氛而已。第三句指用古德諾等一班外國流氓。第四句指籌安會、君憲救國會等人。第五句指嚴復等人。第六句指國際關係。第七句指閱陳宦電後，憤而病死。末句指死後陷大局於紛亂不堪。皆包括當時史實而言，並時同輩，閱之尚不明瞭，假使隔一二百年後，此詩尚有人讀，不知道作何解。故特附記於後，以見注"無題"詩之不易。

50

卷 四

畫 人 小 識

顧來侯復，清康熙間人，著有《書畫壯觀録》，云："黄子久一水墨山水，署款'大痴道人静堅'。"《明史》本傳，王叔明爲趙子昂甥，《壯觀録》則云："文敏外孫。"厲樊榭題王叔明《南村圖》，亦作"外孫"。《明史》"甥"字當誤。

《杜東原集》，此集士禮居有抄本。有題雲林畫一則云："先生家素垺封，以納粟補官道録，應時君之詔，以濟饑乏，非求貴也。"杜去元末未遠，所記當確。又嚴海珊《明史雜詠》"顧德輝詩"云："武略將軍飛騎尉，頭銜太苦草堂人。"據《歷朝詩小傳》，稱仲瑛至正之季，以子元臣爲水軍副都萬户，封武略將軍飛騎尉錢塘縣男。

長洲沈貞吉，名貞，字南齋，又字陶庵，又號陶然。其弟恒吉，名恒，字同齋，號緝庵，皆工畫，善詩詞。貞吉壽八十以上，恒吉亦六十九，恒吉子即石田，壽八十三，可謂"一家風雅壽考"。《清河書畫舫》云："緝庵之父蘭坡，游心藝苑，善於鑒賞。"《弇州續稿》云："啓南弟豳，字翊南，善畫。"《梅村文集》

云："啓南孫名湄，字伊在，畫法趙承旨。"世澤相承，較近代瑤階村費氏尤遠矣。

相傳文衡山初名璧，字徵明，因文信國子"璧"仕元，不欲與同名，故以字行。丙申冬，予在葉晉卿杺眉壽堂，觀所藏衡山爲吳匏庵作《海目庵圖卷》，後署"正德丁丑九月製文壁"九字，"壁"字從"土"不從"玉"。證以其兄名奎，徵明之字，俱與壁宿義近。聞文氏族譜尚有一弟名"室"，是更可證爲"壁"字矣。正德丁丑，衡山時年四十八，尚未以字名也。

漁山與石谷同邑，相友善，畫亦相埒。惟漁山老年好用西洋法作畫，雲氣綿渺，迥異平日。昭文張約軒通守元齡，曾得楊西亭所寫漁山小像，上有上海徐紫山跋云："余嘗於邑之大南門外所謂天主墳者，見臥碑，有'漁山'字。因剔叢莽視之，乃知即道人埋處。命工扶植之，碑中間大字云'天學修士漁山吳公之墓'，兩邊小書云：'公諱歷，聖名西滿，常熟縣人。康熙二十一年入耶穌會，二十七年登鐸德，行教上海嘉定。五十七年，在上海疾卒於聖瑪第亞瞻禮日，壽八十有七。康熙戊戌季夏，同會修士孟由義立碑。'"據此，知漁山入教甚確，石谷後因其借所撫大痴畫幅不還，與之絕交，特假細故爲藉口也。

畫人逸話 丙申夏,偶閒,寫此消暑,無次序,憶即記之。

李乾齋修易,海鹽人,妻徐,畫人物。乾齋畫山水,出筆俊爽,類奚鐵生。與鹿牀同時而年略長,鹿牀極推重之。鹿牀工烘染,少俊爽之筆,故平生亦極推重鐵生,此猶董香光晚年時臨南宮書,皆自知其短,欲借助於他山也。其實各有致力之處,各不相掩,正不必於此較量工拙耳。

鹿牀歸杭後,所作畫得意者,署款時"戴"字末撇,均在"異"字長畫上,此蓋暗自標識者。辛亥初,鹿牀畫與徐俟齋畫價值相等,又四五年,俟齋價如故,鹿牀日高,相去數倍矣。解放後,以其爲清效命,一落千丈。此藝術也,我知終不能埋没,自清一代言,恐當以鹿牀爲殿軍。前見一手卷,絹地,題曰《海天霞唱》,海上紅霞掩映,烘染精絶,曾臨之。又見小册頁八幅,闊不及四寸,高不及三寸,墨筆工細,亦臨一過。今惟所臨《別下齋圖》小橫幅,尚存行篋中,他皆散失盡矣。予性粗率,不能烘染,故刻意欲臨鹿牀,但始終不能救我之病也。

鹿牀有時做董玄宰,而墨氣尤厚。曾見一泥金扇,玄宰復生,當亦認爲青出於藍,索值三百金,話一不二,無錢,浩嘆而已。前得一四尺小幅,畫於灑金箋上,粗筆點染,點幾大逾拇指,在京供職時所作,旋有友人强索去。來杭復得一幀,大小相若,宣紙,做黃鶴山樵,松與石皴,略具山樵意,餘皆鹿牀本色,亦供職京師時作。來杭十年,僅得扇頁二三,小册一頁,及此而已。又得一扇,在骨上,生健如新,可愛也。予弟藏有水儼一幀,予則欲求方寸花卉,未得遇也。鹿牀大幅殊呆滯無韻,亦少見,最佳爲其隨手遣興小品。

蒲作英華,嘉興人,幼極聰慧,與陶之方模同師讀,陶極拙樸。後陶貴,蒲仍一衿,由是日落拓,不事生産,以書畫自娛,兼以自給。日縱酒不修邊幅,天雨醉歸,着釘鞋上牀,便伸足入被中卧。畫有天趣,用筆直舒橫掃,無不盡之鋒,直寫而非畫。花卉尤佳。

吳昌碩俊卿,湖州人,學畫極遲,自江蘇候補不得意歸海上,以篆刻爲生,畫尚不能工也。日走任伯年之門,觀其畫時運筆調色。伯年嗜阿芙蓉,畫必於夜,昌碩夜必往。伯年厭之,以語人。人告昌碩,不如拜作師,昌碩即師伯年。其後名盛,或乃曰非師伯年。然昌碩一生,印第一,字第二,畫究第三。初畫尚有輕筆,後則重,而有時蠻橫獷悍矣。獨能造意境,設色亦重而不俗,此其所長。字自石鼓外,行書實師王覺斯,惡其名,始終秘之。印則做漢泥封,祇能有一,不可有二。而海上紛紛效之,遂成東施矣。

陳師曾衡恪,江西人,在教育部同事至久。其畫以花卉擅長,師昌碩而有書卷氣者。初至日本作畫展,邀余選其作品。其爲人極淡静而有風趣,贈予畫至多,兵燹之後,僅存山水一幀,即爲余畫讀書樓者。師曾山水用筆極奔放,惜遠近不分,又不喜烘染,此其所短。留學日本時,乃有做惲、做王之作,後不復見矣。

　　齊白石璜,湖南人,從王湘綺學詩。早年挾其畫與篆刻,游兩湖府縣幕中,人以其畫筆之工而無生氣,篆刻之整而無刀法,謔之曰"木匠"。予友沈羹梅兆奎之父任湖北某府知府,齊曾處幕中,告予如此。民國初年,至北京,寓法源寺小屋中,出其技鬻於琉璃廠,月餘,無問津者。親至清悶閣、榮寶齋問曰:"今京師畫何人最享盛名?"則曰:"陳師曾";"全國何人最享盛名?"則曰:"吳昌碩。""陳吳之畫,可得觀乎?"則各出所畫示之。齊恍然悟,歸寓,盡棄其向之所謂草蟲花卉工而無生氣者,放筆作魚蝦花草。不數日,又以新作投諸肆中,遂有售者。師曾見之,且驚爲得此奇筆,邀予共訪之。予無暇,師曾自訪之,遂訂交。齊氏之畫,遂有名於北京。自此不復作工筆畫,偶爲老友一作之。其題字亦屢變其體,少年、中年之作,人幾認爲僞作,以款識不同也。第三子能做其粗淺者,故畫室出入必親啓閉,慮盜用印章,以贋作售人也。此老身佩銅鑰累累然成串,行則丁東相驚鳴。出寢室,鎖其寢室;出畫室,鎖其畫室;下致箱篋、抽屜、厨匱,可鎖者無不鎖也。二雛姬侍之,入畫室,乃繫其衣角於畫桌,亦可異矣。予友楊性存最嗜其畫,每年必購數幅,中一大幅八尺者,畫粗筆半身仕女一,顧之大小,與生人相等,白石欲丐回自藏,性存不許也。所貯西洋紅三四巨瓶,故畫荔枝、牡丹,能極鮮艷。人體瘦小,語言質樸。

　　任伯年頤,山陰人,幼時傭於上海箋扇店。渭長方售畫上海,私竊傲之,頗亂真。人求渭長畫,渭長懶,應之頗遲,囑箋扇店代求,則限日不誤。知友以問渭長,渭長曰:"無此事。"則出一扇以質之曰："此非君手筆耶？昨求而今方取歸者也。"渭長閲而笑曰："此贋鼎，然大佳，我當一探之。"至店，囑求渭長畫，限翌晨取，伯年出應曰："可。"明日走取，畫成矣。渭長曰："聞任氏慵於筆，子何能速之？"伯年大聲曰："此我家叔，故取之易耳。"渭長笑曰："予即真渭長也，子何誕甚？"伯年聞，即投地崩角呼"叔叔"。渭長曰："孺子可教，真吾姪也。獨畫未有根柢，我又懶，當修書送爾至蘇州，從爾阜長叔學雙鈎白描可耳。"伯年大喜，摒擋至蘇從阜長，自此真叔姪矣。後又至甬，從姚氏觀所藏名迹，始稍稍變其師法，人物參新羅，花卉參撝叔矣。伯年酷嗜阿芙蓉，其時海上多開燈售煙，有一店，伯年無間寒暑必日至。求畫者欲速得，則與伺候煙盤之人相結，店中爲備筆墨顔料，癮足後請其落筆，又快又好。一日大雪，伯年冒雪行路中，至店吸煙，忽有所會，索紙筆以淡墨揮灑，作風雪旋轉空際狀，旁無別物，署曰"白戰圖"，此神品也，不知流落何處。伯年人物、花卉、鳥獸均佳，早年款倣魯公，畫多人物，亦皆老蓮一派，工而未入化境。嘗見其畫稿數十紙，皆各種魚類，孰爲盛名可以倖致也？間作山水，率直疏放，墨氣亦佳，獨少幽静回曲之趣。

虚谷飲酒食肉，年需四五百金，一侍者爲之料理。筆資足一年供養即不畫，往往二三月間已擱筆矣。早年亦揚州、焦山之流，畫金魚、松鶴、石笋、松鼠之屬。晚乃神化，畫金魚數筆鈎勒，畫松鼠毛如竪立，畫葉多用方筆，此實近代逸品，惜所傳不多。久住上海關帝廟。清光緒十七年，曾至杭州。

吳秋農穀祥，學唐六如，而畫柳絲極妙，直如鋼筆所畫，人物衣褶亦佳。清代學唐者二人，前爲朱津笠昂之，後則吳也。然吳不如朱之爽辣，工力深而神韻不逸，至若胎息幼丹。早年以細方筆作石，竹枝縱橫秀挺。六如真髓所在，則二子均未逮也。秋農生前極蕭索，一扇僅潤資三角，尚無問津者。至揚州售畫，失意返，渡江，以筆、硯投水中。而身後乃奇重之，一扇至三、四十金，畫之遇與不遇，真有時也此爲民國十七、八年時之價。

吳伯滔滔，崇德人，極風趣，無潤求畫者，署曰“滔”，不著姓，再求則署曰“滔滔”，意若曰，此白叨光再叨光也。遇甚雨，頂笠披蓑，行小山間，觀風雨之勢，以求畫意。崇德大火，立高處眺望徹夜，即以朱作火景一圖，題曰：“火海”，惜此圖亦不知流轉何處。伯滔畫雖無特長，而氣息渾厚質樸可喜，且運筆純熟，是其所長。

伯滔子岱秋觀岱，“岱秋”後改“待秋”，尚有江蘇一畫家，亦名吳觀岱。幼從其舅葉古愚直學畫。葉氏氣魄小，故岱秋亦不能名一家。游北京無所遇，歸滬上爲商務印書館董理圖畫付珂羅版，乃大進，潤日高。然性殊吝嗇，有求畫者，妻先量紙大小，即溢一寸，必索加潤。白石亦有此癖，每開展覽會，得意之作，決不標價，而曰“面議”。及相見，又視其人之服飾及喜畫程度，再索巨價。此真可笑。王福庵其老友也，語及欲得其粗筆山水一小幀，但此刻僅攜錢八元，岱秋曰：“三尺者此數足矣。”福庵乃罄囊畀之。又一知友得伯滔畫，乞題數語，久不應，索之，則曰：“未送潤，何能下

筆?"其行類如此。畫則佈局不甚留意,惟求其滿,常語人曰:
"海上人所喜如此,我故投其所好耳。"畫小樹石功力亦深,惜
一幅之中,終覺氣勢索然。

　　費曉樓丹旭,湖州人,仕女極工,惜早死。蔣氏別下齋曾聘
之,同時張叔未、張子祥均在列,費年俸百金,二張各八十金。每年以印
章稿本授蔣,故市上贋品,皆出蔣手,能辨者少。然柳葉帶草,
終不似費之輕靈流麗也。

　　張子祥熊,嘉興人,早年畫花卉,六十後兼畫山水,然墨筆
者多。享年八十四,又在滬售畫,故流傳之品甚多。亦喜作小
蘆雁,翩翩有致。牡丹爲其特長,晚年花葉皆圓。

　　管芷薌庭芬,海寧人,蔣生沐先生表弟也,亦在別下齋中,
亦能畫山水。暮歲無依,無兒女,亦時售畫,然不能工也。

　　陸廉夫恢,蘇州人,早年游吳清卿幕中。清卿未去官,即
爲之捉刀,故清卿湘中畫,十之八九廉夫筆也。廉夫學石谷而
更柔靡,且補筆不經意,往往累及全幅,以其功力深,故風行
一時。

　　"三任"以渭長爲第一,伯年次之,阜長殿軍,此公論也。
渭長不壽,早年極寒苦,姚梅伯見其畫,以爲可造,延之家中,
出藏畫使臨摩,遂成妙筆。梅伯又時時爲之題句,故渭長後來
款字,往往倣梅伯。伯年創作最多,予得《無量壽佛》一幀,佛

坐菩提樹下,高逾尺,赭色塗面,頂旁略著數發,禿乃更顯,垂眉不長,眼含笑生縐紋,粗率若不經意,而神態不微不顯,筆墨出老蓮、新羅之外。又見一幀,以山水中橫點之法,畫尺餘長叢竹數十竿,暮藹蒼茫,望之森然竹林也,下補流水小石,真所謂無煙火氣亦無筆墨痕矣。渭長學老蓮,衣褶勾勒,近世無對,然晚年亦有脫略形蹟之作,予得一扇,二蕉葉上坐一紅衣女,對爐煮水,全畫皆彩墨塗成,無鈎勒輪廓處,幾如近世水彩畫,題識三次,想亦平生得意之筆。阜長早年爲泥水匠,渭長勸之學畫,用力甚勤,倣老蓮不敢失尺寸,其精者亦能與渭長工筆相混,梅伯亦偶爲之題記。但除白描濃飾工整之外,他皆近俗,款尤劣,故不多著字。

任立凡爲任氏後起之秀,人物、花卉、山水均畫,無一不能,亦無一能精。以山水論,尚不若伯年偶然縱筆狂掃之作,別有風格。人物、花卉,更瞠乎後矣。

吳清卿大澂,蘇州人,篆書爲清末大家,無一體不具,亦無一體不工。以獵碣論,凝重工致,較老缶之獷悍,相去遠矣。謫官居蘇,以書畫自娛,山水氣息淳厚,運筆亦有篆意。其孫湖帆,近雖以畫名家,然纖巧取悅俗目,殊不能繩武也。

張大千師石濤,時作石濤假畫矇人,人盡知之。然意境奇特,運筆靈活,自是所長。人物衣褶,纖勁飄逸,大似子畏,又與苦瓜不同。所惜僅得石濤輕筆,厚重處一無所得,尤見於山水中畫竹。石濤竹凡三種,一葉向上,此與南田所畫大不同。一下垂,此與石溪所畫又不同。一橫點。此或作小枝,小點代蘆葦。大千作此,無一似者。予曾笑語之曰:"此後假石濤,慎勿畫竹,畫竹原形立見矣。"所摹敦煌壁畫,則真足傳世。

大千兄善孖,以畫虎名。邀予過其滬寓,柙畜小虎,指虎爪示予:"此爲睡時爪狀。"又隔籠挑之怒,虎舉跖舒爪,曰:"此爲怒時爪狀。"體物之工如此。善孖戇,不及大千巧,故畫虎外無他能。

金鞏伯城,湖州人,嗜畫,山水、花卉均工筆,臨摹古迹可亂真。在玻璃桌上展開古畫,玻璃下裝數電燈透視之,其淡色襯染不能相似者,著色紙背以襯之。然自作者,均板滯無生氣,真一木匠也。贈予書畫至多,兵燹後,盡失之。

鄭午昌弟山水有奇氣。一日,攜所畫一軸見貺,且曰:"冷師,予近刻一印,專嚇上海人。"予問:"何語?"則展畫指押角印示之曰"嵊縣人"。蓋其時海上綁票之案,十九出嵊人也。

馬孟容弟花卉、螃蟹,亦簡潔有致。用心專,用力勤,惜質魯,且又不壽。近公愚弟亦能做其兄作菊、蟹。公愚以售字起家,無體不書,乃無一能精。甚矣!藝之不可不專,而不可隨人俯仰也。

葛龍芝尊,海寧人,忠厚長者。耳聾甚,故以"龍芝"作字。畫小人物,極有生動態,"漁家樂"尤佳,旁益一猫一犬,皆神情畢肖。

王小楳畫人物，晚年簡古有神，早歲則多俗筆。

畫人物須具學問，一知當時服飾器用，二知當時環境，三知所畫爲何人，四知所畫爲何等事，方能一一吻合。有人求題王一亭畫《伏生授經圖》，伏生睜目高坐宋時人爲秦檜所製太師椅之上。祇能退回，不著一字。以此類推，可知其難。

"四王"煙客最少見，真者僅見兩幅，著墨不多，神韻自遠，運筆最純熟老練。氣局開張者，當推廉州。麓臺時有生硬處，巒頭尤崛強不合理。石谷工夫深而氣韻差，且時有東拼西湊處，學之雖易，流弊無窮。墨井自意大利歸來後，墨影山光，半參西法一點，近人尚有議論。南田不以山水名，然筆墨均在石谷上，真不食煙火者。

予最佩香光用墨。自米氏父子後，山水始專有用墨者，然高房山、吳仲圭、龔半千皆用之雨景，獨香光晴雨皆宜。其潔净精微，一無塵滓，真千古一人而已。香光畫有款無印者尤可貴，蓋傳家之作，非尋常應酬筆墨，且非代筆故也。

自元四家後，始專尚氣韻，不求形似，畫院之習始革。然畫院亦有佳者，且馬遠、夏珪，亦早不規規形似矣。

張子青、何詩孫之流，均取法近人，未窺大道，故筆力薄弱，意境庸俗。之萬尚時有書卷氣流露，惟樸書、畫皆俗，無一是處。

湯定之滁工力甚深，資質亦高，雖時有草率品，然規範故在，日處滬上而無海上作家欺人之習。晚年以畫蘭自喜，即有縱橫瀟灑之致，要不及楊龍友多矣。山水秀亦不及其祖雨生。

余樾園紹宋，畫第一，書次之，文最下。山水筆健墨醋，時有奇趣。晚亦法歸玄躬畫竹，甚相似。書則俗在骨。寓京時曾自詫其書曰："七百年來所無。"余笑語之曰："惜我欲求五百年之紙而未得，祇有請君束筆不書耳。"

溥心畬作小品山水，間有宋明人風趣。其人懶甚，往往鈎勒後，隨意由姬人設色，故工者絕少。

清初畫家，南田外，予極愛沈若天灝。用筆爽辣分明，其倣古諸作，尤能得唐宋精髓，惜流傳不多。

錢叔美媚秀細緻，似畫院中物，而又書卷之氣襲人眉宇，設色明而不俗。夏劍丞兄欲倣之，真覺唐突西子也。

七道士曾衍東，魯人，流寓永嘉。畫人物喜狀梁山泊中人，或迎春、迎親執事，新羅之外，又具一格。僞品極多。近人關良號良公，喜畫戲劇人物。

趙撝叔之謙,三十歲前畫山水,款書倣魯公《爭座帖》。後乃專畫花卉,能作雙鉤工筆,氣勢盤薄,前無徐青藤之野,後無吳昌碩之獷,卓然大家,品居字上。老蓮衣鉢,在浙中尚有任氏能傳趙撝叔精神,伯年參其一二,昌碩去之遠甚,未見傳者。

姚梅伯燮花卉可入逸品,胸有書卷者,洵不同也。

鄭大鶴文焯山水工力未深,而意境頗雅,兼能指畫。

方蘭坻薰又號樗庵,桐鄉人,山水、人物、花卉皆精,與奚鐵生同時。用筆秀潔,造詣極深,微嫌力弱。鐵生不甚善之,故蘭坻畫重於嘉、湖間,而杭人殊不珍視。予喜其沉静秀潔,所藏山水、人物、花卉均具。頃又見潘雅聲臨其《太平盛事》卷,所畫皆閭巷間小販,若吹糖人、補鞋、釘碗之類,計百人,聞爲乾隆南巡時進呈之作。想原物不在人間矣,閱臨本猶神態奕奕如生也。

李毅齋山水善用卓筆焦墨,與黃尊古相伯仲,視其舅高其佩品格爲高,惜不多見。

惲香山平潤而已,運筆少變化,予不甚愛之。

黎二樵簡,廣州人,書學王,畫學董,皆未得真諦,畫疏簡處亦有似玄宰處。清二百餘年間,廣東藝人也。

黃小松易，杭人，印爲八家中稀品，畫瘦而能潤，淡而不冷，簡而不枯，結局、運筆、設色，無不雅馴，另成風格，此真逸品。

奚鐵生岡，杭人，小試時，縣令知其能畫，命吏呼之畫，傲不應。吏曰："此非童諧"銅"生，乃鐵生。"奚聞大喜，即字之。知友貴後，即不往還，中年遭回禄，母、妻相繼亡，孑然一身，悽涼下世，未及六十也。畫早年傲古，後乃自出機杼，運筆神俊，點尤出色，惟佈局少變化，類放翁七律，重複者多，此其所短。日本人極重之。

自雲林之後，一變爲漸江，又別出爲垢道人。雲林早年實出北宗，改用細筆，而筆意皆方，子畏作細筆皴時頗法之。後雖略圓轉，究與南宗大異。香山傲倪，用南宗筆法二樵亦然，此所以方枘圓鑿，不能得其神也。然雲林雖冷而秀潤，漸江則冷極而秀潤較差，真深山老衲。程邃荒寒孤冷之極，讀其畫幾疑身處無人之境，蓋垢道人無論濃淡，皆喜用枯墨也。

程青溪正揆與石溪友善，畫則自立門户，用筆極簡，明清間有此一法。萬年少壽祺亦同。程氏愛畫長江風景，相傳平生作百卷，予見六七卷，用筆過簡，易作僞，楚贛之間，時有贋鼎。

石溪出自啓南，工力實較石濤爲深，學之亦不至狂野。以其質實，人不易僞，故傲石濤、八大者多，傲石溪者少。

藍田叔瑛，杭人，以花卉、山水名。用筆老辣排蕩，結局奇險。晚年山水尤佳，花卉不多見，世尤珍之。

馬士英畫相傳極佳，後人惡其姦佞，改其款爲"馮玉瑛"，云秦淮妓也。然從未見有署馮款之畫，馬畫亦未見。

楊龍友文驄，貴州人，畫蘭、竹、山水，均有奇氣，結構亦險而不怪。在杭見一蘭竹卷子，於叢蘭盡處，忽作懸崖數叢，既不生硬，亦不局促，水到渠成，極自然之趣，真奇觀也。

吳可讀侍御，書極庸俗，愛作狹邪游，人稱爲"吳大個子"。後以尸諫，奇矣！不知其尚能畫也，作墨竹頗淋漓有致。

何蝯叟畫，以意爲之，實不成畫，作書法觀可耳。湘有李姓老人，偽作之，頗多，款皆倣何篆書，牛鬼蛇神，以驚世俗。

翁瓶笙晚年時時畫梅、菊。予得一臨石刻王陽明像，又得一倣高且園山水便面，不能不名之爲畫也。

沈寐叟山水臨摹石谷，細筆敷色，皆極工致，與書法剛健適相反。平生所作不及十幀，慈護兄出以見示。予在杭得一小幀，慈護兄見之曰："此先君以贈老友者，惟此一幀流傳在外耳。"

湯雨生貽汾，秀潤娟潔，金陵一派中後來之秀，氣魄稍弱。

一家子、女、媳均能畫。予見四屏幅博古拓片，中補花卉，全家春節歡宴時筆也。禄民更以仕女著名，亦清麗不俗。

顧麟士畫極爲時重，石面陰陽向背頗精審，然不能畫人物。又往往以石谷叢樹，配麓臺巒頭，故我愛其叔若波甚於麟士。

予弟藏若波臨鹿牀册子，樹身圓潤處，雖萬不及戴，然運筆爽朗，亦稱絶作。每頁爲題一詩，而署其端曰“何必見戴”。

續畫人逸話

八大山人，本明宗室，名耷音塌，屬贛藩支下，國亡流轉江湖，以畫自給，易名"夰"，意若曰：哭不得，笑亦不得也。人不識此字，則離而爲二，呼曰"八大"云。畫以怪勝，其山水意境奇絶，然少見，見者多草蟲鷄鳥之屬，花卉亦時有。畫時懶蘸墨，往往用舌舐筆出之，姿態乃更足。當時有一貧女，倣其畫售以養母，八大聞而訪之。閱其畫，又嘉其志，甚喜，即以名印數方贈之。永曆在雲南，八大間關赴之，逗留碧鷄、金馬間，故滇中亦有其遺墨，後歿於滇，葬大理。今聞江西亦有八大墓，豈自滇遷葬乎？然大理之墓，聞滇友云固仍在也。有人以爲八大入滇而墓在滇之説，近人皆未曾論及之。在揚州曾鬻畫，所畫松鶴爲多，僞者不勝計，予所見四五幅，無一真者。八大畫今所見作"夰"字者少，豈因人呼爲八大後，遂改題此二字乎？此猶可强爲之解。若板橋之題"鄭燮"，復堂之題"李鱓"，究竟爲"燮"爲"鱓"？或許隨手題來，亦未可知。然今固有八大、鄭燮、李鱓之畫，畫甚精美，人皆以爲真者。

盧鴻《草堂十志册》，爲清故宮藏物，册後五代、宋人題跋，均確無可疑。惟畫每頁後有題句一頁，字體或倣魯公，或倣誠懸，或倣褚、薛，無一同者爲可疑。予曾臨摹其畫一過，乃知宋元諸家，若郭熙，若黃鶴山樵，皆由此出。而山樵排樹點法、章法，更爲相肖。尤難得者，所畫人物衣褶及水紋，皆若運禿筆爲之，分觀每筆似極拙，合觀全勢又極生動，真使人嘆爲觀止。

其衣裝與當時制度亦確合，豈每頁題字，乃後人所爲耶？所臨册因筆力不足，加以色彩，意在粉飾，後爲三兒取去，不知今尚存否？旅居重慶時，馬叔平兄知予愛此册甚，語予曰："此册近在手頭，君何妨攜至山上臨摹之。"予曰："此珍物，豈可輕攜上山，萬一不慎，爲寇機所燬，何以對國人？"後又購得一珂羅版本，大小照原册，雖筆意略模糊，終是原樣，尚勝虎賁之類中郎也。唐畫難見，況爲名作？今聞此册亦已出國，可嘆！可恨！

《富春山居圖》長卷，不知何以立此名，其實一沿江風景之畫也。子久此畫，法盡出於唐宋，而又參以元人氣韻，真爲絶作。蓋唐人畫無論人物、花卉、山水，皆取其滿，人物如予所見吳道子觀音，無論真僞，要爲粉水，出自唐代，其頭足皆頂立滿絹，上下少留餘地；花卉如徐熙畫牡丹，亦皆紛披四塞；山水如上條所指《草堂十志》，每頁極少數寸空白。至宋始有疏朗處，元人乃更多。此卷空白之處，惜盡爲乾隆題字所污，該死！該死！其卷首一段，約長尺餘，向來流傳外間，未入内府，近爲浙江博物館購得。叢樹排點，全法《草堂十志》，用墨亦略同，更證予説之不誤。閲之殊快人意，原卷亦盜運出國。

黄鶴山樵畫，予在蒯若木兄處見一幅，亂頭粗服，與尋常所見略異，而神采更勝。樹石枝葉劈皴，運筆如風，真奇作也。全畫淺絳淡緑，絳緑中含墨甚多，故色澤極静。

故宫所藏趙松雪《鵲華秋色圖》，僅一小方册頁，上作二山，山勢渾圓不峻，皆用石青，下作叢樹掩映數枝，樹下坡陀雜以小草,草樹用筆用墨靈秀已極,山色亦凝厚。用青綠之法,松雪可云登峰造極矣。此圖相傳爲周公謹密所作,周家世濟南,流寓吳興,故爲作此。然鵲山在黄河邊,多石少樹,石皆崚嶒有圭角,似宜以小斧劈法狀之。山色因少樹之故,實爲淡墨略帶淺絳。予一次由鐵路經過,因事故車停至久,山在附近,細看山形山色,忽憶趙畫,與真山相去甚遠。豈松雪原來見此,以意爲之,故相去至遠耶? 以畫論則真屬神品。

米南宫畫,皆狀沿江山色雨景,故創爲濃淡墨點,使雲山在飄渺煙霧之中,能師造化者也。友仁承其家學,而點法較小,烘染較工,筆力較弱,然皆意在用墨,不復注意及筆。高房山、吳仲圭輩出,又在墨中大顯筆力;至龔半千賢,於是盡情發展,幾不可再加矣。半千所創樹法石法,後人能學者少,真"金陵八家"中鷄中之鶴也。恨其真蹟不多,偽者觸目皆是。

凡畫必須師法自然,亦能造神入化。米之用墨,即從耽玩長江雲煙雨氣,方能創立此法。後人往往脱離實際,純出虚構,如何能善? 譬如華嶽三峰,中峰頂平,低於左右二峰,乃畫者皆中峰高聳,左右峰不過略作陪襯,既不實在,氣勢反弱,此事極須留意。

吳仲圭之畫,《都公談纂》都穆云:"吳仲圭家甚富,與盛懋子昭居密邇,當時鄉人多愛子昭之畫,仲圭每見人持紙絹過門,必謂之曰:'吾畫能賣錢,汝曷不求我?'往往與作一紙半幅,俟其去,潛使人以重價購之,由是其畫涌貴,求者塞門,子昭不能逮也。"都氏此言，恐未必然，今盛畫雖不多見，吳畫真者亦極難得，然得真吳畫，與較盛畫，似吳畫爲高。至於墨竹，尤有特長，灑脱堅卓，蓋已欲從文湖州一派中解放而出矣。昔東坡嘗畫竹，自下一筆直上，不分段，但以濃墨鈎節。或問："何以不節節畫之？"坡曰："吾未見竹節節生也。"此語至妙至通。惜坡此種畫本，世未得見，不然，墨竹當又辟一徑，與湖州並世方騫，豈非妙甚。予嘗謂畫竹但當枝生竿節之上，不生節下節中，即爲合法，至於葉之大小，枝之頓硬，皆可不計。蓋竹類至多，葉有大過裹粽之箬，亦有小不及寸者；枝有堅挺不長，亦有下垂若柳條者；且竿色有黃有紫，亦不一定，故可任意寫之。仲圭真能任意寫之者，近所見皆爲明清間粗絹本，墨色黯然無光，非摹本即偽作。至於山水，尤難得見真品。豈當時踵門以求者，數百年中竟湮没以盡乎？

　　沈石田畫，尋常所見，皆簡筆草率之作。予前見蔣孟蘋兄所藏《騎驢老人》立軸，一柳樹，一板橋，一驢，一人，即此類也。世所以有"粗文細沈"之説，文得其粗，則無柔弱之病；沈得其細，則見工力之深。故宫所藏《廬山高》巨幅，真難得之筆。浙江文管會收得一幅，乃沈爲海寧祝氏《行樂圖》補景之作，樹石、僵鶴，初閲似頗呆滯，懸而細玩，石似凌空，樹皆圓活，此猶中年之作。至《廬山高》一圖，其皴法皆出黃鶴山樵，巨石橫盤竪立，而又空靈生動，真名筆也。啓南樹石之法，一傳爲衡山，力量稍薄弱，數傳至電住老人，力過於文。迨石谷之後，改以纖巧取勝，人皆喜其易以取法，古人致力之處，遂以不傳。

　　予在漢口，得一玄宰墨筆小立幅，所畫樹石，大類尋常所見《枯木竹石圖》，惟無竹耳。有款無印，以二百四十元得之，人皆以爲過昂，予即付裝池。而予適病足，卧不能起，張大千來漢，見裱畫肆中正張此畫壁間，必欲得之。裱工來商於予，予曰：“不問價如何，此畫予尚欲玩賞，不願割棄。”屢來問，終不許。一日，忽攜四百元來，且告以得畫者爲大千，予尚不能步，祇有聽之。友人問予：“此畫肯出重價購買，已奇，而又必欲留之，大千又必欲得之，此何故也？”蓋其時漢上所謂董畫者，皆重工細設色，一小幅僅百五六十元可得也。予曰：“此畫有款無印，款僅‘思翁’二字，則爲畫成藏於家中之物，絶非代筆，一也；款書‘甲子’，實爲崇禎五年冬季，而玄宰於六年春逝世，等於最後之畫，二也；君等所見、所尚皆膺鼎，即予友徐行可所珍藏之册頁八紙，亦此類。代筆且不能望，況真迹乎？”我知大千必不能久藏，至滬則售之收藏家矣，蓋大千不愛董畫也。又問：“大千以四百元得此畫，裱工爲此事甘冒不韙，亦必得數十元始肯出此，豈尚有利可圖，而必欲攫之以去耶？”予曰：“予非骨董商，然此畫在上海，必可得七八百元。”問予之友，正留心書畫，欲窮其事，託滬友蹟之，知此畫大千攜至滬上，即爲萊臣以七百元購去。予所最不能解者，玄宰書畫，皆澹遠靜穆，其人亦不聞姦險躁進，且能託病以免魏璫之禍，事載明華亭章有謨載謀所著《景船齋雜記》中，然《記》中又載曰：“董思白在鄉時，鄉人皆惡之，俗所傳《黑白傳》傳奇可證也。姜雲龍爲諸生時，思白曾因事下石，故神超有所著，每痛詆思白”云，是董氏行爲，實不見重於鄉黨。予又曾見《民抄鄉宦記》一書，載華亭民衆打燬董宅，必欲得玄宰二子而甘心，時玄

宰正任禮部尚書，則知玄宰本人，已失敬恭桑梓之誼，不利於
衆口；而其二子固劣紳惡霸，倚仗父勢，魚肉鄉民者也。藝術
固可表見人之品性，有時乃不盡然。予於玄宰書畫，恨其與行
誼乃不相稱，可嘆也！玄宰字價值不及畫十分之二，一由於多
見，一由於代筆更多。然真者亦不少，予所見臨米南宮《天馬
賦》行書卷，已五遇之。玄宰集帖學大成，自知力弱，故時臨米
書，欲法其恣肆酣暢，以救其弊。早年頗薄松雪，後乃自知
不及。

　　石溪畫，予曾以一千元得一卷子，前爲程青溪引首，後有
陳道山跋，跋云見其作此畫之不易，蓋皆同時所作。石溪自有
一長跋，在陳跋前，書法灑脱雄渾，他未有比。畫用墨用筆皆
精，是石溪難得精品。其中以濃墨補竹，竹葉皆如排比"个"
字，理應極呆滯，而著畫之中，乃更覺力厚氣清。又懸瀑巖石，
似皆突然而起，看去卻極自然。寓上海時，無錢，以五百元售
去。石溪畫不以奇勝，而工力彌滿，法度謹嚴，學之殊少流弊，
然近世皆師石濤者，蓋可縱橫亂寫，以欺世俗也。石溪大幅精
力尤充沛，觀其佈局運筆，過田叔遠矣。

　　張二水瑞圖，閩人，閹黨也，書畫皆佳。予在前清任教高等
學堂時，一古董商持一字軸來，絹已爛，印不可辨，款書"瑞圖"
二字。商曰："此清初旗人所作。"予漫應而購之。此幅後贈陳
仲恕。繼得丈六大幅紙本一，書"千山鳥飛絶"二十大草書，書
果奇絶，如此大紙，今亦難見。此幅在上海時失去。解放後來
杭，所見凡四五幅，然皆字也，用筆勁捷爽辣，解散北碑筆法，

行於行草之中，此不獨思翁所不能夢見，即唐宋以來書家，亦少此作。其正書如何，魏閹《生祠記》石皆椎燬，亦無拓本傳世，不可得見，相傳二水爲書四五通，故予詠書法詩有"可惜不留間筆墨，五人墓上再書碑"之句也。畫僅二小幅，一絹一紙，紙者用墨濃酣，筆殊軟弱，恐出摹本；絹者筆快墨静，意境高絶。款皆題"白毫庵主"，不著姓名。二水字畫，日本人甚重之，相傳以爲水僊，懸之可以避火，此真無稽之談。

王覺斯鐸，亦能畫松石山水，筆氣恣放如其書，無恬静淡適之趣，亦如其畫。此人品質不高，正如近人鄭孝胥一流，衹知醉心利禄，書畫則時有創造性，故仍有人喜之。惜王畫絶少見。予嘗謂世傳朱晦庵字學秦檜，晦庵父松，本與檜友善，似有可能。以朱字準秦字，亦必力厚氣雄。嚴嵩字，北京尚有"六必居"、"西額年堂"二額—白肉館，一藥肆；西湖岳廟"和岳忠武《滿江紅》詞"一碑，改名"夏言"者。碑用官銜，後人惡嵩，而官銜與嵩相同者惟言，故易用言名。若聚此類人文章藝術於一處，亦可供研究此類人心理之用。二水、覺斯，亦其一也。

黃石齋先生道周，畫山水、松樹，夫人蔡氏，亦畫山水。石齋字出章草，人盡知之；其能畫，人有知之，有不知之，至蔡夫人能畫，則知者絶少矣。石齋畫山水，皆水墨爲多，松則工細設色，夫人畫山水亦工整。予得一《明十閨秀畫册》，中一幅即蔡夫人畫也，今歸陳叔通兄，聞將去湘蘭、文淑二頁，以八家付印。

陳韜庵座師寶琛，不以書畫名，書亦出自山谷，然潔净少力，此閩省近百年風尚，書法、詩法皆宗江西之故。曾倣石齋畫松一幀，絹地，友人偶見，購以贈予。畫在清帝退位後之作，黄畫藏宫中，蓋師任溥儀師傅所摹也，秀潔如其書法。師爲王彦和兄孝緝姑夫，辛亥後，予與彦和同官教育部，同在專門司二科，過從甚密，時得相偕謁師靈境，紅顔白髮，笑語如家人。彦和語予，師雖年高，尚有時追婢入厨房。抗戰勝利，在南京，一日席間遇一少年，福建陳姓者，因問及師，則曰："家父也。"此豈即阮氏塵柄策牘所追之婢所自出耶？少年年不及三十，在外部任職，以其時考之，則相符矣。

在漢口時，見明末四公子字畫，計陳定生金地五尺軸小青緑山水一，方密之白紙地枯木小軸一，冒辟疆紙地行書小軸一，侯朝宗行書三尺屏四。索價五百元，許以三百，堅不肯售。予當時認爲：侯氏不能畫，字亦不佳；冒氏字學董而俗，當時玄宰親授筆法者二人，一爲如皋冒襄，一爲海寧陳奕禧，然此二人所書雖工力不淺，而濃艷無疏淡之致。予向評爲董字中之館閣體，非得玄宰精神者，二人中自然陳較冒高。且冒氏能畫，僅得其字，殊未滿意；定生之畫，雖在泥金紙上，然極工整，大類吴梅村；方畫枯筆淡墨，僅作尺許高一樹，旁無點綴，款署"無可"，已爲出家後所作之品。以僅買此陳、方二畫，故不欲再增其值，乃交臂失之。及今思之，陳、方之畫，均不易得，即五百元僅買二畫，價亦不昂，況四人皆備耶？

予在京師時，廠肆有以敦煌石室畫見示者，黄麻卷子紙，豎用，高一尺四、五寸，殊筆畫一穢迹金剛，頭足直抵紙邊，筆意粗率，索價千金。囊無巨資，不敢與議值。今來杭乃得其四，二爲杭州所購：一《老子圖》，高約五尺，下層左右各四儸官，上爲一亭，旁列二鹿，上爲左二鶴、右二鹿，上又列坐儸官九人，中三人，左、右各三人；上爲樓，樓中坐三人，意似三清，樓後有神光籠之，光上冲起，中坐一人，白鬚髮，持扇，旁侍立儸官，左、右各二人，中坐者當即老子，老子神光之旁，左右各畫星斗補之；最上又作一樓，樓後亦神光滿佈。此爲道教中畫，唐代尊老子，爲李氏所自出，實欲自掩其非出於羌種，故謚老子曰"玄玄皇帝"，又移《史記》中《老子列傳》居列傳之首。此道教之畫，宜民間藝人耳濡目染，亦愛畫之。一畫一大樹，樹下蹲一異獸，肢間有紅光飛出，黄賓虹兄名之曰《嘉麟圖》。樹葉僅以墨鈎輪廓，填綠色其中，類畫家粉本。此二畫出自賓虹所藏，與人易畫，後乃歸予。賓虹北游時，實又得於李氏木齋者。當外人盜買莫高窟文物時，李氏正任甘藩，故李氏所獲亦富。二爲上海所得：一佛像圖，下一層爲韋陀，上爲二菩薩，又上爲韋陀，上爲三佛，計七層，佛、菩薩眉皆用花青，韋陀則用墨，此宋以前畫法也。一爲橫卷，畫二龍，一黄一紅，中畫一珠，龍身隱現於牡丹花中，花皆極大，等於真花。凡畫龍皆襯以雲，以牡丹爲襯者，唐以前無之，唐以後亦無之，唐重牡丹，自則天始，幾于今之所謂國花，故藝人亦甚重之，以之襯龍。近吳越錢鏐母墓發現時，墓中壁畫，亦以牡丹襯龍，此可證當時習尚矣。上海之畫，乃一外人當莫高窟盜買時所私購，或曰即爲盜買之法人所分贈，解放後歸國，因連同他物一概出售，數量聞有十餘幅，予則僅得其二。而世或疑爲宋代藝人爲寺院僧侶所作，以供法事之用者，誤矣。不特畫法迥殊，即以紙論，宋亦無此厚而堅實之黃麻也。貧書生遂有此奇物，昔欲求一幅不可得，今乃得四，相去豈可以道理計哉！唐人畫佛，等於造象祈福，無力雕築石象，則畫以代之。唐紙最上者黃麻上蠟，質皆以麻爲主，黃者漬以黃蘗之汁，云可辟蠹，用蠟後比較光滑，故唐寫經中字體工整者，皆用此紙，惜上蠟之後，紙性較脆易斷。次黃麻，次白麻。白麻爲普通用紙，凡寺中小僧學寫經典，以及捐疏計賬均用之。三種外尚有一種薄紙，狀類今日綿紙，專供印刷木刻佛像之用，不以之作書畫。其質似用鹽絲之類，纖維較麻紙易霉爛，故唐畫普通所見民間藝人作品，皆用卷子紙豎畫，無闊者。闊畫必須用絹矣，且紙究不甚光滑，而書畫實惟光滑之紙爲宜，故名家大件之作，皆在絹上也。盧鴻《草堂十志》獨在白麻紙上，紙似錘過，較習見白麻爲光澤，幾類上蠟之黃麻。至經卷上所畫烏絲，乃以石墨爲之，故與今日鉛筆相同。

　　馬湘蘭_{守貞}畫，偽品甚多，款字皆呆滯稚嫩。予見錢境塘所藏致王百穀書數通，字雖不佳，亦流轉如意，乃知所見畫十之七八偽物也。明人畫蘭，惟文衡山獨守舊法，葉葉長短略同，無參差相間之作；湘蘭已長葉、短葉相與錯雜，龍友更縱橫揮灑，不受羈勒矣！故畫竹至板橋，始大解脫，蘭則早有其人。

　　予二十三歲時，有徽友胡姓者，出一子畏畫，五尺絹地，梧桐四五枝，皆高尺餘，葉葉翻風，枝枝卷雨，而葉皆雙鈎細筆。梧桐下右側草屋一大間，覆屋之草，亦用細筆。草尖皆受風上

翻,作飛舞狀。屋前檐内門中著一椅,上坐袒胸胖叟一,科頭
攜蕉葉扇,面對左方,以迎風雨。樹屋上雲氣中著數山,山勢
西傾,似迎風雨而戰。山爲細方筆劈皴,以較濃之墨和花青染
之,梧桐樹爲四緑,葉亦全緑,葉面、葉背分濃淡。草屋、人、椅
皆設色極工。獨天際烘以墨雲,雲之濃淡有閃爍狀,雲下用排
筆着水墨,向右斜掃而下,作雨勢。於是全局皆在風雨之中,
懸而觀之,正如夏日奇熱,忽遇大風雨,凉爽襲人。而全圖皆
用工細筆墨,設色亦然,此真奇筆。予所見子畏山水,大率皆
參幼丹早年筆法,以細方筆鈎劈,而結局則又全屬北宗,與清
悶異趣。蓋其時石田統率畫家,故欲自立門户,不因人熱也。
就唐畫論,山水、人物、花卉,皆登峰造極,自成家法,獨款字略
肥,少瘦硬清奇之氣,此蓋承明初二沈之遺風。予昔年著詠書
法詩,獨不及二沈,沈羹梅兄跋中曾指爲遺漏,實則不喜此圓
熟有類院體之字,故於唐氏款字,亦有全璧微瑕之憾。子畏有
妹名辰,亦能畫,畫似其兄,作細筆山水,棧道中小人物頗工。
有弟名申,不知能畫否? 子畏以科場關節事被斥,又爲宸濠所
逼,遂佯狂不修邊幅,得遯免。妻陸氏極妒,子畏竟無後,而世
乃傳有"三笑"、"十美"等小説。其實唐、祝、文、周四人,周爲
僞撰,唐、祝皆循循君子,文更古道,以禮自守,今乃狀之如此,
此真身後是非難管矣! 豈因子畏妻妒無後,故後人造作此等
書,欲彌其闕憾耶?

文徵明,原名璧,徵明其字也,後乃以字行,號衡山。畫宗
石田,工於寫園亭。其畫人物,則得之母教。文母畫予得一
頁,畫一人危坐桌邊,指點二童子烹茶,章法筆意,無異衡山,

乃知人物別有傳授，故異於沈。向見甬友藏一衡山畫卷，乃祝
壽之品，全卷山水極工整，是文本色，卷高不過八寸，忽於右方
著一長四五寸桃樹，上結桃實，巨而且紅，下立一美女，綠衣紅
裳，方摘桃捧手中，此非俗人所敢爲。文字亦宗山谷，蓋與啓
南同派。沈字晚年蒼勁而枯，文則晚年仍極腴潤，所傳大幅字
屏，皆當時爲藩邸大堂上所作之品。

　　黄左田鉞，當塗人，著《畫品》二十四，曰：氣韻、神妙、高
古、蒼潤、沉雄、冲和、澹逸、樸拙、超脱、奇辟、縱横、淋漓、荒
寒、清曠、性靈、圓渾、幽邃、明净、健拔、簡潔、精謹、俊爽、空
靈、韶秀，蓋皆指山水一種而言。讀其詞似得畫理深矣，觀其
所畫，則不甚相符。左田早年旅寄京師，窮窘萬狀，一年歲除，
米店主索米債，左田語之曰：“不獨前債不能償，尚須貸我米數
斗，方得過年，否則我惟有餓斃，斃後前債更難問矣。”店主思
良久，即以三斗貸之。下年春闈得售，後仕至尚書。豈一入仕
途，筆墨荒廢耶？至《畫品》所言，則固有可取也，蔡爾康曾爲
印行，今傳本亦稀。予見黄畫僅三四幅，頗似江西諸家，然亦
得其下乘而已。

　　吴平齋澐，有人記得名“云”而又不敢肯定。人但知其能書及金
石考據之學，實亦能畫山水，平遠一路，惟理法不清，書房中消
遣筆墨也。

　　李愛伯慈銘，紹興人，與趙撝叔爲中表兄弟，時互相誚讓。
就學問論，趙自不及李，然李以趙之能畫，亦欲以畫與趙争，則

蜉蝣之撼樹矣。越縵畫蘭，間有可觀處，他皆不足觀，亦不畫也。喜與雛伶游，爲之作便面、册頁尤用心。然越縵博學之名，馳於國中，其畫則始終暗然，聊備一格而已。

陶方琦，紹興人，能畫山水，亦有致，頗似撝叔。三十歲前所畫山水，理法較細，氣魄不及。曾著《〈淮南〉許注異同考》，學頗踏實，惜年不及五十即逝，假之以年，不獨學問，畫亦當有進展。

丁松生丙，杭州人，山水極有規範，不多作，亦無題識，僅有印章。蓋丁先生書法庸俗，豈自藏其拙耶？

趙晉齋魏，杭人，以收藏金石書畫名。亦能畫，極少見。予收得小頁一，畫梅石；三尺小軸一，畫倣陳眉公《長松草堂圖》。以畫法論，皆不合；就氣味觀之，則書卷盎然。

高邕之邕，杭人，晚年能畫，倣石濤，筆力頗健，少幽邃曲折之致。高氏以書名，早年學王《禊序》、《集聖教》，三十後學北海，亦步亦趨，晚宗齊隋，筆法謹嚴。雖售藝海上，不隨流俗轉移，視清道人輩爲高。清道人寫唐碑極有工夫，而售字則故抖擻手筆出之以欺世，遂不成其爲字矣。

姚茫父華，中年作畫，與師曾相類，而膽更大，筆更橫，意境更奇，此殆一肚皮不合時宜，欲借畫以發泄之乎？品格似較白石爲高。予常惜師曾、茫父不壽，不能待解放之後，借筆墨爲民族一吐光彩，與白石、賓虹，争逐於畫壇之上也。

　　黄賓虹早年喜臨摹各家，六七十歲後，乃爲自己筆墨。八十七歲病目，幾不能辨紙墨所在，所畫幾若殘碑拓片，滿紙盡黑。越三四年，目又重明，至九十二歲去世。此數年中作品，最見工力。賓虹畫山水實出唐宋，故其佈局，與近人絶異，且亦喜作滿幅，少留空白，雖在病目時所作滿紙似皆濃墨，細視亦有光綫掩映之處。又綫條皆用中鋒，無一偏筆，樹枝、石皴均然，偶於山隙、山後，忽以淡墨塗抹，類若攝影，真是創作。其花卉或放筆爲直幹，或一筆數轉折，畫法既不傍人門户，又獨顯工力。此實深於古法之後，又能運用古法精神，造此新境者。賓虹數十年中，除卧病外，作畫未嘗一日間斷。當病目時，亦日日作畫，摸索得筆，就硯索墨，或筆在硯中，或筆在硯外，就紙運筆，或著紙，或不著紙，設色時亦然，而所作尚能臻此，非純熟之至，不可能也。賓虹與予相識四十餘年，在杭數年，相處甚近，事忙未能時時晤對，讀其遺作，覩其遺物，殊深黄墟之痛。賓虹居杭日，販古董者，日攜數件過之，若探得有潤資匯到，則送物更多。賓虹亦不十分審視，一二元以至十數元，隨手贈之，語人曰：“我既不能入市，彼又時時爲我奔走，物之真假，可不問及。不購一二，彼輩且將絶迹，我何以消此日月。”其風趣尤可想也。

　　周崑來璕，河南人，以畫龍名，人物尤工細。予得一小册，絹地，畫《離騷九歌圖》，人長寸餘，鬚髮環佩，細若游絲。胡同夏爲書小楷《九歌》於每頁之後，亦深得十三行《黄庭經》神味。

後有胡跋及尚友潘國祚、張天球數跋。周款曰"嵩山周璕畫"，隸書。周之善畫龍，紀曉嵐《筆記》中載之，予所見三四幅，皆烘染極精，龍勢夭矯而工致。其他則畫人物及馬，馬屬松雪一派。至如此小冊人物，運筆入神，則平生所僅見，不獨周畫中所無，即他人畫中，亦未遇也。周與甘鳳池輩友善，意存故國，尚友潘國祚實洪門前輩，則周之志趣可知。其子子良，著籍上元，畫與父同，亦以龍、馬、人物名。《九歌圖》首畫靈均，亦作綸巾而非高冠，不知歷來畫家何以均忘卻"高冠切雲"一語？老蓮亦作綸巾。雲中君、山鬼、河伯，烘染煙雲，即其畫龍之法。湘君亦作女象。鄭西諦來杭，必求展閲一次。

蔣生沐先生光煦，即別下齋主人，浸潤於費曉樓、張子祥諸畫友之間，亦能畫。予得一扇，與費、張諸人合作，蔣畫一蟹，後以歸蔣氏後人。

南樓老人畫花鳥，猶有明人筆意，雖不及李因豪放，然日與尋常閨閣所作不同，非專以工秀見長。早年題款多出其夫，晚年則其子代題，故款字均佳。

李因爲人側室，家庭間極冤苦之致，胸中鬱勃，一發於畫，遂能橫騁、自豪，無纖悉柔態。畫鶸、畫鷹，尤見筆力。

徐燦畫極難得，陳素庵謫居關外後，更不著筆。墨筆細鈎而有勁氣，是其本色。予得六頁，尚爲相國夫人時筆也。

王仲瞿夫人金氏,畫極工秀,浙江文管會得一大士像,運筆、設色、佈局均佳。仲瞿嘗有聯云:"一家居碧水之間,妻太聰明夫太怪;四面爲青磷所聚,人何寥落鬼何多。"觀此畫,真聰明極矣。

黃皆令,明亡後,以畫自給。山水秀净,意境超逸,此女士中隱人君子,可敬也。

經子淵亨頤,後號頤淵,相交數十年。其畫晚年始著手,竹爲多,皆放筆爲直幹,葉亦放筆爲之,不能繩以法則,直自寫其性情,別成一種風格。同時畫友若陳樹人、何香凝,工力均在經上。陳尤多創作,既不附和昌碩,亦不規規舊法;何香凝亦時見縱橫老健之筆。子淵印第一,畫第二,字第三,然無論鐵筆、毛筆,皆放膽直行,觀其作品,如見其人,此其自立之處也。

歸安吳又蕉紹箕《筆夢清淡》云:"吾鄉瑶階村費氏,以畫世其業。先是,有字芝原者,名鈺,能畫山水,子曉樓丹旭,繼家學,兼及寫生,最得神似。其所繪仕女,能獨開生面,不落前人窠臼,畫家尊之曰'費派'。久之,名日盛,四方從而乞畫者無虛日,士大夫之好書、畫者,争以重金延致。由是而越、而閩、而吳,屐齒所經,冠蓋雲集,可謂極一時之盛。暇時嘗來吾家,與繼祖父稱莫逆交。其所畫堂幅册頁、扇頭以百計。弟西塘丹成,子餘伯以耕,能繼其學。餘伯早世,西塘僅存,然亦費氏之魯靈光矣。"按曉樓寫生,予於別下齋後人處見一橫卷,高僅尺餘,長不逾三尺,中畫堂屋樹石,堂中設宴,座上人不及寸,男女均有,皆時粧,一僕方捧盤向内行,見其後影,穿青衣,帽後垂辮髮。蔣氏子弟語予曰:"此爲《歲除家宴圖》,畫中人皆畢肖,尤其是見背影之僕,凡識僕者,見其背影,皆能知之。此僕原爲費氏來硤時伺候費氏之人,每將離硤,則給錢酬其勞。其年費氏給錢,僕堅不受,求寫小影,費難之,固請,則曰:'主人方欲畫年終合家歡宴圖,我當寫汝入圖中。'乃著此背影。"此亦可證其寫生之工矣。餘伯畫靈秀不及,其規模則皆家學也;西塘雖能畫,去兄遠甚,故傳者甚少。曉樓孫恕皆有容,與予同鄉榜,癸卯科又入棘圍,替人代作,犯法革去舉人,善駢儷文,然不能畫,至餘伯而費氏畫學絶矣。再傳有嘉興潘雅聲振鏞,私淑中之秀,不能空靈,時有俗態,究不足尚也。曉樓花卉,亦秀逸可愛。

跋元人畫九歌圖

　　此卷有陳眉公跋云:"乙亥正月十二日,阿祥出此與吉官讀之,《九歌》皆叶古音,成誦上口。吉官十四歲,夢蓮婿,吉官,小名也;阿祥十二歲,夢蓮子,亦小名也。記此志喜。眉道人,七十有六,記於雨窗瓶梅之下。"又有譚貞默跋云:"丙子初秋,棹謁眉先生於佘山之東籬,縱觀名畫、古鼎彝累累,悉希世之珍也。文孫明慧倜儻,閱數歲,更一見,精神大於身,咳唾皆學識矣,其爲希世孰甚焉! 出所習誦《九歌》示予,元人畫法,當即書者吳孟思筆,非宋法也。以予熟《騷》,能皆疏叶釋,正其訛舛,因索識於左方。昔蘇廷碩少時對父誦庾開府《枯樹賦》,便能避諱易韻,應笑多此一番注脚也,於眉先生之孫亦云。"下列疏云:"《東皇》止一韻。倡誤作唱。《雲中君》轉一韻。英叶央,降叶洪。《湘君》轉六韻。來叶釐,後同。淺叶箋,下叶户,後同。《湘夫人》轉六韻。望、上,俱平聲叶。蓋叶記,衡叶杭,者叶渚。未誤作末,褋誤作樏。《大司命》轉六韻。阮叶岡,被叶披,華叶敷,人叶然,何叶奚。《少司命》轉五。帶叶帝,正,平叶。蓀誤作孫。《東君》轉四韻。明叶芒,簫叶詎,節叶即,行叶杭,後同。《河伯》四轉韻。螭叶蹉,柏叶博。《山鬼》七轉韻。憂叶腰。日誤作曰。《國殤》五轉韻。先叶辛,馬叶母,弓叶經,雄叶形。長水埽庵子譚貞默識。"案此卷首尾無書畫人款識,譚氏指爲吳孟思畫,細檢孟思雖有一章,然皆在每篇書後紙角,地位頗有可疑,是書且未必屬吳,何況於畫? 且《東皇太乙》一圖,在書、畫二紙合縫處,亦用"吳孟思印"一方章,是當爲藏印,而非書畫者之印。惜吳孟思生平無可考耳，若爲明人所畫，則陳、譚皆明人，陳又精鑒別，自能識之。且明代畫人物，前有吴小僊，後有唐六如、仇十洲，皆成宗派，籠罩一時。此畫一無三家筆意，其爲元人所作，當無疑義。《山鬼》、《國殤》二幀，並吴孟思印無之，書畫用筆皆與前七幀不同，當是二圖早佚，後人所補，入明中葉人筆墨矣。譚先生，嘉興人，著有長賦，賦各種昆蟲，注釋極詳，真"蟲爾雅"也。予主京師圖書館時，其裔孫志賢助予整理舊籍，得一鈔本，久佚之稿，重得經眼，志賢爲措資刻一巾箱本，惜印行不多，市上少見。卷中所疏音韻，其實當以古音楚音解之，云"叶"者，猶執今繩古之説也。

我對於黃賓虹先生畫的看法

一九六二年九月,黃賓虹先生謝世六年之後,浙江省美術家協會和浙江美術學院分院選集他的遺畫,在孤山西泠橋畔五十八號美術家協會中展覽,爲期一月,供愛好國畫者欣賞和取法。我亦是愛好黃畫者之一,因就個人所見,述爲此篇。

在一九二八年的春天,我與賓老始在上海相識。這時我極閒散,整理古籍之外,方從事於摹擬唐、宋、元、明諸家山水。供給資料的自珂羅板之外,有蔣君孟蘋、錢君聰甫、周君夢坡,多以真品、精品相借。又有張君善孖昆仲、徐君悲鴻和賓老相與議論研討。記曾有一次小集,欲成立一種關於國畫研究性質的組織,予時適欲與賓老談談石溪畫法,囑侍者會飲時使予座與賓老相接,以便細談。及入座則悲鴻坐予旁,賓老反在對面,始悟予囑侍者時未提及姓,侍者又聽"賓虹"爲"悲鴻",故有此誤。賓老當時亦在摹古,喜用細筆,佈局喜仿新安派,而尤愛好石溪。石溪畫粗筆爲佳,賓老所藏則細筆爲多。有一小幀,長懸壁間,賓老極愛之,予則目爲贋品,時相辨難,此案終不結束,亦當時朋友中一樂。其時賓老之畫仿古爲多,未有特立獨行之品,今世所稱中年作品,即此時所畫之物。相別二三十年,解放後,一九五〇年春,予至杭,貸屋岳墳附近湖邊錢祠,知賓老寓即在路北山趾,欣然走訪,日相過從。其後予雖不久遷居城中,而圖書館在孤山,相距不遠,亦復時相往還。此時賓老之畫,盡變舊態,造詣極深。蓋自七十之後,力求創造,故能臻此境界。今特就其晚年所作諸品,加以分析述明。

一、用筆之法　凡畫始於畫，就是今之所謂"綫條"，石濤畫譜"一、畫章"列在第一，可知綫條在畫中的重要性。所惜這一位和尚有許多話説得太"玄"，玄之又玄，使人得不到實際。實在畫就是用筆畫成綫條。但是各位畫家各種畫法，同樣用筆畫成綫條，卻是無一種相同的綫條，或生動，或呆板；或柔和，或獷悍；或沉着，或飄浮；或多少不能增減，或恰恰相反雜亂不堪；或起訖分明，得失之間，明白告人，或出筆結筆，模糊不清，務求掩飾；或斷處如連，神氣貫通，或筆本聯貫，意反索然。以上種種情形，幾難盡述。但是最多見的就是用筆方圓之分，粗細之分，曲直之分。從古代畫家宗派來看，方筆成名，圓筆也成名，本來不可能執此作爲優劣的定論。從近代畫家來看，卻有些方不成方，圓不成圓，一味取巧。它的毛病，就在於不用中鋒，偏師取勝，一不對頭，全軍盡墨。賓老用的盡爲細筆、圓筆、曲筆，勾勒樹石，隨意隨筆，無不飽滿靈動。筆之所到，既不嫌繁，復不覺少，好處就在善用中鋒，所以能够不受古法束縛。我最愛他用這種綫條來畫石、畫樹，真覺得元氣渾然，全面看起來無迹象可尋，細看起筆法來，又如此清晰簡單，筆筆明白。這真是了不起的創造。根本就在於老老實實用中鋒，不取巧，用之既久，靈巧自生。近來另一位老友孫慕唐也在抛棄他舊時畫法，時時使用賓老這種筆調，深望再能多活二三十年，對賓老這一筆法，有所繼承，更可以發揚。

二、用墨之法　古人用墨至精者無過董玄宰，賓老適與之對立，皆用最粗之墨。董氏作畫，硯必宿墨洗净，墨必佳製新磨，水必清泉初汲，研成之後，用筆尖吸取硯池中心表面之墨，調匀着紙，故流傳數百年之久。他所畫的墨色，無論濃淡，皆光華煥發,沒有晦滯之色。賓老平時硯中宿墨累累然,盂中水色渾渾然,用時禿筆橐橐然,醮水舔墨,皆極隨便之至,著在紙上,祇覺濃黑厚重,前所未見。到了病目的時候,在添筆時,有筆着墨塊之上的,有距墨尚差半寸以上的,從未見他洗硯、净墨,好好研磨過一次,但是他的用墨,卻能與董氏各有千秋。有人認爲賓老病目時作品,有幾幅簡直像沒有拓好的碑帖,一片模糊深黑,不成爲畫。當然,一無所見的時候,憑着熟練的手法來勉强寫作,必然會有這種作品。但是,如果天日晴明,目光略好時,所作之品,依舊可以看出它脈絡分明,濃厚可愛。他用淡墨的方法,我想説一節趣事如下:有一天,我去看他,尚在病目之前,他面前攤着許多風景片,華山咧,黃山咧,在埋頭細玩。我説:"你又在此找竅門麽?"他笑着説:"是的,正在研究樹林後面透出光來的方法和山峰背面的暗影。"現在他的遺畫中不是間有一條溪水或潭水的水光,閃閃爍爍在石樹叢中露出來和山峰之後塗着淡墨的作品麽!吳墨井出游歸國後所畫之品,雲際天末,常用淡墨烘染,微露光綫,論者以爲參入西畫用光之法,其實不過小小的烘託,卻沒有像賓老這樣大膽放筆的揭開來。此法自有畫以來,皆已運用,即所謂"陰陽"是也。無論山水,即花、鳥、人、物,無不皆然,自攝影術發明之後,更爲顯著而已。點法亦是筆墨兼重的一種,平點、竪點,種種不同,賓老卻是亂點稍帶小劈。需用皴法之處,亦皆以大、小亂點代之,故賓老畫幾無皴法可言。閲者卻毫不覺察,實乃另闢法門。我向愛輕清濃腴、光彩煥發、晴雨皆宜的董氏墨法,又愛無論濃墨、淡墨,皆能以渴筆運用的程邃墨法,近乃更愛焦黑質實的黃氏墨法。三種矛盾的愛好,現在尚不能作出統一的解説。但三種用墨方法，則認爲董氏細心，全仗物質條件；程氏在於運筆純熟得法；賓老則天趣盎然，接近自然矣。

三、佈局之法　唐人畫山水，無論大小幅，滿幅者多。宋人也宗此法，入元乃多留空白。大概如此，亦有特殊之品。賓老晚年佈局，是從唐、宋出來的，扇面、册頁，尤多滿幅之作。但是所謂滿幅，必須一氣呵成，不是東補一點，西添數筆拼湊而成，方成名畫。我曾語吳君待秋："君畫何以浪費筆墨，堆砌得如此多？"吳曰："上海人出重價求畫，總望多畫幾筆方舒服，所以祇能如此對付。"我知道他是爲金錢而藝術的人，沒有方法可以向他再説。所以吳畫一樹、一石也有他的工力，但是東也一堆小石叢樹，西也一簇小屋矮林，處處可以割裂開來的。賓老滿幅山水，卻找不出一點補湊的痕迹來。雖然淵源出自唐宋，不能算是創作，但在舉世風靡以東拼西湊爲能事之日，也可以作爲一味起死回生的良藥。

我最愛我老友的花卉　講到花卉一門，工麗，人皆知爲惲清于；古拙，人皆知爲金壽門；秀雅，人皆知爲方蘭坻；放縱，人皆知爲李復堂；俊逸，人皆知爲華新羅；豪邁，人皆知爲趙撝叔；爽辣，人皆知爲虛谷；橫悍，人皆知爲吳缶翁。無論再往前推，若南田、望庵諸家的花卉，皆可以各自名家，垂譽後世了。賓老專寫是山水，花卉乃是他陶情適性之作，但是請看看他所畫的花卉，那一種筆法，那一種設色，甚至那一種佈局，有沒有和以上諸家相同之點？可以肯定完全是另闢了一個世界。看起來覺得淡静古雅，使人胸襟舒適，卻又無須要宋人那樣"認桃無綠葉，辨杏有青枝"的句子來刻畫出紅梅來，一見就知他畫的是那一種花了。我在四十餘年前，見友人處藏有金冬心畫梅小幅，用赭石點花，當時曾有“梅樹上從來無此花，筆底下不能無此梅，何以故？這才是雪滿山中的高士，不是月明林下的美人，而且可以不被孤山的林老頭兒霸佔去做妻室”的一段議論，諸友聞之皆大笑，然其言。今在賓老花卉畫中，時時發現此種奇趣。我屢曾提議將來好好的選擇一次，爲他專出一花卉紀念册，但是必須設色，而且顏色必須一絲一毫半點也不許走樣，方能看到精神，這又是賓老的一種創造。

　　我所見到賓老畫裏種種的創造，現在就先説到這幾點。有人問道：“你在桂林到重慶之後，曾屢次向人説畫山之法，祇要它不生在空中和山頭大得倍於山脚，多可以畫出來算是山。如果有人説不像山的話，可以叫他到桂林、陽朔去找，一定會找到的。這樣畫是不是可以算創造呢？”這不過勸人大膽下筆，當然不是創造。各種事物的創造，必須沿着各種事物歷史性的演變，然後加以陶熔，加以改變，方能成功。如果不找到這一條歷史路綫，憑空創造，是没有基礎，容易失敗的。賓老若不是七十歲前臨摹古畫，又誠心誠意終身沉醉於藝術，哪裏空中會掉下這許多創造作品來呢？聽賓老談話，正文幾句交代之外，就會牽到畫理上去説上一大篇，這是他時時刻刻不忘畫法的一個明證。所以看到賓老許多創造之作，就聯想到賓老勤勤懇懇前半世的辛苦。

校淳化閣帖記

　　予向有肅府明拓本《淳化閣帖》十卷，弱冠時，以書籍數種從單不庵兄處易來，相隨至五十餘歲，均在左右。抗戰時，留硤石故居，爲人竊取，僅存零篇數十頁，遂並藏書皆贈浙館。在杭，見賈師憲刻閣帖一百二十七頁，中有二十餘頁，墨色較淡，當是後配之物，餘皆墨如點漆，精彩奕奕，真初拓也。索價昂，力不能得。賈氏當時有廖瑩中爲之鑒別鈎摹，王用和爲之鋟刻，所據之本，又爲銀錠初本，宜其獨擅勝場。壬寅夏，謝政府招待莫干山避暑之舉，解衣盤礴榆園。園底小屋中，對盆蘭，摩挲古玉、舊磁，頗自得也。坊賈適送日本珂羅板印賈刻閣帖至，因購之，同時又購得商務印書館石印游相本閣帖一種，因借爲消暑之物。盡數日之力，一一對比，得小異同，輒書注其旁，又復録爲此篇。埋頭故紙堆中，門外炎威，已盡忘矣。

　　《淳化閣帖》始刻於宋太宗淳化三年，當時收集古代名人墨迹，藏淳化閣中，命翰林院侍書王著鑒別，選爲十卷付刻，即今每卷末所標“淳化三年壬辰歲十一月六日，奉聖旨模勒上石”云云者是也。其中僞筆雜收，或真筆而張冠李戴，或文字割裂，東拼西湊，甚或一字分爲二字，昔人已屢斥其魯莽滅裂。然漢晉真迹，得能一線不絕，綿延至今，略存規範者，端惟此帖是賴，書法中實有大功，不可没也。帖後所云“上石”，實則非石而爲棗木。雕版既成，藏在中禁，偶拓以賜勛戚，流傳不多。元祐中，板裂，乃以銀錠鑲聯裂處。賈氏所刻，即據此初裂之本。後爲明顧從義庋藏，世稱顧本。今第一卷唐太宗《兩度

91

帖》六、七兩行之間，第二卷《皇象書頑暗帖》六、七兩行之間，皆有錠痕，此其證。此後隨裂隨鑲，銀錠痕多少各有不同，世遂又有大、小銀錠本之説。自淳化之後，大觀之間，叢帖刻石公私不少，要與《淳化》略有異同。《淳化》自紹興十一年始摹勒上石，石置國子監。淳熙十二年，又刻於修内司，後乃有《潭帖》、《絳帖》。宋末賈氏又刻於半閑堂，同時廖瑩中又刻於世彩堂。此爲宋代《淳化》傳刻之大略。《紹興》、《淳熙》二帖絶少見，是否根據銀錠，已無可考，賈、廖二刻，則皆銀錠本也。日本影印賈帖，照原帖略縮小，此其短處。原帖明爲陳繼儒所藏，清爲張廷濟所藏，各有題記。至商務館影印之游相本，原爲淳祐五年己巳十二月任右丞相游似所藏之物，元爲康里巙巙所藏，明爲楊溥、項元汴所藏，清爲李光地、蔣廷錫等所藏，各有題記；翁方綱四跋，何紹基一詩，後歸梁啓超。此帖觀其題記，似屬傳統分明，然元、明數跋，未必可恃。在任公京寓中，予亦曾見原本，墨色萬不及予所見賈帖之佳，黑而不亮，濃而不厚，評爲明拓，較爲合宜。若云游相所藏，則當推在銀錠以前印本，因帖中無一錠痕故也。以此帖置在銀錠本前，決不可能，予認爲此不過蕭府初拓之物耳，以唐太宗書《八柱承天帖》中“爕諧區”字，“爕”字中無石花一横可證也。校中姑仍襲《田游帖》之名。

歷代帝王法帖第一

西晉宣帝書《阿史病轉差帖》，"外曹"二字，"外"字末筆，游帖筆勢上挑，較清晰。

東晉哀帝書《中書帖》，"伏"字游帖橫筆右起向左，極分明，賈帖模糊。

東晉簡文帝書《慶賜帖》，"昱白"賈、游本皆作"白"，日本《閣帖解説及釋文》以下簡稱《釋文》，"白"作"曰"，不知所據何本？該書誤字甚多，書雖附印於賈帖之後，實不以賈帖爲主，有不同之字，亦不注明所據之本，實未精審。

宋明帝書《修容帖》，"汝可令汝内人知之"，"内"字賈帖左直缺，游帖全。

齊高帝書《破堈帖》，"尋還遲見卿"，賈、游皆作"卿"，《釋文》作"兄"。

梁高帝書《衆軍帖》，"衆軍行人最"，"最"字賈缺末筆，游全。

唐太宗書《江叔帖》，《釋文》末有"二日"二字，賈、游均無。

《懷讓帖》，"氣候似少可"，"候"字收筆一轉處，游清晰，賈筆不連。

《藝韞多材帖》，"故斯表意"，"斯"字左半，游帖明晰。帖末"謠"字下，《釋文》有"十五日"三字，賈、游均無。《下進枇杷帖》"廿九日"三字同。

《八柱承天帖》，“締構經綸”，“經”字游帖右半誤作“至”，賈帖尚略可作爲“圣”字。“變諧區”字，賈帖“變”字下、“火”字上，有石花似成一横，且“變”字中腰距離頗遠，游帖無。

《氣發帖》，“中書門下三品”，“三”字上二横，游帖清晰，賈帖二筆相連，略無頓挫，幾類“亦”字。

唐高宗《東都帖》，“祇承”，“祇”字末筆，賈帖下傾，游帖平行。

陳長沙王陳叔懷書《梅發帖》，“吾既不司”，“既”字末筆，賈帖不全，游帖全。“自足”，“自”字，游帖清晰。

歷代名臣法帖第二

漢張芝書《終年帖》，“方有諸分”，“諸”字賈帖脱“言”旁，游帖全。“不知比去得復一會否”，《釋文》脱“復”字。

《秋凉平善帖》，“深爲秋凉平善”，“深”字賈帖無“水”旁，《釋文》釋爲“不”字，游帖有三點，作“深”。

吳青州刺史皇象書《頑暗帖》，“惟尚有借近趙走”，“近”字賈、游二本結構略異。

晉丞相王導書《改朔帖》，“朔”字游帖清晰，賈帖幾不成字，下“滿悶”二字，亦游帖清晰。

晉中書令王洽書《得告帖》，“王洽再拜”，“洽”字賈帖失“水”旁，游帖全。

晉司徒王珉書《此年帖》，“王珉頓首頓首”，“珉”字末筆，游帖作二點，與賈帖異。

《欲出帖》，"相"字下賈帖脱五行，計半頁："待臨出亦遺報。既至王家，畢卿可豫檄光公，令作一頓美食，可投其飯也。王珉敬報。晉司徒王珣書。"以上五行游帖全。

晉侍中王廙書二《表》，"臣故患匈滿"，"匈"字游帖清晰，賈帖模糊。"慈恩垂愍"，"恩"字賈帖中缺一横，"愍"字"民"字缺末筆，游帖均全。

晉太宰高平郗鑒書《孝性帖》，"以增酸楚"，"楚"字游帖作"楚"，賈帖作"楚"。

晉侍中郗愔書《敬豫帖》，"相親一一悉如常"，"親"字左半，游、賈結構略異，賈帖似誤，又《釋文》脱"親"字。

晉尚書令衞瓘書《頓州帖》，"在外累年"，"外"字賈帖缺末筆，游帖全。

歷代名臣法帖第三

晉車騎將軍庾翼書《已向帖》，"已"字賈帖無第二横筆，游帖有。

晉黄門郎王徽之書《得信帖》，賈帖有小楷旁注，游帖無。下各卷草書，賈帖有者游帖均無。

晉劉環書《感閏帖》，"環之頓首"，"首"字下賈帖略空，游帖有二點。

晉謝發書《晉安帖》，計共六行，賈帖在索靖書後、王劭書前,游帖則索靖書後爲晉侍中劉穆之書,卞壺書後方爲謝發書,賈帖又移劉穆之書在卞壺之後。此次序二帖大不同處,《釋文》次序同游帖。

　　晉中書令王恬書《得示帖》,"吾故不差","差"字賈帖結筆下連,游帖上挑,然皆不類"差"字。

　　宋中敬大夫羊欣書《暮春帖》,"書欲何言","書"字游帖作"生",賈帖作"書"。"又執筆增惋","筆"字《釋文》誤作"華"。"羊欣頓首","羊"字《釋文》誤作"年"。

　　宋太常卿孔琳書《日月帖》,"自郡地窮","郡"字賈、游二帖結構不同。又"知良所患","良"字筆意游帖明晰,"患"字《釋文》誤作"惠"。

歷代名臣法帖第四

　　梁特進沈約書《今年帖》,"殆無能十","能"字賈、游二帖草法不同;"十"字《釋文》作"口",此四字,各字《釋文》皆未妥。又"能"字,游帖尚近,賈帖則全不類"能"。

　　梁蕭子雲書《列子》,"向氏以國氏之謬己也","謬"字賈帖缺末筆,游帖全。又"雲雨之滂潤","滂"字游帖缺"水"旁,賈帖尚存,亦略模糊。

　　陳朝陳逵書《逵白帖》,"十二月","十二"二字極明白,賈、游二帖同。《釋文》誤"連"爲"去"字。

　　中書令褚遂良書《家姪帖》,"深以爲慰","深"字游帖清晰,賈帖模糊。又"於邑悲罔","邑"字筆意,亦游帖清晰,《釋文》誤"邑"作"是"。

唐祕書少監虞世南書《大運帖》,"玄元之道","道"字賈帖少一小橫,游帖全。

《左腳帖》,"冀少日望可耳","望"字賈帖缺末筆,游帖全。

唐率更令歐陽詢書《蘭若帖》,"可以頓醒滯思","滯"字右上,賈帖不全,游帖全。

《靜思帖》,"吾君何當至","吾"字賈帖模糊,游帖清晰。

《平安帖》,"五月中","月"字游帖二小橫筆尖皆出撇外,賈帖不出,是。又"吾氣力尚未能平復","吾"字賈帖首筆缺,游帖全。

《足下帖》,"人望示心曲","心"字賈帖缺二點,游帖全。

諸家古法帖第五

《隋朝法帖》,"皇帝敬問","敬"字賈帖缺末筆,此宋初避諱字,游帖不缺。又"精神如此","如"字賈帖"口"字不全,游帖全。

隋僧智果書《評書五則》,"如王謝家子弟","家"字賈帖少一撇,游帖全。又"然不寒乞","乞"字賈帖清晰,游帖模糊;"如新亭傖父","傖"賈帖"倉"字少中一橫,游帖全;"援鏡笑春","鏡"字賈帖缺末筆。此亦宋初避嫌諱,游帖不全。

古法帖《鄱陽帖》，"東轉有理吾賢必欲事必俟勝"，"有"字賈本不全；"吾"字上半，賈本模糊，游帖皆全。"不謂乖又至於此耶"，"乖"字賈、游二帖皆不合法，未知何故。

《亮曰帖》，"協挾天子"，"天"字起筆，二帖略異。

古法帖《移屋帖》，"微援里地成寬大"、"援里起小三架"，上"援"字《釋文》均作"欄"，未知所據？"直步廊壁太單"，"廊壁"二字間，游本有一長橫，文似石花，宜去，賈帖無；《釋文》竟釋作"一"字，誤。

法帖第六王羲之書一

《遠宦帖》，"武昌諸子"，"諸"字在"者"字上半，賈、游二帖略不同。

《此諸賢帖》，"不得數爲嘆耳"，"爲"字賈帖末筆少一頓點，游帖有。

《旃罽帖》，"知足下至"，"足"字賈帖失首點；"方回近之"，"之"字賈帖起筆有誤，游帖皆不誤。

《蜀都帖》，"但言此心以馳於彼矣"，"心"字賈帖四筆，似誤，游帖三筆。

《譙周帖》，"今爲所在其人有以副此志不"，賈、游二帖均如此，《釋文》自"爲"字起，至"志"十字，乃忘釋；"有嚴君平、司馬相如、楊子雲，皆有後不"，"皆"字賈游二帖均有，《釋文》無。

《坐左帖》，"故而復以灼怛"，"怛"字"心"旁，賈帖模糊，游帖清晰。

《小住帖》,"更致問一一","致"字賈、游二帖均同,《釋文》誤作"知"。

《鯉魚帖》,"征與敬耶不","征"字賈帖左旁模糊,游帖清晰;"敬"字二帖均缺末筆。

《月半帖》,"哀忤兼至","忤"字賈帖作"忤",游帖作"悼"。

《清和帖》,"適耆十五日清和爲慰","耆"字賈、游二帖草法,均與"知"字爲近,決非"耆"字,《釋文》誤,從文義言,亦"知"字爲近。"令人邑邑","令"字賈帖末筆摹勒有誤,游帖不誤。

《追尋帖》,"益頓乏","頓"字賈帖缺末筆,游帖不缺。"一旦哭之","哭"字賈帖模糊,游帖清晰。

《袁生帖》,"袁生暫至都","袁"字賈本模糊,游本清晰。

《里人帖》,"知敬面腫","腫"字左半,賈帖模糊,游帖清晰。

《想弟帖》,"無不復堪事","復"字《釋文》誤作"堪"。

《定聽帖》,"可令未也","未"字賈、游二帖均作"未",極明白,《釋文》作"來",誤。

法帖第七王羲之書二

《秋月帖》,"忽然秋月","秋"字"禾"旁,賈、游二帖用筆不同。

《月半帖》,"晴通省苦","晴"字"日"旁,賈帖中横特長,兩頭皆出框外,形類"女"字,游帖正作"日"。

《知念帖》,"但一開無解已","但"字"旦"旁,賈帖模糊,游帖清晰。

《勞弊帖》,"比可致","比"字賈帖中多一點,非石花,實摹勒之誤,游帖無此誤。"卿女轗軻","轗"字賈帖模糊,游帖清晰。

《嘉興帖》,"得遠嘉興書","遠"字賈帖起筆處,模糊類"還"字,游帖分明。

《長平帖》,"適君如常也","君"字賈帖略低,上有一點,游帖無。"念勞心","念"字賈帖起筆不全,類"云"字,游帖明晰。

《都下帖》,"謝二侯","二"字賈帖缺上横,"侯"字少一折筆,游帖明晰無誤。

《飛白帖》,"乃欲窮本","窮"字賈帖首少一點,游帖全。

《得萬書帖》,"委曲備悉","悉"字賈帖幾類"半"字,游帖雖多一折,亦似未全。

《賢室帖》,"足下以語張令不","語"字賈帖"吾"旁筆勢不清,游帖明晰。

《擇藥帖》,"形色小異,莫公嘗見者",《釋文》脱"見"字。

《小園帖》,"儻因行往","儻"字《釋文》誤作"償"。

《靖晏帖》,"又所使有無乏","使"字賈、游二本同,極明白,《釋文》作"出",云:"真迹如此。"但"使"、"出"二字,字形、草法不甚相類,何以淳化當時鈎勒致誤至此?

法帖第八王羲之書三

《清和帖》,"雲所在荒","荒"字游帖下有三點,賈帖失摹,遂使下有空白。

《請懷帖》,"不見爲久理","見"字賈帖有一横,近首部,似非石花,恐誤,游帖無。

《昨故遣書帖》,"想今善除","今"字游帖誤摹作"下",非是。"公至劣劣","公至"二字,賈、游二帖草法皆似"差"字,恐爲一字,《釋文》釋作二字,未安。

《月半帖》,此帖第二行,賈帖"回"字起,"比"字止;第三行"日"字起,"力"字止,兩行各九字;第四行"知"字起。游帖第二行"罔"字起,"處"字止;第三行"比"字起,"恒"字止;第四行"力"字起。行間字數,二帖不同。

《黄甘帖》,"奉黄甘三百","三"字賈、游二帖均作"二",《釋文》作"三"。

《日五帖》,"不可佳","可"字賈、游二帖均作"能",《釋文》作"可",誤。

《此郡帖》,"自非常才所濟","才"字《釋文》誤作"方",賈、游二帖均作"才"。

法書第九晉王獻之一

　　《相迎帖》，"殆無恨於懷"，"殆"字《釋文》誤作"殁"，賈、游二帖均作"殆"。

　　《授衣帖》，"何如先大惡時"，《釋文》"惡"作"患"，誤，賈、游二帖均作"惡"。又"如"字"口"旁，賈帖少右直，游帖全。

　　《想彼悉佳帖》，"汝得見諸女不"，"諸"字賈帖收筆不全，又缺"女"字，游本諸字全，"女"字不缺。

　　《夏節近帖》，"動静不寧"，"寧"字《釋文》作"安"，誤，賈、游二帖均作"寧"。

　　《思戀帖》，"思戀無經不慰"，"慰"字《釋文》作"至"，賈、游二帖均作"慰"。又"連此信反"，"反"字游帖摹成"久"字，誤，賈帖不誤。

　　《静息帖》，"兄静息應佳"，"應"字《釋文》作"當"，賈、游二帖均作"對"。

　　《奉對帖》，"雖奉對積年"，"積"字賈帖模勒有誤，游帖是。

　　《白東帖》，"愍惜深至"，"惜"字《釋文》誤作"情"，賈、游二帖均作"惜"。

　　《發吳興帖》，"動静不寧"，"寧"字《釋文》作"康"。"五宜速吳與丞別先進"，"五"字《釋文》作"吾"，"與"字《釋文》作"興"。賈、游二帖均作"寧"；"五"、"與"二字，恐二帖鈎勒有誤。

《慕容帖》，"容"字中間，賈帖不全，游帖全。

《餳大佳帖》，"柳下惠言"，"下"字賈帖誤作三點，而無首筆，游帖不誤。"亦覺有益耳"，"覺"字賈帖缺末筆，游帖全。

《外甥帖》後，《冠軍帖》前，賈帖有三行云："獻之白思戀轉不不可言瞻　近而未得奉見但有嘆　塞遲諸信還具敕"，此爲獻之《思戀》第三帖，游帖無，他本亦未見，《釋文》不載。《釋文》既附賈帖印行，賈帖多此大令三行，而不道及，何也？

《諸舍帖》，"哽"字下游本缺三行。

法帖第十晉王獻之二

《近與鐵石帖》，"不得君問"，"君"字上半，賈帖誤斷，游不斷。"懸情豈可言"，"豈"字《釋文》誤作"不"，賈、游二帖皆作"豈"；"可"字賈帖缺上橫，游帖不缺。"極是不佳"，"不"字賈帖缺上橫，游帖不缺。

《玄度帖》，"不已意耳"，"已"字賈帖作"乙"，游帖作"己"。

《江東帖》，"信義著於四海"，著於四海"著"字，賈、游二帖皆作"若"，不知何以致誤？且此帖自"七月二日獻之白"數字之後，皆是諸葛武侯《隆中對》文，何能接在"獻之白"三字之下？或者獻之曾書武侯此段文字，王著草草置於"獻之白"三字之下，成此不倫不類之帖乎？此例至多，不勝枚舉，姑舉此以見王氏之疏陋。

《復面帖》，"雖轉折猶惙然發"，自"發"字下起，賈帖缺"止

尚以未定日冀以言居力還不復一一”十六字，下又缺《還此》、
《西問》、《月終》、《參軍》四帖，游帖不缺。想此部賈帖，或因裝
裱，或因蠹蝕致之，非原石有缺也。蓋此卷賈帖前、後頁倒置
頗多，更可證裝裱時之紊亂。

　　《娵等帖》，“冬間必欲至足下所居”，“冬”字《釋文》誤作
“各”，賈、游二帖均作“冬”。

　　就二帖及《釋文》，大略讎校，其異同之多，已如上述。至
賈本石損剥蝕之字，尚不列校中。可知僅就《淳化》一種而言，
已難確定其字畫及所收帖數，何況後來公、私所刻叢帖，多不
勝計乎？宜乎昔人止校碑版，不欲致力於帖也。

卷 五

菊　　譜

宋人譜菊者三家，彭城劉蒙，吳興范成大，吳門史正志。明鈔《説郛》中三種皆備；《百川學海》所刻，有劉、史二譜，無范譜。劉譜所收菊，計三十五種，與范譜同，所分種類，及叙述花形花色，亦完全相同，獨《學海》本簡略，不及《説郛》本遠甚。且《學海》本劉譜又僅存前序一篇，其他序後之《説疑》、《定品》二篇，及“雜記”中之《叙遺》、《補意》、《拾遺》三篇，均皆失載，史譜又缺後序，可謂疏矣。史譜二十八種，《説郛》、《學海》所載均同。

按三譜所收諸菊，叙花形則擬之爲薔薇、酴醾、金錢、金鈴，可證無今日菊花之大；叙花瓣則僅言厚薄多寡，及心突與不突，可證無今日爪帶針種種瓣形之繁複；叙花色黃白之外，紫花較多，紅花較少，大紅絶無，可證無今日兩色相間、粉背金背及緑菊之類。自南宋迄今七百餘年間，而菊品日繁，則知自宋以前，推及陶氏東籬所採之菊，皆今所謂野菊耳。由野菊演變爲今日之菊，首當由於宋代高麗、日本種之輸入。明代、清代更有外種流入者，如金背大紅一種，即康熙時英國所貢二十八種菊花之一，是可證也。英人藝菊，今仍極多，而中國種菊者，更日益求異，異品日多，今恐超三百種以上矣。昔在北宋，每秋必有奇菊三五種問世。訪之花農，云擇各種菊花大而壯實者，待花盛開後，剪取數十朵，不問瓣形花色，雜束之，藏花窖暖處，明年春，採花心之子下之，治鬆土中，必有一二株變形易色。惟本年或不開花，又開花後或又復變，必須二三年方能穩定，蓋取其花粉、花蕊互交也。余梅蓀弟善治菊，見菊枝葉，能辨形色，舉此語詢之，亦以爲然。獨惜今之藝菊者，喜尚拚接，一花湊成紅、紫、黃、白數色，而舊種轉不顧問。四年以來，杭市菊展，金印、銀印，絕不曾見，即粉背、紫金背皆大紅背，亦不成其爲粉爲金矣。更數年後，恐亦絕迹，奈何！奈何！

癸丑菊譜 並序

余幼喜花,菊爲最。十二歲,借友人《花鏡全傳》抄之,菊之種多凡二百餘,由是睡夢中皆見菊羅其前,五色絢爛,醒則大戚。先父憐余足疾初愈,能跛而從師,不復督責。至深秋,予必出所積壓歲、日用之錢,<small>日用每日六文供餅點。</small>購菊數盆置窗前,按花徵譜,有偶合者,即大樂,走告父,且徧家人。予家庭院小,不能處處受日光,且信書言菊喜陰濕,偶見爲日光所曬,即移其盆於陰處,時時潤其根,又不知折遷之法,菊皆莖細而長,搖搖欲委地,求一蕊不可得,安問花? 如此二三年,知喜陰之説不可信,然方且致力於試帖八股,實無暇再問花事。嗣後走四方,略知世事,見好花必詳求培植之法,乃知菊固可愛,菊實難養之花也。欲求其幹不長、根葉不萎,百盆之中,僅得數盆。當其培種、分苗、接枝、扦頭、施肥、捉蟲,盡三時之力,始得一時之花,苟一不慎,功悉隳矣。癸卯夏,方雨亭先生家澍宰桐鄉,改同溪書院爲學堂,延予教習,時相往還。縣署隙地,樹菊數百本。知予愛菊,一日指菊語予:“開時當相贈,俾子所居室及小院中皆滿,以饜子欲。”及花開,先生已病逝,署中人遵前命,以五十盆贈余,羅列室中階下均滿。教習之暇,日與相對,對花懷人,哀樂相半。乃翻范成大等舊譜,按花式花色,各爲立名,培護至學中寒假,尚有三四盆花盛開未蔫也。人事遷演,菊名旋皆忘矣。甲辰之後,硤有僧能種菊,有“夕陽紅”一種,花大開遲,色紅艷如晚霞。開時予若還里,硤友必邀賞之。自甲辰至今,硤之種菊遂益多,異種珍品亦日出,聞且超三百種以上。而予則自桐鄉而嘉興,而杭州,而北京,日行日遠,花開之日,未得一預其盛,欲求若幼時盤旋庭際,終年培植不開之菊,更不可得矣。今年寓杭州,購菊十一種,皆是把玩,小窗多暇,因爲譜而記之。花僅十一而名曰"譜",何居?予今秋所見止此,若欲廣徵,將失其實,譬人家譜,有大宗,有小宗,此亦菊之小宗耳。族本繁而予室所有止此小支,編而著之,亦支譜之例也。

瓊霜　枝長,幹堅硬而直。花盛開不傾側,蕊將舒,色深紫,瓣細如針而曲,瓣尖現白色。盛放,瓣皆平鋪下垂,形如傘,色紫若絨裝,瓣邊白色益分明,如霜罩其上。開極遲,耐久不蔫,通名"草上霜",以色不符,易名"瓊"。《説文》云:"瓊,赤玉也。"此花十年前來自揚州,高等學堂首得之,遂傳於杭。

銀鑲胭脂　枝長,幹微直。花色紫而不濃,初放瓣如爪,盛開全舒,不下垂,瓣尖白色分明。

粉背胭脂　枝不甚長,幹軟。瓣不齊放,形如帶,中紫外白。

金背大紅　枝長,幹堅。花初放,瓣如爪,盛開略展,不全舒,中極紅、外極黃者爲上,兩色俱淡者,不足觀。此清康熙時英國輸入之種。

楊妃暈　枝短,幹直。花形瓣形皆如荷花,實則瓣係大爪,色淺紅停勻,若美人微醺之狀,心綠色,不甚露。

銀紅荷花　枝不甚長,幹直。初放即見心,瓣自蒂至端,無管狀爪狀,與荷花相似,色微紅。此爲真正荷瓣,與瓣端似荷花、下實圓管者不同。

雪青荷花　與上種略同,惟開時不見心,近蒂處瓣猶圓管,色爲雪青,此其異。

金刺帶　枝長幹軟。初放瓣不整齊,色黄而深,瓣旋轉作帶形,瓣上着小刺如毛。

玉帶　枝長,幹微軟。瓣連卷如帶,較金刺帶爲長,色白潤微暈粉色。

銀印　枝短,幹挺。花不甚大而高,若起樓,頗似重瓣芍藥,盛開則花形微方而不圓。聞尚有黄色者,名"金印",未見。人傳此爲杭州許氏舊種。

緑獅絨　枝不甚長,幹軟。初放色緑,盛開較淡,瓣皆剪剪小垂,心中小瓣極多,至蔫不見心色。花時忌日,見日光則色漸白而黄,呈憔悴之態。

金 魚 小 史

此篇已載入《金魚》一書,原用語體文,今仍之。

　　金魚是中國一種特産的魚,它的歷史約有八百年了。如果追溯到它的祖宗——紅鯉、紅鯽,更可以推上一二百年,那時已經見諸吟詠,如蘇子美詩"松橋待金鯽,竟日獨遲留"、蘇東坡詩:"我識南屏金鯽魚"等等。如果再拿許多記載異物的書作爲根據,像《抱朴子》所載的出於丹水的"丹魚",《博物志》所載的出於浙江昌化縣龍潭的"金銀魚",《述異志》所載的出於廬山湖中的"赤鱗魚"、又載關中有"金魚神"等等,作爲金魚的祖先,就更可以推上四五百年。但是,無從證實的東西和類似神話的記載,我們是不願意拿來作爲根據的。

　　現在斷定金魚出生是在南宋初期,正面證據有如下幾種記載:《桯史》云:"今中都有縼魚者,能變魚以成金色,鯽爲上,鯉次之。貴游多鑿石爲池,置之檐廡間以供玩。問其術,祕不肯言。或云:'以闤市洿渠之小紅蟲飼凡魚,百日皆然,初白如銀,次漸黄,久則金矣。'未暇驗其信否也。又別有雪質而黑章,的皪若漆,曰'玳瑁魚',文采尤可觀。逆曦即吴曦。之歸蜀,汲湖水浮載凡三巨艘以從,詭狀瑰麗,不止二種,惟杭人能餌畜之,亦挾以自隨。"按《桯史》爲岳珂所作,珂即岳飛之孫。此段記事,《東南紀聞》一書亦採録之。二書所載最爲詳備。亦有以爲南宋之初,嘉興人縼養而成者,實無確據。又明李時珍《本草綱目》云:"金魚有鯉、鯽、鰍、鱉數種。鰍、鱉尤難得,獨金鯽耐久，前古罕知。"又云："自宋始有蓄者，今則處處人家玩養矣。"《錢塘縣志》云："日月銀魚與他魚種不同，尤異者有梅花點、鶴頂紅、天地分之類。宋以來始有蓄者。"據此書所記，可知現在所謂金魚，實出於南宋初年杭州人取金鯽、紅鯉之子魚飼以紅蟲而成，無可疑惑之處。反面證據是：金魚既爲玩好之物，如果南宋以前已有此魚，文人學士必且歌詠及之。如臘梅始於北宋，至黃山谷纔有詩篇；西瓜南宋始盛，至文文山纔有詩篇；何以詠金魚的至明王世貞始有一賦一詩，朱之蕃始有一詩呢？可見南宋之前，決無此魚。南宋之後，又日漸變遷而文采煥發，然後有人歌詠金魚。

　　金魚在南宋時產生既經確定，現在再來談談它在歷史上的變遷情況。現在的紅鯽魚或者紅鯉魚，就是蘇子美、蘇東坡當日所謂金鯽。這種魚仍舊可以看到，而且也可烹食，味亦無異。拿這種魚子放在淺水盆中，照着一點日光，待其孵化成魚，喂以小紅蟲_{今名魚蟲或魚蝦}，就可以使它不致十分長大，而且顏色也會發生變化。在它下一代又可以用雜交方法來使它變種。古書中也記載着這一點。《考槃餘事》云："嘗怪金魚之色相變幻，徧考魚部，即《山海經》、《異物志》亦不載。讀《子虛賦》有曰：'網玳瑁，釣紫貝，及魚藻洞置，五色文魚。'按：文魚非今之金魚。因知其色相自來本異，而金魚特總名也。按：此句有誤。顧品有妍媸，而謂巧在配嘯者_{按：俗稱魚散子曰嘯子}，又不可盡非之也。惟人好尚與時變遷，初尚純紅、純白，繼尚金盔、金鞍、錦背及印頭紅、裏頭紅、連腮紅、首尾紅、鶴頂紅，若八卦、若骰色，又出膚僞。繼尚墨眼、雪眼、朱眼、紫眼、瑪瑙眼、琥珀眼，四紅至十二紅、二六紅，甚有所謂十二白，及堆金砌玉、落花流水、隔斷紅塵、蓮臺八瓣，種種不一。總之，隨意命名，從無定顏者也。至花魚，俗子目爲癡，不知神品都出自花魚，將來變幻，可勝記哉，而紅頭種類，竟屬庸板矣。第眼雖貴於紅凸，然必泥此，無全魚矣。乃紅忌黄，白忌蠟，又不可不鑒。如籃魚、水晶魚，自是陂塘中物，知魚者所不道也。若三尾、四尾、品尾，原係一種，體材近滯而色都鮮艷，可當具品。第金管、銀管，廣陵、新都、姑蘇競珍之。"又《仁和縣志》云："盆魚有金、玉、玳瑁、水晶、藍，其異品者，若梅花點、鶴頂紅、天地分之類。名識甚衆，不能盡識。説者謂魚本傳沫而生，即紅白二色，雌雄相感而生花斑之魚，以溪花魚與白魚相感而生翠色之魚，又取蝦與魚感，則魚尾酷類蝦，至有三尾五尾者，皆近時好事者所爲也，明宏治以前蓋無之。"又《畿輔通志》云："魚藻池，在順天府正陽門東南。金故曰魚藻池，今曰金魚池。池上有殿，榜以瑶池。殿之址今不可尋。池，泓然也，居人界而塘之，柳垂覆之，歲種金魚以爲業。魚之種：深赤者曰金，瑩白曰銀，雪質墨章、赤質黄章曰玳瑁。其魚金，貴乎銀周之；其魚銀，貴乎金周之，而別管若箍。管者，鬣下而尾上周其身者也。箍者，不及鬣周其尾者也。魚有異種者，有蝦種者，種故善變。飼以溝渠小蟲，魚則白，白則黄，黄則赤，無生而赤者。天將雨，魚拍拍出水面，水底蒸如熱湯也。歲穀雨後，魚則市，大者歸他池若沼，小者歸盆若盎若玻璃瓶，可旦夕游活耳。"金魚的變化，這三種書所載之外，《本草綱目》、《群芳譜》、《花鏡》之類，亦有記及，但大同小異，沒有這三種書詳備。據這三段記載來看，金魚的逐漸變化，始由於飼養的飼料，繼由於交配的種類，這種説法實在是合乎科學的。交配方法，現在一般都由人工促成；金朝的魚藻池，卻是天然任其雜交。我向在南京時，聞有一位三四代以養金魚爲業的哈君，請他來買點魚，和他談談魚的狀況。據説，他家里有一二個小池子，採取天然雜交方法，當然好種不多，但可能有特殊的發現。現在交配方法更利便，魚種又多，赤道魚啦，鬥魚啦等等，如果能够用心思考一下，必然有更多的奇迹。

金魚分佈的區域：臨安是它産生地區，四川是吳曦載它去的，順天是全國取了去，也許是一種附帶的貢品。這三處是南宋一有金魚就進行分殖的地方。到了明代，南京、揚州、蘇州，均有金魚繁殖之區。我所最喜愛的是：一種龍種，全身墨黑終不變色，數年之後，可長至尺餘，俗名墨龍；一種蛋種，全身圓而且肥，純紅色，尾下垂，不甚游泳，俗名金蛋。這兩種養在白磁缸内，真够味。

紀　茶

茶,《説文》新附有"茗"字云:"茶芽也。"可證漢末飲茶,至六朝始有"水厄"之説,實爲嗜茶之始。唐代極盛,陸羽《茶經》所謂"一曰茶,二曰檟,三曰蔎,四曰茗,五曰荈"者,是也。"茗"爲嫩葉,"荈"爲老葉,"蔎"爲香草,"檟"爲苦茶,而"茶"則其總名也。是知當時嫩葉、老葉,已有偏嗜;製造之際,亦用香料;而苦茶又特列一種,與後世習尚,實無大異。獨皆製成餅錠,必須煎煮,揀葉泡茶之法,尚未風行而已。蓋宋以前茶自採摘烘焙之後,入茶碾碾碎,法製成餅,用時擊碎入湯煎之。恐茶末飄浮水上,汁味不出,故又有茶擊等物,拍之使沉。而煎茶遂又另成一種技術。今蒙古、西藏,遠及蘇聯,煎茶而飲,尚用茶磚,皆其遺習也。自宋末始有揀葉,不製成餅,於是泡茶之風起矣。當然泡茶簡便,逐漸盛行,舊習日漸減少,然亦有少數習慣,依舊保存者。葛敬應兄來問茶史、茶事,因略舉此告之,且憶平生親嘗諸茶,記之如下。

張園茶　園在嘉興,相傳有張姓者,愛藝蘭,輦山土實園地至厚以種蘭。其後主人亡,蘭盡萎,因改植茶。產量不多,年僅數十斤。揀選精,焙製不乞靈於花香,故泡後葉皆一卷一舒成旗、槍,無葉不然。色淺碧,有茶真香,味不厚,開水冲二次即淡甚。予任教秀水時,沈稚巖兄購二兩相贈,語予曰:"此與真南湖蟹、高透雲壽字香,爲嘉興三絕,請試之。"予嘗後,亦認爲嫩茶中佳品,蓋較安徽白毛爲清純。徽茶烘焙,雜以茉莉,且或過嫩,葉有槍而無旗也。清季每兩價值銀元二角,可供三小盞之用。解放後來杭，董巽觀兄見訪，偶詢及張園，居然尚存，且爲訪購得二兩，試之，則無所謂旗、槍，葉皆老綠，不見白毛，形亦蜷曲，茶色濃而味厚，若平水秋茶。豈樹老採遲，抑土地變質耶？

龍井茶 杭茶推"龍井"。其實茶性喜陽，西湖南山所產，較北山佳，皆冒"龍井"之名，培植採摘烘製得法，亦無大差別，不必專重龍井旁所植數枝也。惟北山所產，則色、味均次一等矣，故杭茶首當分別南、北山。以上二種，皆嫩者爲佳，然味均薄。若欲求味厚嫩茶，當以"碧螺春"爲首，碧螺春葉較老故也。採嫩茶視天氣寒暖、茶芽發展而定，明前、雨前，不過舉其大概而已。採嫩茶尤宜注意芽蘗，不使第二次茶芽受傷，否則秋茶無望。

武彝老茶 在北京教育部供職時，飲於同僚王彦和兄孝緝寓，閩葉極佳。飯後，王君每客前復置一小碗，云有奇物相享，繼攜一葉來，狀若枯桑葉，置碗中，沸水冲之，即提葉梗置第二碗。如是滿席之客十一人，皆得紅茶一碗，香而釅。主人復收其葉，云："晾乾尚可供第二次用"，且云："此武彝老茶樹葉也。據贈葉者云，此葉在樹，已四五十年，故特濃厚。"予乃知老茶之佳，茶非必以嫩見重也。彦和曰："最上紅茶，亦須老葉製成，近乃兼用新葉。"予於是又知祁門、武彝之不同。祁門紅茶之佳者，茶始冲水，略泛綠色，後乃轉紅，此非新葉製成之證歟！

乾隆普洱茶膏 予購自故宮博物院，小黃紙匣裝，內皆薄片，若畫家所用漂製赭石。以開水溶之，色亦相似，味極釅，苦無茶香，極助消化。入川後，零星散失，無復存者。此蓋當時雲南熬取普洱茶汁製成之貢品也。

普洱茶球　予後又得馬叔平兄所贈普洱茶球一，大若足球。審其製作，類藥肆所售午時茶，茶葉皆粗老，團壓極堅。用時須以刀剖落數小片，再折碎煎飲，不獨無茶香，味亦不類茶。腸胃不舒，服之良佳，以之代藥，不復目之爲茶矣。

道光茶磚　在漢口時，得道光時製茶磚二方，長及尺，闊半之，厚約半寸許，杵極堅實，面印細花，周身紫色，光潤若玉。察其製法，蓋碾茶成極細之末，然後造成，殆與製墨相同，裏外均無茶葉形狀可以發見。予碎其一煎飲，實紅茶之佳者，唯乏香耳。其後壽毅成弟任職茶葉公司，來言擬修茶史，予即以所遺一方贈之，且告之曰："當時製造之廠在漢皋，而出國之地，則恰克圖也。"帝俄需此孔殷，且以恰克圖一商場，控制中國物資外銷大黃一種，尤獲重利。

沱茶　川人喜飲沱茶，來自雲南者佳，狀若銀錁，製法即普洱茶也，惟茶不盡爲普洱所產。雲南下關，製一種烘茶之罐，狀若歐人牛乳瓶，特小，約容茶兩許，質則類宜興紫砂。剖沱茶少許入罐中，就爐火焙之，且時振動翻騰之，使茶葉均能受熱，微聞香氣，即以開水注入，再瀉入碗，添注開水，飲之香釅。此予在川圍爐時一快事也。

縉雲寺甜茶　既無茶味，亦無茶香，不知何葉，浪得茶名。

卷　六

陶　磁　雜　説

陶尚矣，未有記載以前即有陶，見於記載者亦至夥。祭尚陶尊，舜陶於河濱，漢河上公子孫以"河"爲姓，世居黃河之濱，以陶爲業。今漢陶有字，字中有用"河"字開始者，皆其所製之物。予曾得一罐，上有朱文六字，曰"河二十石百斤"，明器藏黍稷者。近年浙江在太湖附近發掘，得硬陶、黑陶多種，此可知陶器肇始於文字之前，更可證陶土以近水淤泥爲良。

灰陶、黑陶，以至紅陶，無形之中，發明釉質之後，加以點彩，而陶器進步極矣。故釉之出世，早在磁前。

未有釉，陶器已有刻花，或麻布文，或者繩文，或竹編文。始出偶然，繼乃以爲美觀而日增益之，故陶器花文，又在釉前

予嘗以爲黃帝鑄鼎，當爲陶鼎；黃帝鑄五兵，當爲石器。以青銅器時代考之，以古書載記證之，黃帝時不應有銅鼎。禹鑄九鼎，《禹貢》中所載貢金屬之地多矣。《禹貢》一書，雖未必真，究出在戰國前，尚爲近古。然今地下所見銅器，商代已不多，夏則未聞，是禹鼎已屬神奇，況黃帝之鼎乎？以土鑄成大鼎，上雕各種花文，在當時已非易事，春秋以後，世皆習見青銅器製作，遂亦誤認黃帝時之鼎、之五兵，皆金屬矣。説見予《呂氏春秋高注補正》。

陶而磁，黑胎而成白胎，起於漢晉，盛於六朝及唐。故

117

“瓷”字,《說文》許氏未列,而徐氏新增之。釉之有色,始於漢,至唐三彩,而人力完全能掌握色澤矣。色始於黑,繼爲綠,繼爲黃、爲淡紅、爲紫、爲藍,唐雖名爲三彩,其實五彩備矣。獨藍色少見,大紅則絕不可得,豈有關於火力之强弱乎?漢綠釉施於陶上,唐綠釉可施於砂胎器上,意者綠釉最易施用矣。凡綠釉入土,無論漢、唐,易生銀釉。銀釉大忌鷄毛撢帚,拂之數次,即剝落無存,較汗手摩挲,更不堪也。

由上觀之,陶之有釉,陶之成磁,釉之有色,其時代大略明矣;陶磁之由刻花而進爲堆花,亦可想像而得矣。至於由刻花、堆花,進而成爲繪畫,最早其在唐、宋之間乎?近廣東發一唐墓,云有青花瓷器,實物予未之見。予所見繪畫之瓷,皆宋初物也。以載記考之,陸魯望柴世宗之詩,只言色尚青,不言及畫。以實物證之,昔在漢口,見迋姓所藏一小瓶,畫墨梅一枝;後在杭購得一明器大瓶,上畫似草非草、似竹非竹之物,亦黑色,瓷、釉皆炒米色,始皆粗白,質介於唐宋瓷之間,于瓶肩上臥一人,約長二寸餘,深衣儒冠,旁一犬守之,犬大等於人,尾已斷,另一旁則一小犬,上有雲氣及月,此瓶肩以上至口之物也。瓶腹爲畫,近底無釉,無釉處尚留畫迹,色又淺絳而不黑,是知此黑色之畫,仍在釉中經火之色,在釉外經火處,其色又異,而本色則不得而知矣。繼黑色入畫者爲淡紅,宋代磁州窰磁枕、磁杌圖案畫中,時或見之,然不用作主畫之色,但配合黑色畫文,作輔襯之用而已。近人有謂大紅大綠之畫,宋已有之,以爲起於修武等窰,或乃兼及蜀窰。蜀窰繪畫宋器,予未之見,至所指修武等窰大紅大綠之物,瓷質皆類明初,或類萬曆間民窰,製作式樣亦然,花文整齊,不類宋瓷畫之隨意抒寫。

又其色澤濃厚，與萬曆紅綠，實無區別。窯在何地，既未探得，得物地點，出於偶然，未可確定。如日本近出《東洋之陶瓷》一書中所載圖説，有小白瓷碗一，內作大紅花一朵，四周綠葉數片，云得之蒙古某地，斷爲元人攜宋物北去之遺品。即定爲宋瓷，請問蒙古人獨不可攜明代紅綠瓷器北去乎？明人獨不可攜紅綠瓷器入蒙古乎？何能必斷爲元人，而所攜又確爲宋物也？就予觀察，大紅入畫，當盛於永樂，極於萬曆。若云宋已開始，尚待證實。

釉始於黑，繼之者綠；畫始於黑，繼之者青。研究青花者，昔皆認爲始於明之衛藍，予則斷爲宋已有之。近廣東之物，惜未得見，予所見者，皆宋青花，且皆產自浙江。嘉興市有柴場灣者，或曰："向爲售柴之地"，或曰："有柴姓者，燒窯於此，窯址久廢，其名尚存。"百年前曾發現青花小品瓷器多種，胎則白磁而微黃，釉則米色而不甚厚，式則質樸而不尚纖巧，器皆民生日用小罐、小瓶、小壺之屬，而少明器；色皆淡而不濃，花則人馬花草，率意爲之，不以工整見長。予在杭得數器：一壺，畫飛馬，馬上一裸體小兒，兩面各一馬一人，壺底一闊圈，色已變綠而不青，壺蓋上有一黑斑若點彩然。一香爐，兩面畫人，舊有一明初瓷爐，亦青花，畫人物，持以相較，則明畫綫條軟弱立顯，若專玩明爐，已覺筆意恣放，非成化以後諸青花所能並矣。一小瓶，無蓋，釉炒米色，四面各畫一小孩，姿態不同，極生動。又一瓶較大，釉色較白，上畫淡幾不能辨。其他碗碟之類又數件，皆粗陋不復記，傳均浙江產物，不知是否出於嘉興也？近時處州拆一宋塔，塔基下有宋龍泉磁數片，亦有青花，塔既建於北宋，磁片在塔底，當無疑爲宋瓷，是則龍泉豆綠、梅子青中，當時已早有青花矣。世人泥於衛青一説，以爲青花實起於明，自雲南輸入中土後始有之，斷爲宋無青花。其實青花原料爲"無名異"，無名異一石，中國産地頗多，浙江金華山中，亦有此石。後即爲景德鎮青花瓷主要之物，且能深淺各極其妙，造成康熙一代至精至美之青花，浙青之名，駕衛青而上之。是知元、明之前，已有青花，並非異事，蓋"無名異"非難得之物也。且更可知宋代浙有青花，亦非異事，蓋此石浙固盛産，不必外求也。

瓷　雜　説

　　談瓷之祖，必先及陶。陶有軟陶、灰陶，陶之最早者也；黑陶、硬陶次之，至彩陶而更晚矣。陶爲瓦器，人盡知之。堯所都曰"陶"，見《左·昭二十九年傳》"陶唐氏"杜注。是堯之前陶業已盛，故以陶名地，不徒舜之陶於河濱，見於《孟子》所紀也。自炎帝知用火，民不血食，燔燒之際，火力旁及，濕沙、淤泥，必且因之而起變化，成爲堅硬之塊，原始人民需用之者，當必傲而爲之。故自記載以前，民知用火之後，陶器當即相隨而起，地層可證，史迹可案也。至若古籍所記夏桀造瓦、夏臣崑吾增加陶器之製，此非記其發明，實記其改革之大者耳。然因此可見夏之君臣，固皆注力於陶，而陶史中失記之藝人，更不知多少矣。陶而加釉，當亦起於偶然。埏土爲埴，偶有釉質着其上，經火器成，上有光澤，且不滲水，既美觀而又切合於施用，於是追憶其所雜之質形狀産地，競求之而竟試之矣。

　　"釉"之爲字，不見於許書，《集韻》始收之，釋曰："物有光也。"是知陶之有釉，必非倉卒之間，即能爲人所掌握，歷年試驗之後，方能就人指麾也。今所見一種黑陶，年代當在漢前，初出土時，表面黑色略帶微光，與空氣、風日接觸既久，微光退盡，黑色亦漸淡而成灰，實是黑釉初期之物。在上釉時，未能掌握質料之純雜及其厚薄，用火時亦未能掌握火力之寬猛及其時間之久暫，故雖有一絲黑釉情狀顯露，尚不能成爲真正黑釉也。此種黑陶，可謂陶器有釉經過史迹之證。繼黑釉而起者，當爲炒米色、淡緑色、深緑色、絳色、淡紅色數種。然施於

陶器上之釉,炒米、淡緑者少見;深緑者亦不多見,予向僅見陳
叔通兄所藏一漢明器陶竈;絳色者予在浙得一陶罐;淡紅者予
在浙得二件,一大罐,一扁盂有蓋。凡陶上之釉,惟漢竈緑釉
爲厚,餘均薄甚,且去底甚遠即無釉。予所得淡紅色器,世人
亦少見之。一切製作,雖皆爲陶,胎骨已略近瓷,且有點彩,點
彩者,不問蓋上或底下,或胎骨上,或釉中,有數處黑色或紫紅色,斑文大
小,視器而定,有爲燒時墊物遺留之痕,有特施爲裝飾品,俗名點彩。是知
釉之爲物,在陶上尚不能發揮其全力,迨陶演變成瓷,始能盡
其妙用也。

　　"瓷"字《説文》亦屬於"新附",知許氏漢人,尚未覩此,至
徐氏而始附入,其爲漢後始有之物可知。浙江所出繼陶之後
者,首爲晉瓷,其胎骨有灰、有白、有淡黄、有淺絳、有深紫近黑
而堅,俗名"缸胎",雖與後世瓷質不符,要皆異於陶器。釉色
則淡黄、淺灰、淺青、淺緑,底或面或邊則有點彩,亦有無點彩
者,惟紅者少見,即有亦非真紅,乃若黄而轉紅者。此類瓷器,
以時代論,當在漢後、唐前,皆硬釉,少下流;今俗名釉重下垂者爲
"軟釉",不下垂者爲"硬釉"。皆純色,無二彩,至唐始有三彩及下
垂之軟釉。以予所見,胎骨粗黄、粗灰,釉色淡黄、淺緑、淺青
而薄者,當爲早期之物,屬之晉代;胎骨較細,釉作深緑色,且
刻花者,此種刻花,皆極細硬淺文,非若後世雕鏤。最早亦在梁、陳之
間,世所傳太平年間物者是也,太平爲梁武帝年號。其餘唐及五
代爲多。故"釉"字收於《集韻》,"瓷"字見於"新附",宜也,釉
固早於瓷也。

　　瓷既繼陶而起,當其演變之時,蓋亦多術,有用砂者,有砂
泥合用者,有用純白泥者,其不能成器中途廢去之物,諒亦不

少。今所見成器之物，用砂者則有廣窑爲之代表；宋廢窑皆缸胎厚釉，不易損壞。砂泥合用者，晉瓷中多見之；專用白泥者，最爲後出而最普徧。砂胎有不類廣窑，與俗名缸胎之物，完全不同者，北地之窑有之，其胎骨黄而且鬆。有襲用砂名，實爲研濾極細，紫色泥土製器者，則宜興紫砂是也。此品起於明，據清劉鑾興父所著《五石瓠》云：“宜興砂壺，創于吳氏之僕曰供春者，及久而有名，人稱龔春。”余永麟《北窗瑣語》云：“宜興罐龔春爲上，時大彬次之，陳用卿又次之。”然宜興之瓷，雖起於明，而製精名重，故特及之。砂泥混合之胎，皆泥多砂少，亦有極薄之品，質甚堅致者，惟龍虎山所出之器，胎骨較鬆。白泥胎當創始時，薄者較少，唐瓷可證。豈古代純粹白泥之胎，以其不堅，故不雜砂質，則胎骨不能不厚耶？予意陶、砂、砂泥混合、白泥各種胎骨，今皆俱存不廢，獨白泥一種，澄濾愈精，製法愈妙，效用愈廣，遂成瓷胎之大宗。此亦發明製瓷之後，逐漸淘汰演變而成之史蹟也。予所最注意者，地區雖南北不同，然由陶變瓷，其胎骨除一小部分有特產砂泥，若宜興紫砂之類產品特殊之外，其餘產品，按其年代，其胎骨、彩、釉，皆大致相同。是知陶瓷在中國全面進展，實各地勞動人民各運用其智慧能力，所趨方向，不謀而同，故有殊途同歸之效，非若後世之互相倣效以爲工也。今舉其例如下：

予初入蜀，訪邛窑，得見數品，其胎骨與陝西、洛陽出土之唐窑同，其釉亦無不同，所不同者，釉無陝、洛所產之精而已。四川邛窑，唐代產物。又訪蜀窑，釉與胎骨，又宛然浙之龍泉也，所不同者，色作梅子青者多，豆綠者少，有開片者及黄色者，未得見耳。蜀窑即四川宋時之窑。按黄色龍泉實亦青釉，火力較弱，故未成青。近人且有以黄龍泉入窑重燒，仍轉爲青綠者。初時或因火力過弱，偶得一、二，及出而人或愛之，後仍專窯燒之；至若開片，實爲出窯時不慎，爲窯外冷氣，突然襲擊而成，後亦有人愛之，遂故使出窯受冷，以成大小開片。入土久者，亦成天然開片，不在此限。其理則皆因釉質受逼而起變化，致成裂文。此二者皆屬人爲，非關本質。是知蜀土工人，守其常法，故無開片及黄色；龍泉工人，標新立異，以相矜尚，非胎骨與釉有不同也。觀此更可證各地瓷釉發展之相同矣。

　　釉之初期，既爲群衆所發明，何者爲美，何者爲丑，原各隨人隨地所尚而異，本無定論。及其後君主有所專好，提倡於上，於是"秘色"之名起矣。見於最顯之記録，雖僅有柴世宗"雨過天青"一語，然今日所見翠緑細潔之物，出於六朝者，必亦爲當時進御之品。至宋遂有官窯、民窯之分，明代清代更有御窯、官窯、民窯之分矣。竭千百人之力，殫數百萬之財，作爲精奇新巧之瓷，以供一人之用，在政治上則有奢侈享受之失，在藝術上則有進步創造之助，獨惜其不爲大衆服務耳。然如修内司、宣德、成化、嘉靖、萬曆、康熙、乾隆諸御窯，所出之瓷，今仍爲世珍視，而有名之物，尤膾炙人口，則藝術上之成就，固有不可湮没者矣。

　　自掌握用釉之後，能合數種釉色於一器者，開始於唐三彩。然尚不能繪畫也。用黑色繪畫者，始於北宋而不精；用青色繪畫者，始於南宋而極淡；五彩皆備者始於明。自此之後，花卉、魚鳥、龍鳳、人、獸、山水，紛然起矣。蓋瓷之有花，其始亦法硬陶，雕畫成之；繼則兼法鼎匜，鑄範成之；最後始能繪畫也。今繪畫雖盛，隱花、堆花、雕斲之法，仍復沿用，其歷史蓋亦千年以上矣。

釉與胎骨之配合，最非易事，有胎骨鬆而釉亦鬆者，入土一久，胎骨鬆動，釉即剥蝕脱落，普通唐俑，是其一例。有胎骨過剛，釉不能與之附合者，年久之後，釉易脱離，宋法華是其一例。有釉質不佳，入土之後，雖不脱落，容易剥蝕無光者，宋青花是其一例。大率胎骨近於缸胎堅硬之品，宜用厚釉，方能經久不變，鈞窯可證也。至若胎薄幾若無胎之品，則胎骨本精細已極，釉亦自當精細異常，若互相顛倒用之，性既不合，自無永久融洽之望。

窯口既封，或火力失常，過烈、過弱，不合規律者，此種情狀，或致全窯盡燬，或另變特種顏色，如黃龍泉即其一例。上釉時未細檢查，釉中含有雜質，經火之後，顏色改變者，鈞窯即其一例。此皆偶然相遇之事，非可預料，故窯變不燬而轉成特色者，皆爲珍品，以其難得也。

予雖愛瓷，然無財力，又乏深究之功，第數十年中所見，及零星收藏之物多矣，因略言其大概如前。今復舉其能憶、及尚在案頭之品，記之於後。起於漢陶，迄於今世。黑陶、軟陶，世人或有記述，不復及也。

無釉陶瓮，出自陝土，高一釐米，長圓，有耳四，在肩上，底有硃書"延熹二年"四隸字，字體恣肆而厚重。延熹，漢桓帝年號也。

無釉陶缶，圓形，腹起綫文一道，蓋上下製成後合燒者。上有"河二十石百斤"朱文六字，分爲三行，字體在篆隸之間，頗似裴岑紀功。"河"爲姓，乃注《老子》河上公之後，世業陶，此爲明器；"二十石百斤"者，所藏量之虛數也。陳忠恕兄爲予購得。

　　綠釉漢竈,高約三寸,長約六寸,有竈門處方,有煙突處圓,通體深綠釉,上有土斑銀釉。予所見瓷釉上有銀釉者,必爲唐以上物,宋瓷未見此釉。此釉由温布揩抹,未必退色,最忌鷄毛帚,凡有此釉之物,以鷄毛帚輕拂其所蒙塵土數次,釉即退矣。竈面刻畫成花文,皆魚鷄蔬果之類,且有飲食時用具,中有匕,二刺,是知漢人食時,亦兼用叉,不專用箸,異於今者,少一刺而已。

　　晉瓷所見所得甚多,今舉其略異者如下:

　　燈盞,灰瓷胎,略帶砂,不甚細,黄綠釉,釉層極薄。外作一碟形而較深,内作一小淺杯形,有三釘足,高三、四分,立碟中,又於杯邊作一小柄,蓋杯中承油以供點燈,碟中承水,以防燈花之落,又使油冷少費也。此與省油燈之製不同,其理則一。省油燈爲宋製,承油之盞夾層,中層貯水,外層貯油,使燃燈時油不易熱,可以省油。尚見一具,塑一寸餘高小兒,兩手擁抱油燈者,其上身在燈上者,即代柄用,惜已殘破,予未之購。

　　羽觴,無釉,全部白色瓷泥,有黄色土斑包之。内見灰色胎骨,底見紅泥,有點彩,形不規律,偏於一部,聲則瓷聲。此物幾類陶器。

　　小罐,小鷄壺。青色釉,灰色胎骨,底有點彩。壺肩上相對有二小耳,可繫繩,又相對爲鷄頭、鷄尾,壺口、足皆似鐵沙,已開鐵口、鐵足之先聲矣。罐之口、足與壺同。

　　盂,黄色釉,灰泥胎,釉薄甚,小剥蝕。近口處有兩耳,釉色大類黄龍泉也。

　　其他所見鷄塒、谷倉明器一類頗多,釉層皆薄,青色者堅,黄色者易剥落,豈黄者亦火力較弱之故歟? 底足點彩,有無不一定,均有開片而極小。其産地舊紹屬爲多,豈典午南渡,衣

126

冠人物，盛於會稽，故瓷亦隨之興盛歟？

與晉瓷相類，而時代亦相同者，爲龍虎山之瓷。胎骨粗細相似也，釉色厚薄相似也，所不同者，獨製作略異，胎骨較鬆耳。龍虎山之窑，雖不足珍，然前期仿晉瓷，後期仿隱青龍泉，往往碔砆亂玉也。無點彩，無朱砂脚，無玻璃光，釉色差遜，製作近神道，此其異。予所得爲一十二時神瓶，白泥含砂胎骨，綠釉不深，瓶肩裝一寸有半人十二個，神上環繞一龍，而又虎頭。其他所見谷倉之類亦夥。案龍虎山爲道教天師所居，《水經·江水篇》注："平都縣有天師治。"所謂"天師"者，即漢張魯之後，張道陵之裔也。《晉書·殷仲堪傳》："仲堪少奉天師道。"《王羲之傳》："王氏世事張氏五斗米道，凝之彌篤。"《郗超傳》："郗愔事天師。"《何充傳》："時郗愔及弟雲奉天師道。"是天師之封，雖起於元至元十三年，天師之號，及五斗米道，晉時已有，且極盛行矣。宜乎所居之地，瓷器亦盛，而含有神道色彩也。

海内外尊浙瓷，莫過於餘姚窑，以其晉瓷之緒，而能光大發揚，開龍泉、修内司之先，而製作精細，釉彩焕發，此所以見重於世也。予所得精者二件：一碗，直徑十五釐米又二，高約五釐米又六，全體青綠色釉，不見胎骨，無足，圓底，底略凹透。底釉有數處糙點，呈灰色，無釉，亦未露胎，爲當時支持燒坯之處。沿碗口外邊起綫極整飭，碗心劃花文極細硬，非草非花，亦不類魚，難可名狀，叩之聲清，知胎骨亦必極純。在餘姚窑中，此爲胎骨最薄，色澤最佳，刻花最細最硬之物矣，無纖微損傷，可貴也。一古董商云，昔時出一碗，與此相同，惟底劃"太平二年"極恣肆之字，故斷此亦爲六朝之物。六朝予不敢必，其爲餘姚窑精品，則無疑義。一粉合，極小，黃綠色釉，合口亦有釉，惟合蓋之邊，略露胎骨，澄細帶灰色，蓋面劃花，亦不成物狀，底無足，全釉，釉上有"品"字形三點，糙而灰色。其他尚有堆花大合蓋一，合已不存，黃釉。予意餘姚窰當在六朝、唐代，下迄五季至宋，其極盛則當在唐與五季之間。此窰承晉瓷之後，其胎骨細潔而薄，不與中原唐瓷之胎骨合流，一證也；釉皆純色，無三色雜色，二證也。此二點皆爲五代及宋所取法，故唐瓷製法，在純粹浙瓷中，影響不大。

　　唐瓷，予所得者，首爲唐俑，男、女各一。女俑之帶爲藍釉，其他衣飾皆黃、綠、淡紫三釉，藍釉不多見，色若三青。繼得一騎士，亦三彩，黃、綠二色，光澤特甚。馬爲阿拉伯種，騎士腰部原分塑分燒，人馬高至一尺三四寸。又見二騎馬女俑，馬皆鬃分五花，綠釉雜黃，惜頭已斷，未購，胎骨皆白泥而厚。普通所見之俑，瓷質皆鬆，空氣燥濕變易既久，釉易脫落，甚至胎骨亦酥，此北地所見之唐瓷也。浙江唐瓷胎骨，泥不甚白而厚，釉彩黃、綠混雜不分明，予得一盆，即此類。盆底及邊，均有點彩，人亦混以晉瓷呼之，其一切狀況，實與邛窰相同，惟邛窰無點彩耳。孔雀綠鉢盂，淡黃沙胎，厚釉，綠色，翠潤欲滴，上罩銀釉，有一、二小點，釉已脫，見胎骨，故知其爲沙，底有三釘足。此器得自甘肅，未見第二件。以上予所藏唐瓷，唯一件爲浙産。予在川得一邛窰小碟，胎骨亦泥，不甚白而厚，釉皆黃、綠混雜，狀至相類。故可證各地瓷器之發展相同也。

　　浙江瓷自晉瓷餘姚窰，以舊紹興屬爲産區中心外，吳興區域尚有一部分黑釉瓷器。地在太湖附近，時在晉、唐之間，皆民生日用之物，與福建黑瓷胎骨釉色均相類。其佳者，釉質下流處或略變藍色。至晉瓷餘姚窰造法，傳入處州而成龍泉，其經過金華地區時，必當存有史迹。近據發現，果有各種因地制宜創設之小窰。予所見者,胎骨淡紅、淡黃,唯有砂質,釉綠色、黃色皆不純潔。惟其中一種小碗,白釉似今之白墻漆,特厚,面不平,有粒紋,他處未見。此雖旁枝側葉,未得成名,不爲世人所重視,若就瓷器流傳史迹以言,固亦可供參考,要當略記及之也。自紹屬傳入龍泉,自龍泉又傳入溫州。惟溫州又有一部分來自福建,故甌窰又略異於處窰,雙重秉受故也。蹟浙瓷傳授之史,與浙省文化傳授路綫,正復相同,蓋皆遵陸,而非循海。

龍泉之瓷,章生一、生二哥弟二窰。"章"或作"張"。或載爲北宋末期事,精美絕倫,世盡知之,然章氏昆季,非首創龍泉窰之人也。龍泉之有瓷窰,徧查各種縣志,均不詳載,甚且記爲窰址皆不在龍泉本境。蓋百姓疲於應役,縣官苦於徵求,封建黑暗之時,惟恐地產名物,假名蒐索,受累無窮,故寧使記載失實,不欲盡情暴露也。顧志書雖無詳實記錄,今以所見實物證之,亦可得其大概。龍泉中有一種深藍近黑,即俗名天青。開片不勻,全體作玻璃光,釉極肥潤者,此即效法柴窰之物,其時代,當在北宋。有一種胎骨近缸砂,質極堅厚沉重,脚底黑色,邊露紫紅色,釉色豆綠,全體細開片者,此亦北宋之物。脚底黑色,胎骨略現紫紅者,此後來硃砂脚之開端也,後人專推哥弟,遂皆略而不究,其實此皆龍泉祖物,未可忽視。予見一盞,把手處出土已傷,屬於前一類;予購得龍虎瓶一對,屬於後一類。瓶高約一米,瓶間一盤龍,一盤虎,龍身、虎身之釉,土浸剝蝕極多。售者目爲元龍泉,或又認爲龍虎山所出,經予指出不同之處,且告以厚釉而通體天然細片,非元時物所能有,始信。蓋自有哥弟窰之後,人惟哥、弟所造之物是問,而龍泉開始年代，反置而不考矣。予意龍泉秉其天賦瓷質釉色之佳，接受晉瓷餘姚窰傳統之法，仿造而兼創造，此實必然之事。其創始之時代，以所見仿造柴窰之器證之，以全體細片泥含砂質證之，必在北宋初期明矣。至南宋初期，章氏始以精製立名。自然龍泉窰自章氏後，當以哥弟二窰爲代表，然決不可以章氏兄弟代表北宋龍泉也。

　　龍泉胎骨，早期者多混合砂質，至南宋始純，然其堅則過景德，其白則遜景德。釉自梅子青、豆綠之外，有黃釉，乃青綠釉入窰之後，火力不足者。或云，此爲窰中裝置瓷坏時，偶有數件距火較遠，遂成黃色，若以舊黃龍泉入窰再燒，火力既濟，仍能化爲青綠。今龍泉窰址中，實有專燒黃釉之窰，是知當時偶因火力薄弱，得此黃釉，後則因群衆亦有愛好黃釉之人，故專闢窰以燒之也。予得一黃釉花瓶，光不甚煥發，釉至足，底心無釉，胎骨白泥，南宋之物。有白釉，其釉厚若含粉，蓋介於普通白釉與金華所出狀如白墡漆者之間，極少見，予見一雕花方式花插。有灰釉，此爲青綠釉之變質，予得一小碗，質薄，製極精細。普通以梅子青爲上，豆綠次之，以細開片爲最早，大小開片不等爲貴即爲哥窰之一證。至人造開片，則自元始有之，不足尚也。以朱砂腳爲重，鐵腳鐵口，皆後起之物，不足貴也。最難得者，爲窰變，予所見一件，長約徑寸，小藥瓶，豆綠釉，瓶口有朱砂紅一塊，如蠶豆大小，宛然鈞紅，其價值乃至千金。予得一扁圓形腹大口小之花插，淡灰瓷泥胎，胎極堅厚，青黃帶灰釉，釉亦略厚，朱砂腳，大小開片不勻，腹下一部分窰變藍色，約寬二寸，高寸餘，斑斕可愛，人有以變鈞目之者，予指胎骨、朱腳示之，始知其異。龍泉尚有一種名鹿斑文者，似以白粉彈器上,成白色之點若雪花,予得一筆架,豆綠色,中雜白斑,底淺絳色,亦不多見。除此各種龍泉之外,其他皆多見。以龍鳳瓶爲大件,然瓶蓋之鳳殊小,瓶上所盤龍,亦精巧而不古拙,其氣魄不如早期龍虎瓶之大。有堆花,有隱花。然隱魚之碗,魚或一或二或三,皆在碗心,此制起自餘姚窑刻劃之花有作魚形者,故後皆尚之。沿至清瓷仍有之。真爲刻文者少,大抵皆塑捏或雕斲瓷胎以成,惟不甚高起,狀若隱於釉中耳,能如餘姚窑劃成極細花文者,予未之見。向得一瓶,淡豆綠色,腹劃“癸卯”二字,大如錢,筆畫寬處至半分,雖兩頭皆尖,猶存古意,然去餘姚作風遠矣。數次避兵奔走失之,後竟未見。據龍泉人云,每發一墓,即知其距墓棺若干尺,有所埋明器,且能決定其器之精粗、多少,蓋發丘中郎之經驗甚富也。今則公家研究古時藝術,即窑址亦盡發見,所見更多矣。梅子青一種,元、明所造獨少。元代豆綠,光潤可愛者亦不多,可見八十餘年中,對於文藝之摧挫,以及民間生活之凋敝,故皆急於苟全性命,不復注意及此。至清康熙、乾隆,此色又多,且極漂亮。唯康熙、乾隆倣造之物,大半出於景德,故胎骨純白不青,作風亦異龍泉之古拙,即全體規摹龍泉之物,其纖巧之氣,仍不能掩也。倣製之品,予得一梅子青高約寸餘之三足小鑪,鑪扁足長,極可賞玩。是以舊時康、乾倣物,其價值反在元、明龍泉之上。日本倣者,以藥水退其釉面浮光,且皆冒充哥窑,胎骨、朱脚、重量、釉色,無不酷肖,與真物並陳,則暗然無色矣,若能細心檢視,釉中時有水泡發現,開片亦不佳,固可別也。

　隱青,或作“影青”,此指白瓷中隱含淡青色而言,故不如“隱青”名確。當起於宋前,至宋始盛。但早期之隱青,非白中隱含青色,實爲青釉之淺者,其證在龍虎山早期所出之品。予寓滬上時,見一觀音立像,連蓮座約高尺有四五寸,佛身、蓮花,皆若白中隱青,其座邊挂釉,則深若青釉矣,製作俗,索價昂,未購。在杭得一花瓶,虎爪口,爪色白,通體色作淡白微青,而瓶底挂釉,其色亦深。此二物按其胎骨釉色,皆龍虎山早期之物,皆非真正白中隱青,世人則皆統名之曰"隱青"。宋隱青以河南產品爲佳,胎骨堅細,叩之聲清,堆花精緻,釉色恬静,此蓋北宋之物。予得三魚碗一對,許州出土,胎骨、花文、釉色,皆如上述。此品予所見三四次,諒爲當時通用,故遺留尚多。在杭又得一粉合,白瓷胎骨,八角式,合蓋中作圓形,内堆牡丹一叢,大花嫩蕊,工緻異常,底足、蓋口無釉,通體細開片,此品堆花藝術,全似餘姚窑之至精者,故有人認爲餘姚窑,予以其胎骨不類,仍屬之宋隱青,且胎骨又與河南所出不同,故確定爲浙産,是蓋浙産隱青之仿餘姚窑者。由上推求,可知隱青一種,當時製造區域亦廣,而河南所出,胎骨最佳;龍虎山所出,粗鬆微黄,最爲下乘;浙産則庶幾望及河南肩背,而其製造藝術,則又承餘姚窑之緒餘,故可珍也。

以上所舉,自無釉至有釉,則自漢以迄於晉;自有釉而能掌握其深淺,且能拼凑各色之釉於一器,則起於唐。予所見唐三彩之外,更見一宋三彩,以白瓷塑一裸體小兒,高約寸餘,着一深綠色兜肚,兩手捧一深紅色大桃,當兜肚之中,紅緑相映,燦爛異常,頭留凶髮,淺青襯之,以視唐彩,濃艷超過遠甚。因知釉色至宋而更備,用釉之法,至宋而更精也。自此之後始發展爲繪畫。就予所見,瓷上繪畫,最早起於北宋,所用則爲黑色。在漢口時,有一山西连君,向任隴海路工程,凡開路時所見瓷器完整者，必備價購之，積久滿四大櫃，知予愛好，輾轉相邀赴寓玩賞。見一洛陽出土花瓶，高三寸餘，胎骨、釉色皆淺黃，上畫梅花一枝，皆深黑，無淡墨，極拙魯，名之爲梅者，花五出圓瓣，有幹、有花而無葉故耳，其胎骨、釉色，皆北宋無疑，此爲第一次見古瓷有畫。來杭後，得一大瓶，瓶肩臥一人，長幾及三寸，儒冠深衣，身後起雲，雲上着一平圓之物，上刻月字，人首之左，蟠一如虎非虎、如龍非龍、如狗非狗之物，頭近人首，而身極長，環繞半瓶有餘，尾越人體而上，將及月字，此物腹際，另着一犬，首亦向人，疑皆爲防護臥者之用。以上各物皆堆花，瓶腹黑色畫似竹非竹、似草非草之物兩面各一叢，其姿勢絕不相同，根皆露出釉外，著胎骨上，一面較少，一面約半寸有餘，似漆非漆，似墨非墨，色黑略紫，雖在釉外，亦未退色。獸身、犬身，皆有黑彩數處，若點彩然。胎骨泥、沙相混，内作灰色，釉色淺黃帶微綠，近底二三分，即無釉，通體細開片、此爲明器之一。就胎骨製作觀之，當屬宋初之物。出土時受傷，口有裂紋，龍尾亦斷，以難得，破例購之。又得一碗，胎骨略細，白釉微黃，外面黑色畫山水，無深、淺之分，碗心一黑圓綫，綫内有字三行，第一行曰“大宋”，二行曰“紹興三十二”，三行曰“年造”，字體拙樸，類南宋初期所刻宋板書。畫與字黑中皆略現紫紅色，若鐵銹。此視太平二年所造之餘姚窰碗，同一可貴，且爲後世瓷器年款之祖矣。所見黑色畫瓷，僅此三件，當以明器臥人之瓶爲最早，畫梅瓶次之，畫山水有年款之碗爲最晚，然亦南宋初年物也。

　　宋青花，近亦有人認爲青花瓷上顏料，明初始自國外輸入，故宋代不可能有青花者。然以出土之瓷證之，則宋瓷有黑色繪畫之外，果尚有青花也。近時拆燬龍泉宋塔，塔底曾見碎瓷數片，皆米色釉，淡青色花，此可作證。予始得一瓶，白泥胎，隱青釉，釉内外皆有，底足無，瓶口作青綫一道，頸下作青綫二道，依綫畫狀如芝草之物十餘，首皆下向，肩上又一青綫，綫下四面畫四小孩，姿態各異；近足處又有二青綫，依綫復畫似芝之物，首皆上向，青色極淡，似非礦質顔料。繼又得一瓶，胎骨略同，白釉，釉光已爲土花侵蝕，不甚明亮，無青綫，畫梅花二枝，老幹、花蕊皆備，花圈深色，内染淡色，枝幹亦同，較前所見黑梅瓶粗細相去遠甚。瓶足無釉，而底心復有釉，中書“杭州窰”三字，青色，略帶行書體，旁有二小字，上一字不可辨，下一字辨爲“半”字，不知何義？花圈起筆收筆色深處有光，字色深處亦然，若用膠重色彩畫於絹上，或蠟過紙上，雖乾仍若未乾者然。不記年代而記造地，尤罕見。相傳宋代嘉、湖間有青花瓷窰，此云“杭州”，則當時杭州亦有此窰矣。惟青色與明代青色相比，則濃、淡之間，相去天淵，故知宋代非無青花，青花顔料，與明不同。明青花既行，宋制遂廢，豈得以此即疑宋無此品耶？從瓷器彩繪中求其源流，自當以黑繪爲鼻祖，青花其第二代，青花之後，子姓日藩矣。

修内司，南宋官窰也，窰址在鳳凰山麓，内宫主之，專供御用，所造秘色，同於餘姚窰。宋葉寘《垣齋筆衡》云：“陶器自舜時便有，三代迄於秦漢，所謂甓器是也。今土中得者，其質渾厚，不務色澤。末俗尚靡，不貴金玉而貴銅磁，遂有秘色窰器。世言錢氏有國日，越州燒進，不得臣庶用，故云秘色。陸龜蒙詩：‘九秋風露越窰開，奪得千峰翠色來。好䘏中宵盛沆瀣，共嵇中散鬥遺杯。’乃知唐世已有，非始於錢氏。本朝以定州白磁色有芒不堪用，遂命汝州造青窰器，故河北唐、鄧、耀州悉有之，汝

窰爲魁。江南則處州龍泉縣窰質頗粗厚。政和間,京師自置窰燒造,名曰
‘官窰’。中興渡江,有邵成章提舉後苑,號‘邵局’,襲故京遺制,置窰於修
內司,造青器,名‘內窰’。澄泥爲範,極其精緻,油色瑩徹,爲世所珍。後郊
壇下別立新窰,比舊窰大不侔矣。餘如烏泥窰、餘杭窰、續窰,皆非官窰比,
若謂舊越窰不復見矣。”按葉説誤處不少,録之以備參考。其中所云“越
窰”,即餘姚窰也,今仍有名爲“越窰”者,胎骨堅薄,外白內灰。
門人朱鴻達專究此窰,著有一書,且曾得一全器,今尋常所見,
皆碎片而已。近時發掘,始知官窰相距不遠,亦有民窰雜處其
間,就官窰所遺殘物證之,則知所出爲餘姚一類,惟胎骨中心
皆灰耳。至雜處其間之民窰,其産品皆屬龍泉一派爲多。故
知是時瓷色,專尚綠而鮮艷,所謂秘色,即指此也。

　　法華藍,亦宋代民窰一種。所出殊不細緻,相傳出於嘉、
湖間,無可徵實,世遂名曰“野窰”。缸胎堅硬,色紫黑類廣窰,
釉色翠藍可愛,惟因胎硬,釉性似亦較他釉爲硬,且釉不甚厚,
若鈞窰、廣窰,故入土過久,或出土後不甚注意保護,或注水供
花,燥濕不調,其釉皆可片片脱落,存一胎骨。予得一瓶,前時
收藏之人不慎,已脱數小片,今則長年紙裹,抱玩時啓視片刻,
已不再脱落矣。略有銀釉,全體藍色,深淺不一,更顯古趣。
又得二天神像,胎骨同於唐俑,色略白,質略鬆,通體盔甲皆法
華藍,面部無釉,佩劍黑釉,甲上、肩胸之間,略貼金箔,因胎骨
鬆,故釉亦脱落不全。故知法華釉之本性,堅硬而脆也。此窰
藍色特異,極可珍視,惜無史實可徵。清康熙時,曾有倣造,白
瓷胎骨,色至濃艷,惜釉不肥,色無深淺,遂覺古趣索然,予亦
得一小瓶。又有一種白泥胎骨,略帶灰黃色,藍釉之色較淺而
勻,若後世霽藍者,世亦名爲“宋法華”,然光彩相去甚遠,非一

窰之物也。予得一罐，内白釉，外藍釉，底無釉，腹有合縫之迹，内胎有旋轉圈文。此即所謂陶鈞。蓋古製陶器之圓腹者，由用手改爲用旋轉之機，自腹内旋轉，使圓而平勻，故有旋文留遺，無論瓶、罐，凡長圓之器，皆自腹分開製造，造成後始合爲一，故合處内外均有痕迹可尋。此古製陶器之法，宋固沿用，即宋後亦尚有遵循其法者。與明後霽青併陳，則顯其静穆冲淡；與前品法華併陳，則顯其暗淡，古董商亦名之曰"宋法華"。

元代不重文藝，民間發展，戲曲爲盛，瓷器無聞。在浙江者，獨龍泉窰中，有人造開片一種，此實未足重視之術。

明代瓷器，永樂已開先路，至宣德而始盛。明王世懋《窺天外乘》云："宋時瓷器，以汝州爲第一，而京師自置官窰次之。我朝則專設於浮梁縣之景德鎮，永樂、宣德間内府燒造，迄今爲貴。其時以驄眼、甜白爲常，以蘇麻離青爲飾，以鮮紅爲寶。至成化間所燒，尚五色炫爛，然而回青未有也。回青者，出外國，正德間，大璫鎮雲南得之。以煉石爲僞寶，其價初倍黄金，已知其可燒窰器，用之果佳，嗣是闔鎮用之。"據王氏所述，可略得明瓷梗概。據遺傳之物證之，大致宣德之前，青花爲多。予得二碗，深而腹小，碗邊碗底皆雙綫，碗心亦雙綫，圓圈内畫雜草，極不整齊，外畫一爲雙龍，一爲一龍一鳳，雜以雲彩。底亦有釉，中畫藍方框，框内畫數直綫，無字。與此二碗同時出土者，尚有一小碟，似供醬醋之用，底無釉，胎骨若黄砂，碟心畫類似魚形者數條，略加小草數點，至粗率，色極淡，類宋青花。以作風胎釉推度，此三物實爲明初之物。明至宣德，宣爐、宣紙、宣漆、宣琴，文藝用品無一不精，宣瓷亦其一也。尤可貴者，瓷中紅彩，故宣德鷄缸，更擅盛名。昔見二杯，一真宣德,一雍正傲,初視雍正所傲,鷄冠之紅,已非他窰所能及,後與宣杯並列,相去乃不可形容。汝、定諸窰,以薄見稱,惜不可見。後世薄胎,當從宣德爲始,而極於清之康熙、乾隆。凡薄胎,其瓷泥非擇上好之品,經八、九次澄濾,不可應用,燒時極易破裂,故自造胎以至繪畫加釉,無一不須細心將事。一器之成,竭十百人之力,真非易事,鷄缸即其中之一也。予得宣德梅瓶一,白釉略青,内亦全釉,瓶口一青綫,頸下二青綫,綫下劃格畫西番蓮,極整齊。當肩一青綫,綫下兩面畫桃子各一枝,枝四枚,内有二枚青中夾紫,近足處復有青綫一,足底青綫二,二綫相距寸餘,中畫樹葉類芭蕉,葉皆上向,兩葉間畫一尖形青綫,尖亦上嚮,深處之色,幾近於黑,底款"宣德年製"四深青楷書,此其後來青花夾紫之祖乎?繼宣德之後者,爲成化。明沈德符《敝帚齋餘談》云:"本朝窰器,用白地青花,間製五色,爲古今之冠。如宣窰品最貴,近日又重成窰,出宣窰之上。蓋兩朝天縱,留意曲藝,宜其精工如此。然花樣皆作八吉祥、五供養、一串金、西番蓮,以至斗鷄百鳥,及人物故事而已。至嘉靖窰,則又仿宣、成二種而稍勝之。惟崔公窰加貴,其值亦第宣、成之十一耳。幼時曾於二三中貴家,見隆慶窰酒杯、茗碗,俱繪男女私褻之狀,蓋穆宗好内,以故傳奉命造此種。然漢時發塚,則鑒、磚、畫壁俱有之,且有及男色者。書冊所記甚具,則杯碗正不足怪也,以後此窰漸少,今絶不復覯矣。"據沈氏之説,是知明人已視成窰爲珍品矣。今所傳尤貴成白,刻花文細而硬,姿態縱逸,大類餘姚窰。瓷質既細,釉色白而恬静温潤,真稀世之品。雍正時有傲者,亦如其傲宣德鷄缸,虎賁之似中郎而已。予無意中得一大筆筒,來自關東,恐爲奉天故宮之物，人評刻花太細，予正以其細硬珍之。嘉靖瓷之於宣、成，猶清乾隆之於康熙，工整過之，反失天趣。予得一做銅器之瓶，白釉略帶青，有耳，徧畫西番蓮，無款，人望見之，即指爲雍正，真相似，細視之，腹部略有細開片，青色濃處若裝絨，又有旁滲之狀，乃知嘉靖青花中佳品也。萬曆瓷大紅大綠，民間通用之品，瓷質均粗，予幼時所見尚多。清末在北京得一海馬碗，名雖爲碗，實則其淺如碟，大紅、綠之外，復有紫釉，類唐三彩中之紫釉，色不深，海中水浪及馬之姿態，粗而生動，遭亂失去。今六七年來，乃日見稀少，欲求粗紅戇綠，竟不可得，在杭僅得二碟，底極粗礦，紅雖深而光彩不足，彩中雜以金箔，真瓦貨也。景德鎮俗稱最下瓷曰"瓦貨"。他所見二三件，皆爲嘉慶做製，瓷質細而紅、綠色不壯，紅尤弱劣。萬曆瓷喜畫獸類，亦一時風尚。至沈氏所云"春畫"，隆慶瓷未見過，予所見清瓷道光窰中有之，胎皆細白，畫亦工整，其器皆爲一二寸高大之小虎子便壺，可畫處盡畫之，皆大體雙象也。

青花至清康熙而極矣，一器之上，深淺不同，至二十餘種。畫折枝花，任意揮毫，宛然色彩滲於紙上，幾忘其爲瓷器。變窰至豇豆紅，亦前無古人，後雖有同治時做造，紅、綠二色，皆不能及。此窰爲西后主張做造者，亦無大件。此窰康熙時亦僅燒一次，無大件。予所見者三，爲印合二，爲芍藥樽，足皆燈草邊，其邊指摸之，圓而不滑，宛若摸於燈草之上，故俗有此名。款爲"大清康熙年製"六字，做者則款標"同治"。予所得者，一小印色合，底有窰風，蓋面有綠釉凝滯邊上，幾同黑色；一爲芍藥樽，底雖微突不平，俗名"彌勒肚"，爲真品一證。然綠點無深者，幾類黃色，恐未必真，或雖真而因品次剔出。黑地五彩，亦康熙珍品，然作偽更多，必須映日透視，黑釉淺處似帶綠色，深處似帶紫色，方可信。其紅、綠諸色，尚易辨別，其他若美人霽、霽紅、官綠之類，皆勝明瓷。普通品中，康白亦佳，蓋康熙瓷質白中必帶微青，較雍正略淡，然非若乾隆之純白，故康熙瓷中有純白之品，亦爲世所珍。此猶建瓷以純白爲上，而青建一種，亦見推於世，物固以稀爲貴也。雍正煨瓷一種，是其特色，藍色之濃重，極可珍視。他品則上爲康熙，下爲乾隆，上遮下蔽而不顯矣。乾隆瓷質地純白，製作精細，繪畫工整，是其特色，然循循規範之中，反少天趣，又注重五彩，不究青花。五彩之中，亦專尚秀麗，故與康、雍相較，氣魄大小不同矣。最有名者，爲古月軒，其瓷質皆若透明，似瓷與料兩種揉合而成，綠色若翠玉，他色若寶石，真前無古人，後無來者，亦無大件。抗戰前，予寓故都二年，馬叔平衡兄邀任故宮審查委員，曾得縱觀清宮遺物，内有小殿三間，其中所藏，皆爲古月軒物，觸目琳琅，一若新出於窰者。今則不可問矣，此其罪不止於竊寶玉、大弓也。故宮所藏瓷器，咸豐前已不成套，咸豐後自各帝登位起，御窰中即爲定造各色物品，自關防即虎子便壺，内庭稱"關防"。以至杯、碗、瓶、盂，舉凡日用之品，自紅團龍、青團龍，龍皆五爪，所以別於外間。以至十二月花每月用一花，如正月則爲梅花之類，遇閏月用月季花。十二生肖，人物故事，山水，走獸，飛禽之屬，五色青花，每套必全。有例外者，若房中所設供果大盤之類。此種大盤，直徑至二、三尺，專供佛手、蘋果之類。凡有香味之果物，日必檢去其有斑點者，易以新果。光復後，予曾一至西后寢室，有一果盤尚在，爲明龍泉窰，故知亦有例外之物。全紅者用於喜慶，五色者平時所御，青花者用於忌辰，至若壽誕，則更專窰另造黃色五彩之瓷矣。御窰承明之舊，亦在浮梁景德，承辦御窰之人，必江西候補道缺以上之紅員，其勢力、財力，可以溝通內廷及內務府者充之。於是御窰所造日多，御窰支出日鉅，而民生日益凋敝矣。清代懲明宦官之禍，不派內臣監造，尚爲略勝於明，否則其禍更烈。聞清初瓷上花樣，皆內院供奉繪畫，亦有外臣善畫者，奉敕爲之。山水畫中，傳有鹿臺所作者。又康、乾五彩，後爲世界所重，價值奇昂，作僞者仍覓康、乾白瓷，更覓舊時顏料，重繪、重燒出售，胎骨、年款皆真，若彩畫果佳，真可相亂，收購者所當細究也。獨古月軒物，因瓷質不同，不易作僞。

道光窰無一能及康熙、乾隆者，獨珊瑚紅一種，過於前代。明有此色，紅而晦；康、乾亦有此色，較明略佳，然亦暗然，色不明潤；獨道光時所造，色既真類珊瑚，又極光潤活動，此其所長。能得御窰底有"慎德堂製"四明刻書金色字體款者更佳。其內釉一般均作綠色，自明至於清末皆然。而御窰有作藕粉色，雜以淡紅小點者，或作其他色暈者，尤爲可愛。胎骨細薄，與外邊所見，截然不同。所惜口、足款字皆用金，微嫌近俗。過墙畫亦起於此時，無論龍鳳、花卉均有之。

自明而後，御窰、官窰、民窰，皆聚於景德，各省民窰，勢皆不振，浙江亦然。龍泉所出，僅能維持舊業而已，一無發展。至於他窰，更絕迹無聞矣。故自宋而下，上所述者，不能專在浙瓷也。

玉雜説 專言良渚

劃 《説文》:"判也,从刀,度聲。"《爾雅・釋器》:"木謂之劃。"郭注:"治樸之名。"疏:"其樸俱未成器也。"今玉有刻痕在背面或旁面者,俗謂之"漢劃"。在木曰樸,在玉則曰璞矣。玉之有劃,亦治璞之謂也。玉之劃不起於漢,漢以前早有之,曰漢劃者,猶玉不始於漢,而世統名之曰漢玉也。漢通西域,于闐之玉,始於中土,既多既美,傳世孔繁,遂以漢玉名之,而劃之名亦隨之矣。通見者,畫一痕,有數痕者,俗名之曰"鳳尾劃"。劃痕略具半圓形,似以器旋而成之,未必用刀。漢世之劃,則多用刀,不作旋形。漢後期製玉,此製已少。良渚玉有劃者,多在素璧之背,他器絶少見,痕如礪石所爲,決非鐵器。已琢成文之器無之,非若西土漢玉小品,琢成文綫之後,間或以刀刻一深痕也。此與治璞之説尤合。

玉匣 "匣"與"柙"通。《續漢書・禮儀志》:"金縷玉柙。"注引《漢舊儀》曰:"腰以下以玉爲札,長一尺,廣二寸半,爲柙,下至足,綴以黃金縷。"此制蓋以玉琢成片,金絲綴之,加於屍上,使屍體藏於玉中,故曰"柙"。亦通作"匣",非製玉爲匣。從葬墓中,實即《呂氏春秋・節喪篇》所謂"鱗施"。高誘注曰:"鱗施,施玉於死者之體,如魚鱗也。"《北堂書鈔》引高注則曰:"鱗施,玉匣也,死者之體,如魚鱗矣。"此最明白,近人名之曰"玉衣"。然所見古墓玉衣之製,皆覆全體,不專自腰以下始施之。從高注"鱗施"語觀之,似亦指全體,非專自腰以下也。欲其不腐,故施玉以防之,不腐者豈限於腰下乎?良渚墓中未見此物,蓋玉匣之制,必王公貴人始得用之,良渚墓中人或未具此資格也。

含玉　視含之制,見於《禮記》。最早,有曰所含爲珠者,《吕氏春秋》固云:"含珠鱗施"矣。不知古人凡小物渾圓者,不分金、石,均名曰"珠";非正圓而具圓形者,名曰"璣",含珠者蓋含圓玉也。後人以珠爲蚌蛛之專名,乃含玉而以蚌珠入含矣。有曰所含當爲玉蟬者,蟬,古人以爲不飲不食,可以蜕化,故取以含死人。然含蟬之制,漢以前墓中絶少見,不韋,秦人,固尚曰"含珠",不曰"含蟬"也。良渚墓中所見殘存含玉,大如拇指,作半規形,厚一二分,無雕琢,玉上或黏著殘齒,非珠,更非蟬。

玉史　玉出於石。製石爲器,惟堅剛是求,而玉貴矣。石生徧於山,玉在石中,不可多遇,而玉愈貴矣。今所見古代農具、戰具,全玉至少,即飾物、禮物,亦玉、石相參者爲多,以此也。良渚産玉,不見古記,玉、石相參之品,故尤多見。中國之有青銅,一曰"蚩尤作兵",一曰"黄帝鑄鼎",時代相同,斯言果確,距今蓋四千七百年矣。然蚩尤作兵之説,《吕覽》曰:"蚩尤非作兵也,利其械矣。未有蚩尤之時,民固剥林木以戰矣。"他書所載,狀蚩尤之勇者,驅禽獸以爲陣,皆未言兵器之爲銅鐵而鋭利也。如《吕》書所記,蚩尤之前,民剥林木以戰,則蚩尤所作之兵,殆亦石斧、石矢之屬耳。黄帝鑄鼎,鼎成龍迎黄帝上昇,遂有鼎湖之名,古籍載此多矣。考鼎之製,至禹始詳,所謂"鑄鼎象物者"也。今所見銅器,最早者爲商,夏代製作,絶不可見,推而至於黄帝,其製古籍未載,其器地層未出,非依託之言,恐即陶鼎而非銅鼎。五帝之中,炎帝不血食而用火,黄

帝重衣裳而用絲。然記玉之産，則始於《山經》、《禹貢》；製玉
爲器，則詳於《周官》、《考工》；執玉以朝，則記於《儀禮》、《禮
記》，於黄帝無聞焉。實黄帝之時，亦以石爲器，未始用銅，以
石爲器，則玉尚屬入石中，而未嘗以爲禮飾之器也。必須銅器
大興，石器告終，玉乃自兵、農之器，演變爲禮飾之器，此史實
也。《禹貢》載璆、鐵並貢，更可證矣。吴、越當春秋之季，劍師
輩出，其技能冶合金，過青銅甚遠，楚亦求聘其人以鑄劍。而
楚固以和氏之璧名中國，著名産玉之國也。著名之玉，當春秋戰國
間，一爲晉垂棘之璧，一即和氏。滅越之後，本其琢玉之技，求玉會
稽、若耶之間，製爲飾物，理勢所必然。吴、越自青銅而鐵，自
鐵而合金，利器在手，當必製玉。顧古籍所記，有鑄劍而無琢
玉。越之事吴，種麻織絟，厥貢惟謹，亦不聞其貢玉，是知越非
無玉，無琢玉之工也。無玉工故玉之名不顯，而良渚之玉，遂
有待於楚工。故言南土以浙玉爲魁，言浙玉以良渚爲帥，言良
渚之玉，又以楚製爲工。春秋之時，楚亦僻在南方，與中原異
其禮俗，玉之制度，自亦異於周、魯。越又戰國之末，爲楚所滅
之國，玉之制度，實楚之餘沈而已，其與中原諸國，不同可知。
自來考古者皆重正統，浙之玉無有載之簡册者，近若吴清卿大
澂，亦未顧盼及之也。五六十年來，愛玉者競愛紅白，而浙産
者色澤最上，於是南土之名，隆隆然滿於國中，與西土並駕矣。
此良渚之玉史也。

玉區　"良渚"者，浙玉産地之總名也。上自安溪、商橋，
下迄烏鎮，旁及紹興、寧波，皆有古玉。良渚所産，玉質蒼者爲
多，製作古樸，未盡爲楚風所染，似在楚未滅越之前已有之。
安溪産者，楚製居多。商橋、安溪，玉質較良，而烏鎮所出，則

皆零星小件，玉更不佳，俗名之曰"烏鎮骨頭"，往時人皆賤之，獨重安溪、商橋所産。紹興所産，亦有楚前之物，寧波則近海鹵地，剥蝕不堪。此其大概。然産玉之多，無過良渚，一畝之中，或有數坑，一坑之中，或得五六十件，故以良渚之名統之也。

　　玉質　許慎曰："玉，石之美，有五德。潤澤以温，仁之方也；鰓理自外，可以知中，義之方也；其聲舒揚，專以遠聞，智之方也；不撓而折，勇之方也；鋭廉而不忮，潔之方也。"《五音集韻》云："烈火燒之，不熱者，真玉也。"其他見於經傳、諸子，言玉德者，堅剛必居其一，可證其質異於石之粗疏矣。然徑寸之玉，能全體堅致，中無雜質者，已不多見，大至徑尺，尤難能矣。所産之地，亦有不同。漢通西域之後，言玉者必推于闐。于闐之玉，來自崑崙雪嶺，夏秋冰雪融化，隨水下趨，入於河中，供人採取；生於大山之中，屢經冰雪凍裂剥蝕，質之脆者，消磨以盡，存者必爲至堅至剛之物可知矣。中國北方氣寒，玉質亦堅；南方氣温，玉質亦鬆。良渚之玉，就質論自不若中土，更不若于闐，天然淘汰之力，有不同也。雖然，浙多死火山，地層火成巖爲多，即不受地面冰雪所淘汰，或可得地心火力所鍛煉，鍛煉既成，始呈於世，則堅剛之性，亦超群，此所以仍有佳物也。玉久燔則成石灰，然古籍所記，往往有焚之三日三夜不變之説。予昔贈百里蔣方震一玉魚，長約七釐米，闊約四釐米，厚不及半釐米，秋葵地，翅及前鰭石灰浸，西土也。百里愛之，長佩於身。殁於宜山，家人以爲殉，其後焚其棺於杭，骨灰一盤中有物突出，視之，則骨化而玉魚未化也。予仍囑歸其妻女，留爲紀念。此玉經火一晝夜矣，未化灰塵，玉質之堅剛可證矣。

玉色　據《月令》所載，春服蒼玉，夏服赤玉，中央服黃玉，秋服白玉，冬服黑玉。蒼玉，《呂氏春秋》作"青玉"。《月令》乃漢儒録呂書《十二紀》各紀首篇，以入《禮記》者，是知玉之本色，實具五種。今于闐産玉之水，尚有黑玉河、白玉河之分，更可證也。第此皆佩玉，非圭璧重器。重器，則非白即蒼，間用黃者，赤、黑均未見也。世以白玉爲重者，白玉之質較純耳。入土經浸之後，所呈之色，非本色也，其地則本色矣。良渚玉本色蒼者居多，尤在大器，純白玉不多見，且因全浸、深浸之故，地亦不易盡見，此區域之别也。

浸　玉之質不能全堅、全純，含硫、含鎂、含砒、含鉀，隨在可見，其入土也，遇鹽、遇碱、遇汞，遇一切銅鐵之屬，隨在而有，此浸之所以成也。没有全體者，有一角者，玉質堅鬆致之，土質乾溼，更足以致之。西土全浸者少，南土全浸者多，此其證也。然若題凑之楚墓，墓内藏物，雖漆器、竹器，均不損蝕，出土之玉，浸亦無多，是可知土質燥溼，所關重矣。題凑者，《漢書·霍光傳》曰"便房"、"黃腸題凑"，注引蘇林云："以柏木黃心致累棺外，故曰黃腸。木頭皆内向，故曰題凑。"又《吕覽》曰："題凑之室，棺槨數襲，積石積灰，以環其外"，此即長沙所發楚墓累木數重環於棺外之制也。墓中諸物，均處木層之中，不與土親，浸何自成？然此貴人公侯之墓，其制行於楚，未行於越。昔人發陳音之墓，佀言畫壁，不言有木環之，是其證矣。良渚之墓，棺皆不存，屍亦難見，未見有所謂題凑者。無論殯屍與埋藏，凡爲玉器，均在土中，埋藏之善者，上下四周，略用細類蛤屬之粉，此所以多浸也。

雕琢　古無青銅，況爲崑刀？攻玉之具，專恃沙石，以石棱刻畫之，以細沙磨礱之，而器成矣。在漢口時，見一西土殘璧，似是商器，一面穀文圓細可愛，一面則僅留刻畫痕迹，粗拙異常，且尚未竣。細察之，則亦穀文而未磨治，其文極草率，刻處粗獷，兼有刻鋒橫出綫條處，無一不顯爲石鋒所刻。以其殘也，未購，至今悔之。今所見撱眼，其孔皆由兩面旋入，或外鉅內小，或內外大小相等，而接合處參差不齊，此更知非用鐵器所成。詩曰："他山之石，可以攻玉。"信矣。良渚之玉，在戰國末期者，合金鑄劍之術，已盛行於江南，楚亦延吳越冶工而鑄劍矣，宜皆用刀治玉。故所見精巧之物，花紋細緻堅挺，且入玉不深，有若浮雕，此故非刀不辦者。顧圭、璧之屬，孔皆兩面旋成，是知以沙治玉，舊法尚未廢而兼用也。其砥礪所用之石，《淮南子》著其名曰"礛諸"，素璧後所見劇文，其出於此乎？

圭　圭之制，《考工記·玉人》注："杼上，終葵首。"《禮記·內則》同。杼者，殺也；終葵，斧形也，言其首如斧而鋒漸殺也。此本石斧，石器不用，乃化爲禮器。《説文》："圭，瑞玉也，上圓下方。公執桓圭，九寸。諸侯執信圭，伯執躬圭，皆七寸。子執穀璧，男執蒲璧，皆五寸。"而天子所執鎮圭，則爲一尺二寸。漢尺一寸，當今兩釐米三，周尺一寸，當今兩釐米一。自天子至伯執圭者，威權所自出，製有大小者，威權行使有不同也。圭非專用於朝覲，亦用於祭祀，祭天地山川，則瘞之沉之。祭祀亦有不用犧牲專用圭璧、幣帛者，《月令》所謂"用圭璧，更幣帛"是也，祭畢，則埋之。今所見圭，大適祭祀所用，以公侯所執尺寸繩之，能合者甚少，是知祭祀所用，不限於尺寸也。惟其埋也，故不用精良之玉。良渚出者，大半在玉、石之間，圓首方底,近底一孔,皆撅眼,形固宛然石斧也。土人亦以石斧名之,不甚珍視,爲其無法佩帶,且亦不能紅白也。今世皆以其首三角尖鋭、身琢星辰龍物者爲圭,不知此實起於漢末,爲道家禮懺時所用之物。至唐而此製極盛,乃用之朝祭大典,古圭遂廢。古圭自石斧演變之義,更晦而不明矣。或曰,首成三角形者,其制實起周末。愚意今所云周末墓中發見此種式樣之圭者,其墓之年代,似可重行考訂,否則古書所載之圭,皆爲失實。許氏漢人,何亦承古説而不變,恐無此理。良渚所産之圭,皆蒼玉,圓首方下,下有圓孔。余得其二:一素圭,全體玻璃包漿;一邊琢二龍,龍首向下,中間一珠,其首較素圭爲平,幾類玉鏟,龍身抱圭,兩邊刻極深而有力,亦蒼玉,龍身爲石灰浸。素者良渚産,琢龍者安溪産也。此亦名琜,圭之一種。

璧　《爾雅・釋器》:"肉倍好謂之璧。"郭注曰:"肉,邊也;好,孔也。"此言璧與環之分也。璧者狀農器䂂谷之具以成,故以琢穀文者爲正,朝覲聘享之外,亦用以祭祀,故流傳較多。然蒲璧少見,不獨良渚未産,即西土予亦未遇。意者此僅施於諸男執以朝覲,他皆未用,故獨鮮覯乎?璧之爲物,可大可小,形圓面平,宜於佩服,是以穀文之外,螭虎、夔龍、雕琢之法,日異而月新也。良渚之璧,佩者螭虎、蛟龍、穀文、雷文、饕餮均有,玉亦青、白俱有。祭祀用者,均爲蒼玉撅眼,素璧也。素璧土人不重,名曰"餅子",此殆當時親戚故舊賵贈死者之物,因以埋之,亦明器之一類,故不加雕琢也。《白虎通・德論》曰:"璧者外圓象天,内方象地。"此漢儒之謬説,璧無外圓内方之制,信如斯言,琮實外方内圓,將曰:"外方象地,内圓象天",使地包於天外乎?大璧之製,西土者薄而質美,予得一邊略殘損者,兩面穀文,無浸處,向光照視若透明。良渚之璧,予得其四,皆蒼玉素面,一有鳳尾劇,一有劇文,一已半熟半生,紅綠斑斕若銅器。佩璧所得甚多,有素者;有黑而琢穀文,一面又琢雷文者;有琢大小龍二,龍皆方咀,楚琢之龍,大都方咀,極少例外,背琢饕餮此今名也,實即古鼎之"倛";有琢一螭,盤璧肥滿,背琢穀文。此璧係紹興出土,琢文與安溪略異,螭口不方,受浸甚深,初見時,幾疑爲經火之玉,其時代實在安溪之前。繼又得一螭虎小璧,大僅逾錢,一立體螭虎立璧上,腹間空處,可繫以繩,虎方咀,背刻穀文。此出長沙楚墓,幾於無浸,琢法同安溪,口方,尤其確證。良渚尚有一種合璧,用玉四塊,合成一圓形之璧,皆蒼玉不琢,相連處有二孔,意必用以繫而相合也。予得其一,不能全,但存制度而已。

琮　《説文》:"琮,瑞玉,大八寸,似車釭。"徐鍇曰:"謂其狀若八角而中圓也。"此言琮制外方、上下各有四角,故徐釋爲八角也。《考工記》:"璧琮九寸,諸侯以享天子。"又曰:"璧琮八寸,以頫聘。""駔琮五寸,宗后以爲權。大琮十有二寸,射四寸,厚寸,是謂內鎮,宗后守之。駔琮七寸,鼻寸有半寸,天子以爲權。""瑑琮八寸,諸侯以享夫人。"注曰:"圓曰璧,方曰琮。""《聘禮》享君以璧,享夫人以琮。""衆來曰頫,特來曰聘。""駔讀爲組",謂以組係琮爲稱錘權重也。大琮"如王之鎮圭","射"謂其外之"鉏牙"也。《周禮・春官》又曰,"黃琮禮地"。此言琮之種類及用處,琮既用以享天子,用以頫聘,用以享夫人,用以禮地,又用以爲權。爲權之説,注云爲"稱錘"權衡。雖專指駔琮,然駔琮有大五寸,有大七寸,既大小不一,玉又輕重有異,何以可代權衡稱錘之用,不虞褻及禮器? 爲之組者,又因琮之大小，明定尺寸，此豈權衡稱錘之謂乎？琮孔大不能空持，則宜有組以藉之。《廣雅·釋詁三》："權，重也。"此言琮爲重器，故曰："宗后以爲權"、"天子以爲權"耳，此豈權衡稱錘之謂乎？琮之制承農器輾谷之具爲之，或曰織時用以壓經絲者。就予所見，大者徑約八釐米，高約六釐米；亦有高僅一二釐米，素面不琢，人目之爲杠頭者。聞亦有大至徑十二三釐米，高至十八九釐米之品，質皆石而非玉。其小者，徑一釐米有奇，高三四釐米，類若方塹，此傚琮之制以爲佩飾者也，面或刻有橫文。良渚所産，大小高低俱備，予得其一，徑約六釐米，高約五釐米，黃玉，四面刻花，有一椅狀之物，疑爲織機，故第二説爲可信。刻文淺而細緻，楚風也。

璜 半璧曰璜。《周禮·春官》："以玄璜禮北方"；《詩·鄭風》："雜佩以贈之。"傳："雜佩，珩、璜、琚、瑀、衝牙之類。"釋文云："半璧曰璜。"佩上有衡，下有二璜，作牙形於其中，以前衝之，使關而相擊也。璜爲佩下之飾，有穿孔冒繫之處，是璜之製承璧爲之。間亦用於祭祀，而其通用則在佩服。惟其用於佩服爲多，故玉質雕琢，皆有可觀。惟其非重要禮品，故尺寸規範，少有定法。良渚所出，凡一埋藏壙中，屬於大類而有玉器數十種以上者，良渚墳墓，棺槨、屍體少有見者，其玉器皆埋藏地中。土人掘地，如遇餅子，即知下有藏玉，且能觀其餅子或石鑱之製作定所藏之多少。大概分爲大、中、小三類，小者四五件，中者十餘件，大者數十件，發見石鑱、餅子之後，皆可立辨。則珩、璜皆備，蓋大藏必具整套佩物也。予所得一黑玉素質，一蒼玉琢穀文。

璋 半圭曰璋。西土時見此物，形若玉刀。《周禮·大宗伯》："以赤璋禮南方。"《玉人》之事："大璋、中璋九寸，邊璋七寸，射四寸，厚寸”，“牙璋、中璋七寸，射二寸，厚寸。”以此制證之，實與圭相倣，故曰“半圭”。良渚未見出此，予所見者，多爲西土，白玉、蒼玉均有，而蒼玉爲多，未見赤者，素質不琢，下平無孔，上鋭略作弧形。佩玉中無有倣此制度者，故識者較少。

琥　此品歷來無定論。《周禮·春官》：“以白琥禮西方。”注釋者僅曰爲虎形，“虎猛象秋聲”，而未詳其制。《説文》則曰：“發兵瑞玉，爲虎文。”漢銅虎符，全體中分，作漢篆。《義證》引趙宧光曰：“古玉虎符，扁體不全，形不合體，亦無字，故曰虎文，與瓏同義。”當即虎字加“玉”轉注，以別於銅符也，據許氏之説，即爲虎符。然《左·昭三十二年傳》：“賜子家雙琥”，似非虎符。古虎符形皆立體，四足，腹部爲牙簧，可以相合爲信，決非禮神之物。予向見一玉版，方七釐米，厚一釐米弱，上琢一平面之虎，售者目爲琥，無他徵，不敢信也。古玉中有虎頭、虎軀而輔以雙翼者；有螭形而立，頭亦類虎者；有琢一虎頭或虎面以爲佩者；漢剛卯有不刻字，四周各雕一虎面者。虎爲猛獸，琢虎以示威武，辟不祥，蓋亦相宜。至於禮神之琥，當別有制，未見實物，而以虎符釋之，義實不安。豈許氏之意，凡琢虎之物，皆可以“琥”名之乎？《禮記·禮器》雖有琥璜爵之名，然必連及器名，若單名曰琥，恐不能以符字連其下，而即釋爲虎符也。竊意祭禮用玉，圭璧爲主，黃琮禮地，玄璜禮北方，赤璋禮南方，白琥禮西方，四者何以乃用專玉？圭璧之外，加用之乎？不用圭璧，專用之乎？記無明文，然必非捨圭璧不用，而以此爲專用之品。蓋圭璧之爲重器而必用，記載之事多矣，非專用，則加用之物也，惟其加用，故流傳之物極少。四玉之中，琥更難見。又圭、璋取法武器；璧與琮、璜，取法農器；琥獨象猛獸，與他玉不同，自五行家言之，則曰"虎，金獸也；秋，金氣也"，故用之。春非木器，蒼龍非木獸，龍之猛而且神化，非亦世所罕見乎？何以無蒼龍之玉以禮東方也？況金獸、木獸，亦爲依託之名乎？故琥之爲祭玉，説實可疑。良渚未出，所出雕虎之玉則有之，予得一劍佩，上琢一龍一虎，虎而傅翼者也。以上六物，世以爲六瑞，故首舉之。愚以爲自石器變爲玉器，自兵刃、耕織之具，變爲禮物，史實具在，自可徵信，獨琥之制度，既異五玉，又與史實不類，無確物可證，古籍所記，又無定論，此真疑問，以俟博識。

　　針　或名籤子，或名雷針，或名筆，或名塞，其制鋭首，尾有小孔則同；方圓、長短、小孔處有肩無肩，則不同。或曰"此即石針之變，用以縫紉者"。然今所見之品，至細者其粗處周圍亦將達一釐米左右，孔皆小，孔所容之綫，則不及一毫，上古雖質樸，絲麻織物，能用此爲縫紉之具乎？縫紉之後，縫處皆成巨孔，而以小綫連繫其間，此何可用？或曰"以織漁網"。今至大之針，孔所容綫，其周圍亦僅及一毫，以此綫織網，將不任魚體之重，安能勝其跳躍，是網之任，必非此針所能勝也。或曰"此古時漆書所用之筆也"。又全體光滑，無容漆之處，即一筆一蘸，亦不可能，安能書？或曰"古有以汞殮者，有竅處皆以玉塞之，防汞遯，此皆用以塞竅者"。然針之短者，又細而不合於鼻、耳之孔，長者鼻、耳之深不能容，將殘燬屍體，使之内傷，陰門、谷道之塞，又爲何等？雖有傳説，未見實物。今所見口中之含，無論爲玉、爲珠、爲蟬，皆含而非塞，則亦不能堵汞使不遯逃，是塞之爲言，更不可信。或曰"用以簪髮"。此有可能，亦僅指長及六、七釐米之針而言，然針長及此限者，不多見,且其後有孔,孔必繫絲,絲又着於何處乎? 於冠乎? 於髮結束之處乎? 以上各説,皆在可通、不可通之間,未説針具體之用也。予意此爲佩玉結尾之飾,故長短方圓,其制不一。良渚所出此品尚多,予所得有長及九釐米者一;長僅一釐米又六者一;方者二:一全體灰黑四方;一方而略扁,通體黄潤,如田黄凍,上有紅絲,若俗所謂南瓜斂者。此則他處所無,獨出於紹興,紹興名之曰"田坑",云田中耕芸,或偶得之。玉不必舊而物稀,又色澤可愛,二三十年前,人皆珍之。其他全紅、全絳、全緑之針,亦均有之,色潤之美,斯爲最矣。然皆素,未見有雕琢者,不獨未見,且亦未聞。

管　或名曰"瑬",其制大、小、方、圓、橢圓種種不同。良渚有純石所製、徑十四、五釐米、高半米以上之物,棄置荒榛中,人不一盼,然爲古代人民工具之一,可以無疑,惜不能斷定爲何種工具耳。變爲玉製之後,無論西土、南土,出數最多,足證此物古代用之者多。予向得西土之瑬,至小者長不及一釐米,連二十餘枚,以爲表鏈。後又得良渚小瑬,僅及半釐米。或謂爲馬口之飾,予意馬勒不能用此小玉,恐是旒飾,九旒、十二旒懸珠之繩,或以此飾之也。此瑬一出,必十餘枚二三十枚同見,兩地所得,皆秋葵地。大瑬,俗名"爆仗瑬",狀其形也。予得一長約八釐米者,其孔兩頭大,中間小,似漢製,通體鷄骨白。至尋常所見之瑬,自一釐米半至三四釐米,長者其孔必兩頭皆大,中間小,蓋自兩頭分鑿成孔也;短者一頭大,一頭小,工具能及,一面打通矣。孔居正中者少,雖不正中,以繩貫而懸之,其重心又極平均。此種製作,漢代爲多,蓋穿孔工具,當用鋼鑽矣。若工琢較細,出漢前者,其孔不論長短,兩頭中間,大小一律,照視内極光滑,僅與漢後所製相同。良渚出漢前、漢代均極多,然全紅者難得。紅而見地,地作白果肉色者尤少。此種蟄商橋方有之,故或謂"商橋土",較良渚爲乾燥也。凡蟄大都皆佩飾之輔,予疑古人佩飾之外,餽問、祭祀,皆用玉帛。此玉何狀,古籍未記,所記者琮、璋之屬,皆施於尊貴,未及普通所用之品也。使普通所用之玉,亦皆細琢巧雕,人力、財力,其能勝乎?且餽問之玉、帛,帛可用,玉可貯而備用;祭祀之玉、帛,帛則焚之,玉則瘞之,更何需乎雕琢乎?蟄者,佩飾之外,其即古之普通餽問、祭祀之玉,故數量獨多也。《淮南子》曰:"大貝百朋,黑玉百珏。"珏,雙玉也,與貝並舉,亦含錢貨之意,則餽問用之相宜。此物出土成對者多,又所謂"百珏"之意矣。較普通之蟄,製作精致,孔居正中,兩頭無大小之分。而頭形橢圓者,俗名"棗蟄",狀其似棗也。棗蟄亦有大小,大者似真棗略大,小者僅如棗核,大者或有雕刻。予得一枚,上雕浮螭一,勢極飛動,淺刻,亦楚製。方蟄,一爲小琮之長者,世人誤認爲蟄;一爲漢剛卯,其真正素面不琢之品絶少見。予得一件,長約三釐米,四邊起圓綫,全體鷄骨白,孔甚大,無大小之分,真方蟄也。剛卯謹限於漢,所刻字皆白文,字體類銅器中雁足燈款識,刀皆尖勁,四字一行,四面八行,皆四言爲句,亦有不刻字、四面各刻一虎面者,古以辟邪納福,讖由於"卯金刀",故漢前所無,漢後絶迹,良渚未見。

瑗 《爾雅·釋器》:"好倍肉謂之瑗,肉倍好謂之璧,肉好若一謂之環。"此即三物名實之别。瑗爲佩玉,良渚有之,所見多小者。予得一直徑五釐米又二,孔徑二釐米又九,肉徑一釐米又一有奇,厚約二毫米,素面黄色,邊已呈紅色。瑗亦有琢者，穀文、雷文、龍、螭均有。

環　亦瑗之類，良渚有之。予得一小者，全面琢雷文，邊琢饕餮文；又大者二件，皆素質青玉，深黑色浸。凡所云肉、好，未必定倍定若一，肉過好則璧，好過肉則瑗，肉好略相等則環。《爾雅》言，特其大較而已。

玦　與璧相同，獨缺一口，大小亦不一類，良渚出而不多。予見其一，製不精而玉質甚劣，未購。

鐲　此俗名也。且鐲古爲金器鉦、鐸之屬，安能以名飾臂之物？臂飾名"釧"，已爲《說文》新附之字，其名當起於漢後，名"鐲"更爲宋後之俗文矣。然玉器中實有此物，古墓中且發見殉葬者臂骨上有此物，是此制甚早，不若耳飾有"瑱"有"珥"，髮飾有"釵"有"簪"之各有專名，何也？或曰，古人即以瑗之大者飾臂，然好雖大而肉橫闊，以之飾臂，究屬不宜，古時既無專名，今自只能沿俗，標名曰"鐲"。鐲之類通見者四類：一爲杠頭，素面不琢，肉方且厚，此古玉輅衡上之飾。亦有薄而長者，其形略小，則車上他木之飾矣。予各得其一，大者白玉黃浸，次者蒼玉灰浸，此一類也。一爲底平面作半圓形之物，其面有素有花，予皆有之。俗或名之曰"宮門圈"，以爲古代飾門之環也，然所見皆無磨損之迹，恐宮門環另有其物，此則實爲臂飾，而非璇室門上之物也。予所得素者白玉黑浸，琢者蒼玉，玉質花文，孿生之子，無此相似也。作風大類壽州所出銅器，細勁而淺，圖案亦然，尤徵楚製，尤徵良渚之得楚風。此又一類也。一爲平面不作半圓形，上雕螭龍，刻畫極深，龍亦方口，前後相隨。予得一黑浸極深，全不露地，此似早期之物，尚在楚未滅越之前。此第三類也。以上二種，皆爲古之臂飾，古墓臂骨上所見者也。一爲全體深圓，俗名"袈裟圈"，或曰"簾枰"，實即古之"條脱"。此與今手鐲之狀無別，爲最後起之物，即有浸亦不深，恐皆唐宋之物矣。凡此四類，良渚均有。

珩　凡佩一副，組成之者，首珩中璜，以爲之主，他皆衝牙、針管諸雜玉矣。佩有大小，故珩、璜之制，亦有大小。小佩之珩，素面無花，有人誤以"壓髮"名之者。"壓髮"之名最不可信，古人束髮，女之幼者，或垂其髫，然髫固無需乎壓也。若曰被髮入山，則爲擺脱禮節之逸士，豈復專用一玉以壓之。或見戲劇中所戴紫金冠，後有一物掩之，遂以此玉形狀略似而傅會之乎？不知此冠即爲束髮之用，更無需乎壓也。此名最爲杜撰。予得一珩，寬十釐米有奇，高四釐米有奇，皆鏤玉成孔，若今之剪紙，兩邊各一鳳頭下垂，全體鷄骨白，玻璃光，此罕遇之物也，亦良渚所產。並其他小珩，有長四五釐米而素面者，時有所見也。凡佩，有珩有璜者必成套，無珩、璜不成套者，其玉皆可單佩，不必有系統也。若童子之侍長者，若國君之從田獵，則又臨時因其所需，而雜佩觽與拾决之物矣。凡玉鏤之成孔者，西土亦有，然不及南土之徧體鏤孔也，此亦楚製，特異於中原者。凡佩有用琚者，《詩·衛風》："報之以瓊琚"，傳曰："琚，玉名。佩有琚瑀，所以納閒。"疏曰："謂納衆玉與珩上下之間。"朱氏曰："佩有珩者，佩之上橫者也，下垂二道，貫以蠙珠。璜如半璧，繫於兩旁之下端。琚如圭而正方，在珩璜之中。瑀如大珠，在中央之中，別以珠貫下繫於璜而交貫於瑀，復上繫於珩之兩端。衝牙兩端皆銳，橫繫於瑀下，與璜齊行，則冲璜出聲也。"錢氏曰："佩玉之雙璜，上繫於珩，又有組以左右交牽之，使得因衡之抑揚，以自相衝擊。而於二組相交之處，以物居其間，交納而拘埒之，故謂之琚。

或以大珠，或雜用瑀石，詩言琚用瓊，則佩之美者也。”二氏説佩制極明，惟珩、璜之間尚有琚，朱氏以爲方玉，今良渚未見；錢氏以爲或用大珠，或用瑀石，大珠則雜於珠中而難別，瑀亦良渚未見，此豈楚、越之間，佩之制略簡乎？僅得一黑而微紅，長二釐米又六，闊三釐米，厚處四毫米，一頭漸薄成鋒，孔徑一釐米又三，孔不居中，偏於厚處，約一毫米，孔邊似爲久繫有物而磨融者，雖非正方，合之琚似圭之説則相符，豈即良渚之琚乎？

珠　珠之屬，予所得，大者徑二釐米又六，孔小而極端正，琢一游螭，環繞全珠，淺雕白玉灰浸，此或錢氏所云佩中大珠也；小者徑約一釐米，玉質非白玉即秋葵地，孔皆端正，出必十數以上，此飾珠，或即旒上用珠也。別得一珠，徑二釐米又三，横徑三釐米又四，非橢圓而成扁圓，孔亦小而端正，全體黑浸有光，極强，中雜淺色之文，豈亦佩中之珠歟？

璏　俗或認爲帶鈎，《説文》：“劍鼻玉也。”《漢書·王莽傳》：“美玉可滅瘢，欲獻其璏。”《正字通》曰：“案《莽傳》進玉璏於孔休，服虔曰：‘璏音衛。’蘇林曰：‘劍鼻，’皆未詳‘璏’訛作‘璏’。師古曰：‘璏字本作璏，從玉，彘聲，後轉寫者訛璏，自雕璏字。’師古説是。”今案此物實爲挂劍於腰之用，故古人釋之曰“劍鼻”，王莽可以解獻也，若作帶鈎，既無納帶之處，其端又不能聯結，實大誤。予得其二，一長八釐米半，闊三釐米又四，白玉地，紅黃浸，淺雕龍、虎各一，虎有翼；一長十釐米又二，闊二釐米又七，白玉地，淺灰浸，雕一龍，腹尾皆空，尾後一小龍，龍皆方口。此證璏玉均美，二物皆安溪土。

琫　俗名“劍把”。《説文》：“佩刀上飾，天子以玉，諸侯以金。”徐鍇曰：“刀削上飾也，琫之言捧也，若捧持之也，上謂首也。"《詩·小雅》:"鞞琫有珌",傳:"鞞,容刀鞞也,琫,上飾;珌,下飾。"今案實後世武術家所用短兵之護手,除錘與短戟、短槍外,刀、劍、鞭、鐧等皆用之,惟皆形圓,且用金屬爲異,不必定屬之刀。出土之品,玉製之琫,時時見之,不必專屬之天子。予所得二,一白玉黃浸,琢饕餮,寬約九釐米,當爲劍飾;一白玉黑浸,琢龍、虎文,已模糊不易辨識,寬約六釐米,似爲匕首小刀之飾。大者安溪,小者良渚產也。

珌 此爲刀劍柄端之飾。其制大小不同,然皆上斂下舒。予得其二,皆淺色蒼玉,琢饕餮,一大者有邊文,均楚制,良渚出。

璽 古印之通名,漢後始以璽名專屬於天子。古璽有圓、有方,其鈕有龍、有螭、有龜、有瓦,其刻有朱、有白,此當專考,不在説玉之列。予得一圓璽,徑二釐米半,高三釐米,璽本身一釐米又二,餘爲鈕高。鈕雕一鷹,腹至脚間皆鏤空,全體鷄骨白,玻璃光,刻工古勁質樸,商橋出。惜爲後人漫篆其面曰"光風"而刻之,白文,真憾事也!

珮 此所云珮,雜珮也。然必古人專以爲珮者列之,若後人擇古玉可繫者而珮之,非珮之本義,不在此列。予得龍珮一,長三釐米又四,寬二釐米半,長方形,鏤琢兼施,凡四孔,當龍口、頸、腹、尾之間,龍身略琢鱗形,全體鷄骨白。龍鳳珮一,長八釐米又六,寬五釐米又八,亦鏤琢兼施,凡五孔,當龍口、頸、腹及鳳嘴、背間,刻深而勁直,上龍下鳳,蒼玉地,淺黃浸。皆安溪出。

珇 即"鈕",亦即"紐",今爲玉製,故從"玉"。上文"釦"或作"玽",與此同義。至"璺",或"瑚",或"甌",則繕寫之故,猶"璭"可作"珌"。

此古甲裳之物，予得其一，徑五釐米又四，背有鼻，鼻有孔，有圓槽文二繞鼻外，其製宛如小鏡。全體醬油紅，背露數處，帶淡綠白玉色，良渚出。

　　梳　梳長七釐米又八，有柄，柄首存一龍頭，口銜梳，頭自角以下已斷，全長不可知，今所計長度，專指梳本身，龍頭不在內。梳最厚處約二釐米，梳齒二十一，齒縫最深者，不及一公分，齒少而短，爲鬚梳。全身略作弧形，雞骨白，玻璃光，有深綠點一，安溪土。

　　翁仲　其制長短不一，然所見少出五釐米以上者，均方幅衣，拱手作侍立狀，與石製墓前之物同。孔則有自上直下者，有自上分歧出於兩袖之底，不通至腳者，玉質佳者少見。予得其一，上下通孔者，良渚各處均有出而不多。

　　以上皆良渚自漢以前玉器，涓滴之見，記之備考。

　　附：
　　兔符　全長四釐米又四，高二釐米半，厚約一釐米，中分爲二。内有陰、陽二長方簧，陽簧長八毫，寬七毫；陰簧略大，不逾一毫，居符背中心。刻字三行，第一行云"雲麾將"，計三字；第二行"中郎"二字在簧上，"知府"二字在簧下，四字；第三行"大利上稱"四字。陰符背同，特陽符自右至左，陰符自左至右耳。玉面琢兔形，眼耳四足甚肖，當口之後有孔，可絡以繩，背上相合處，刻"東平守"三篆字，東字中筆，適當合縫不刻，綠玉地，絳色浸。虎符、魚符之外，此兔符少見，雖唐物，當著之。售者云，出安溪，未可信也。

説　琮

中國古玉,向以圭、璧、琮、璜、璋、琥作爲大器,名"六瑞"。由今求之,圭爲石斧,璜、璋爲刀矛,璧爲碾谷農具,皆爲石器中武器、農器嬗變而成,已無異議。琥之説大要有二:一、《周禮・大宗伯》"以白琥禮西方";《小行人》"子男於諸侯,則享用琥璜";《禮記・禮器》"琥璜爵"。此似琢形於玉,未必爲立體虎形。二、《春秋左傳》"賜子家雙琥";《説文》"琥,發兵瑞玉爲虎文"。此似立體,即所謂虎符。今發兵虎符,尚有流傳之物,禮神饌獻之琥,絶少概見。且西方之神,得專用琥,而蒼龍、朱雀、玄武,何以別無專用之玉,豈西方獨尊乎?義亦難解。又此玉於石器遞變之迹,亦無可追尋,故自來釋玉者皆無肯定之説,暫且懸爲未定之案。至於琮,《周禮・春官》"黄琮禮地",注曰:"琮之言宗,八方所宗,故外八方象地之形,中虛圓以應無窮,象地之德,故以祭地。"《考工記》:"璧琮九寸,諸侯以享天子。"《周禮・小行人》:"璧以帛,琮以錦。"注曰:"五等諸侯享天子用璧,享後用琮。"《儀禮・聘禮》:"束帛加琮。"注曰:"君享用璧,夫人用琮,天地配合之象也。"又《聘禮》:"聘於夫人用璋,享用琮。"《説文》:"琮,瑞玉,大八寸,似車釭。"徐曰:"謂其外八角而中圓也。"此皆説明琮之用途,及其形狀,極爲詳備。惟《儀禮・聘禮》"束帛加琮",釋文云"半璧也"一語有誤。蓋半璧則爲半圓,外非八角矣。予性好古玉,嘗詳思古來記玉者,皆詳説玉之用處,而獨不載何以琮玉用於禮地、享天子、享後、享夫人之故,即載亦不能盡合於理。蓋古人僅知琮玉當時用處，而未深求此玉前身作用之故也。例如圭、璋、璜原出武器，侯王用之，以示威力；璧原出農器，侯王用之，以示重農務本；此皆用得其當。而自石器遞演至於周秦之間，習而用之者，已忘石器之本矣，遂皆以模糊影響之詞當之，若"天地配合之象也"等語。此可惜也。琮之爲用，乃日往來於心目之中，欲求得一合理之解釋。繼思古人所記，何以有禮地、享后，偏重於陰性之處，或者此爲婦女工具？又思田獵禦敵，需用刀斧，粒食之後，需用農具，今形狀雖變，物皆具在，自黃帝垂衣裳而治天下之後，絲麻黼黻，文章燦然，何以織造之具，獨不重視，使若武器、農具，亦變石器爲玉器？因之予對於玉琮，遂有此爲婦人工具，故古人用以禮地、享后，既爲婦人工具，而織造之器，玉中未見，遂有認爲織器之揣想。每見玉琮無論大小長短，即變而爲方塹，但具琮形外方内圓者，可購則購，不可購則記其形式製作，以供參考。第有文者不多，數十年來，茫無所得。嗣得一琮，高四釐米，直徑七釐米七，邊約七釐米，内徑六釐米八，外方内圓，玉色黃潤，全體有浸，四角每一方面，刻若西式沙發椅者一，上刻屈曲細綫一條，綫下復刻一回文曲綫，八面皆然，刻工淺勁，類壽州所出銅器文，此蓋戰國時楚器也。凡楚琢之精者，皆類浮雕，壽州所出銅器、玉器，皆可證明。此琮爲浙江土，蓋越爲楚滅之後，楚之玉工，亦在浙開雕玉器，故浙玉細花淺刻者，皆爲此期作品。予細揣測，此爲楚製黃琮，當無所疑。類沙發之圖案，他處未見，古時無椅，此當爲織布之機，機上之綫，當爲經、緯綫之表示。然琮之本身，僅高四釐米，彼於織造，究屬何用，仍不能明也。於良渚石器中見一物，高約四十釐米，徑約十四釐米，内圓外方，儼然今玉器中一放大之方塹也。乃知琮者，古時織布所用壓經綫之物也，外方，壓經綫使平直，可以通緯；內圓蓋有木軸貫之，可以轉動。有此一玉、一石二證，琮爲古織布工具無疑矣。配以武器、農具，古人生活所需，因而大備。自石演爲玉，用物變爲禮物，既無大塊玉材可供製作，又重物難持，遂愈縮愈小，形態全非矣。周秦之間，去石器已有年所，不求真正史實，僅就玉器用途加以説明，遂無真義可求。獨幸尚有配地、享后之説，可以啓人一隙之明耳。

消 暑 小 記

正德征倭餉銀　予得一長方銀製錠,長七釐米六,闊一釐米,厚半釐米,一面刻"正德年製",一面刻"征倭餉銀",銀質不純,重不及一兩。按武宗在位十六年,日本貢使來者數次,未聞有竄擾海邊之事。朱厚照之爲人,幼沖即位,兒戲萬端,輕於出塞,與虜作戰則有之,然亦未聞有征倭之舉;若云商賈作僞,成此贋物,則爲時不遠,僅能以銀元重量定價,何必多此一番澆鑄? 或者厚照有此野心,因而鑄此乎? 想當時所鑄必夥,爲人鎔化使用殆盡。留此一枚,以備詳考。

西王賞功錢　《王朝甲申朝事小紀》云:"張獻忠於甲申十月陷成都,十一月十六日即僞位,稱成都爲'西京',國號'大西',僭元'大順'。"案獻忠入川後,自立爲西王,不用李自成"永昌"年號,建元"義武",後改"大順"。曾在川鑄"大順通寶",流行民間,今尚時見,基質皆雲南白銅也。又鑄金、銀、銅三品"西王賞功"錢,金、銀鑄者,後皆銷燬充用,大小如何,已不可知;銅鑄者間有存物,大如尋常當十錢,面鑄"西王賞功"四楷字,頗工整。此非通用錢幣,當是現在獎章之類,以賞有功者,故流傳不多。

清初服飾　滿洲入關登極後,服飾尚滿漢異製,踵元舊習。山東進士孫之獬,首先剃髮迎降。入朝時,歸滿班,則滿人拒之;歸漢班,漢人又拒之。憤而上書,大旨謂陛下平定中國，萬事鼎新，而衣冠束髮之際，獨存漢舊，此乃陛下從中國，非中國從陛下也。於是削髮令下，膏血塗地矣。向所見薙髮匠所肩之擔，前有一小立木，上作斗形，若旗竿狀，故老相傳，若遇不肯薙髮之人，許當地立斬，懸其頭髮竿上，擔行示衆，故特設此也。後謝遷起山東，入淄州，屠孫閣門，縛之獅十餘日，縫其口，支解之。

吸煙草　王漁洋《香祖筆記》云："今世士大夫，下逮輿臺婦女，無不嗜煙草者，田家種之連畛，頗獲厚利。考《本草》、《爾雅》皆不載。姚旅《露書》云：'呂宋國有草名淡巴菰，一名曰金絲，醺煙氣從管入喉，能令人醉，亦辟瘴氣，搗汁可毒頭虱。'初，漳州人自海外攜來，莆田亦種之，反多於呂宋，今處處有之，不獨閩矣。"按，煙草自元時入中國，與馬哥羅夫等人有關，先由土耳其等處傳來。今所用水煙筒，尚與土耳其之制略同，惟土耳其煙筒特高大，置筒底地上，而人坐吸之，故必用人代裝代點，非若中國可以攜取，運用便捷也。此或傳入中國後，又加以革新乎？正惟煙草自西方由陸地傳來，故蒙古諸族皆嗜之，其後閩、廣又從海道傳入呂宋之種。明太祖禁之甚嚴，惟雲南及其他邊遠地區，許吸之以防瘴。清初大盛，蓋滿洲沿蒙古之習，亦嗜此也。自道光開埠之後，卷煙入口，遂爲極大漏卮。數十年來，如許昌等處煙草種子，皆來自美國，收割之後，煙葉復爲洋商收購，一轉移間，而損失不資矣。用美種者，三四年後，即須改易新種，否即品質日劣。惟雲南、四川，及浙江之桐鄉，皆爲舊時老種，歷數百年而不變原質，農學家所當研討者也。煙葉辟白蟻有效，凡屋有白蟻者，堆煙葉其中二三年，蟻絶踪矣。

黃飾　婦人粧飾，黛施於眉，朱施於脣頰，粉施於面，此常見之飾也。梁簡文詩："同安鬟里撥，異作額間黃。"温庭筠詩："額黃無限夕陽山。"又詞："蕊黃無限常山額。"是以黃粧額也。北周静帝令宫人黃眉墨粧，温詩："柳風吹盡眉間黃。"張泌詞："依約殘眉理舊黃。"是以黃粧眉也。遼俗婦人有顔色者，目爲細娘，面涂黃，號"佛粧"。温詞"臉上金霞細"，又"粉心黃蕊花靨"，宋彭汝礪詩"有女夭夭稱細娘，真珠絡髻面涂黃"，是以黃粧面也。以黃爲飾，起於六朝，遼又名爲"佛粧"，其釋氏之飾乎？亦今之黃胭脂所自起。

刻書掌故　司空表聖《一鳴集》，有《爲東都敬愛寺募雕刻律疏印本疏》，云："自洛城焚，印本漸虞散失，更欲雕鏤。"又《十國春秋·蜀毋昭裔傳》："請後主鏤版印經，又令門人句中正、孫逢吉書《文選》、《初學記》、《白氏六帖》，刻板行之。"此爲刻書一掌故。

疊假山　阮葵生《茶餘客話》云："華亭張漣，字南垣，少寫人物，兼通山水，能以意疊石爲假山，悉仿營丘、北苑、大痴畫法爲之，巒嶼澗瀨，曲洞遠峰，巧奪化工。其爲園則李工部之'橫雲'，盧觀察之'預園'，王奉常之'樂郊'，吴吏部之'竹亭'，最爲有名。漣既死，子然繼之。游京師，如瀛臺'玉泉暢春苑'，皆其佈置。先是，米太僕友石有'勺園'在西海淀，與貳清侯'清華園'相望，亦曰'風煙里'，今'暢春苑'即兩園舊址。王

164

宛平‘怡園’，亦然所作。吳梅村爲南垣作《傳》。”予按此專記南垣父子事，康熙時尚有石濤和尚，其後有仇好古、黃道士、王天于、張國泰，皆好手。道光時，有戈裕良者，常州人，尤奇絶。而高其佩亦曾疊西湖“焦石鳴琴”山徑之石，皆成北派畫法，此皆可記者。予獨惜宋徽宗所疊“壽山”、“艮岳”，雖《雲谷雜記》鈔本中詳載其風景，而主者何人，略而未載。梁師成總司其事，決無此種技術；朱勔但剗蓮花石，擾奪民間，亦無此種見識。遂使此歷史上最大之假山，不知出於誰何之手，亦憾事也。

成窑　成窑酒杯，有名“高燒銀燭照紅粧”者，一美人持燈看海棠也；“錦灰堆”者，折枝花果堆四面也；“鷄缸缸”者，上畫牡丹，下畫子母鷄也；“秋千杯”者，仕女秋千也；“龍舟杯”者，鬥龍舟也；“高士杯”者，一面畫茂叔愛蓮，一面畫淵明對酒也；“娃娃杯”者，五嬰相戲也。其餘“滿架葡萄”及“香草”、“魚藻”、“瓜茄”、“八吉祥”、“優鉢羅花”、“西番蓮”、“梵畫”，名式不一，皆描畫精工，點色深淺，磁色瑩潔而堅。鷄缸、寶燒碗、硃砂盤最貴，價在宋磁之上。朱竹垞稱“芳草鷄缸”，當亦牡丹之類。余舊藏酒器，皆鷄冠花下子母鷄，凡五，其式必多，當不止此數種也。以上亦《茶餘客話》之説。按明磁自宣德而始精盛，不獨青花一種因衛藍而著名也。朱瞻基愛好藝術，竭力提倡，故能大有進步。至見深在位略久，尤注意燒造，名品日多。後惟嘉靖青花、萬曆紅緑爲可傳，他無可紀矣。成化鷄缸，予所見僅畫雌、雄鷄各一，下略有草，其他一無陪襯矣。雄鷄冠色之紅而鮮艷，世所未見。同時藏主出一清雍正仿製鷄缸，大小、形式、畫法無一不似，單視之，冠色亦甚鮮紅，並列觀之，相去霄壤矣。予於民初，在北京無意中得一萬曆海馬碗，尾鬣生動，用筆奔放，視宣、成細緻，又一風格，其大紅大綠，色之淳厚，亦與宣、成不同，最難得者，一種淺紫襯色，此碗隨予有年，抗戰時，未攜以行，遂失去，時時惋惜，特附記於此。

紀《**明文海**》　黄梨洲先生以家藏明人文集千餘種，選輯爲《明文案》，後又從崑山徐氏傳是樓假得明人集三百餘家，乃益爲《明文海》。從《明文海》中，硃圈數百篇，授子百家誦習，名曰《明文授讀》。《授讀》一書，爲門人戴晦夫晟等所刻行，板藏戴氏。然《授讀》中選顧亭林先生文數篇，《文海》中有未見者。《文海》已編入《四庫全書》中，其卷數或云編書時有忌諱者均被删去，故不足五百之數。今浙館收得當時稿本，雖不全，亦獲其七八，有拆散原刻裝訂而成者，有鈔寫者，雖有全目，亦不盡合。予意當時先生此書，尚未定稿，編《四庫》者，又草率從事，故卷數如此。以視陳卧子先生等所編《皇明經世文編》五百卷，蓋不同矣。《經世文》爲卷五百，採取明人集部七百餘家，已有刻本，黄先生當亦寓目。顧《文海》始終未定稿，僅傳《授讀》一書，豈有所忌諱？或書巨年衰，無力再加整理耶？予亦衰矣，甚願有人根據稿本，參以閣本，爲此書告成功也。

彭祖墳　《浙江通志》:"彭祖墳，在臨安縣東南廿里。"《嘉靖臨安志》:"因彭祖壽年八百，故號其山曰'八百山'，里曰'八百里'。昔武肅王禦黄巢，兵屯八百里，即此。"《水經注》:"彭城有彭祖冢。"《續漢郡國志》"武陽彭亡聚"引《益州記》注云"亦有彭祖冢",是彭祖墳有三處。按"彭"實國名,封於商,亡於周,歷年八百,非有人壽至八百也。彭祖當指彭國始封之祖。彭城、彭亡聚,皆彭國故封地,有其始祖之冢,是其常理,臨安安得有之?

鄭鄤獄　梁章鉅《浪迹叢談》云:"吾鄉黃石齋先生,以疏救鄭鄤事下獄,禍幾不測,而鮮有能詳其始末者,惟長洲沈歸愚先生曾論之云,前明鄭謙止鄤,以非罪而被極刑。余初未知其詳,見雜說所載,謂鄤母吳,性酷劣,殺婢者屢,鄭因假乩僞語曰,令其父杖之。及讀鄭前後對簿獄詞,司寇馮英讞語,與宮詹黃石齋及鄤父鄭振先揭,而後知雜說爲訛傳,殺鄤者,始終溫體仁一人也。鄭初入翰林時,見文震孟指斥魏忠賢留中不發,因上書極言留中之弊,始勒歸,繼削籍,家居十有四年。思陵詔復官,始入都,謁首輔溫體仁。體仁問:'南方清議若何?'鄤謂:'人云國家需才,而廟堂未見用才。'體仁謂:'非不用才,天下無才可用。'鄤謂:'用人則才出,不用人則才伏。方今防邊蕩寇最急,能如蕭相國之識韓淮陰,宗留守之識岳武穆,何患不能成功?'體仁陽謝之,意彼鋒芒如刃,必糾彈我,動搖我相位,陰思有以剪除之。甫一月,以惑父披剃,迫父杖母糾鄤,得旨下部嚴鞫。夫人必異懦無識,禍福縈心,而後可惑於二氏之說。鄭父振先爲儀曹時,見中堂、宰執,互相聯結,以中朝第一權姦劾沈貫一,幾蹈不測,中心不悔,則卓然有守可知矣,何所疑惑而披剃爲僧乎?鄭母吳,以禮教自律,儀曹貶官,萬里相隨,恬然自樂,胡爲有杖妻之事?又鄤以建言被謫,鄖母喜見顏色曰：'蘇文忠母云：兒爲范滂，吾胡獨不能爲范滂母。吾今始可云有子矣！'鄖何憾於母而逼父杖之？宜屢鞫而無罪可入也。體仁於是落司寇馮英職，移獄於鎮撫司。先是，韓不俠從學於鄖，交最厚，不俠女二歲，與鄖次子喆三藏締婚。後不俠夫婦没，女歸爲養媳，一載病死，時年一十二歲，此族黨周知者。至是體仁以厚貲屬姦人許曦，誣以姦媳致死。體仁更糾嚴刑，終不得實。體仁時以彈劾者衆，帝亦心動放歸，然猶必欲殺鄖，屬曦與陸完學編造穢褻歌詞，使閹寺上聞。上既聞而怒不可回矣，崇禎己卯八月，乃磔死。前一月，鄖猶成《尚書講義》，訂正《蘇文忠年譜》勖子二十餘則。黃石齋先生謂：'正直而遭顯戮，文士而蒙惡聲，古今無甚於此者。'越五年甲申，明亡。"按鄖死固冤，然禍止及一家，而思陵之亡國，實由體仁。以體仁陰賊險狠，結納宦官，窺伺上意，冀翻逆案，斥逐正人，使有體有用之士，無一立於君側，而後其心始快焉。由是斲喪國脈，至於魚爛瓦解而不能救，則體仁實爲魏藻德、馬士英、阮大鋮之先聲，而思陵轉以爲忠，宜其國之亡也。因論鄖之獄，而推論及之。鄖將死時，語其二子，謂："世間殺人者莫如才，吾身自殺者莫如口。"知口之爲禍，而卒致禍也，此才人氣盛而不能自抑也！彌衡以口得罪於曹瞞，以才見殺於黃祖，何獨不然！書此並爲尚口抱才者誡。吾鄉徐時作曰："此論面面俱到，然尚有未盡之義。'同聲相應，同氣相求'，觀其人之友而其人可知。體仁所友者，劉志選、曹欽程、周延儒、薛國光之徒也；鄭謙止所交者，吳中則文文肅震孟，漳浦則黃石齋道周，上虞則倪文正元璐，山陰則劉念臺宗周諸公也。君子、小人，若冰炭黑白之分矣。使謙止果有穢行，文肅、文正、念臺，肯爲之哭泣於身後？石齋肯爲之辨冤於生前，幾至自罹其禍歟？”梁氏此記頗詳，足爲他日修正《明史》之參考。謙止持才傲物，明季諸文人中，蒙惡名而遭慘刑，可傷也。

蘇小小有二　一爲南齊時名倡，即相傳有“西陵松柏下”一詩者，墓在錢塘縣廨舍後。舊錢塘縣，治在錢塘門邊，則今墓在西泠橋址，亦相去不遠，或後人遷葬湖邊，事亦可能。一爲宋倡盼奴之妹，事見郎仁寶《七修類稿》，墓在嘉興縣前。朱竹垞因之辨爲小小墓當屬嘉興，不知其爲二人故也。元張光弼詩云：“香骨沉埋縣治前，西陵魂夢隔風煙。好花好月年年在，潮落潮生最可憐。”則又合二人爲一矣。憶西泠蘇墓附近，尚有武松墓，乃拆涌金門城墻時掘出，移葬湖上，棺和碌書“武松之墓”四字，杭人有見之者。後於一九五八年時，不知何故燬去碑碣，墓不可覓，亦不知遷去其棺否。大概古墓名存實亡者多矣。

太公年歲　《楚辭·九辨》：“太公九十而榮顯。”《淮南子·説林訓》注同。《越絕書》計倪曰：“太公九十而不伐紂，磻溪人也。”《孔叢子·記問篇》：“太公勤身苦志，八十而遇文王。”《列女傳》齊管妾婧語亦同。《荀子·君道篇》：“文王舉太公於州人而用之，行年七十有二，齫然而齒墮矣。”東方朔《客難》：“太公體仁行義，七十有二，乃設用於文武。”《韓詩外傳·四》：“太公年七十二，而用之者文王。”桓譚《新論》：“太公年七十餘，乃陞爲師。”《後漢書·高彪傳》：“吕尚七十，氣冠三軍。”各書所説，九十、八十、七十，紛然不同，獨《説苑·尊賢篇》則曰:"太公望,故老婦之出夫也,朝歌之屠沽也,棘津迎客之舍人也,年七十而相周,九十而封齊。"劉氏之説,殆可調停諸説乎?

上大人　《傳燈録》云:"或問陳尊宿,如何是一代時教?陳曰:'上大人,丘一己。'"《五燈會元》云:"郭功甫謁白雲,白雲曰:'夜來枕上作個山頌,謝功甫大儒。'乃曰:'上大人,丘一己,化三千,七十士,爾小生,八九子,佳作仁,可知禮也。'公初疑,後聞小兒誦之,忽有省。"是唐末宋初,即以此教小兒矣。祝允明《猥談》,以爲孔子上父書,惟改"丘一己"爲"孔一己"。予小時初執筆學書,皆以此二十五字爲描紅樣本,幾於全國皆然。然無一塾師,能知其出處也。

龍泉窰　梁章鉅《浪迹叢談》云:"龍泉窰,出龍泉縣,以緑色匀净,裂紋隱隱,有朱砂底者爲佳。自析置龍泉入慶元縣,窰地遂屬慶元,去龍泉幾二百里,而今人遇新出之青瓷窰,仍稱'龍泉',亦可笑也。青瓷窰地在琉田地方。按龍泉舊《志》,載章生二嘗主琉田窰。凡瓷出生二窰者,必青瑩如玉,今鮮有存者,或一瓶一盤,動博千數百金。其兄章生一窰之器,綫緑斷紋,號'百圾碎',尤難得。世稱其兄之器曰'哥窰',稱弟之器曰'弟窰',或稱'生二章'云。"以予所知,梁氏之説,實有未盡。按龍泉縣,北宋時已有窰燒瓷,蓋承餘姚窰而起者。始亦有仿餘姚窰之品,大致皆仿河南官窰,以豆緑色爲多,今不多見。而河南豆緑瓷,今人反名爲"北龍泉",其意若曰北方仿龍泉之作品也。事實顛倒,可笑孰甚。北瓷胎灰色,或類缸胎,此即南宋官窰修内司所自出,與龍泉產品大異。龍泉在南宋後,有倣修內司之物,亦用灰胎,然釉厚下垂處,不問釉色或灰或黃,細察之必仍含綠色在內,此其異。至北宋倣河南綠釉者,河南品往往有蒼蠅矢,而龍泉反無之,此則出藍之處也。梁氏所云"青"者,當指梅子青而言。予見宋蜀窰所製,乃皆為梅子青,無一豆綠者。龍泉則以梅子青、豆綠為主品,其餘灰色、黃色皆有,至於窰變,則絕少見之。予得一花插,變矣,惜無紅色,然人皆目為鈞窰,其實瓷質、釉質,皆龍泉也,底亦露紅色。龍泉舊《志》詳載窰址者不多,即載亦云在邊界,又不指名何縣,蓋懼官府需索也。生一、生二,各書所載時代不甚明白,自今從窰址出品考之,當在南宋初期。

岳武穆前妻　葉廷琯《鷗波漁話》云:"李心傳《建炎以來繫年要錄》載岳忠武初在京師,其妻劉氏,與姑居相州,及姑渡河,而劉改適,後在淮東宣撫處置使韓世忠軍中。時忠武已為湖北京西宣撫使,世忠令復取之。忠武遺劉錢三百千,以其事上聞,且奏臣不自言,恐有棄妻之謗。詔答之。事在紹興八年六月。劉氏之去,不詳為何事,當是不得於姑,如陸放翁前室唐氏事。近見陸定圃教授以《湉甋廬偶筆》云:'明錢士昇《南宋書‧岳忠武王傳》,有故妻更嫁之說,錢塘梁玉繩深斥之,據岳珂《行實編年》及《天定別錄》辨正其謬。'余謂宋人承唐風俗,不諱改嫁,故大家如范文正公家,亦有此事,而南宋定城令趙用壙志,亦載其女再適人。忠武此事,尚在微時,況值亂離,人所恆有,其子孫或不敢言,若後世何必為賢者諱。且忠武之處此事,仁至義盡,以一奏預杜中山之謗,其才識精密,亦足見一斑也。《繫年要錄》又紀,紹興三十一年十月,因中書門下省

171

請,有'岳飛、張憲子孫家屬,今見拘管州軍,並放令逐便'之詔,於是飛妻李氏,及其子霖等,皆得生還。李氏蓋即劉氏去後所娶耳。"葉説可備《忠武傳》中一掌故,且持論公正,故全録之。

木棉詩　吴梅村《木棉吟》,集中未收,見金鉉《鎮洋縣志》,蓋逸稿也。序云:"木棉出林邑、高昌、哀牢諸國,梁武帝時,徼外以爲獻,見《南史》。又《南州異物志》及裴氏《廣州記》皆云:'南蠻不蠶,採木棉作布,染爲斑布。'《漢書》所云'荅布'、'白氎',其時已流入交、廣矣。元至正間,浙江烏萊不食偶傳此種,崖州黃婆教以桿彈紡織之法,死而爲廟祀之。按廣州木棉大如樹,與今所見不類,明初王梧溪逢以爲交、廣木棉一名'斑枝花',吴地所種,乃草棉,非木棉。陶南村亦呼爲'吉貝',與梧溪語合。然世俗稱名已久,不復可改,余以爲地氣雖殊,物性本一,功用又同,即謂之'木棉'可也。自上海練川延及吾州,岡身高仰,合於土宜。隆、萬中,閩商麇至,州賴以饒。今累歲勿登,價賤如土,不足以供常賦,余作詩記之,俾盛衰得所考焉。"詩云:"木棉花發春申冢,東海昔聞無此種。《南州異物》記有之,夫容花葉梧桐枝。崖州老姥曉移植,烏泥涇上黃婆祠。種花先傳治此法,左足先窺踏車捷。豨膏滑軸運雙穿,鐵峽黏雲唾重疊。椎弓絃急雪飄搖,白玉裝成絮萬條。兩指按來身不動,一輪明月轉蕭蕭。綖就飛花日成匹,錯紗不獨夸雲織。輕如鵝毛色如銀,非絲非紵亦非帛。哀牢白氎貢南朝,黃潤筒中價益高。不信此邦貪卉服,江天吉貝滿平皋。四月農佔早花好,麥地栽來憂莫保。持鋤赤汗歌歸休,長怕游青低没草。東舍西鄰助作勞,魚羹草具歡呼飽。蟹患蟲災絕迹無,社鬼驅除釀錢禱。西風淅瀝幾回吹,花臺漸結花鈴老。豆溝零落濕衣裳,捃拾提筐逐兄嫂。冬日常暄冷得遲,今年穩足霜黃少。有叟傴僂負載行,編蒲縛索趨天晴。黃綿襖厚裝逾寸,白酒簾高買幾升。道畔相逢吏瞋怒,賣花胡不完租賦?老翁仰首前致詞,足不能行口披訴。眼見當初萬曆間,陳花富戶積如山。福州青襪烏言賈,腹下千金過百灘。看花人到花滿屋,船板平鋪裝載足。黃鷄突嘴啄花蟲,狼藉當街白如玉。市橋燈火五更風,牙儈肩摩大道中。二八娼家唱歌宿,好花真屬富家翁。劉河塞後遭多故,良田踏作官軍路。縱加耘籽土膏非,雨雨風風把花妬。薄熟今年市價低,收時珍重棄如泥。天邊估客無人到,門裏妻孥相饗啼。昔年花早官租緩,比來催急花偏晚。花還未種勉輸糧,輸待收完花信遠。昔年河北載花去,今也栽花徧齊豫。北花高擄渡江南,南人種植知何利?嗚呼一歌夏白紵,再歌秋木棉。木棉未開婦女績,緝麻執枲當姑前。徐王廟南洴澼絖,賣得官機佐種田。田事忙過又夜作,十月當窗織梭布。盡室饑寒敢自衣,私逋償了官錢誤。姚沙渡口片帆微,花好風波急載歸。隔岸人家凝望斷,千山閩客到來稀。詔書昨下開囹圄,蘇息烏村並鴉浦。招來殘户墾荒蕪,要識從今種花苦。殷勤里正聽此詞,催租須待花熟時。"以上皆《鷗波漁話》語,今雖棉種、織法大有變遷,然當時史實,知之者少,讀之有益不少,不徒僅爲《梅村集》補佚已也。

麒麟 《明史》載外國貢麒麟者甚多,"阿丹國麒麟,前足高九尺,後足六尺,頸長丈六尺,有二短角,牛尾鹿身"。案《爾雅・釋獸》：“麇身牛尾一角。”注云：“角頭有肉。京房傳云：‘麟，麇身牛尾馬蹄，有五彩，腹下黃，高丈二。’”與《明史》所載略異，然此皆今之長頸鹿也。長頸鹿亦非一種，長短、毛色、形狀皆不同，中國少見熱帶動物，故與鳳凰皆視爲瑞物。

顧亭林山東入獄事　蘇州沈天甫、施明、夏麟奇、吕中儔造《忠節録》，託名已故祭酒陳仁錫譏燬本朝，羅列江南、北之名士巨室，以爲挾害之具，又僞造原任閣輔吴甡一序，詐其子中書吴元萊銀二千兩，刑部定讞，即將沈天甫等斬決。此康熙五年中事也。次年，萊州即墨黃指揮培之僕姜元衡，删易此書，增入黃氏唱和詩，控其主與兄弟子姪作詩誹謗本朝，又與顧亭林蒐輯諸人詩，皆有訕語。處士於七年二月在京師聞之，即出都抵濟南，幽縶半年。因援沈天甫故牘，謂姜元衡所控之書，即沈天甫等陷人之書，事旋解，株連二十餘人，均得開釋。處士賦詩六章紀其事，有“偉節不西行，大禍何由解”之句，又末章云：“天門訣蕩蕩，日月相經過。不聞黃雀微，一旦決綱羅。平生所識人，勞苦云無他。騎虎不知危，聞之元彦和。尚念田畫言，此舉豈足多。永言矢一心，不變同山阿。”詩集中皆不載，詳見《與顔吏部光敏書》中。以上《冷廬雜識》語，惜陸君未載全詩。

蒙求書　《蒙求》一書，所以資童幼之誦習，作初學之階梯。晉李瀚創爲之，徐子光爲之注，名曰《蒙求集注》。宋王逢原又作《十七史蒙求》。明姚光祚又以王逢原所作未備，從而廣之，分三十七類，名曰《廣蒙求》，然有對偶而無韻，注又簡略。劉班取兩漢事括以韻語,名曰《兩漢蒙求》;王芮歷叙帝王世代,略述古今事蹟,名曰《歷代蒙求》;徐伯益集婦女事實爲韻語,名曰《訓女蒙求》;元吳化龍集《左傳》事爲韻語,名曰《左氏蒙求》;胡炳文集嘉言懿行,可爲則傚者,屬對成文,以啓導初學,名曰《純正蒙求》。此數書今世尚有其本,而得採入《四庫》中者,則惟《蒙求集注》、《純正蒙求》。又有爲諸家所録而其書罕傳者,則如《名物蒙求》、《三字蒙求》、《蒙求增注廣韻》、《小説蒙求》、宋范鎮《本朝蒙求》、胡宏叙《古蒙求》、孫應符《家塾蒙求》、《宗室蒙求》、宋舒津《蒙求》、《續蒙求》和李翰林《蒙求》之類,是也。以上見《冷廬雜識》,録之,見昔時幼學所用課本。

浙闈字號　吾浙闈中號舍,按《千字文》排次,祥代天,翼代羽,協、竭、元、黃、洪、荒、盈、昃、火、帝、人、皇、弔、民、伐、罪、燧、傷、難、量、墨、悲、作、聖、空、谷、禍、因、惡、積、君諸字皆不用。東文場"祥"至"器"八十七字,祥、宇、日、辰、列、寒、暑、秋、冬、閏、成、律、調、雲、致、露、爲、金、麗、玉、崑、劍、巨、珠、夜、果、李、萊、芥、海、河、鱗、翼、龍、鳥、始、文、衣、推、讓、有、陶、周、商、坐、問、垂、平、愛、黎、臣、戎、遐、臺、率、歸、鳴、在、白、食、化、草、賴、萬、蓋、身、四、五、恭、鞠、豈、女、貞、男、才、知、必、得、莫、罔、彼、靡、已、信、可、器。西文場"地"至"覆"八十六字,地、宙、月、宿、張、來、往、收、藏、餘、歲、呂、陽、騰、雨、結、霜、生、水、出、岡、號、闕、稱、光、珍、禁、重、姜、鹹、淡、潛、翔、師、官、制、字、服、裳、位、國、虞、唐、發、湯、朝、道、拱、章、又、育、首、伏、羌、邇、體、賓、王、鳳、竹、駒、場、被、木、及、方、此、髮、大、常、惟、養、敢、慕、烈、傚、良、過、改、能、忘、談、短、特、長、使、覆。儀門傍東夾道"絲"至"習"十三字,

175

絲、詩、羔、景、維、克、德、名、形、表、傳、虛、習。西夾道"欲"至"資"二十七字，欲、染、贊、羊、行、賢、念、建、立、端、正、聲、堂、聽、福、緣、善、慶、尺、璧、非、寶、寸、陰、是、競、資。皆自北而南；至公堂傍西夾道，"父"至"溫"二十一字，父、事、曰、嚴、與、敬、孝、當、協、力、忠、則、盡、命、臨、深、履、薄、夙、興、溫。獨自南而北。計共二百三十四字，共號舍一萬二千三十間。每科應試人數，多則一萬二千餘，少則不及一萬，以故録遺鮮有擯棄者。明初，棘闈與杭郡庠相連，天順間，守臣奏士子屢有作弊，改於城東廢倉地。舊用木舍，萬曆四十年，御史李邦華易以磚，永絶火患。號術向爲泥道，嘉慶年，阮文達公爲巡撫，甃之以石。往時號舍一萬餘間，人數多時，添設廠號，不免風雨漂搖之苦。道光初，鄭夢白中丞與當道創議，捐資擴增千餘間，自是士子始咸得所焉。以上所記，見《冷廬雜識》。清光緒末年，奏設師範學堂，乃燬貢院，建築校舍。校後餘地甚多，則留舊時號舍四間於其間，供人參觀，抗戰後多已傾圮無存矣。

記東陽南寺古塔

　　一九六三年四月廿九日，東陽南寺古塔倒坍。縣中主文物者來函云：此塔在中興寺後，縣志載“中興寺吳越銅塔”：頂上爲小塔形，旁有菩薩天尊金剛像，内有識十九字曰：“吳越國王錢弘俶敬造八萬四千寶塔，乙卯歲記。”云云；又載縣南五里，舊名“法華寺”，梁天監六年建，唐武德中廢，至德二年，請法華廢額重建，迄乾符四年，釋貫休書“雪山道場”四字，至宋太平興國中，改今額，寺有環翠閣云云。李正奕“法華寺詩”有“路轉苔痕滑，山含塔影虛”之句，故老相傳係唐建，明正統間重修，該塔高 26.36 米，底邊長 4.75 米，密檐方格，造形頗美。一説則謂塔建於宋太祖開寶年間，另一説則謂造於錢武肅時，錢氏時東陽保持安寧，廣建浮圖，數年之間，造有西七里普濟院塔、巍山惠太寺塔及南寺塔。此塔底層尚在發掘，現已發現者，有開元通寶錢、四邊外緣鑄有四尊菩薩像的圓形鐵器、泥塑燒煉過的菩薩像及印有“辛酉歲”三字的大塊磚等。按唐武宗會昌元年（公元 841 年），唐昭宗天復四年（公元 901 年），宋太祖建隆二年（公元 961 年），皆爲“辛酉”，此塔究係後唐或吳越時代何年所建，殊難確定，請詳示？

　　予答以書云：一、縣志載銅塔，即吳越所鑄之金塗塔，當是錢弘俶曾以一座舍入南寺，與古塔建造年月無關。二、“至德”爲唐肅宗紀元，凡三年，無辛酉年，既有辛酉塔磚，則寺可稱至德所建，塔不可稱至德所建。三、開元通寶，或讀爲“開通元寶”，一説唐太宗鑄，歐陽詢書，模有長孫皇后指爪痕；一説明皇鑄,有貴妃爪痕。予所見此錢爪痕,或有或無,而考古錢專家,則又有自太宗至唐末歷朝皆鑄此錢之説,説者紛紜。今按字體於歐爲近,自當讀作"開通元寶",定爲太宗時鑄爲是。則即以塔爲至德時所建,塔基中藏有此錢,亦非異事,更不能據此以定塔建造之年。四、泥塑燒煉之佛像,大概係善業泥所製,隋、唐間多用此泥爲燒煉佛像之用,或有藏文刻於邊緣、佛像腰細者,此仿藏製,當在文成下嫁後之物矣。五、吳越先奉梁朔,又奉後唐朔,然武肅、文穆,皆自有年號。忠獻、忠懿則無之。辛酉年之磚,如作爲唐昭宗之辛酉,則錢氏尚未據浙;作爲宋太祖之辛酉,則實爲弘俶尚未納土之前十七年。故但有甲子而無紀元,似最可信。以上歷舉各點,當以磚文爲證,其他諸證,皆非確據,故定爲宋建隆二年辛酉建此塔,極望塔基中再有證物,請見告。

越四日,又有書來云:已掘得新磚塔舍利記碑,確爲建隆二年所造,今拓寄一份,復詢碑中情節。

因録碑文如下,而復略加説明。其説明,即所以答來函也。石長三十六釐米有奇,闊八十二釐米半,四周邊雕雲文,約闊二釐米弱,二十五行,行十四字,首行題云"婺州東場縣中興寺新瓦塔舍利記",文云:"梁第四附庸國主岳陽王蕭詧,初撫第二行會稽,慮阻驚濤,乃於開善寺禮謁志第三行公大師,覘示臧否。師云:'但於舊址問第四行彥師,必曉今昔。'王如所陳,將欲離京第五行,時曇彥和尚俗年一百歲,預謂門人第六行曰:'書卻後三日,有聖者來,宜此字中泐不明浄房宇。'初第七行聞未信,尋而果至,師出戸相迎曰:'許第八行玄度,來何暮! 昔日浮圖今如故。'云:'弟第九行子姓蕭名詧,非許玄度也。'尋悟前事,第十行乃往蕭山舊址,果見前生所創塔也。十一行便於塔下掘得舍利,分四十九粒,入十二行天台赤城山磚塔。會昌五年乙酉歲十三行敕廢,咸通六年乙酉歲,有僧宗立、居十四行士倪求、徐師約等重建,至咸通八年十五行丁亥歲訖畢。時移星改,風革霜摧,建十六行隆元年庚申歲,天台國師德韶,罄捨十七行資金,鼎新構砌。寺有僧文捷、敬温、敬十八行超、匡信師德,並近居檀越葛仁蛟、鄭十九行興、金暉、徐"徐"下一字全泐簡,同力募緣,結茲磚塔。二十行特款於國師,蒙分一粒緘在第三層,二十一行冀攸久與一切人天植福矣。時建隆二十二行二年太歲辛酉九月二十五日,設大二十三行齋入舍利。慮年序退換,故"故"下一字全泐石記。"二十四行。末行爲"鐫雕□□承鄴"六字。雕下二字全泐,字體近六朝,樸質敦厚,尚未攙入宋人風格。宋字自太宗集《閣帖》之後,始漸變遷,至蘇、黃出而唐人筆法變矣。記文專叙舍利來源,自"梁第四附庸國主"起,至"便於塔下掘得舍利",叙蕭詧在京見寶志、曇彥,後至蕭山塔址得舍利,曇彥告爲許玄度爲蕭詧前生。未知玄度是否即指許靖?蕭山之塔,又造於何時?此皆玄言,實難深究。自"分四十九粒"起,至"鼎新構砌",叙天台赤城山磚塔舍利來源及塔興廢。會昌爲唐武宗年號,廢佛教之時也,故云敕廢。自"寺有僧文捷"起至篇末,皆叙中興寺磚塔之建造,及舍利來源,而塔之建造歲月明矣。"寺有僧"一語,意略含混,未嘗指明此爲何寺,故來書疑之。其實細按下文"款於國師"等語,固甚明白,"寺"字即指中興寺而言也。至記題作"婺州東場"者,吳越與楊行密極不睦,凡地名有"楊"、"陽"等字皆改之。文中"岳陽"者,此古地名,故仍存之也。此説地方志中或有記載,手頭無此種書,年老懶查,請諒。

卷　七

傷寒論經緯書後

　　此徐松懋先生偉所著書也，對於校、釋、注、分類、引證、考異，均極詳細，又益以周歧隱先生引用湘古本，及桂林羅哲初氏之白雲閣古本二《傷寒論》，參證其文句之不同，於是昭然可讀，與世間通行之本，大有徑庭矣。徐君爲金子久先生門下士，經驗既多，用心復細，而且釋文引證之中，意在排除空論，接近科學，收古爲今用之效，此實盛事。然予尚覺其心細而膽不大，更有所望於先生。蓋仲景之功，在總結古來用方，加以本人臨牀經驗，發明製成湯、散、丸各藥方昭示後人，稗自後漢迄今醫家，有所遵循，有所啓發。於是自上古迄於漢末，醫藥方面，得此一大總結，其造福人類，巍巍乎真不可及。至《傷寒論》一書，則實雜病醫書，既非一般傷於寒氣得病之醫書，更非專指現代所謂之傷寒。明乎此，則知依據陰陽六經以立説，又益以按日傳經之言，此實限於當時知識，僅及於此，今不必一循其故轍也。予意當今之病大類凡二：一、細菌，二、機能。細菌致病，皆屬於傳染，有可檢查而得之病菌，有檢查難得之病菌，如此而已。機能之病亦二：一、興奮，一、衰退。興奮者，有絃急而絶之憂；衰退者，有燈盡油乾之患，此定理也。《傷寒論》中諸方，有治細菌傳染諸病者，表、散、吐、下、殺菌皆

181

備,而且或輕或重,無不適宜;有治機能衰退,或興奮過度者,
人參、附子、茯苓、五味,無一不應手如神。此真千古經驗之奇
方,歷百世而不變者也,然獨不可牽率於太陽、太陰之名,且執
着於傳經合病之説。一牽率執着,使人如墜五里霧中,迷失方
嚮矣。自古到今,自今以至於無窮,人類新病,愈研究而愈多。
當一病新起,或數年而盡悉其因,或數十年而未明其理,必欲
强不知以爲知,曲爲解説,於是六經傳合、五行生克之説起矣。
此説至今猶洋洋盈耳也。徐先生有此整理古書之大力,我望
更大膽爲之,悉去無謂之陳説,標着奇傚之神方,其許我乎?!

跋温病條辨歌括選

　　仲景《傷寒》，各症雜處，非專腸胃，後人區之爲温病，此一進步。吳鞠通就温病爲之條辨，此又一進步。然就三焦立説，既與生理不符，又與病情不合，王孟英曾糾正數處，今岐隱先生復選擇其可存者，撰爲歌訣，以便學者，此更進一步也。嘗謂温病大都屬於傳染性症，其菌種類繁夥，非向時寒、温、溼諸名所能包，春暑秋冬四時所能盡也。譬如温瘧，若屬熱症，因熱甚而似寒，固可以退熱之藥治之；如爲眞瘧，非常山等殺菌之劑，即或偶效，必致復發，徒累病軀，何嘗根治。故"温病"一名，尚屬泛詞，甚願再爲區別，如昔人之從傷寒區而爲温病，庶醫學日明也。岐隱先生其有意於此乎？

周岐隱輯經驗方跋

中國相傳醫方始於伊尹，是不可靠的。當然要以張仲景的《傷寒》、《金匱》二書所載爲最早，最可靠，而且到現在仍然有許多方藥遵循着他的道路。二書中所載方藥，當然是他一生臨牀經驗所得出來的成績，但是，其中也有是向來古方爲他所引用有效而記載下來的，如"侯氏黑散"之類可作明證。我一直主張接受古來醫學寶貴遺産，當以方藥之書，爲第一重點，旨在於此。

憑着諸先哲數千年來的經驗和依靠群衆的力量，當然隨在有發明、改進、加減古方等等事蹟和作用。而且傳染病一類，或者消滅，或者新增，隨着時代環境而變遷，自然方藥亦逐漸因之而變遷，這是必然的史實。所以當前醫家急務是：一、古爲今用。如黃膽肝炎，仍以茵陳、生梔爲主，且以肝炎爲濾過性毒，兼用發汗藥以求排泄者。二、交流經驗。有效之方藥，廣爲流通，俾各臨牀應用，以求真實。根據以上兩種私人意見，歧隱先生這一部《經驗方》的編輯，我是很同意的。雖然不一定可能箭箭中的，實在是在"百夫拾決"之下是得到不少的幫助。假使能够匯集古今驗方，加以試驗，再以幾次"披沙撿金"的辦法，自然真金會璨然滿目了。諺云："丹方一味，氣殺名醫"，這真是我們所當留意蒐輯的東西，何况岐隱先生所編的書，還有精細的案語，明確的附注呢！

浙江歷代名醫録序

一九五七年，識周岐隱先生於杭州，知其精於醫理，方供職於中醫研究所，從事編纂《浙江中醫史》。其爲人恂恂儒者，篤誠不苟，醫學之外，兼善詩歌，而尤注意於鄉邦文獻，時相過從，歡若素交。一九六二年，以所纂《經驗方》見示，既佩其善於運用經驗方，且於藥物多所發明，尤難得也。一九六三年春，復以此書來，捧讀一過，自六朝以下，迄於近世，浙江名醫，燦然具在。其中辨誣訂僞，凡昔人所記誇詞誕語，一一加以糾正。用力在於各名家著述及醫案，此真探本之言，不徒僅述往史，且以開研求中國醫藥之門。夫醫藥之學，詎有止境可言？人生世間，病日減亦日生，醫藥亦日異而日新，相與戰鬥，必使病日減日少而後已，此醫家之職責也。宗祥自三十歲後，始縱覽醫藥諸書，又周旋於當世中、西醫家之間，若郭沈粹甫、張簡齋、陳方之諸友，相與討論其得失。五十歲後，始敢診斷處方，迄今又三十餘年矣。每遇險症危病，診後歸來，彷徨室中，至忘寢食。此非徒重人命，實智力短淺，欲求真理，苦不可得之故也。嘗憾漢人崇高緯學，以五行生克之説，羼入醫藥，遇不可解者，不復深求，動以五行之説，强爲附會，葉天士至以"木乘土"三字爲病名，列入醫案，愈離愈遠，醫藥真理，日以晦亡。拙著《神農本草經新疏》，因此而作，而解者無多，嗤爲叛道，立説太早，當俟之十年、二十年之後乎？我亦無悔。今讀周君此書，於傷寒溫病之辨析，三因攻補之兼施，列舉各家醫案，無五行之言，有顯著之效；而又旁及痧症膏藥，鉅細無遺，當爲讀者所樂觀。無忤於當代,有功於學術。此真苦心孤詣之作也,其必盛行於世而不來横議乎! 企予望之。至所收名醫,迄於近代,則採訪或有遺漏,其願續行蒐輯,再爲補録,俾祖國醫藥之學,得以長傳,而且邁進不已,永永造福於世人,是所深冀。

卷 八

記 鐵 如 意

鐵如意，長二尺許，面嵌雜花，背嵌回文"卍"字，皆銀絲。頭上花文，已剝蝕不可辨，無款識。宋器，相傳宋趙清獻物，明爲周忠介所藏，後歸青蘿先生。先生姓周，名宗彝，字重五，號青蘿，崇禎己卯科舉人。甲申變後，乙酉，兵科給事中熊汝霖率義兵入海寧，青蘿先生亦率鄉人起義保硤石，築壘東山距守。八月望，清兵自嘉興南犯，破硤。妻卜氏，束其子明俅於身，及妾張氏、王氏、婢某，弟妻馮氏，隨先生投園中池水死，即今所謂"青蘿池"者是也。其弟庠生啓琦，字瑋光，偕妹行九者，皆素習武，與清兵巷戰，腸出血盡，妹亦力竭，同死上東街。血所染石，後人築小庵祀之。庵高不過丈，置土偶其上，諱曰"財神堂"，地當予母吳太夫人家門之右。小時赴諸舅處叩賀年節，里人尚能指以相告，今屋早易主，小庵亦久燬矣。青蘿先生既一門殉國，房、地、用物，均歸蔣氏。蔣氏於池上築樓三楹，中供祖先木主，左供如意，右供東坡墨迹，如是者二百餘年。予於甲辰夏，暑假回里，鄰居有查君燮卿者，以收售廢銅爛鐵爲業，日相往來。一日予語查曰："欲得銅洞簫、鐵如意等物，旅中可以把玩。"查曰："銅洞簫未可得，適有一鐵如意在，正急思售。"予問："物自何來?"則曰："蔣氏物也,子姓不肖,嗜鴉片煙,以此物抵煙資,久不能償,積本利三十餘金矣,店主急於得資,售三十金。"予立如數授之,如意遂歸予。查固未知此爲青蘿先生物也。其後同硯友吳嘯廬清籌款闢東寺左偏地,構"三不朽祠",祀鄉先哲,青蘿先生之主在其中。予思以如意獻祠中,然欲爲之製座、配匣,刻記座上,俾人知史實,卒不能得;又因長年作客在外,奔走無定所,願卒未償。而日寇內侵,鄉園淪陷,間關跋涉,遠走重慶,事平東還,祠已廢矣,片瓦寸椽無存者。如意以未歸祠中,獨得存予篋中無恙,迄今相依六十年,相隨走數萬里,然終無以位置之也。四十歲後,曾刻一印曰"鐵如意館",館實無有也。又數年,築屋數椽老屋之東,欲以藏之,且爲作記,亦未果。是屋淪陷時爲敵僞所佔,若藏其中,恐與獻三不朽祠正同。自此如意長眠予行篋中者,幾二十餘年。辛丑夏,自龍興路遷居余打芝巷,四女璇爲理諸物,乃復出之篋中,供室中。前三年惠衣姪欲觀之,許以有人理物時,出以相示。今則惠衣墓有宿草矣,終不得一見也。今年夏,友人有來告曰："子曾製墨乎?"予曰："未也。"曰："近有友購墨二,志曰'鐵如意館抄書墨',館名也,抄書也,非子而何?"予異之,求假觀,則爲同治時武陟毛氏所製之墨。不知毛氏之如意又如何? 所抄之書今存否也? 予今八十有一,即百歲亦無幾何,如意終當長留世間,是予伴如意之日少,而如意之歸宿,予亦不能爲之慮矣。記之以告來者。

硤 瑣 記

紀　燈

　　硤以燈名。燈不在燈節，在正二、三月之交，不懸於匝，不架爲山，小者持諸手、懸諸竿，大者數人肩之，周一市，故俗命之曰"迎燈"。燈不年年有，即有，不年年盛；即盛，不年年同。硤一鎮分爲十餘坊，坊各自爲燈。燈之起始於一、二坊，無繼者則頹散不復盛。此坊起，他坊繼之相誚也，互相誚則互相競，競則愈奇愈盛，闃然十餘坊均出。坊各爲一大燈，數十小燈，前導以燎，辟行人，繼以火牌。牌鏤紙爲字，一面曰某坊，一面曰某燈，或不直書，用隱語以狀，如三才亭之爲鷄亭也。然必切於大燈，大燈蓋一坊主燈也。主燈合一坊人力物力成之，餘小燈，人各自造，參預其間，或諷刺如棺中伸手要錢之類，或寫實如家鄉肉、燒白菜之類，或浮薄如用竹條裝雙蝶其上，可以斜飛，遇婦女立暗地，即飛以照之，或武勇如火流星之類，兼以開道，惟造者之意是適。而米市無大燈，特以紙傘名，且獨晚出，今年紙傘出，則燈極盛矣。紙傘之出，數十人持竹竿攔道，人持傘行其中，每傘前一人持竹枝敲地，導持傘者，恐人擠傷傘，或路不平也。燈大者不能並行於街，東西南北或相值，不能避，故必先約遲早，使行不相值。或合數坊爲一，累累然長里許，若天潢諸星相屬也。燈大者臺,若麒麟,一麒麟徘徊花樹下,能舉足俯頸,抓爬其癢處;若獅,懸一球臺前,獅時時自臺中躍出作攫拿狀;若和合,擇二童美好者,坐在花叢中,捧紙盒;若劉海戲蟾,中立一童子狀劉僵,腳下伏一大蟾,僵持錢繩,錢皆燃火其中,錢能循繩上下,蟾亦能舉前足作攫錢狀;若觀音,飾一童立鰲上,手持瓶,瓶中有水下注,繞以竹及雜花;若鳳凰,若僵鶴,鳳花用牡丹,鶴花用梅,皆能回頸刷翎;若雕伏兔,臺上雜樹花木,一幹獨高,上立一雕,側首下視,下以紙糊數石,石隙中藏一兔,兔出,雕疾飛下撲之,兔返奔入洞,雕則旋其身,振翼復上樹,飛時先拳其足如真雕。或曰,此臺初成,雕飛足不拳縮,人以爲誚,紮此臺者,銅匠也,聞誚,思數日,卒能拳足飛。若空城計,以紙爲城,上坐武侯,彈琴飲酒,意灑然也,司馬仲達則引兵往來城下,人、馬皆以紙。凡臺,其基皆紙,鏤爲花鳥人物,篆隸行草,針刺其隙,而燭其中。凡燭皆視其所需,各異其制。有用小蚌殼承油,注短芯其中以燃者,故凡花中、盒中可以容火之處,無不著之。近或代以乾電,風趣異矣。凡需水者,臺之底用一瓦盆,盆外仍紙圍之,與他臺同。亭,若秋千亭,亭基及柱,繞以花木,上覆以頂,頂皆針刺作瓦形,中立一架,架上四偶人,架轉則偶人蕩漾空中。若香亭、梅亭、牡丹亭、三才亭,亭皆三層,層各有花、有欄,有燈懸其中,有瓦覆其上,瓦皆刺紙狀之,四周有角,或六或八,角皆有鈴,頂或飾花、飾禽、飾獸不一。而三才亭則下層立三雄雞,鼓翅作鬥勢;香亭中列古鼎,焚異香,此其異。亭之製精,故一花一葉、一針一刻皆工細無倫。臺、亭之外有橋,橋皆有亭,若閩中諸橋,亭中飾童二人坐之,或留侯進履,或牛、女相會,凡與橋有關者,皆可狀之。橋之外有船，船有篷、有窗、有燈，舉船所有之物皆備，而槳中亦有燭燃之。船中編樹荷花，船前、後各飾一童，狀採蓮越娃。而米市之傘，獨以書畫工致聞。全米市傘以六七十計，或繪《水滸》，或圖《西廂》，或鈎《淳化》，或摹群玉，至若費曉樓仕女，張叔未隸草，亦間有之。平時佳傘可入典當，每傘五十金，事亦奇矣。一大燈之費，五六十金至百餘金，一傘之費亦如之。一坊一夕出燈之費，十餘金至二十餘金。四方來觀者，舟車、飲食、粧飾之費，乃不能計。燈之盛時，人相擠於道，呼聲、罵聲、覓伴聲、鑼鼓聲、絲竹聲，下及遺簪墮鞋之事，不可勝記，故言燈事必曰硤石云。

硤無龍燈而有獅燈。牙西一坊，染作所在，壯夫獨多，燈時出一巨獅，頭頸均用鐵圈，四壯夫主頭，四壯夫主尾，中間復用四壯夫，擇廣場舞之，較龍態尤佳。尚有所謂滾燈者，劈大毛竹紮成高二三丈圓球，外以白布裹之，中懸一燈，燈可隨球滾動時旋轉。聘武師立球上逞技。此皆尚武賽力之舉。滾燈余生平見一次，爲余鄰傷科醫生汪幼甫所辦，父子固皆以拳術名者，其父平甫所用鋼重十餘斤，固武師也。

白 水 泉 記

　　白水泉在薇山西麓,味淡而質清,曰白者,狀其色也。昔吾硤盛時以泉名者,喝石、法華、天眼、慈烏、赤壁、汝泉,指不勝屈,白水亦居其一,談孺木先生遷曾爲作記。嗣經洪楊之役,闔境遭兵燹,諸泉或埋或涸,故老又零落將盡,欲尋遺迹,杳不可得。今所存者,獨喝石與斯泉耳! 斯泉太平天國時,實爲沈君桂森全家葬身之所,事後,里人收瘞其骨於泉旁,地既荒僻,復經慘事,日長蔓草,夜飛寒磷,遂亦無過而問之者矣。自浙路既建,泉地爲鐵路公司所購,吳丈訢雯既遷葬沈氏之骨於山巓,爲文刻石以記之。而徐君申如又以此泉爲吾硤古迹,思所以保存之,請於湯蟄僊先生,闢爲硤之公園,築亭其上,以憩游客,而以記屬予。夫一古泉耳,或經亂埋廢,或歷久常新,豈亦有所謂數者存乎其間? 抑所處之地,有不同耶? 何有幸有不幸如是也。談先生之記未見,我不知先生當日所記之事,猶先生不知泉之有今日也。更歷歲時,陵谷變遷,又安知其所屆? 讀此文者,其亦有盛衰今昔之感乎?

　　當時尚撰一聯云:"我本勞人,一掬寒泉縈夢寐;誰招故鬼,三更明月話滄桑。"喝石泉在東山麓碧雲寺中,日寇陷硤,焚寺泉堙,今亦無存。

海　鹽　腔

　　《紫桃軒雜綴》云："張功甫豪侈而有清尚，嘗來吾郡海鹽，作園亭自恣，令歌兒衍曲，務爲新聲，所謂海鹽腔也。"按此在魏良輔倡崑腔之前，當時盛行於蘇杭一帶，自杭傳入金華，自婺傳入溫州，今婺劇、甌劇中仍唱此腔。俗以其爲曲文，亦名之曰"崑腔"，其實非也，大都一眼一板，唱時較快。《樂郊私語》則云：出澉川楊氏，與貫雲石善。然非指調也。

陳子僊先生傳

當清咸、同之間,硤有奇人二:一爲李壬叔先生善蘭,以算學名海内;一爲陳子僊先生,以弈名海内。壬叔先生無後,其學不傳,然自科學昌明之後,海内外皆讀其遺書而知其爲人。未刊之書,外甥崔吟梅庤藏之,崔無遠識,秘不肯示人,硤大火,遂焚燬無遺。子僊先生有後,學亦不傳。且自先生歿後二十餘年間,僅周先生小松一人,爲棋壇尊宿,又越百餘年,始有吳清源氏。乃知弈雖小道,其成之專且難如此也。先生姓陳氏,名毓性,號子僊。父建禧,號菊坡,業賈,嗜弈而不精。先生幼時,其父挈之至武林,日必偕赴吳山茶室中。父與人弈,先生坐其旁,默視不語,不他嬉戲,亦無倦容。既久,一日父舉子將下,忽出聲曰:必於某路方善。父嗤其妄,對弈者則曰"然"。戲使之弈,應敵取勢,超於意表,一角垂死而復活。對弈者詫曰:"爾真跨竈矣。"環而觀者,皆驚以爲神童,時未十齡也。自是日至茶室,與人對壘,名動全城。督學史公聞而召之入署,命與人弈,亦許爲將來必成國手,其神悟蓋若天授云。咸豐九年,太平天國革命之際,舉家徙避甬上。甬有某君,以弈名浙東,先生踵門請弈,始受兩子,五閲月而某君受先生四子,猶時負北,不能抗手也。業益進,流轉至上海。維時四方名流在滬者,耳先生名,相與角藝,無出其右者,獨周先生小松旗鼓相當,世所傳周陳百局譜是也。論者以周方施襄夏,以陳擬范西屏,顧周之愼過於施,而陳之險則恐范氏所不願出也。時清室倚湘淮軍力得苟安,方粉飾太平,會朝鮮使臣來,有弈名,曾國藩督西湖,邀先生赴鄂,亦納朝鮮使臣,將會弈黃鶴樓中,決勝負,使臣不敢赴,託辭去。楊利叔先生象濟作棋會序贈先生。先生回硤之日少,即回,長日樓居按譜,終日足迹少入市廛。平生所愛古人、及與人對弈之局,能覆者七百餘,皆先後不誤一子。卒年未及六十,妻某氏,子二,女一。幼子早卒,長者清狂不慧,無所成材,晚始成室,生一子,名祖浩,予門人也,三十後亦狂惑,爲人説占卜壬遯之術,老而未娶,今亦下世。女適楊葛氏,生二子,亦無孫,一女適馬氏。先生遺譜百餘局,蔣百里自祖浩處取去,云將印行,今不知歸何處。楊利叔先生序,余幸得之,尚留行篋中也。

張宗祥曰:吾邑清代弈人,有范、施,最後得陳氏,成鼎足,然皆不傳。古人云:"一人善射,百夫決拾。"殆虛語矣。又曰:予友丁君仲貽,以數學名於時,究心學術之外,獨嗜弈。二子,長習史地;幼亦善弈,過其父,前時海上所傳小丁,即其人也。先父卒,仲貽將卒一年間,寒暖饑飽均不知,人易之衣,人喂之食,若偶人然。而子僊先生之後人,亦若有腦病者然,弈固可以病人且及其後人耶?世之人幸深思而慎處之。

郭沈粹甫傳

粹甫歿二年，郭沈氏將刻支譜，其孤成以行狀來請傳。予文不足以傳粹甫，然粹甫與予兩世通家，居同里，晨夕相過從，予知其平生甚確，則不得辭。粹甫姓郭沈，名鑒，字元卿，粹甫其號也。父子方公，咸、同間爲世名醫，與同里朱杏伯先生齊名。母蔣氏，工詩識禮，尤善長短句。粹甫生而穎悟，少年勤學不倦，承母教，工駢文詩賦。甲申科試，劉叔濤學使拔冠杭州府學，補弟子員。母病，嘗刲臂肉以進，病良已。丙戌秋，子方公卒，其時家事紛擾，食指繁冗，日在拮据中，乃棄舉子業，與其弟頌音悉心彈慮，研求醫學。盛夏多蚊，則秉燭坐帳中閱醫書，徹宵不眠。如是者六七年，學大成，遠近就醫者，皆至郭氏。一月之中，奉幣叩門邀請者必數回，所入亦稍稍豐。乃構娛萱草堂，以奉母居，刻其母夫人所著《消愁集》兩卷；蒐輯子方公陳方四百餘，編爲兩卷，署曰《醫案澤存》，未梓而卒。郭氏世以婦科名於世，自宋建炎迄今七百年矣，子方公及粹甫，乃始不規規然囿於婦科。粹甫爲人，丰神灑然，談吐若六朝人，顧體素羸弱，弱冠劬學。學成，世之病者又日踵其門，疲於應接，竟以瘵死。死之前五月，予過之，聞予患咯血，乃語予曰：“近時血症，醫往往勸人終年服藕節，藕長年伏淤泥中，陰寒之品，豈宜多服？”且爲予診曰：“子雖咯血，肺不損，無患也。”今年客京師，就西醫診之，西醫乃亦斷予肺爲無病。粹甫嘗言曰：“生石膏有表性，故産婦壯熱，不必忌用。”予祖母入秋微感不適，予請粹甫診之，祖母大聲曰：“使我服藥，不如以此錢市肉爲適口。"拒之力,予固請始允。粹甫診後,語予曰:"病不可爲也,服藥後無轉機,當備後事。"予初亦疑小有感冒,何竟至是? 顧予信粹甫,速姑母莅硤,不五日,祖母竟逝。事後請其説,則曰:"胃脈絶,又年高,故難治也。"粹甫之病也,歷年餘而卒。未卒前六月,惡暑甚,將由樓遷卧堂中,必欲家人移大牀至卧所,家人嫌繁重,粹甫督之嚴。家人移牀,粹甫則立其旁觀之泣下,且微語曰:"豈有不卧於牀之理?"盡知其下樓後不復再能上樓矣。其醫術之精如是。卒年四十有七,著有醫案、駢文、詩詞,未梓。妻何氏,前二十年歿;繼吳氏。子二:成、利,成今能讀父書矣。

張宗祥曰:世之醫者,日以多診人多得錢爲快,而粹甫常語予曰:"我體弱,使我日診八人,當無草率之患,今乃數倍之,其何以堪?"此言豈今之醫者所能道哉! 夫學問之道,貴在精審,醫亦宜然。粹甫之言如此,其精也宜矣。

沈氏趙郭支譜序

　　沈氏遷硤始祖曰正公,三傳至章公,出贅於郭,子姓承其姓曰郭沈氏,沈氏宗譜中則別之曰趙郭支。趙郭者,郭氏世醫,宋建炎中,治隆裕太后疾,賜國姓,故云。自章公之子溥公承郭姓,十三傳至少梅公,概二百餘年支譜未修,日夜孜孜,證正世系,錄成支譜,未刊而卒。子明公、子方公兄弟二人,思承父志,又因洪楊之役不果。子方公子粹甫、頌音者,予姻也。粹甫於乙酉復卒。辛亥秋,頌音欲竟二代之緒,以譜付手民,問序於余。余曰:姓,古人所以別氏族也;譜,古人所以明統系也。故姓自古至今日以繁,而譜亦支分派別,不厭其詳。古人蒙二姓雖不多見,然若葛氏加"諸"而爲"諸葛",後又分"諸葛"爲二姓,可見姓之時有變易,不足異矣。至明四川之"張羅",清嘉興之"陸費",則皆以雙姓入譜,蓋不去本姓,所以著所自出,不去所承之姓,所以明爲人後之義,事雖創,亦斟酌乎人情之宜者也。湘、灕分流,同出一源;沱分大江,仍入於江。今於沈氏宗譜,則別之曰"趙郭支",於趙郭支譜中,則系之曰"沈氏",不亦可乎! 自唐以降,門第之習除,姓氏之學,淪亡不傳,士大夫讀書一生,不知其所自出,日飲其流,不知其源,過矣。今頌音承郭氏之學,以醫名一時,而刊支譜則系之曰"沈氏",可謂:觀龍門之澎湃,遠探星宿之海;撫孤桐之千尺,下窮盤錯之根者也!

紀徐翁開錦

清嘉、道間，硤有富者曰徐翁絅懷，名開錦。家世業商，至翁候時轉物，逐什一之利，自奉儉嗇，致貲累巨萬。有子某，不肖，淫於賭。無賴子知其富也，日益誘之博，博輒負，年耗巨金，不可計數。翁禁之，不聽，或反唇焉。翁既不能約其子，又不忍坐視財產耗散，憤曰："財自我得之，自我失之可耳，安能作牛馬以汗血供子孫揮霍！"時廣善堂經費不繼，將停辦施衣、施棺、施食、施藥諸事，翁聞之曰："是可以用吾財矣。"立券良田百畝助之。然翁故嗇，人或疑田不善，以租抵稅且不足，故移助善堂。翁則至堂中，出券百餘，請衆擇其善者，而翁田果無善於所助者，因大嘆服。而其子博如故，翁亦任之。其年除夕，無賴子群登翁門，責博進，子避匿屋隅不敢出。翁問之曰："負幾何？"曰："五百貫。"翁曰："是安可以不償？今爲若償，然錢存後宅匱中，諸無賴不許入，亦不許僕助汝取，汝當自取以償之。"子喜甚，因取錢以償。翁宅深邃，往來窮日力償始畢，疲僕地上。翁乃曰："汝勞乎？積錢畀汝，汝取攜之，尚以爲勞。積此錢者，勞何如矣？"子以是大悔悟，痛哭告於祖而誓之。卒改行，且商。商之術工過父，儉亦過父，不數年，積錢倍蓰所失者，數世均以富聞。

倪孝子傳

　　倪孝子，世居倪家灘，名開渠，字三德，少孤苦。太平天國一役後，孝子僅十餘歲，有母罷罷垂老，且病，益無以爲生。業染者招佐漂曬之役，約曰："月給錢千文。"孝子曰："諾。"傭值不敢爭，願每日假一二時，主者亦許之。孝子任事勤，無廢事，顧日必早起，匆匆出門，久始返。同事者疑焉，尾之行，則孝子方疾趨至家，爲母服灑掃淅炊之役，纖細皆備，由是儕輩皆重之。硖之俗，業工商者，月凡四食肉，初二、初八、十六、廿四也。孝子至日所分一臠，必持歸奉母，不敢自嘗。後數年，母目瞖，不覩一物，孝子則晨起以舌舐之，竟復明，十餘年而卒。孝子爲人木強，一介不苟取予，寡交游，雖純孝，人皆不能知其詳，卒年、妻、子皆未能載於篇。

　　張宗祥曰：當世皆趨有勢力者，問姓名爵里，旁至戚族，識之惟恐不詳。如孝子輩，默默無聞甚多。然飄風急雨，雖甚鬱勃奮迅，而不崇朝而解；而日月之明，萬苦無悶，道固在此不在彼也。

童孝子刲股療親記

童家園在西惠福橋南，地極僻，向爲童氏族居處。太平天國役後，諸童雲散，存者不及其半。遷居其間者，以僻故，多小家。今過其地，家室詬誶、里巷穢雜之聲，日相聞也，而孝子乃生其間。孝子姓童，名鴻成，字子誼。生有至性，家僅中人產，事親能先意承志。父早歿，母章氏，年七十餘。辛亥夏，病臥匝月不起，孝子侍湯藥，衣不解帶者數十晝夜。勢益危，延郭君頌音治之。郭氏，硤之世醫也，語孝子曰："病不可爲也。體素羸，終年啖薄糜，而性又褊急易恚怒，是肝、脾皆病，今又病嘔噦，則胃將絕矣，病不可爲也。"勉書一方去。孝子聞之，仰天俯地無一策，乃禱諸神，刲股和藥進。越晨，母索飲，以湯進，則曰："欲糜耳，誰飲湯者！"又十餘日，竟起，洋洋如平時。郭君首異之，詢孝子有他異方乎？孝子出臂視之，則痂結燦然未落，乃知無他謬巧，特以誠感而已。

張宗祥曰：昔文文山有言，父母有疾，雖知其無濟，萬無不進湯藥之理，後卒爲宋死。故知世有不必死之忠臣孝子，斷無惜身不願死之忠臣孝子。而世之議者顧曰："刲股不足以爲訓。"異哉！孝子生季世儇薄中，不扶自直，其至誠尤難及已。

約　藏　記

　　約藏者,鄞縣張約園先生及其元配某夫人預營藏骨之處也。約園名壽鏞,字詠霓,約園其號也。生於清光緒丁丑年,弱冠入邑庠,癸卯舉順天鄉試,辛亥之後,兩任浙江財政廳長,一任湖北財政廳長。國民政府建都南京,任財政部政務次長,兼江蘇省政府委員,江蘇財政廳長。既任職之二年,己巳冬,慨然營生壙於杭州留下,佔地縱如干尺,橫如干尺,而名之曰"約藏"。夫自其表而觀之,襄贊國計,綜理省賦,其任至重也;有子女如干人,教養嫁娶,其事至繁也。然約園之爲人,自清筮仕至於今,得失榮辱之見未嘗動於中,豐儉貧富之變未嘗累其心,日匡襄於財政,綜核於案牘,若無暇晷,及其退休一室,則丹鉛典籍,蕭然自得,舉紛紜擾攘之事,如浮雲之過太空,未嘗留於心目。噫!此蓋所御者繁,而操者約矣。人之生也,上也者名教羈之,次也者功業累之,下也者嗜欲賊之,盤旋顛頓六七十年中,如駕疲牛、引笨車,行於泥淖,非牛斃車覆,所謂羈之、累之、賊之者,終不悟也。及其藏骨,猶且含玉懷珠,漆燈金碗,惟恐其不侈,庸詎知所藏者獨爲白骨耶?庸詎知德業文章,勛名富貴,皆非藏中所能容耶?庸詎知堯之白骨,無異於桀之白骨耶?歸藏之際,尚不知約,則世人之愚也可憫矣!約園以約名其藏,其以此乎?雖然,約園欲構園以藏其書,名之曰約,迄今二十年矣。園未成也,今乃先營其藏,世之操筆好議論者,或且以爲輕書而重骨,且名園在前,名藏在後,藏實

先成，亦非所宜。我知約園當未藏之前，必且經營其園使成，
庶百年之後，經此藏者，知所藏爲約園其人，而余亦將記藏之
筆記其園也。一九三零年三月，海寧張宗祥。

徐某守貞妻潘孺人傳

歸熙甫論貞女非古，姚惜抱辭而闢之，闢之誠是也；事必禮所有始以爲合古，彼古人至行，出於禮外者亦多矣。聖人製禮，斟酌乎常人之情，不使行之者視爲難而畏之。貞女之事，不可以責諸人人，故獨闕焉。然於《詩》，則採《柏舟》一章，豈不曰此固足以勵世者哉！且臣之事君，以禮合，以義應；夫婦一倫猶是也。當明之末，國亡，烈宗殉社稷，江南以諸生從戎抗節死，或披緇遁山林，或抱石沉江水者，比比皆是，彼固未嘗立朝食祿者也。其死也，後之論者，不聞曰"此可以不死，雖死亦不足爲忠"，而皆歎息以爲真忠臣。由此觀之，人各行其心之所安而已。夫一女也，既已聞名納採受幣，所不全乎爲婦者，獨廟見耳。一旦夫死而守，守豈有甘於禮哉？必論而去之。嗚呼！此率天下人出於殉名盜節者也！辭而闢之誠是也！或曰："既貞女矣，冠以夫姓則何也？"曰："女之所以守貞者，不忍棄其夫也。從夫姓，從貞女之志也。"今故曰徐某守貞妻潘孺人云。

孺人姓潘，名抱真。父喜陶，字芝畦，母陸氏。芝畦好學，長於詩、古文詞，旁及書畫，由貢生任象山縣學訓導。孺人少慧，父母鍾愛之，教之誦讀及繪事，皆能通其大意。暇則述古忠孝節烈事以勉之，孺人悉記不忘，群兒聚處，即正色娓娓述之不倦。稍長，同里徐六英孝廉聯輝，爲其子某聘焉。某劬學早卒，兩家父母不使孺人知，戚屬紀綱洩其事，孺人則中夜飲泣，毀飾誓守。孝廉時方以經學提倡後進，聞之，以爲非經，使

媒氏致意曰："嫁而守，經也；字而守，非經也。願從經，毋自
苦。"孺人乃流涕對曰："聞女不字二姓，他何敢知！"孝廉念其
志堅，亦敬也。其母則時時防護之，恐有他變，且速芝畦歸。
歸則父女相對汍瀾不能出一語，舉家皆哭，既而曰："女守矣，
念父母、翁姑皆老，幸自愛！"孺人既獲命，飲食始稍進。時兵
燹後米薪若珠桂，朝夕勤勞，以紡績佐甘旨。同治甲申母病
革，刲股和藥以進，卒不起，哀毀逾恒，喪葬既畢，益悽悽無所
依。會孝廉夫婦者而多病，孺人聞之，泣然曰："有婦不能奉
養，奚以婦爲？"稟之父，告徐氏。孝廉大悅，遂於光緒某年歸
於徐氏。歸之日，戚族來觀，孺人則青衣藍袍，扶木主行廟見
禮，觀者皆流涕不能仰其首。孺人既歸，事翁姑以孝，接戚族
以禮，待婢僕以恩，人無間言。孝廉夫婦病，侍湯藥衣不解帶
者月餘，迨卒，喪葬皆盡禮，蓋以婦道兼子職焉。光緒己卯，得
告旌表。越□年，孺人卒，年若干歲。族人立文潮子爲之後。

　　張宗祥曰：孺人繪花鳥草蟲，晚益精，取法清于女史，而
設色微不及，然不多見。辛亥夏，曹子達卿出一冊見示，冊端
有孺人行狀，因採之爲立傳云。

紀崔某守貞妻徐孺人事

自潘貞女適徐氏二十餘年，徐氏有女，亦以守貞聞。女名某，父章漢，字芷舲，母劉氏。女幼字同里崔某，年十四，崔以瘵卒，貞女聞之，毀服飾、屏簪珥誓守。父母、諸姑伯姊皆勸之，則慨然曰："嬸氏爲某叔守，卒歸徐氏，無違從一之義。我獨非人，乃不能法？且我終不辱父母，諸姑伯姊休矣。天日昭昭，具鑒此心。"嬸氏者，潘貞女也。戚族乃以爲貞女幼，姑緩之。明年，母歿，芷舲不復娶，女之姊持家政，沉靜有幹才，一門之中，雍如也。越七年，姊適張氏，弟初納婦，於是貞女權家政，亦如姊時。諸弟、妹婚嫁畢，聞崔母春秋高、多病，請父告崔氏，迎以歸崔。崔亦立姪某爲之嗣。辛亥夏，既傳徐貞女，因紀此。貞女今尚存也。

祭眉卿二兄文

維中華民國十六年十月五日，族弟張宗祥，謹以清酌庶羞，致祭於眉卿二兄之靈曰：

天下擾擾，名利是爭。六賊相纏，大命以傾。惟兄沖淡，素質天成。溯年弱冠，羸瘵是攖。咯血掌大，戚族震驚。重茵當暑，揹杖徐行。家本儒素，世守傳楹。參苓之資，力不不擎。兄則怡然，與疾要盟：我不拒疾，疾豈我兵！周旋其間，寒暑代更。譬如已逝，無所用情。心如木石，亦如孩嬰。日開口笑，惟樂是營。一切嗔怨，掃蹟絕萌。如是廿載，疾返其旌。兄無傷焉，步捷身輕。以至中壽，克享令名。處世接物，貌和心誠。課兒詩禮，弄孫飴餳。同堂四代，夫婦長生。翳二弱弟，純鶩虛聲。處家如客，終歲長征。頗思息影，歸樂時清。追隨杖履，且讀且耕。時不我興，遍地柴荊。兄不我待，息駕蓉城。惟鄉之堂，喪此耆英。豈惟季弟，揮淚哭兄。有子貞孝，有孫崢嶸。曾孫幼慧，如瑤如瓊。兄其瞑目，依乎先塋。嗚呼哀哉！伏惟尚饗。

述蔣君百里

百里祖生沐先生光煦，尊文獻，富收藏，刻有《別下齋叢書》。生子女二十餘，第五子最所鍾愛，幼殤，哭之慟，以碎書佛語左臂，祝再來爲記。沈山一僧，老矣，與生沐先生爲方外交，時相過從。生沐先生念及殤子，必問僧能如顧氏非熊往事否？僧曰：來則必來，緣實已盡。及百里之父澤久先生生，墮地無左臂，生沐先生見必恚怒，稍長。即命居馬橋散寺中。澤久先生幼慧，潛心內典之外，兼習岐黃。將冠，以醫濟人，重返儒服，時生沐先生謝世久。洪揚之後，家亦中落，諸昆季析產自立。拮据之餘，澤久先生亦不願重違父志，再返本宗，轉徙平湖海鹽之間，以醫自給，間或至碎，一省兄妹。後娶海鹽楊太夫人，生百里。百里八歲，澤久先生病歿，母子煢煢無所依，始返碎。素冠敝服，身長方過几，遍謁族人，謀所以生活者。澤久先生同母兄澤山先生爲之創，族人附義，各有所助，得田三十餘畝，得小屋兩楹，母子相依其中。蔣與張本世姻，時予方遊蔣氏族中，親見百里喪服泣拜，趨與握手，涕亦隨下，此予二人相識之始。嗚呼，孰知五十年後，又見百里諸孤女之哭其父，一如百里當年之哭其父耶！

百里母楊太夫人，日處斗室中，課百里唐詩、《論》、《孟》，米鹽飲食之外，編細竹爲衫，以佐生計。太夫人心目中惟此孤子，百里心目中惟此寡母。一衣數補綴，三月不食肉，意泊如也。初習制藝亦太夫人親授。太夫人病，百里刲左臂煎湯以進，裹創不慎，日腐爛，忍痛爲母謀湯藥，人小不及竈，則以杌墊腳。汲水量米，無他人可使，創口益劇，母前不敢露聲色。太夫人病略已，聞穢氣，使之前，把臂舊絮臃腫殆滿，解裹膿血斑斕，抱百里失聲相向哭，急爲療治始愈。此百里十二歲事也。百里族弟，延倪勤叔先生教讀，倪先生愛百里慧，又念貧甚，使百里從讀塾中，不受束脩之敬，百里乃得長日讀書矣。倪先生工小楷，摹《靈飛經》絶肖。百里師倪先生，故百里小楷特婉秀，晚年寫碑師梁任公先生，然一不經意，起草作小字，依然倪先生衣缽也。予當時先父傳外祖沈公韻樓筆法，命習顔平原，相見論字，刺刺各爭其是，及今思之，何嘗有一語道着耶？

在甲午之前，百里與予習八比試帖外，喜觀歷史及小説，每有所見，若哥倫布發現新陸，互相告語，百里勸予閲《野叟曝言》，且翊翊以文素臣自居，余方誦《正氣歌》，視文山先生若神明，閲之覺文素臣貪多務得，予所難能。然百里此後政治、哲學、外交、美術，靡不研討，不徒以兵學擅長，則少年時已基之矣。甲午後，憤清政不綱，汲汲然日思致用之學，苦書不可得。戊戌變法，有雙山書院者，向以制藝課生童，奉令購書，若《資治通鑑》、《白芙堂叢書》、格致書院課本、《日本國志》、《普天忠憤録》、《經世文編》之類，百里與予約散學即會於書院閲諸書。《白芙堂叢書》不能瞭解，其餘皆欣然成誦。日至天黑不辨，方各回家，院中無第三人也。是年予未應試，百里入泮宫。明年，各以家寒應聘爲塾師，百里赴伊橋，予處鎮上何氏塾中。百里每赴伊橋必經何氏，或留宿，或從談浹日，值他縣書院課士，兩人各爭寄成篇，或合作，得膏火之資則均分之。旋興學校，予入開智任教員，百里入杭州求是書院讀書，歸語余有邵君聞泰者，聰慧勤學，且記憶過人，讀書必不忘，予恨道遠未能見。而百里又介予與單君不厂爲友，不厂治宋學，言必拱手，行必矩步，予苦之，不願接見。強之至再，卒成好友。

林先生迪臣守杭州，林先生伯穎知海寧，愛百里及余，命留學日本，先父不許。予留而百里東渡，入成城，畢業士官，試第一。時與蔣君尊簋，並重於世，百里習步兵，百器習騎兵。中國士官生見重於日人，自第三期始，則二將開之。浙江方練新軍，邀百里回浙，百里不允。百器回，在第二標標統，辦弁目學校於海潮寺。百里雖不來浙，其所擘畫，皆出百里手。在東時，方先生雨亭者，時宰桐鄉，知其寒，亦時分俸助之。而百里更以餘力爲文章，投之之《浙江潮》、《譯書彙篇》等處，博稿費寄母，供菽水。予時任教秀水學校，回鄉謁太夫人，太夫人留話敍家常，娓娓如幼時。其後至太夫人下世，此情無異，蓋以予雖長百里七月，實同歲，又總角相周旋，故視之若親子弟也。

百里既不回浙，遂決赴德留學，任第七軍團見習連長，興登堡爲之帥。歸國後，掌清室軍政者曰鐵良，頗籠絡漢人才，顧猜忌不肯重任，以禁衛軍管帶強百里。庚戌，予任職大理院，百里自南苑來，聯床寓中，語終夜不休，既恨政治無稗，又悼學難致用，相與歎息。趙爾巽任東督，奏調往奉天，任總參議。辛亥革命，百里入督署，方與幕中諸浙人談，宜獨立以應時機，而張作霖等四統領，已率兵在外，聲言百里之來，挾異謀，圖叛清，必欲得之正法典，勢洶洶，謁趙請命。百里之來，未見趙氏，趙氏實不知其來，則瞠言無有。而幕中早得信，各友罄所挾資資百里，命急自旁門行，乃得脫。其實百里結與藍天蔚氏定約，謀獨立也。

民國元年，任保定軍官學校校長，日夜謀所以改革擴充，一切已有成議。上之陸軍部，軍學司司長魏宗瀚者，持異議，格不行。百里志不得伸，憤甚，集全校生禮堂中，慷慨述事狀畢，出手槍急自擊，謝學校。有從者名如意，遽前奪其腕，槍口偏左，不向心。然子彈已穿胸，衝左肺第二葉，過經後兩筋骨間，不斷骨。一堂師生慘且憤，而百里遂以病去職。楊太夫人聞電北上，視百里，百里已居醫院中。予時在杭，急電詢狀，太夫人覆電曰：生命無害，恐難復原。越半年，竟得無恙，惟傷處忌冷，常以帛束胸。百里傷後，不復思任事，政府處以一閒職，蟄居故都。予於三年春亦至故都，相見如隔世。明年，不厂任北大教授，三人者復聚於一地。蓋離群索居，已十餘年矣。如此者六七年，百里日研討美術、哲理諸學，嘗語予曰；欲著一書，上半部論中國書學在世界美術上之位置，蓋同為積點積線所成，而美與拙相差逕庭，此中國所獨有，必思有以發揮之；下半部論中國書法源流，則以屬予。予遂成《書法源流論》一書，百里之書迄未成，其實皆端居多暇，藉以消遣之舉也。

民國十一年，浙民舉百里任浙議會議員，予適亦回浙任教廳，乃有浙江大學一案提出。修訂章制，為蔣君夢齡之力，而議則創自百里。暇則至寓中，索家鄉蔬膳，同飲湖上。其時楊太夫人因在故鄉構平屋數間，早歸里。十二年，新居初成，遽因病棄養，百里方在浙，視含視殮，痛不欲生。湖南門生知師貧，驟遭大故，集現銀數千金，親自負擔，歷數千里來賻。喪葬後，曾佐吳佩孚將軍軍事，再預孫傳芳將軍軍事，然皆未盡用其所長，無所成。

百里門生遍國中，裁成者至多，而尤契唐君生智。唐君與中央政見不合，卒至用武。百里方居滬，予再三勸之行，百里不忍，心坦然以爲終能見諒。後被拘於杭，再遷南京，予至京視之，方坐斗室中作書，內典法貼，羅列几架，以所書《金剛經》全卷贈予，易其號曰澹寧。嗚呼，百里殆已知人生惟澹泊方能寧静矣。居無何，仍退居滬上，天下乃知中央之愛惜人才也。

　　盧溝橋釁起後，予方任事平漢。一日，百里忽來漢，坐寓中，待予散值回，急相語曰：我即自此赴德，胡君適之將繼我自此赴美，明日能早來旅舍中，當再得一面。明日天未明，予驅車至旅舍，百里方部署行李，囑其謹愼珍重，愴然揮手別。迨百里返國，徐州已不守，又晤於漢上，醉後寫詩，中有"墓前青草史來芬"句，由今思之，豈竟成讖語耶？予先百里離漢赴桂林，予侄浩從百里，爲之握筆記言行者月餘，時時來書，道百里近況。不數月，百里亦來桂，見予即曰："子有熟友精醫者否？我胸間微不適，欲一診治，是否心臟有疾。"予即請張君學誠診之，心臟無病，神經略有感觸，不足輕重。越日，又赴桂林省立醫院診視，兼測血壓，亦無異狀。百里知予欲入川，苦無車，邀同行。予因事不能成行，十月二十六日，百里遂離桂赴柳州。隔日相約，予在北門城隅送之，不知道實相左，百里車出南門，始悟，語送者曰："誤聞聲矣，不能見彼矣！"送者於百里死後，告予此語。且述百里語此時，意極慘淡。百里既行三日，來電告予曰"因病留宜療養"。予意或長途勞頓，不久當痊。十一月五日，又有電來，則已殁矣。知自病起診視者爲浙江大學校醫，急書達祝文白、鄭宗海二生，詢病狀，報書曰："四日病已痊，縱談健甚，定五日行，方將待曉送之，不知夜中遽變如此。""四日夜進面一碗餘，九時即就寢，十時病作，醫生云心臟麻痺。"二書敘病狀胥同，嗚呼，予真不能再見百里矣！悔未能從之同行，尚可作數日敘首也。百里此行，任陸軍大學校長，昔日改革保定軍官學校之素志，庶幾得償，不意未及到校，溘然長逝，豈獨陸大前途之失而已哉，中國所失，實更矣！從其行者，趙君墨農。百里病，留宜山，趙君偕其二女赴貴陽。五日，急電之還宜，九日，趙君走桂林告予，與祝、鄭二生書，大致相同。惟續語予，喪事畢，當葬之鶴嶺。鶴嶺者，趙清獻公放鶴處也。予不知百里墓上，將來亦塑病獅否？至蔓草離離，則當與史來芬之墓無異矣。

百里幼聘袁花查氏，及百里留學日本。一日，予謁楊太夫人，太夫人曰："查氏女年長矣，百里未能即歸國，恐難久待，我已使人致意查氏，不必守舊約，而查小姐力持從一之議，不願毀約，事將如何？"予曰，既查小姐有此志，惟望太夫人能成之。歸國，始成婚。久無子女，太夫人望孫切，又爲百里納一妾王氏，亦無所出。百里之受傷臥病醫院也，有左梅者，力任看護，所以熨貼慰藉之者，至周且誠，百里感之，與訂嫁娶盟，亦不深拒。百里病愈，左梅歸國，百里思之縈切，一日，以一書附刀寄之，書曰："我命，爾活之。今不能踐宿諾，請持此刀來，仍畢我命。"左梅得此書，大感動，即至北平歸于百里，迄今二十餘年，凡隨百里奔走者，皆左梅也。百里拘南京，左梅攜數女貸屋附近，日入百里室中，躬親灑掃之役，供衣供膳，悉身任之。生五女：曰昭、曰雍、曰英、曰華、曰和。昭生於北京，將笄，以肺病死。未死時，思北京切，百里夫婦攜病女至北京，病卒不瘳。雍貌肖楊太夫人，百里使德時，昭已歿，故立遺囑使承産。英偕至德，百里歸國，仍留學德國。

（《蔣百里隨員日記》序）

蔣方震小傳

家世和幼年時代

　　蔣方震,字百里,五十歲後又別號澹寧,浙江海寧州人,1882 年(即清光緒 8 年)9 月某日生於海鹽縣。他祖籍原是安微(編者按：應爲江蘇宜興),先世以經商爲業,很早就因商業上的關系遷居在海寧州所屬硤石鎮水月亭的地方,以經營典當業爲主,也產生了幾個有名的鄉里之士。他祖父生沐(光煦)先生篤好收藏書籍、字畫、碑帖,延請了一班當時名人畫客如張叔未(廷濟)、費曉樓(丹旭)、張子祥(熊)之流,又建築了一座別下齋,而且又刊印了《別下齋叢書》和《涉聞梓舊》兩種書,當時就成爲杭、嘉間一個收藏鑒賞名家。現在談起收藏家來,大家多還知道"別下齋"這一名詞。生沐先生女子頗多,生到百里的父親已經是第十九個了。百里的父親名學烺,字澤久,生下來就沒有左膀,只在左肩下垂着二三寸長的一條沒有骨頭的肉。生沐先生一見他就不樂意,待養到十餘歲就將他送至海鹽一個寺廟中出家做沙彌,送了廟中一筆錢,算是香火之資。(這事有一段俗間傳説,説是生沐先生最愛第五子,偏又早殤,殮時生沐先生用硃筆寫了一篇往生咒在亡兒左臂上,所以再來時就失了左臂。又據傳説：生沐先生時與東山塔院一老僧往還,他因想念亡兒,曾問老僧此兒能否再來。僧曰:來是一定來,就是緣滿,來也不喜歡了。這段話我也曾聽老僧的徒孫説過。我想畸形胎世間多有,何足駭異,這不過吃飽齋飯閑着無事的僧衆編造出來一段神話,一方面哄騙世人,一方面宣傳佛氏因果之説罷了。至第五子的遺像,我却見過,穿着翻轉紫貂馬褂,還是費曉樓經心着意之作。)澤久先生做了幾年小和尚,他却不喜歡念南無,也不喜歡念子曰,另外找出一條讀醫書的門路來。到了廿餘歲,他就還俗行醫。不久就在海鹽娶妻楊氏,也是寒門單户的孤女,所以後來百里幼孤,無外家舅氏親戚的扶助。澤久先生據説確僅有右手,亦能吹笛,又能隨口編造唱詞,有時也偷偷地回硤,瞞着父親,和兄弟等説説笑笑,是一個極爲活潑快樂的人物。但是他并不願意提到歸宗的問題(在舊社會中,已經出家的人就不能再過問本族的事,族人亦不再認爲同族,因爲出家之後就算出族了,如果要恢復原來關系,必須聲請歸宗祭祖之後,方算合格)。1894年(光緒 20 年),澤久先生病卒於海鹽,百里時年 12 歲(編者按: 應爲 1890 年,時百里 8 歲),母子二人一無生活可謀。楊太夫人乃使百里回硤,奔走請求於族人之門。澤久先生有弟行二十一,首先倡議,撥田數畝、披屋兩小間。各房乃公議集田 30 畝給母子衣食。楊太夫人略諳文墨,能穿補竹衫(是舊時暑天所着襯衣,用極細竹枝以綫連綴成各種鏤空花紋,穿着久后綫斷即須修補,乃是一種精巧的手工業),一方面作工,一方面訓子寫字讀書。其時百里之叔世一先生適延倪勤叔先生課其子冠千,百里時時溜到書房里去聽講。勤叔愛他聰慧,又知道他家境清寒,就和楊太夫人説,他願教百里讀書,不收束脩(按當時的習慣,未做詩文的學生每年 6 元至 8 元,已開筆的學生 8 元至 12 元;三節送禮可以稱家有無酌送,也有不送的,我就是這樣一個窮學生)。從此百里就從勤叔讀書,學習詩文。我也就在此時和他相識,時時聚在一處談談功課上的事情。(勤叔是我老表兄,寫得一手好《靈飛經》小楷,考書院極有名。我當時右足骨結核病方愈,從姑夫費景韓先生讀書,倪、費二人時時來往,碰到談及學生們的用功和資質,必然要提到我們倆人)。

甲午中日之戰,深深刺激了我們兩小的思想。但是我們當時連旅順、大連和馬關究在何處,尚有點認識不清,何況日本所以强大、中國所以衰弱的種種大道理,而書房中桌子上所擺的書是不會告訴我們這些道理的。我們急得没法,只好找報紙,查地圖,相約各人知道一點就互相告知。接着又是戊戌變法。我們這個時候已經能考書院,得到一點膏火之資了。恰好雙山書院購進了四大櫥經、史、子、集和時務、策論、算學、格致等書。我們聽見了這一消息,真如窮人得着了寶藏,連忙請求老師每天早一二小時下學,到書院中看書。書院中一間小屋静静陳列着四個書櫥,除了我們兩人之外,連一個人影都不見。房門鑰匙是交給我們的,書櫥是不鎖的。我們第一次争先要看的是《日本國志》和《普天忠憤錄》之類,因爲我們急於要獲得關於甲午一役的知識。隨后各人檢愛看的書看。我看的史、地一類爲多,他看的文學一類爲多。短短的七八個月中,總算得了一個大概。當時也各寫了一點筆記,現在連影子都没有了。

百里在 17 歲進學之後,第二年就在離硤石不遠的伊橋孫姓親戚家中教書,又訂了袁花查氏的一門親。不久他就投考求是書院,取爲外班生(當時年紀較大、程度較高的定爲内班,年紀輕的定爲外班)。1901 年(光緒 27 年)百里被選派至日本成城學校留學,后升入士官學校第三期學習步兵科,與學習騎兵科的蔣尊簋(百器)齊名,同爲功課最好的學生。因爲士官的中國留學生至第三期方露頭角,而二人又爲之冠,所以當時通名爲"二蔣"。1905 年他們在士官學校畢業,舉行畢業典禮時日本明治天皇曾親自參加,并頒給他們指揮刀等獎品。他們畢業后又赴德國見習一年,領導他們的就是興登堡元帥。他們見習期滿,準備回國時,我正在嘉興秀水學堂教書,忽然接到百里從日本寄來了一封信説,浙江邀他回國練新軍,但他因爲要到北京不能來,并説百器來浙江任二標標統,首先要辦弁目學堂,因爲他和百器的交情與他和我的交情一樣,極盼我去幫百器的忙。他又托單不厂(丕)向我勸説。我就到了杭州海潮寺住上一個多月,等到弁目學堂已經辦好,方始離杭回到嘉興。1910 年(宣統 2 年)我任職北京大理院時,百里正在南苑禁衛軍中任管帶,相見了數次。有一次留宿寓中深夜長談,談的主要是他的婚姻問題。我也替他嘆息,又勸他忍耐。原來查氏訂婚之後,在百里留學期間,楊太夫人深恐將來文化程度不相稱,曾經婉告查家説,恐怕畢業須待數年,不妨解約。查氏答復是:留學十年等待十年,百年等待百年。因而百里回國後於 1911 年即與查氏結婚。但是查氏是完全舊式閨女,無法可以湊合,這是百里當時一椿極苦悶的事情。

這一時期,百里是一個純粹研究軍事學的軍人,對一切政治體制都不表示主張,但内心却是厭惡清廷,覺得他們顢頇、貪污,是無法可以支持下去的。

辛亥革命至大革命時代

辛亥革命時我在浙江,因爲他所處的環境關系,不可能與之談及政治問題。後來百里的求是書院老師陳仲恕(漢第)告訴過我關於百里在東北的一件事(當時仲恕在奉天東三省總督趙爾巽幕中)。據仲恕説,正在江、浙兩省宣布獨立的時節,忽然有一天總督轅門上來報有蔣方震要見,其時文藪(袁毓麟)、伯絅(邵章)均在座,急忙請他進來,問他來意。他説:"長江南北多易了旗幟,我來見趙次帥請他早點宣布獨立。"仲恕説:"你真不知此間實情。幾個有實力的領兵大員都是清朝的忠臣,次帥如果要獨立,還要通過他們,得他們的首肯,況且次帥恐怕沒有這種思想。"正在談論時,忽然一個得力當差匆匆跑進來低聲對仲恕説,各鎮多聚在客廳要請見次帥,而且帶有很多衛隊,不知有何舉動。仲恕聽説,急忙將所帶鈔票取出,又向各同事索借一些,約有一百餘元,交給當差説:"你領這位客人從后門出去,送上火車,車開了再回來。"百里也就立刻起身而去。後來方知各鎮知道百里來東消息,所以來向趙爾巽索人,當場趙答以并無此人。趙本不知道百里之來,態度自然是很真實的,各鎮方不懷疑而去。

1912年冬天,百里以陸軍少將任保定軍官學校校長。到了1913年間,某日報上忽然有保定軍官學校校長蔣方震用手槍自擊一案的新聞刊登出來。我那時還在杭州,急去電問生死,無復電;問其硤石家屬,則知楊太夫人已北行。乃再函電詢安危,得楊太夫人復書,謂人已脫險回北京休養。1914 年 1月,我至北京任教育部視學,到后即趨百里寓所,則見他已恢復如常。問原因,則曰,已過之事,不必談。楊太夫人爲述之曰:"百里欲擴大保定軍校組織,屢商之陸軍部,似有允意,及至將計劃送去,却被軍學司司長魏宗瀚首而擱置不理,繼而完全推翻。這一項計劃,百里在校中曾屢次開會商討,且曾向學生透露一部分,現在一無成效,所以在校中召集學生訓話,將此事詳細經過及所擬改革方案詳細説明之后,就拔出手槍當胸自擊。"楊太夫人談到此,又手指跟百里的一個少年差弁李如意語我曰:"還虧此人見百里拔槍,即狂奔上講臺,出死力拉其右手,槍得不當心穿過,僅傷肺部,乃得保全生命。"我回顧問如意,如意説:"當校長説到全部計劃不能實行的時候,我從來沒有見過他這樣悲憤。又見他伸手摸腰際,就覺得情形不對,已經預備上臺;及見手槍,就不管多麽危險,跳上臺去搶奪了。"(如意是十六七歲時即隨百里的,後來百里亡過之後,又收拾他的骨灰,現在仍留上海,替百里管管房屋。)於是百里向我説,"我從此認識了這一班狐群狗黨的下流軍人。"他又告訴我,經如意這麽死勁一拉,槍口向左,子彈從脅骨穿出,心臟未傷。所尤奇的是:槍彈穿透前后脅骨時皆從骨縫中穿過,一根也沒有擊斷、擊碎,後來又就日醫醫治,所以經過良好。我問現在傷處狀況,他説,就是怕受凉,終年須以厚布圍胸,方覺舒適。這時北洋尚是袁世凱竊政時代,直、皖軍閥尚未形成,而百里所受的打擊,却出在段祺瑞領導的陸軍部之下,硬對頭魏宗瀚又是段的親信,所以百里後來始終未與皖系有過關聯。

百里當時雖然心臟未曾直接受傷,但後來心臟始終不好,且卒以心臟病去世,恐怕這一槍擊就是他不能長壽的根源。可能他的心臟實已受傷,不過當時不致送命而已。從此之後,百里在北京任總統府參議和統率辦事處軍事參議官。百里在醫院治傷時,有一位日本看護左梅女士很細心伺候他,當時已是兩情相洽。百里又不樂與查夫人同居,楊太夫人其時隨百里在京,查夫人仍留硤石,而左梅女士又回日本。於是京寓中母子兩人未免寂寞,且楊太夫人望孫心甚切。遂由周赤忱(承菼)至日本將左梅女士接來。一日忽然楊太夫人打電話來囑我今晚必須携妻抱女赴東城便飯,不可不來,且須早來。我於散值後即携妻女同去,至則見一切陳設,頗有辦喜事狀態。楊太夫人見我至,即出,命我入內室,則一盛妝女士已在內室,乃知即爲左梅女士,今日爲之合巹。於是共趨宴飲之室,盡歡而散。成婚后,生長女昭,又生次女雍。楊太夫人急於得孫,有義女王若梅,亦命百里納之,但始終無所出。故現在百里所存四女,皆左梅女士所生(原爲五女,長女昭早卒)。

百里和蔡松坡(鍔)是極要好的。松坡爲人深沉强毅,既以術脫身赴津,欲赴滇舉兵反對帝制。袁世凱派陳公洽(儀)追之,公洽語百里及予,且商進止,蓋公洽亦不滿帝制者。予曰:"若自赴津可耳,松坡恐已走,未必能見到。"公洽悟,別去,即派人趕至津速松坡乘日本輪行。公洽至津,果未遇蔡而返。

1918年,百里進中將,數年之間皆寓居北京。一日語予曰:"我將著一書論中國書學,上卷爲中國書學在世界美術上之位置,我自任之;下卷爲中國書學源流,爾爲我寫之。"我曰可。一旬后,我書成,彼乃未着一字,我書遂獨立付印。1920

年秋又語我："有德文版馬克思《資本論》,思與君共譯之。"我
曰："我不識德文,子自譯之可矣。"百里曰："我意欲以古典式
文字譯成,若嚴幾道氏《原富》之類,故欲與子合譯。"我曰：
"可,然必先知全書宗旨所在,方可著筆。"乃約定每日以兩小
時爲會談時間,經一周始開譯。譯未完首章,百里有事出京
(憶似赴日本,但不能確定),從此遂擱置。1949 年冬,我在上
海聞百里滬寓的書籍將盡出售,欲購留此德文原本作紀念,急
使其侄至國富門路,至則早爲書賈所取去,不可復得。

　　1920 年,百里被舉爲浙江省省議會議員。當時的選舉必
須要花錢運動得來,而百里既沒有餘錢,實在也沒有參加選舉
的興致;這是因爲有一個朋友忽然要代他爭得此席,而此時又
恰因有一席地位大家爭得昏天黑地,不得開交,於是就容容易
易把他選舉出來了。1922 年秋天我也到了浙江,開會的時候
他時時回到故鄉來,就在硤石水月亭舊宅旁邊買一塊地,仿照
北方樣式造成幾間平房,安住楊太夫人、查夫人和王若梅側
室;又買了東山麓下一塊地種上幾枝梅花,預備將來建幾間小
屋作爲讀書怡老的歸宿。這些錢還是幾個學生幫助湊集得來
的,不是完全出於他自己。等到住屋造成,楊太夫人遷入不
久,就得病逝世,醫藥喪葬之費,真有點拮据。百里最愛的學
生唐孟瀟(生智)和幾個湖南學生,一聞百里喪母之訊,急派人
用竹籃挑了現錢送到硤石,這可見他們師生之間的感情。百
里在省議會中,一切小事未嘗過問。1923 年爲了要提出預建
浙江大學堂,曾和蔣夢麟聚在我的寓中談了兩日。我意先以
專門學校爲基礎,而浙江此時僅有法政、醫藥兩專門學校,工、
農兩科均無,必須先將甲工、甲農改建爲專校,如此則大學成

立時將幾個專校合併,就很有基礎了,此議得他們贊成,遂一面改建工、農專校,一面提出預建浙江大學案,得到通過。

　　1924年百里因爲母喪未滿,且有浙省議會的關係,也時時回浙。是年孫傳芳入浙時,他正在杭州。孫到浙之後,對於士官先后同學是極拉攏的,一到就把陳公洽找去了,并到處在找百里。當時百里恰恰在我寓中,孫就如獲寶一般把他請了去,不久就請他擔任總參議。這是百里第一次與直系軍閥合作。百里自畢業歸國之後,雖然是學的軍事,但是對於各系軍隊多没有關連,尤其是浙江軍隊在楊善德、盧永祥之後,皆是武備、陸軍小學兩系在當家,他的性質又灑脱流動,所以公洽當了師長,百里仍無實權。

　　1925年大革命時代,百里在孫傳芳軍中與孫同駐九江,後又在吳佩孚處充當總參謀。吳在四照堂頒布命令抗御奉軍的時候,他也在場。及至大革命以後,百里方始退居滬上。

國家黨政權時代和宜山逝世

　　百里在滬時,唐孟瀟爲購國富門路一宅,供老師休養之用。當時我也在滬住大通路,時時可以晤見。這時他似乎有點頽唐,搞了一個小小銀行,隨隨便便地尋人談天。等到蔣介石清黨和寧漢分家,唐孟瀟軍隊駐於河南的時候,百里有一天告訴我説,孟瀟當有舉動倒蔣。我説,這應該聯合西北和閻錫山等軍隊,方有力量。百里亦以爲然,而且認爲肯定可以聯合。及至報上發表孟瀟討將通電時仍用孟瀟原銜領頭，閻錫山等人皆未列名。我見到了報紙，即雇街車至國富門路語百里曰："何以君不阻止？孟瀟如此鹵莽，軍隊南扼於蔣軍，萬一閻氏在北方也有變動，豈不危險？"百里則曰："此電發時閻亦派代表在唐軍中，經商定后發出的。"我說："閻氏老奸巨滑，極不可恃，我意此電正當推之領銜，使其無可抵賴反復；派一代表，未必可恃，君宜自作計圖安全。"越二日，我在金融市場處得密訊，知孟瀟總部已被抄，即雇車馳晤百里，告以此訊，且曰："總部被抄，爾之密電本必亦被抄去，子可行矣。此間后即華界，極不安穩，如無避處，我大通路寓所可暫住。我與各方面政治活動無關，不如決住我處觀變。"百里則認爲唐軍雖敗，而他本人與南京政府熟人尚多，不必避開。我則堅欲其行，爭論二三十分鐘，見不能動，我始回寓。又越二日，單不厂病歿滬寓。不厂爲予兩人總角交，傷寒復發，知其病危甚，事先曾與百里相約如有不好消息，即各携款至單寓爲殯殮計。我既得單之死耗，即電約百里同去。百里乃在電話中語我："予不能去，一切惟爾主持。"我知有異，匆匆料理不厂喪事后，再一探聽，則知暗探已日夜守住百里，不讓出門一步，旋即解至浙江。我赴杭欲爲之謀，所恃者一學生陳布雷；及至杭，布雷適已赴南京，乃匆匆回滬。其時主浙者爲張人杰（静江），其人極不近人情，且待百里殊無禮。幸不久即轉解南京，聞解時且加桎梏於手足，真可恨也。我探知百里已解送南京總司令部看守所后，乃到寧赴獄候之，尚安静。第二次又赴獄候之，則左梅女士亦在南京，且可以日日入獄爲之整理衣服、灑掃房屋。百里則時時閱讀佛經，寫寫字。一日語予曰："隔壁房中鄧演

223

達君昨日槍斃矣，獄中少一叙談之友。"又出所書《金剛經》一卷相贈，予別後即有漢口之行，知其事已漸解，生命無憂。在漢口聞其出獄，即馳信囑留住南京，不必急回上海，然百里則已回滬數日。后相遇，知此事之解仍得孟瀟力，而爲之進言者乃汪精衛。百里且語予："爾勸留南京，此言極確，但我每至南京，一下火車即住勵志社，亦與子意相同。"自此之後，乃爲蔣介石所容，且亦時時有所委任。蔣介石被扣西安時，百里亦在從行之列。后又曾爲南京政府奉命使德，出國前曾至漢口來相晤。我知此行必甚秘，亦不問其究竟，特贈玉魚佩一，以示萬里相別各自珍重之意。

　　1937 年抗戰軍起，次年我即先自漢口撤退入桂林。忽一日百里又來相訪。我首言及其近著《國防論》、《日本人》兩書，認爲《日本人》一書最佳，并謂："舉國半有恐日病，留日學軍事者更甚。子獨能詳細分析日本人情形，此真知彼知己之談。獨叙日本財閥尚未明徹。我意資本主義國家之一切政權，久盡操於財閥手中，譬如日本自明治變法以來，除伊藤博文一任內閣總理與財閥無關外，其餘非三井、三菱子侄即爲其甥舅，雖犬養毅亦輾轉與財閥有關，此點何以不詳細列入？至於《國防論》新舊雜揉，此猶是從前考書院作風，何不删繁就簡，使成有系統之書？"百里笑曰："子説誠是。日本人昨日聞有五百'個'(意指五百本《日本人》，當時百里故意説成'個'字)到重慶了，此即予平日所謂何以中國人不肯日費數分錢定一份《朝日新聞》之類看看，略知日本國中大勢。至於《國防論》則取其字多，好多得稿費而已。我昨方到桂林，知子在，即訪至此。第一須爲我覓一醫生檢查心臟。第二想請你太太燒點家鄉菜吃吃。"予妻笑曰："正欲赴菜市，此間牛羊肉甚多，又有芋頭。"
即携筐赴市。我亦語百里有平漢路局醫生張姓、黃姓者寓此
不遠，即同車去。張醫生細細聽診，認爲心臟確有病，但不甚
危險。百里同車回予寓，車中告我此行乃赴黔代理陸軍大學
校長。至寓飲三花酒，食芋頭煨鴨子和紅燒羊肉，縱論半日始
去。明晨予訪之招待所，入門，葉南帆君即邀予在室隅相語。
葉曰："我跟百里師數年來如一日，窮達未嘗變，先生深知之。
今百里師赴黔不欲我相隨，甚痛於心，請先生必爲一言。"予諾
之。見百里后，室無旁人，問其組織大概，則知管理總務、財政
諸事皆委之趙墨龍，亦其學生也。墨龍我不熟悉，只語以南帆
相從多年，無過失，人戇而樸，何不亦帶之行。百里無語。嗣
又數相聚晤，南帆又囑予相勸，然百里終不携南帆去。相別前
夕百里語予："明晨某時行，好在經子門，當在門口圖一面。"不
知彼出南門而予實住北門門內，遂相失。行二日，有電來曰因
病住宜山。又二日，電來告喪。是時交通不便，無車可覓，遂
不能臨其喪，然終不意其死如此之速。時浙江大學亦在宜山，
祝廉先弟（文白）、鄭曉滄弟（宗海）皆在校任教師，乃快函詢病
狀。曉滄弟答甚詳，云夕間尚在百里寓，見其食面碗餘，尚無
異平人；夜間得病，即由浙大校醫診治，已不可救。時馮玉祥
將軍亦親自至宜山訪問病況。百里歿後，即殯葬於宜山縣之
鶴山。抗日勝利后，其侄復瓌商於浙大，得校地於萬松嶺，乃
自宜山遷杭。解放後萬松嶺另有他用，又將遷葬。左梅女士
偕李君如意到杭訪予議所從。予曰："其他予不知，予則自願
火葬。葬宜移浙已多事，今復欲他營，予以爲可省。且百里學
生杜時霞（偉）正主南山公墓事，何不與之一商。"左梅女士然

之。杜亦主火葬。即用石塔葬於南山公墓錢文穆之墓之西北，一切均由杜主持。焚時左梅女士先回滬。次日收拾骨灰，如意來告曰："骨灰中忽有一物，檢視即先生贈家主之玉魚。當時主人愛之，終日佩帶，死即以殉，今尚未化，故取以來。"予即命李將此物即攜至上海交左梅女士若其女收藏，以爲紀念。自此百里乃長眠於鳳凰山之下。

百里五女，昭最長，未笄而卒。今所存第二女雍及第四女華，皆適人，旅居國外；第三女英，適錢學森。第五女和適周，皆在北京服務。左梅女士即隨三、五二女居北京，若梅仍居硤石。

百里四十後從梁任公爲師，蓋不欲專以軍事學見長者；其好博覽縱觀，性情亦有類於任公。然政治經驗皆淺，故從政則非所長；師生之相合，蓋亦因其性質有相同之點故也。

我與百里同歲，而百里小於予半歲。自十二歲時相識至於今日爲之安排葬事止，蓋六十餘年，生前相聚處亦四十餘年。議論有不合，見解有不同，予則必反復爭之，百里則鉗口不語，然終未嘗以爲忤，亦決無面紅耳赤之事。蓋予戇而百里慧，皆能相諒。至於二人出處向背之間，則各行其是，未嘗一相商，亦未嘗一相詢。蓋相處至六十老翁而猶若童時天真，故能一無所忤。

近來傳百里者，有湖南陶菊隱先生一篇，極詳盡，然有時或可補充。予故就予所知者寫成此篇，恐仍多挂漏。但就予所親歷、所見聞而言，則所記皆事實，無一夸大之詞，亦無一違心之論，或者可供採擇之用。

　　　　　　　　　　1960 年 8 月於杭州

　　　　　　　（原載《文史資料選輯》第 10 輯）

卷　九

載湉之死

　　清光緒三十四年戊申，距庚子聯軍入京九年，光緒以病聞。西后鑒於欲立大阿哥之事，各省督撫及外國使節，或有違言，乃下詔徵求各省醫生入京診治。浙江巡撫馮汝騤以浙江候補知縣、江都杜鍾駿薦。杜於七月初三日自浙起程，航海赴津。事後著有《德宗請脈記》一卷，今節其略如下：

　　十六日，由內務大臣帶領請脈，先到宮門，帶謁六位軍機大臣，在朝房小坐。八鐘時，陳君蓮舫名秉鈞先入請脈，次召予入。予隨內務大臣繼大臣按即繼祿。至仁壽殿簾外，有太監二人先立。須臾，揭簾，陳出，繼大臣向予招手入簾。皇太后西向坐，皇上南向坐，先向皇太后一跪三叩首，復向皇上一跪三叩首。御案大如半桌。皇上以兩手仰置案端，予即以兩手按之。皇上問曰："你瞧我脈怎樣？"予曰："皇上之脈，左尺脈弱，右關脈絃。左尺脈弱，先天腎水不足；右關脈絃，後天脾土失調。"兩宮意見素深，皇太后惡人說皇上肝鬱，皇上惡人說自己腎虧，予故避之。皇上又問曰："予病兩三年不愈，何故？"予曰："皇上之病，非一朝一夕之故，其所虛者，由來漸矣。臣於外

227

間治病,虛弱類此者,非二百劑藥不能收功,所服之藥有效,非十劑八劑,不輕更方。蓋有鑒於日更一醫,六日一轉而發也。"案此爲内廷定例。皇上笑曰:"汝言極是,應用何藥療我?"予曰:"先天不足,宜二至丸;後天不足,宜歸芍六君湯。"皇上曰:"歸、芍我吃得不少,無效。"予曰:"皇上之言誠是。以臣愚見,本草中常服之藥,不過二、三百味,貴在君臣配合得宜耳。"皇上笑曰:"汝言極是,即照此開方,不必更動。"予唯唯,復向皇太后前跪安而退。皇太后亦曰:"即照此開方。"行未數步,皇上又命内監叮囑勿改動。是時,軍機已下值,即在軍機處疏方。甫坐定,内監又來云:"萬歲爺説,你在上面説怎樣,即怎樣開方,切勿改動。"指陳蓮舫而言曰:"勿與彼串起來",切切叮囑而去。予即書草稿,有筆帖式、司宫多人,執筆伺候謄真。予方寫案兩三行,即來問曰:"改動否?"予曰:"不改。"彼即黄紙謄寫正楷,校對畢,裝入黄匣,計二份,一呈皇太后,一呈皇上。賜飯一桌,由内務府大臣作陪。飯畢,奉諭:"汝係初來插班,二十一日係汝正班。"當即退下。至晚,有内使來傳云,皇上已服你藥,明早須伺候請脈。次早請脈,情形大致與昨日同。飯畢,皇太后傳諭改二十二日值班。予向内務府大臣曰:"六日輪流一診,各抒己見,前後不相聞問,如何能愈病? 不比當差,公等何不一言。"繼大臣曰:"内廷章程向來如此,予不敢言。"嗣見陸尚書曰:"公家世代名醫,老大人《世補齋》一書,海内傳誦,公於醫道,三折肱矣! 六日開一方,彼此不相聞問,有此辦法否? 我輩此來,滿擬治好皇上之病,以博微名,及今看來，徒勞無益，希望全無，不求有功，先求無過，似此醫治，必不見功，將來誰執其咎？請公便中一言。"陸公曰："君不必多思，內廷之事，向來如此，既不任功，亦不任過，不便進言。"予默然而退，於是六日一請脈。八月初八日，本旨："外省所保醫官六人，著分三班，兩人一班，兩月一換，在京伺候請脈。張彭年、施煥著爲頭班，陳秉鈞、周景燾著爲二班，吕用賓、杜鍾駿著爲三班，每人每月給飯銀三百五十兩，欽此。"是日，皇上發下太醫院方二百餘紙，並交下病略一紙，云："予病初起，不過頭量，服藥無效。既而胸滿矣，繼而腹脹矣，無何又見便溏遺精，腰酸脚弱。其間所服之藥，以大黄爲最不對症，力鈞請吃葡萄酒、牛肉汁、鷄汁，尤爲不對。爾等細細考究，爲何藥所誤，盡言無隱。着汝六人共擬一可以常服之方，今日勿開，以五日爲限。"退後六人聚議，群推陳君秉鈞立稿，以彼齒高望重也。陳君直抉太醫前、後方藥矛盾之誤，衆不贊成。予亦暗擬一稿，以示吕君用賓，吕慫恿予宣於衆，予不願，乃謂衆同事曰："諸君自度能愈皇上之病，則摘他人之短，無不可也；如其不能，徒使太醫獲咎，貽將來報復之禍，吾所不取。"陳君曰："予意欲南歸，無所顧忌。"予曰："陳君所處，與我輩不同，我輩皆由本省長官保薦而來，不能不取穩慎。我有折衷辦法，未悉諸君意下如何？案稿決用陳君，前後不動，中間一段，擬略爲變通，前醫矛盾背謬，宜暗點而不明言。"衆贊成，囑擬作中段。論所服之藥，熱者如乾薑、附子，寒者若羚羊、石膏，攻者若大黄、枳實，補者若人參、紫河車之類，應有盡有，可謂無法不備矣，無如聖躬病久藥多，胃氣重困，此病之所以纏綿不愈也。衆稱善，即以公訂方進。進後，皇上無所問。皇太后萬壽前數日，謁奎大臣，詢萬壽在即，我等是否上去祝嘏？奎曰："汝等有貢，已經備償，如何不去？"時外間傳言皇上在殿上哭泣，問其有無此事？奎曰："誠有之。一日，皇上在殿泣曰：'萬壽在即，不能行禮，奈何？'六軍機同泣。頭班張、施兩位之藥，毫無效驗，君等在此，我未嘗不想一言，俾君等請脈。然君子愛人以德，轉不如不診爲妙。"十月初十日，赴海子祝嘏，皇太后於儀鸞殿受賀。十一日，皇太后諭張中堂之洞曰："皇上病日加劇，頭班用藥不效。予因日來受賀聽戲勞倦，亦頗不適，你看如何？"張曰："臣家有病，呂用賓看看尚好。"皇太后曰："叫他明日來請脈。"次日，兩宮皆呂一人請脈。十六日，猶召見臣工，次夜，內務府忽派人來急遽而言曰："皇上病重，堂官叫來請你上去請脈。"予未及洗臉，匆匆上車，行至前門。按其時杜寓楊梅竹斜街斌昇店，一騎飛來云："速去速去！"行未久，又來一騎，皆內務府三堂官派來催促者也。及至內務公所，周君景燾已經請脈下來，云："皇上病重。"坐未久，內務府大臣增崇引予至瀛臺。皇上坐炕右，前放半桌，以一手託腮，一手仰放桌上，予即按脈。良久，皇上氣促口臭，帶哭聲而言曰："頭班之藥，服了無效，問他又無決斷之語，你有何法救我？"予曰："臣兩月未請脈，皇上大便如何？"皇上曰："九日不解，痰多、氣急、心空。"予曰："皇上之病，實實虛虛，心空氣怯，當用人參；痰多便結，當用枳實。然而皆難著手，容臣下去細細斟酌。"請脈看舌畢，因問曰："皇上還有別話吩咐否?"諭:"無別話",遂退出房門外。皇上招手復令前,囑未盡病狀。復退出,至軍機處擬方。予案中有"實實虛虛,恐有猝脫"之語,繼大臣曰:"你此案如何這樣寫法,不怕皇上駭怕麼?"予曰:"此病不出四日,必出危險。予此來未能盡技爲皇上愈病,已屬慚愧,到了病壞,尚看不出,何以自解? 公等不全寫,原無不可,但此後變出非常,予不負責,不能不預言。"奎大臣曰:"渠言有理,我輩亦擔當不起,最好回明軍機,兩不負責。當帶見六軍機。"六軍機者,醇邸、慶邸、長白世公、南皮張公、定興鹿公、項城袁公。醇邸在前,予即趨前言曰:"皇上之脈疾數,毫無胃氣,實實虛虛,恐有内變外脫之變,不出四日,必有危險。醫案如此寫法,内務三位恐皇上恐怕,囑勿寫,然關係太重,擔當不起,請王爺示。"醇邸顧張中堂而言曰:"我等知道就是,不必寫。"即遵照而退。次日上午,復請脈。皇上卧於左首之房臨窗炕上,仍喘息不安,其脈益疾勁而細,毫無轉機。有年約三十許太監,穿藍寧綢半臂,侍側傳述病情。至十九夜,與同事諸君均被促起,但聞宮内電話傳出預備賓天儀式,疑爲已經駕崩。宮門之外,文武自軍機以次,守衛森嚴。次早六鐘,宮門開,仍在軍機處伺候,寂無消息,但見内監紛紜,而未悉確實信息。至日午,繼大臣來言曰:"諸位老爺們久候,予爲到奏事處一探信息,何時請脈?"良久,來漫言曰:"奏事處云,皇上今日沒有言語,你們大人們做主。我何能做主?! 你們老爺們且坐坐罷。"未久,兩内監來傳請脈,於是予與周景燾、施煥、呂用賓四人同入,予在前,先入。皇上卧御牀上，其牀如民間之牀，無外罩，有搭板，鋪氈於上。皇上瞑目，予方以手按脈，瞿然驚寤，口、目、耳、鼻忽然俱動，蓋肝風爲之也。予甚恐，慮其一厥而絶，即退出。周、施、吕次第脈畢，同回至軍機處。予對内務三公曰：“今晚必不能過，可無須開方。”内務三公曰：“總須開方，無論如何寫法均可。”於是書“危在眉睫，擬生脈散”，藥未進，至申刻而龍馭上賓矣。先一時許，有太監匆匆而來曰：“老佛爺請脈”，拉吕、施二同事去，脈畢而出，兩人互爭意見，施欲用烏梅丸，吕不謂然，施曰：“如服我藥，尚有一綫生機。”蓋皇太后自八月患痢，已延兩月之久矣。内務諸公，不明丸内何藥，不敢專主，請示軍機。索閱烏梅方，見大辛、大苦，不敢進，遂置之。本日皇太后有諭：“到皇上處素服，到皇太后處吉服。”次晨，召施、吕二君請脈，約二小時之久，施、吕下來，而皇太后鸞馭西歸矣。

據杜氏所記，光緒卒於十月二十日未時，西后卒於二十一日辰時，其間相去僅九時。光緒之病爲衰弱，實先起於腸胃，故有胸滿腹脹之症。西后之病爲痢疾。光緒九日不大便，且病至拖二三年之久；西后痢疾，亦任其延擱至二月以上。此皆非病不可醫、藥不能治，其所以不醫、不治者，實日必易醫、醫必易方之惡例殺之也。然二人同死，宣統一孩豎繼之，實亦促使滿洲皇朝速覆之一助。記中叙光緒病歷頗詳，似不至若世所傳出於鴆毒。惟光緒十六日尚召見臣二，又非急病，何二十日即奄然而逝，則杜氏叙述雖詳，宮闈事秘，要不能無疑也。瀛臺爲光緒幽拘之處，在海子中，徑通一橋，辛亥後，有時開放，供人游覽。民三，予曾游之，一切陳設，尚如舊時，光緒所

臥木小牀及半桌等均在，如杜君所記，僅桌上尚有一木製帽
架，記所未及。

　　陳蓮舫對此事亦有所記，不及杜氏詳實。杜記當時曾付
石印，流傳不多，爲節録之，以存史實。

宣南見聞 清末年及民國初年事

庚戌在京，聞資政院毅然有彈劾軍機之舉，急覓旁聽券往。諸議員皆憤責軍機居行政最高之地，今國勢日弱，彼乃漫不負責，決議劾之，衆亦顯然爲異同者。遲之十餘日，聞議長已入奏矣，又數日，諭旨不許，因又往聽，雖仍有言者，和者絶少。遷延數日，若春冰之融，不見痕迹矣。或曰，資政院所以示威也；或曰，主之者別有所圖也。當國者一則暗許以小惠，一則明示以不可犯，於是颶風急雨不崇朝而解矣。

居數日，復聞資政院將核減各衙門行政經費。予思此真大事，方今鹽政處人員數百，拱手食禄者過半；法部堂官月俸二百四十金，而郵部司長乃三百金；海甸一預備游美學堂，監督至三人，而學部所辦高等師範，以經費支絀，課堂狹小，僅設數、理二科。予所見聞，如此類者，宜核宜減甚多，宜增宜調整者亦不少，資政院萃天下英俊，其所聞見當更廣，必有以處之，因又往聽。各審查員方審閱各部所送歲費表册，或與各部代表談論，不數日，事即定，凡表册所載年費二十萬者，減爲十六萬；十四萬者，減爲十二萬，多者多減，少者少減，有減無增。予乃恍然曰，此最聰明之辦法矣。退語友人："今憲政期限日望縮短，一切預備亦以迫促，是行政設施，一年當用兩年之費，何不減他項浮費，而獨減行政費？"友曰："憲政名耳，即再減何不可之有！子真過慮也。"予因知長安聰明人之多矣。然各部減費後，果不有怨資政院者，且甚德之。蓋減爲十二萬者，去年實用九萬，表册所列之數，各部皆浮開四五成，而資政院亦未細核舊數,僅憑造冊,博取核減虛名而已。是時海軍部設立未久,所報費甚巨,議減之日,副大臣來院,議員與之商減,則曰:"我學海軍淺,在外六七年,自信所定費當增不能減,必欲減,諸君學海軍二三年再議可也。"因是獨得不減。資政院所議事,上二端為大,其餘皆小事,議亦無所就,迄於散會。大理院民科二庭,不僅處理高等法院不能解決之案,即京師宗室小案,亦皆屬之。蓋宗室案件,不屬地方法院,所以示區別也。予處其間數月,有二小事可記:一有寡母訴其子與鄰女通,訓之不改,且為反唇。庭長治良,亦滿人,判處徒刑一月,仍緩刑俟其改悔。案結,予曰:"庭長勞矣!"治良曰:"此小案,何勞?"予曰:"男未婚,女未受聘,使新律已行,直可斷合,無罪可言,今必為之定罪,故以為勞耳。"一屋主訴賃居者竊燭臺二、羊皮袍一。傳竊者,則一三十許婦人,隨四五歲男孩一,手抱二歲女孩一,腹鼓然有孕六七月。據云:夫外出半年無消息,實無以為生,取此二物時,曾告屋主暫借,典錢十二貫即一千二百文,判處徒刑三月,仍緩刑。案結,予語同人曰:"惜在堂上,不然,大家湊數塊錢給之,萬事都了。"治良笑曰:"君語良然。"亦可見宗室之窘矣。

光緒死時,西太后病已篤,或曰,太后知病不起,先鴆之。太后將終,瑜妃在臥內,謀立幼君而己垂簾,德宗后至,請曰:"將來我如何?"西后曰:"自然是皇太后。"自此宣統繼光緒之局始定。德宗柩遷至陵廟,后及宮眷皆從入室,瑜妃闔戶毆之,且極口肆詈,后呼救聲達戶外。戶外人排闥入,始脫險,然已鬢蓬衣亂矣。端方所使攝影人適於是時攝一影,為人所見,執詢,知為端使,遂怒不可解,此端方所以免官也。

予於辛亥夏初南還，甲寅春初復至北京，游三海，登瀛臺。此光緒被囚之處也，室中尚存一書案，案上帽筒一、木一，牀一，后小室中有二大木櫃，據云，中皆破爛鐘表。光緒居此時，悶極，則舉桌上鐘或所佩表，擲之於地，積久遂盈兩櫃。

溥儀退位時，年六歲，陸潤庠仍充清宮大學士兼師傅。一日入講，溥義問曰："師傅，我聞外邊人不要我做皇帝，我若能用心讀書，不知要我做否？"陸不能對。

隆裕誕日，蔭昌等派往祝壽，服飾禮節皆異。后色悽楚，淚承兩眶。其後后殁，未殮，宮監擁入后臥室，竊掠衣飾玩好皆盡，宮內大擾。蔭昌等以兵往治之，斬二人，始定。

清攝政王載灃，一日與貝勒載洵訪鎮國公載澤。載灃問近日如何消遣，澤不答。載洵曰："吾們總統到底做到如何地步？"澤仍無語。二人去，人問澤何以不答，曰："此刻豈尚有消遣之法？至總統而曰吾們，尤不知所答。"

瑜妃在宮內，一日偶有所怒，語宮監曰："傳袁世凱來訓飭。"宮中真別有天地矣。

溥儀稍長，訂《順天時報》閱之。此報名爲日本商人所辦，對政治時有譏彈，一以詐當局顯宦之錢，一以眩耀外人勢力也。宮監每月報銷十二兩。溥儀見報銷，問曰："報上明載每月報費一元二角，何以需此之多？"則答曰："我們家的報費，就需此數。"易一人使訂購，仍爲十二兩，更易一人，則曰："此報已停刊矣。"舉此一端，可見往日宮中開支之濫。聞西后端陽節賞近臣吃粽子，白糖一項，開支至五千餘兩，他可知矣。

清制仍明之舊，無宰相，設內閣大學士六至八人，滿、漢並用，職爲閱摺、票擬，等於皇帝祕書。雍正時，設軍機處，各事均由軍機處主辦,内閣遂同虛設。大學士一官,亦僅爲兼銜。軍機處大臣下,設章京若干人,俗名小軍機,一人領之,名曰領班章京,以三、四品京卿充之。各章京由考選得之,大約皆取楷法工秀,寫作敏捷,自七品小京官至翰林院庶吉士,皆可應試。其職在處理文件等等,蓋又軍機處中收發、出納、謄寫諸務無所不包者也。軍機大臣,以入軍機處早晚爲資格,每日傳見俗名叫起,排班入見。將至門,則最晚入軍機者,即前趨爲揭簾,諸人盡入,然後入,退時亦然,故俗名之曰揭簾子軍機。如不叫起,單傳領班章京,則政局必有變動,或且全軍機處大臣均易職矣。小京機因其消息靈通,邀請宴會者至多。每夕各大飯館中主人設席,諸客皆到,必虛左以待。至則先道歉,繼或飲酒一杯,或食菜一二種,即起告辭,甚或一至匆匆數語,不入席即行者,故俗名之曰"響不見"。凡軍機處票擬之摺,每日打包入内。有發回重擬者,有留中者,有如擬辦理者。清内廷不設司禮監,無秉筆太監,故較明爲善也。凡照例奏摺,如"知道了,欽此"、"該部知道,欽此"之類,但於摺面掐一指痕爲識,摺後不着一字。

武昌起義,清廷起用袁世凱。袁氏練兵小站,以徐世昌任營務處,營務處爲湘軍遺制,文官任之,職爲主管奏摺、建立章制、參預機要,等於後來新軍之參謀處。往時軍隊極尊重之,無上下均呼之曰師爺,不敢敵禮視也。下有三人,世稱之曰龍、虎、狗,龍者王士珍,虎者段祺瑞,狗者馮國璋。時馮國璋在漢陽,正架炮轟武昌,武昌震,袁氏電馮止擊,馮回電旦夕可下,袁急命段南下止之。各省又紛紛光復,清廷讓位之局乃成。南京政府成立,舉孫文爲臨時總統。南北和議起,南方無實力,願以總統讓袁,惟必至南京就職，且定都於南京。於是北京軍變之事起矣，自西長安街至西單牌樓，黑夜肆劫。任九門提督者，姜桂題也，親率大刀隊出巡，斫數人，至天明始定。袁氏遂以北方軍民之心未定，若南行恐有害大局。南政府無如之何也，相率北上，合而爲一。袁氏既得政柄，視南來諸人，均無足輕重，獨忌宋教仁、蔡鍔。蔡故深沉不露圭角，且日表示願供驅策；宋則諤諤守故態，即被狙殺。次乃及於袁系中之異己而有力者，此趙秉鈞所以外放，而至津不久即死也。趙秉鈞在日，京津間有謠言，及死，謠諑遂息。或曰，死實袁氏鴆之。繼趙者爲王治馨，且以賄案依法處死矣。異己既除，又創爲後任總統由現任總統書名藏入金匱石室中之舉，以試探衆意，卒亦無有敢非之者，而帝制之說以興。袁世凱固欲稱帝，其子克定尤願爲皇太子。袁世凱恐南方人心難測，日必索閱《申》、《新》二報，克定專派人撰擁戴論文，另排印二報呈閱，袁世凱至死未見真《申》、《新》報紙也。外省稱臣最早者，浙江將軍宋瑞、巡按使屈映光，一封一等伯，一封一等男。張一麐，蘇人也，隨袁世凱久，任機要局局長，獨以爲不可，時諫之，則出爲教育總長。袁克定慮其見時仍有言及帝制之非者，邀之飯，江朝宗出手槍警之曰：「見總統如仍言帝制不便者，當以此相饗。」張默不敢復言。陳宧，或言袁世凱義子，慮西南不靖，俾主川，入川即有通電反對帝制。袁世凱方午餐，讀電，提箸入室，遂病。袁臥室裝電鈴十餘，臨睡，按某鈴，則某姬入侍。是夕，無電鈴，各姬凌晨均至，知其病，各薦醫。醫皆來診治下藥，無問中、西，袁悉服之，不數日，遂斃。武漢起義時，予已南還任浙江高等學堂教習，見檄文，紫色長方印，黃帝紀元，其文爲哈漢章筆。黎元洪通電條教,均哈氏文爲多。黎氏後至京,任副總統,時語人曰:"若非大總統力主停戰,吾輩無孑遺矣。"蓋指馮炮擊武昌事也。袁世凱帝制時,予與松坡熟,其至天津也,袁氏使陳儀追之。予與蔣百里先得信,急足赴津,囑松坡速避速行。或語予出入宜慎,似有便衣警躡君。予乃與許君季茀許壽裳、張君燮和,攜眷至津,留一室待周君豫材即魯迅,至袁死,始回京寓。

　復辟之役,是夕,張勛方在宣武門大街江西會館聽梅蘭芳演戲。夜午,有副官來與張耳語,張云:"預備好了没有?"則曰:"都預備了。"遂同出館。明晨,宮門抄出矣。予寓西城機織衛,鄰都旗人,中夜,已聞歡呼聲,晨則旗人門上皆懸小黄龍旗矣。予遂閉門不出,約左鄰農商部主事山西張君夫婦來寓作手談。數日皆如是。越六日,天未明,槍炮聲驟作,由遠而近,各胡同口皆有崗警,居民不得出胡同。予寓落槍子兩枚。過午後,忽傳南池子張勛住宅火起。至午後三時,水車、餑餑、大餅、油條,叫賣諸聲作矣,交通亦恢復,方知張勛已由荷蘭公使攜入荷蘭使館,段祺瑞兵已入城。聞段在津,欲起兵而無款,張弧爲籌十餘萬金,方克集事。或曰,徐州會議時,段亦簽名,徒以不得北洋大臣,僅獲一議政大臣,有空名而無實權,故有此舉。然就成事以言,保衛民國,不能不歸功於此役。此役兔起鶻落,有類兒戲。予早擬赴津,鐵路旋斷,乃不得行。同人中無一人能離京也,事後相晤,真如噩夢。予訪得各日宮門抄,及洪憲銀質紀念幣、曆書、瓷器、古德諾等所著《君憲救國論》等文報,籌安會、君憲維持會會章、會徽,裝一大匣,作爲史料,以示季茀、豫材,均以爲當保存,將來可送圖書、博物二館陳列。抗日勝利東還,檢點家中存物,百無一存,此匣亦無踪

迹,僅黄綾裝洪憲元年曆書一册,尚雜在亂書中。予乃舉諸書
盡贈浙館浙江圖書館,館中有複本者,以贈海寧圖書館。自此之
後,愛愚堂中書籍盡矣。愛愚堂爲本生先祖秋樵公所命名,外祖沈公
韻樓書。

記一幕猴戲

辛亥秋，武昌革命軍起義，傳檄四方，沿江響應。其檄文用胭脂水長方印，類舊時督撫關防。清室大懼，起用袁世凱於原籍，命馮國璋率北洋軍隊沿京漢鐵路南下，直攻武昌。時清室主兵政者為鐵良，非北洋新軍嫡系。北洋新軍自小站練兵起，皆袁世凱主持，下有一龍王士珍、二虎段祺瑞、三狗馮國璋之目，清室非用袁世凱不能統御，故不得已而出此。袁世凱既入軍機，密電馮國璋停火待命。馮國璋方架大炮於蛇山，轟擊武昌，武昌且立潰，馮既不知袁氏深意別有所在，自以為功在垂成，棄之可惜，則連電報功，且聲言武昌可旦夕下。袁氏覩電，知馮氏之不明己意也，立以嚴電申斥，何得不遵命令，且告以已派段祺瑞星夜南下，一切聽段指揮。段氏專車到漢，馮氏始知袁世凱欲留武昌革命黨人，以為要挾清室之地，乃停火不攻。事後，黎元洪往往語人曰：「吾輩性命均出大總統保全，假使當時馮氏不停攻，再有數彈入城，城且立潰矣。」

時孫中山已歸國，南方組織政府，舉為臨時總統，建都南京。沿江各省，相繼獨立，革命勢力，日益龐大。南、北乃各派代表，唐紹儀等商議於上海。袁氏所提條件，為第一任大總統須由袁氏任職，清室退位，彼可以和平方策做到，否則陳兵相戰。孫中山之為臨時大總統也，兵餉皆缺，可以憑藉者，僅陳其美坐鎮上海，聲勢較盛，當時各省光復主要人物，與孫中山及黨有聯繫者至少。孫中山環顧內外形勢，決非袁氏之敵，戰則徒苦群生，於是慨然推位讓國，取消臨時總統，一依袁氏條件。袁氏既得南方實情,乃恫嚇寡婦隆裕及昏懦無能之載灃;又以優待清室條件及名位利禄牢籠親貴,及老邁貪鄙當時所謂大臣。於是遜位之詔即下,袁氏即任第一任總統。南方黨人號稱謀臣、策士者,明知袁氏權詐而有野心,北洋實力又極雄厚,苦思駕御袁氏之策不可得,則以定都南京一說,爲南北議和條件之一。以爲建都南京,可以削弱北洋勢力,限制袁氏。當議和之時,袁氏對此,亦無異言。然欲實行,又諸多違礙,提出異議,則息壤在彼,遲遲不踐諾言,責難者紛至。延至民二春,乃有縱兵搶掠北京之役。擾攘一夜,天將明,姜桂題親跨馬彈壓,見窮民扛搬桌椅者,立斬之,梟首示衆,凡殺十餘人。亂定,袁氏即以北京根本重地,治安可慮,現僅聞有遷都之議,已有此變,萬一南遷,其禍將不堪設想等語謝南人。南人至此,亦默無一語,無形之中,此議作罷。

　第一任總統,袁氏既已任職,於是組織內閣,以熊希齡爲總理兼財政總長,陸徵祥、段祺瑞、梁啓超、張謇、宋教仁、汪大燮、趙秉鈞等輔之,聚名士、政客、黨人、幕友一爐而冶之。無政綱,無組織,時時有總統制、內閣制之爭。在熊氏以爲極海內人選,以組此閣,故當時均目之曰第一流內閣;在袁氏以爲此皆豎儒,或亡命黨徒,且姑與之周旋,使其知難而退。果也至民三冬,熊氏以開支奇絀,入府訴諸袁氏。袁氏若不經意,問熊氏尚短幾何,熊對至年底恐不敷七十餘萬。袁微笑,顧侍坐之總統府秘書長梁士詒曰:"此小數,熊總理既無法騰挪,燕孫,爾可助之料理。"梁唯唯,即開一支票交熊。熊慚憤出府。此實第一流內閣無法支持之原因。其實當時各省協解中央之款至巨,而交通等部收入又各獨立,財部不能過問,故內閣自窮,而總統府則至富。熊內閣既崩潰,袁氏更放膽引用心腹,排除異己,刺宋教仁,鴆趙秉鈞。袁氏植黨既固,視天下莫予敢毒,遂有帝制之事。

　　袁氏在清末任北洋大臣時,國內已有袁世凱做皇帝之謠。及任總統,民三年底,忽書"福"、"壽"等字,賜特任、簡任等官,所用紙墨款式,均與清室皇太后、皇帝年終賜大臣福、壽字相同,不同者僅不用璽而用大總統印耳。得之者懸諸客廳,以相誇耀,亦與前清得蒙恩賜者相同。民三時,經濟既裕,政府及外省所佈置培植之私人,復皆唯命是從。當熊希齡內閣時,浙江巡按使屈映光奉召進京,入謁總統,先至內閣。熊知其不能書,因強之自書一履歷,屈執筆窘甚,遷延至午,閣員皆歸飯,始出囊中金,賄閣中録事爲之書成。其後屈亦略能讀書寫字矣。及召對既畢,袁明日語浙人曰:"屈映光極解事,真能員,浙江我決定交彼處理。"可證袁培植私黨之切。其後屈果首稱臣。日本提出二十一條件,又有英帝駐華公使朱爾典橫身其間,斥責日本,力助袁氏,得以含糊結局。當時政府衮衮諸公,不瞭解英、日之間商務市場及礦産、路權種種利益上發生尖鋭矛盾,而認爲英國確屬幫助中國;不瞭解西人一貫以華人治華人之政策,其扶助袁氏,正欲利用袁氏,以駕御全中國,爲英帝獲得最安全最豐富之利益,而認爲朱爾典確屬幫助袁世凱。袁氏亦欲借外力以鉗制國人,得此相助,益以自豪。袁氏之視黨人,可誘以利禄者,誘之以利禄;可收備己用者,即收爲爪牙,極分化之能事;不順者暗殺之;無用者束之高閣,而黨勢日孤,孫中山亦無術可以振之。章太炎初入京,袁氏見之,高談邊務,而不中肯綮。袁氏則創爲"籌邊大使"一官畀之,且速之巡邊，又詳問需款數目，章答以"不需錢"。遂任其行，至居庸，又電京請撥款二百萬，袁遂一笑置不復。章既垂翅而歸，籌邊使亦無疾而終。袁之玩弄戲侮黨人如此。既已目無餘子，又有外力相助，私人徧於各省，於是甘冒不韙，背叛民國，圖爲皇帝矣。是役也，發動於民四，以其長子克定爲中心，武人則有段芝貴等，文人則有顧鰲等，政客則有王揖唐等，外人則有古德諾等，皆明目張膽，不顧廉恥而爲之。籌安會、君憲維持會、安福黨、舊交通系，風起雲湧，盛極一時，以文字相宣傳，以利禄相收買，以暗殺相恫嚇。京師雖大，魚龍百戲，變幻其間，人皆望影側目，聞聲掩耳，不得喘息。請願之書，日千百通，請願不足，繼以勸進，帝制之局，日益發展。盈袁氏之目、充袁氏之耳者，皆非君主立憲，不足以救中國之亡；非袁氏爲皇帝，亦不足以肩此重任，而救中國之亡。其時上海則有《申報》、《新聞報》，設在租界，北京則有《順天時報》，爲日本人出名所辦，敢以發言，或社論譏諷，或新聞嘲笑，袁世凱日必索閲此三種報紙。克定輩乃連夜改制社論，删定新聞，必使盡屬贊許之辭，另行排印，然後送閲。故入袁氏之目者，無反對帝制之言論。袁氏尚未敢輕信，貌爲謙讓，造作金匱石室種種制度：繼任總統姓名，必須現任總統親書密緘，藏於匱中，臨選開閲。其制實等於清室雍正於後之立太子，書太子之名，藏於"正大光明"殿匾中，真天下奇聞奇事。此後徐世昌，即金匱石室中題名之人也。袁氏外雖紆回曲折，不可捉摸，總統府中，則早如趙佗竊帝自娛矣。不獨民三賜"福"字、"壽"字之舉爲可證，民四冬，印行民五曆書，均改爲"洪憲元年"，且有以黄綾裝訂者。其次子袁克文，人皆擬爲陳思王曹植者，亦早用"皇二子"之印章,世或傳克文不贊成帝制者,文士爲克文洗刷,非事實也。民四冬,府中已改“總統”之稱爲“萬歲爺”。孫寶琦與袁世凱爲兒女親家,民五元旦,孫妻入府賀年,既見親家母皇后之後,即云“當與萬歲爺拜賀”。袁妻命侍女傳言,隨偕另一女侍至云:“萬歲爺説:‘親家太太免了。’”孫妻始退出府。可知袁氏處心積慮,圖爲皇帝,實非一日。其子克定輩敢於放膽籌備帝制,實係仰體親心,不是無的放矢也。

皇帝未登極,先封副總統黎元洪爲“武義親王”,黎氏不敢受,亦不敢辭,屏息邸中待命而已。當袁氏之任總統也,居仁堂、總統府,均無黎氏辦公座位。黎氏故木訥,無所短長,袁亦以閒冗大員待之而已。黎既封王,浙江都督朱瑞、巡按使屈映光,奉表稱臣,首先勸進。袁氏得表大喜,封朱瑞爲伯爵、屈映光爲男爵。聞當時有一碑,以“一等伯浙江都督臣朱瑞”、“一等男浙江巡按使臣屈映光”具名,大書深刻,稱頌功德,樹於浦口。惜未見搨本,袁氏事敗,恐又爲彼輩竊燬矣。時馮國璋鎮南京,其地位等於清代之南洋大臣,又爲袁氏獎拔之人,自帝制發表,馮氏默無一言,人有徵詢意見者,亦模棱兩可,迄無表示。袁氏屢派員南下,馮終未隨朱、屈之後稱臣勸進。蓋馮氏明知舉足重輕,袁政府已無奈之何,且亦有做總統資格,與其低首人下,不如待時觀變:袁事成,附之未晚;袁事不成,正可自謀發展。其後袁勢去,立即露名反對。袁氏命阮斗瞻赴南京,阮氏將行,袁問之曰:“爾去,以何語語馮?”阮曰:“國璋一生皆總統培植,當責以大義,使之效力圖報,以贖前愆。”袁笑曰:“誤矣。可告以總統不日下臺,盼最後相助,使得全身以退,實總統至願。”阮唯唯。至南京,如袁所言言之,馮亦潸然泣下沾襟,誓必奉命。迨阮氏登車北上,而聯名請退位之電,又煌煌然各報盡登矣。當是時,始終反對帝制者,袁氏親信中獨一張一麟。一麟從袁久,性極忠實,袁所深信。袁任總統,一麟爲機要局局長,實即清朝軍機處領班章京,其信任且過之,其職掌亦且過之。自帝制發生,期期以爲不可,日進諫言。張性戇直,且恃侍袁久,知無不言,不委曲以求苟容,袁厭惡之,立出張任教育部總長。張猶時時入府,以輿情實況及籌安會等虛僞之情告袁。克定輩大惡之,且懼袁意爲張説所摇而變也,一夕,與江朝宗等邀張飯,諄諄勸張無諫帝制事,張不爲動,朝宗出手槍砰然擲桌上,厲聲曰:"仲仁,爾如仍言帝制不可爲,我將以此相饟。"張默然而退。自此非奉召不入總統府,入府亦不言帝制之不可爲矣。

蔡鍔者,西南革命軍人也。其爲人堅忍機警,既入京,爲袁氏所忌。辛亥以來,南方黨人、軍人至北京,袁氏以爲才而又不可相信、日夜忌而思去之者,黨人無過宋教仁,軍人無過蔡鍔。宋已被殺,蔡則浮沉將軍府中,狂飲縱博,日爲狹邪游以自晦。帝制起,新立禁衛軍,蔡立奔走袁氏親信之門,求得備團長之任。禁衛軍,即古之羽林御前,所以衛皇宮及御駕者。袁氏不之許,蔡又故出怨語,以爲忠不見信。袁乃使人慰之曰:"將軍官尊,此厮養之役,不可以相辱。他日當以大事相屬。"蔡聞語,又故大喜慰,而嫖賭更豪,日與其妻相勃谿,詬誶之聲聞四鄰。妻則走訴親友,道蔡薄倖,無香火情;蔡亦道妻之不賢,日惟逞悍妬。無幾何,妻憤甚,伺蔡在娼寮,命僕人整箱籠衣服,即趁車赴津南行。蔡回寓,猶若悍室既去,可不聞絮聒,狀至欣慰者。又數旬,而蔡氏易裝遯矣。袁氏知蔡遯,命陳儀追之。蔡之同謀者,亦與陳至稔,知此事,陳儀又木強,忠於所事,不能說之縱蔡,於是趕陳前,先至津,囑蔡遷寓,俟有船即行。迨陳至津,歷訪蔡之友人,均不得踪迹,廢然以返。蔡既抵雲南,樹義旗,聲討袁賊叛國,各黨、各省均有應者,天下方知正誼所在,袁實民國之罪人也。

蔡鍔討袁時,袁氏猶以爲僻在西南,癬疥之疾;馮國璋雖不稱臣,反兵相嚮,亦所不敢;北方諸省,均在威勢籠罩之下,決無異議;且南方尚有浙江等省,業已效順,故帝制之籌備,仍極猛進。實則新進爭功,妬忌老人,排斥異己,袁世凱已爲長子克定黨羽所包圍,舊時部屬不敢盡言,束手旁觀,日以疏遠,其內部已成衆叛親離孤立之局。迨蔡鍔舉兵將入川,袁世凱命其義子陳宧督川,以爲可以周旋。陳宧既入川,即有通電,請取消帝制。電至京,袁氏方進午餐,袁氏食量至大,每午餐必盡一肥鴨,十餘饅首佐之,他肴稱是。閱電,立變色,抵電文地上,入臥室不復進餐。至夕,亦不按鈴命姬侍入內。袁臥室有電鈴九,通各姬臥室。今夕命某當夕,則袁按某鈴,姬侍聞鈴聲,整粧入侍,此蓋略仿清室皇帝晚膳時,內侍以銀盤進綠頭簽之制。是夕既不按鈴,明晨各姬知無當夕者,群相聚語,恐"萬歲"聖體不安,相與奔袁臥所。果委頓,各姬爭進醫,中、西均備,西則德、日、英、美亦均備。袁悉命之入診,診後處方調藥,袁悉飲之。不數日,此未登極之皇帝,龍馭上賓於天。其子克定無事可爲,率豫人在府中者,整隊退卻,凡總統府中前清所留餘之物,即窗格間書畫,豫人均揭之以出。而向所聽政之處,則闢爲喪廳,延喇嘛百輩,晝夜誦經,鐃鈸、法螺喧天地,文、武官按日分班入弔,生未能榮,死尚能哀,蓋未受國賊之誅,尚竊元首之榮也。

自袁氏死,黎元洪繼爲總統。京津之間,操鄂語者,洋洋盈耳矣。

後記

此篇記憶所得諸小事,雖或爲親歷親聞,然相隔三十餘年,容有錯誤,且案頭無書可查,年老又懶於查,故一切月日皆不記,祈閱者原諒,更望加以糾正。

予向不參加任何黨、會,因百里蔣方震識松坡蔡鍔,二人皆進步黨,往還意氣之間尚相得。公俠陳儀,陳本號"公俠",後改"公洽"。追蔡之信既得,他人皆袁氏注目,予時一冷曹,且無政治色彩,乃自任之,速蔡行外,兼在津市賃一宅。歸京,與季黻許壽裳、燮和張邦華、豫材周樹人相商:"予以爲帝制不成,袁氏或有民二縱兵大掠之舉,以圖泄憤;帝制成,予輩雖小官亦不忍爲,不如回籍教書;而帝制既成之後,恐又難以脫身,致遭偵察,不如先送家眷住天津,脫走較便,予已租宅津市,君等以爲何如?"季黻立附議,燮和亦願同居,豫材窮窘,無力遷居,其時尚非"魯迅"而爲周樹人,鑽研古典文學而非語體文。然袁政府未注目,則約定留一小屋,不必任租金,如北京亂,萬不得已,再奉母親居。有均甫否,予已記不真切。予輩匆匆遷天津,其屋故娼寮也,始至,入夜燃燈坐室中,時有叩户呼"某姑娘在麼"者,其四鄰均娼寮,呼盧喝雉、猜枚賭酒之聲,徹夜不息。予與季黻互相笑謔於室中,以爲此亦一戲場,與北京相仿佛也。

事後,予蒐求是役遺物,首得黄綾裝《洪憲元年曆書》。曆書爲中央觀象臺承印,臺又隸於教育部,得之甚易。繼獲洪憲紀念銀幣,一戚任職銀行中,因丐得之,有金者價昂不便索也。又得洪憲官窑五彩花瓶一,以四銀幣得之,此物江西後來僞製極多,然袁氏製此窑時,發清室庫中舊顏料供繪染,故紅綠色均不同,僞者易辨也。若《君憲救國論》等等印刷物,則一報館友人相贈。最難得者爲籌安會等會徽,一日游小市,舊貨攤上有以銅鏈聯繫之徽章四枚,檢視,竟屬當時各會會章,立購之,藏一匣中,予語季黻曰:"將標此匣爲'花果山群猴成績品'。"季黻笑以爲可。自予至漢,滬寓諸物,歸藏老家。後又入川,勝利後返家省視,此匣無可究竟矣。因附記於篇後。

鑄　鼎　録

　　1935 年 11 月 25 日,灤榆行政專員殷汝耕以戰區二十餘縣,宣言脫離中央政府,組織冀東防共自治委員會,自任委員長,任保安隊隊長等皆爲委員。以通縣爲會所,截留地方稅、國稅,割北寧平綏鐵路一段,截其收入。

　　殷汝耕,字亦農,温州平陽人,留日學生,取日籍婦,前財政部次長殷汝驪弟也。黃郛任北平政分會委員長,委之爲行政專員。白逾桓案後,黃郛去北平,政分會擬撤消。河北各黨部日人不許設立,黨人南下,聚訴於中央黨部。既無以善其後,又苦無安插之法,遂密令河北各行政機關,凡公署中必須任用二三黨員,名爲公務員,而其實仍辦黨事。行政專員署得此令,殷氏即攜示日人,日人據之調查各機關,得實,以詰政府,政府無以應也。殷氏之任專員也,即與日浪人勾連,運售鴉片、白面等毒品,舉動輕躁,人品猥瑣,雖世家子,實一市井無賴,惟黃郛支持之。黃郛既去,又恃日人爲後援,遂悍然出此,爲河北倡。

　　黃郛,字膺白,松江人,幼入浙江陸軍小學,娶浙婦,故疑爲浙人。辛亥革命,陳其美都督上海,黃任參謀長,曾一任北洋政府内閣總理,逐溥儀出宮走天津。"九一八"之後,遂爲日人利用,組織"滿洲國",黃氏意在宮中寶藏而已。然黃氏此舉,極以自豪,其爲人小有才,局度褊狹,不識大體,又好賄,塘詁協定簽字之後,不念城下之恥,自居壇坫之功,其實日人所提,無不照辦,黃氏之功,但畫諾簽字而已。政分會成立,任委員長時，蹙額告人曰："我來跳火坑也。"其實月受秘密費八萬，政分會公費，月可贏二三萬，火坑之所入亦巨矣！其在北平也，日與于孝侯學忠相齟齬。于，武人，性恭順質直，夙受張作霖卵翼。財政廳長魯氏，民政廳長魏氏，實不稱職，而爲張氏所信任，于與其亦有舊，不忍去之，而黃氏必欲取此二職，代以私人，且欲得津市長，因是積不相能。于故不善周旋壇坫，下無交涉人才，黃氏借以傾之，語人則曰："此日人意。"中央亦信之，於是調於西北。于去，河北無重兵，商震長河北，商固黃所獎拔者，然兵不足戰，宋哲元部遂由察移平津，而華北之勢，非南京所能指揮矣！此真日人所至願，而造成此局者，月取民脂民膏十萬元，號稱"跳火坑"之黃氏也。外患方亟，而惟腐鼠是爭，可慨已！

宋哲元之免任察省主席也，當于學忠去職時，有河北要人晤土肥原，土肥原偶貶宋氏，其人即密電南京，以爲日人亦欲去宋，南京奉令惟謹，立免宋職其人傳爲張厚琬，宋悒悒甚。肖振瀛者，遼人，出身市販，而利口有膽，向爲宋任駐平代表，欲得平市長，黃氏來，市長爲袁良所得，已鬱鬱甚，其年夏，有匪刲北寧車，自豐臺襲東便門，遂調馮治安部防平，得奠安。肖氏自負調度功，然仍無所獲，假宋名電中樞要人保己，宋部下皆惡之，肖愈不自安。及宋任平津衛戍司令，以秦德純長平市，而任肖主察。肖無實力，而察又張自忠軍所駐地也，其任命之詞曰："肖振瀛任察哈爾主席，未到任之前，著張自忠代理。"蓋明知其不能到任，且明告以不必到任者也。是時宋方使肖奔走日人之門，土肥原來平，在肖宅長談一晝夜，肖亦每日謁土或至三四次，由是"華北自治"之聲，囂然塵上矣。宋，武人，不甚明大勢，遠則九門口之役，死部下八千，中央靳不予補充；近則無由免察主席，對南京本介介。肖復恨得一空名主席，遂挾外勢説宋，且示之威以恐之。然日人之意，在冀、晉、察、綏、魯五省，冀之商，宋視若無物，而魯則勁旅也。宋至津，速韓復榘、商震會商，商辭疾入醫院，韓謝不來。晉、綏雖不甚重，而閻錫山之爲人，向深沉莫測，且資深，宋亦不敢昧然邀之。其時日人以兵一師團駐榆關，冀、魯有變，則長驅而南，一駐彰德，一駐德州，以扼津浦、平漢二路，而華北之勢成矣！今韓不來，商託病，宋亦非決心叛國者，肖之計遂不得售。肖蓋挾日以取重於宋，賣宋以見好於日者也。計不得售，土肥原日趣之，不得已以戰區先行獨立之説進，殷氏又樂爲之，而二十五日之局成矣。一肖一殷，實倀之雄，執梃先驅，求爲張海鵬熙照之續。當斯時也，馬占山將軍息影草間，十九路軍全部解散，爲國效力者之往轍，亦甚可痛矣。在君子憤慨激昂，斥責當軸；在小人翻然改圖，以求富貴。

宋之就職也，邀教育各界談話。宋以病未親蒞，秦德純、肖振瀛代之，秦僅向各界介紹肖氏，肖則歷叙其交涉勤苦，日必謁土肥原三四次，而終以照常上課等語勉之。教育界胡適、傅斯年、徐誦明等，各有所言，大旨請思八千健兒爲國犧牲之精神，保持二十九軍之令譽。退而草宣言告世人，詞極簡，以不願另有組織，分裂國土爲言，傳云胡氏手筆。越數日，社會無繼起者，而天津商會，且請河北當局，速決大計，以安人心。究竟所謂大計者何計？所謂不安者何心？政府九年來成績可覩矣。方是時，南京正開五中全會，鬻金謀攫執監委員者，大有人在，如願以償者，方張筵款客，或赴飲受賀，一時新貴，多至二百餘人，聞有一夕接請帖五十餘通者，乃知人心之死，自政府始，自首都始也。

越三日，南京罷殷氏，稱之曰“逆”，着宋哲元緝拿嚴懲。殷氏方坐據通縣發號施令，委鐵路處長陸球，委縣長韓則信臨榆、張培德樂亭，見外賓，爲之衛者，二十九軍也。有飛機曰“冀東”，停南苑，時飛繞平市，散“華北亟應自治”之傳單，河北當局，不視爲逆也。北寧路自榆關至塘沽，陸球派人接收，路局請示鐵道部，部之覆電曰：“妥愼處理。”亦未目爲逆而令嚴行拒絶也。夫逆則當令路警執其接收員司付法司，而可曰“妥愼處理”乎？二十九軍方爲之保衛，而曰“命宋氏緝拿嚴懲”，上下相欺相諒，不合理法，至此極矣！此惟恐人心不死，必欲盡死之以媚敵也。

又一日，南京任何應欽爲華北行政長官，撤消軍政分會，任宋哲元爲冀察綏靖主任。何氏辭，宋氏亦辭。宋之辭詞大旨云，就新職亦無益於時局，而苦挣亦難持久，不如不就之爲愈。蓋宋氏屢電請示，而南京屢以“妥愼處理”、“苦挣”等語復之也。

十二月一日，軍政部部長何應欽、江西主席熊式輝、福建省主席陳儀、北寧路局局長殷同，同車北行。至濟南，見韓復榘。後陳、殷赴津，何、熊赴豫。陳二日抵平，何二日抵保。何致宋電約商時局，宋辭以疾；又電請派肖或秦至保，肖辭以事，秦辭以宴李滋羅斯，遂由門致中赴保，結此商量時局一案。而商氏則於二日電京，請以蘇玉琦接充灤榆行政專員矣。

黃郛之去，王克敏代之。凡三月，財政部減公費月八千餘元。三月之中，尚餘五萬餘金，而秘密費則爲二十四萬。許修直北上接收政分會，王氏以此款付許，轉交黃氏，許不敢收。王氏曰："如此則請轉語膺白，我當至莫干山面交，萬不可卻回，卻回則我已備文即送行政院矣。"後王氏至莫干山，晤黃氏密談，從者出云，但見黃氏擊桌呶呶不休，此三十萬金究不知其如何歸宿矣。北平有以販售毒品起家之王某，爲市府所獲，法應槍決，黃氏納賄二十五萬金，全其命。好賄至此，真不可解，此事袁良不敢作主，黃氏主之也。

二日，北平教育界通電曰："近日平津報紙，載有文電，公然宣稱華北有要求自治或自決之興情，殊是淆亂觀聽。吾輩親見親聞，除街頭偶有少數受人雇用之姦人，散發傳單、捏造民意之外，各界民衆毫無脫離中央另圖自治之意，望政府及國人勿受其朦蔽，尤盼中央及平、津、河北當局，消除亂源，用全力維持國家領土及行政之完整。徐誦明、李蒸、蔣夢麟、梅貽琦、陸亦章、胡適、傅斯年、袁同禮、陶孟和、劉運籌、劉廷芳、楊立奎、吳文藻、查良釗、張熙若、周炳琳、蔣廷黻。"自兹事發生，惟教育界一再有所表示，雖書生見淺，不知根本解決之方，以視行屍走肉或因利乘便以圖發展私人勢力者，固較勝一籌矣！

六中全會開會時，汪精衛被狙擊，中三槍。刺客被擒，當日斃。傳爲殺以滅口。汪住中央醫院，未脫危險期，即用病牀抬赴車站，赴上海治療。傳爲蔣中正必欲殺之，故避上海。或曰，割華北草約，汪氏曾簽字；或曰，汪約閻錫山赴京，將以首任大總統許之，故被狙擊。汪氏之任行政院長也，事無大小，悉秉承於蔣中正，實一代蔣管理行政院之秘書而已。其兼外部也，因月有秘密費十萬可取，故必欲兼之。自是年夏季青島養病回京後，以內弟陳耀祖長津浦，又益以外甥周化人爲副。陳本鐵道部財務司長,以飯桶名,周一孺子。津浦向由陳銘閣代理,蔣意也,今驟易之。又以王懋功長平綏,王氏昔長正太,聲名狼藉,蔣極惡之,乃汪竟利令智昏,不顧一切,而使鐵部任用。其時顧孟餘長鐵部,方病愈回部,而曾仲鳴似有不願讓代之意,陳璧君邀顧飯,痛詈之,顧之用陳長津浦,不獨成泛意,且爲修好陳女士也。人以爲汪有恃,當非無據,其被擊也亦宜。

國民政府之病,在事事不脱粵習。粵習之禍國,尤大者爲吏治與外交。廣東受中原文化遲,自唐至宋,官其地半爲貶謫,廉慎少而貪污多。老友呂文起渭英嘗官粵東,曾語予曰:"粵中訟事,甲賄萬,乙亦賄萬,或過之。若拒不受,必按律例審定屈直,人未必頌神明;倘全受之,而能設法使結案時甲、乙皆有體面,則交誦好官矣。"粵友語予曰:"粵人視官爲利藪,居官多得錢,若理所當然。"故孫科任廣州市長,年入百餘萬,粵人視之無駭異者。今之陳璧君與吳鐵城合作上海市長、馬超駿任南京市長,孫科月責二十萬金,若宋子文,若孔祥熙等等,又曷足怪乎?!粵中今日文化,外來者多,自鴉片戰爭後,所受者英國文化也,其出洋經商作工也,非南洋諸島則美國,故惟英、美是崇,亦惟英、美是從,蓋爲殖民地者,已百年矣。滿洲事起,其畏日本之心,猶之畏英、美也。然猶以英、美爲可恃,故聽命於國聯。國聯不可恃矣,李滋羅夫來華,又有法幣之舉,其實均欲分割中國,非欲代中國抗日也。且抗日豈可一無基本而徒恃外援耶?此所以遺禍全國,而河北適當其衝,此皆粵習之流毒也!又加以蔣氏作風,異己之軍隊,必設計盡力消滅之始快,盡人皆知其心,宋氏豈肯爲之盡力耶?

三日,何應欽抵平,是日,《大公報》社論題曰:"勿自促成國家之分立”,文亦有規無諷,天津公安局令停發行。

日本在津之飛機場造成,能容飛機五十餘架。吳敬恒當河決之時,適游北平,在報上發表談話曰:“黄河壞於禹之投機,倘沿鯀策引入蒙古,決無今日之患。”夫《禹貢》、《山經》,皆載禹治河之事,昔儒考訂《禹貢》皆有禹循鯀迹之説,鯀導河入蒙古,蒙古地高,激而使上行耶? 上行之後,即匯爲海子,不復流入大海耶? 古記未記,地勢難通,豈夏時蒙古之地,不如今日之高耶? 吳氏究何所據而爲此説? 又禹治水十三年,鑿龍門,隨山導川,手足胝胼,過門不入,而名之曰“投機家”,如此投機家,甚願政府多有數人。今所見者,創高論,無實事,攜少婦,坐飛機,諸偉人、聞人耳,無若禹之投機家能見其一也。吳氏號爲黨中耆宿,又號爲讀書者,其言如此,豈出賣章太炎之故態尚存耶? 真堪浩嘆。

日本之經營滿洲也,以南滿鐵路爲基礎,張作霖築泗洮鐵路與之抗,南滿一蹶不振。迨郭松齡叛張,張氏乞助於日,土肥原爲之介,要求種種利益,張氏悉許之,事平,若忘之者。事秘,日本亦不能公然出之,然恨之甚,此皇姑屯炸彈所由來也。張作霖死,日尚欲以外交方式行之,要求清理鐵路債款,期四年結清。中日派人會算,日已覓屋矣,而遼人不理,南京不問也。積案二百餘件,皆擱置。日軍人憤而詈外省無用,議以武力解決之。日總領事某,前十日提警告書暗示之,此日領事爲日政府調去,責其泄漏機密。其時,蓋日外交界與軍界争功未定,後則權皆操自軍界矣。仍不理。一九三一年九月十八日夜,日軍佔北大營,張學良方在平聽梅蘭芳唱《汾河灣》於江西會館,沈陽電話來告,衛士慮觸少帥怒,不敢上聞。至戲散回邸,夜已過午,復來電話請示，則命之曰：“退讓，不抵抗。”日人既佔奉天，尚不敢竭力發展，遼政府退錦州，日尚派人接洽謀交涉。及時補救，或猶可遷延，而南京以“不直接交涉，訴之國聯”爲口號、爲辦法，而熙洽又以吉林全省附日，於是日人捨之可惜，佔之懼來世界責言，彷徨於進退之間，乃至津邀溥儀，而滿洲國成立矣。馬占山將軍以計脱歸黑龍江，部下皆思戰，請命南京，南京無復電，急甚，末一電請南京開去黑龍江省主席，以馬賊名義抗日，遂決戰。不敵，遁入蘇聯。南京訴國聯，國聯依違不斷，派員調查，而滿洲國已成立久，日亦宣言退出國聯矣。既得三省，復進佔熱河，四省之地，棄於一旦，雖種因甚遠，當局之無識、無謀、無斷、無愛國心，咎實難辭。日之圖東三省也，先以財閥資本，後以外交手腕，終以軍閥武力。及軍閥武力勝，外務省乃閉口不敢言，悉聽命於軍部，自此之後，遂成今局。

當滿洲未變之前，施肇基公使在國聯，前一月有所聞，電外部詢情形，且請萬一事發，外交上所取態度及應付之旨。電到京，長外交部者王正廷，方逍遥上海，情報司長某，亦隨之在滬，竟未見此電。施以久不得復，又電詢，乃查前電，得之廢紙中。

五日，宋哲元赴湯山。六日，由西苑赴萬壽山休養。兩日中有日機十餘架，連同《冀東號》飛翔平、津二市上，散佈傳單，文曰：“華北民衆快起來，同冀東一樣謀自治。”

白逾桓者，本一落魄無行文人，依附日人，在津市日租界辦一小報，日出一二百張，消行日租界內，原無人重視之。時爲蔣氏任華北耳目者，一曰曾擴情，黨人之悍者；一曰蔣紹先，蔣氏之姪，任憲兵團團長，久居津市，無可報功及開支巨款，遂以殺白爲大事。事後,聞蔣紹先報銷三十萬元。白死而名始顯於報紙,日人亦有藍衣黨之指摘,華北之事,借此開始矣。

殷汝耕設新榆段鐵路監理處,處長陸球,前平漢路站長也,北寧自榆關至塘沽,路款所入,皆截留之,日約二千元。

十八日,各校學生游行請願,軍警防之,如臨大敵,各門皆閉,至晚十時,正陽、宣武、崇文諸門始開,恢復交通。學、警冲突,學生有傷者。時三兒重在交大鐵路學院,四女璇在輔仁,皆參預,至十二時始回寓,三兒手臂皮膚受傷出血,四女衣服爲水龍所澆,外層凍成冰塊。

十八日,冀察政務委員會成立,宋哲元任委員長,肖振瀛、秦德純等任委員,凡十七人,管理冀察軍政各事。王克敏留滬,商震任河南省主席,皆未就職。

自十八日起,予摒擋行旅赴漢口,仍在平漢路局服務,一切非親見親聞,不復續記。

鑄 鼎 小 録

杜 鏞 附張耀

杜月笙,名鏞,幼年拜黄金榮爲師,在黄家服灑掃之役,頗得師娘顧恤。幫中稱師父之妻曰師娘。一年除夕,師娘遲其來,久不至,同夥二,亦不來。師娘曰:"唉,三小鬼又闖禍了。"使人持五十金覓之,三人者在寓孛豆芽,上海人稱不能出見人,蜷卧家中者,曰"孛豆芽"。卧牀間不起。詢之,則賭大負,長衣盡入質庫,無以被體,故不敢見師娘。使人傳師娘命,贈五十金,囑速贖衣趨黄寓。使人去,三少年相商曰,五十金贖三人衣,則無以備見師及師娘禮物,不如再走賭場一博,如勝則事濟矣。乃使杜月笙贖一人衣,持餘款入博局,二人仍蟄居寓中。杜月笙不久即旋,長袍仍入質庫,並五十金皆盡,三人則又高卧。師娘久待不至,知事未解,復使人持百金致三人,且曰:"必押之來,不使旁生枝節。"使人如命,率三人贖衣赴黄宅,師娘命入席,所謂"年夜飯"者。飯畢,又以百五十金分贈三人,語之曰:"開歲可供日用。"杜月笙喑曰:"此安能濟事? 不如請師娘給家伙,上海人稱手槍、小刀之屬,皆曰"家伙"。肆意一搶劫。"師娘笑問:"搶何物?"杜月笙曰:"土可搶。"其時印度大土,皆自香港運至上海,用小船駁至十六浦,轉入租界,師娘知之甚悉,則笑曰:

"此誠可行。"即開匵撿麻皮手槍付杜月笙。黄金榮又稱"麻皮金榮"。杜月笙得槍，率二人出黄宅，不數日，印土一次刦者十六箱。英租界工部局會同法租界主管者，議追緝，黄金榮實領包打聽事，上海稱探案者曰"包打聽"。英、法外人，均責成之。黄金榮歸家談此案，其妻曰："此何必緝，刦土者即小杜輩，所用械，即爾之手槍也。"黄金榮大詫，詢之，妻侃侃述經過。黄金榮窘，問："何以了案？"妻曰："此外人大利所在，不刦此，再刦何物？爾何不以'若不另設防邏人員，此後搶刦將無已時'，我知外人必更恐懼。苟計得售，即以杜月笙輩充防邏，則此輩有所養，自可無事。"黄金榮思別亦無計，果以此説進，外人從之，杜月笙輩遂充此役，而杜月笙爲之首領。杜月笙固首建此策，躬行此案者也。師娘戒之曰："唻飯有地，慎毋賭，爾賭必無勝理。每下一注，得勝必連壓原門，如此繼續不已，安有不敗？爾賭必無勝理，必戒之。"杜月笙曰："我此後若賭，當不下注，專作主人可耳。"杜月笙任防邏數月，果無事。忽一日，又刦四箱去，外人傳杜月笙去，責其不力。杜月笙慨然曰："既失事，如不能追，當照原價賠償可耳，請限期。"屆期，果未獲，果照賠，外人益信之、重之。黄金榮奇杜月笙何處得此巨款，詢之，則曰："護運久無事故，外人將輕吾輩。我刦之，我賠之，暗售此土，且有餘利，何款巨之憂。"黄金榮大賞贊以爲能。杜月笙任斯事既久，錢益多，交益廣，附者益衆，復結香港汽車阿耀作私運鴉片之舉。阿耀張姓，在香港爲西人駕汽車，戇而揮霍。西人婦有一情人，伺西人出，則入其居與婦幽會，西人知之，無術以阻之。阿耀憤甚，竊主人手槍，俟其來，迎而擊之，其人疾俯而逸得免。婦怒阿耀，停其職。阿耀曰："職可停，斯人我必

殺之。"阿耀即出西人宅,挾手槍日躡其情人,阿耀能兩手發
槍,槍術精,其情人懼而離港,西人夫婦復和好,皆德阿耀,復
其職。西人知耀交游廣,與約曰:"凡子之友,來港食宿之資,
悉予任之。"蓋知耀不能居積,錢到手輒盡,而又好客,故以此
報之。阿耀在港,既與杜月笙相聯運土獲利至豐,其後西人歸
國,以在港諸物悉付耀,耀不能守,二三年皆盡,印土亦不易
運,潦倒無所依。杜月笙知之,爲擇屋上海,迎之來,月奉二千
金,猶無寬裕之狀,日惟高臥榻上,與煙燈相對。苟出門,識之
者群趨其前,告窮苦,手入衣袋中,不計多少,摸鈔票給之,必
傾而返。其婦矮而有姿,人呼曰"矮嫂嫂",與香港偕來一徒有
染。耀知欲殺徒,其友曰:"事未確,乞與我槍,偕嫂同去面質
之,確則代兄斃之,否則何苦中人讒。"耀許之,友偕嫂覓一旅
舍入,問嫂有此事否,嫂直陳不諱。問將何以處此,曰:"使某
返港可耳!"友曰:"諾。"即覓徒來。徒見師娘亦在,知事發,跪
友前,友問:"何以處此?"則亦曰:"我仍返港避師怒。"予金四
百,其徒受而趨出。友偕嫂返,語耀曰:"事果虛。今某云:'既
師疑之,當返港不復居滬。俟事白,再來侍候師。'故已資遣
之。"耀曰:"善。"耀於五四後病死滬上,矮嫂嫂仍反港。杜月
笙則在滬上做一等閒人矣,包船運土,無所顧忌,其身份儼然
蔣中正師友也。宋子文長財政,欲奪其利,令海關嚴煙禁,杜
有一船被扣。一日,宋自南京至滬,甫下車,槍聲起,斃其秘書
唐某。宋知事急,不可爭,乃由虞洽卿轉圜,認誤扣,且約此後
如爲杜船,船樹小旗爲識,事乃已。蓋此時上海鴉片,自英屬
來者已少,而全國所種,若川、若滇、若黔、若陝甘、若熱河,凡
軍須地,種嬰粟製土日多,欲銷江南者,以上海爲集中站,而操

縱上海土市者杜月笙,故日夜奔走其門,談論價值,接洽運輸,闐然滿座。杜月笙則高臥煙榻,發一、二語,命秘書承辦;其地位略高者,抬身讓同臥對吸,酬接數語。解放後,遜至香港,藏土膏累累。孟小冬者,以唱余派叔巖鬚生名於時,爲梅蘭芳棄婦,煙癮極深,至港演唱,知杜之藏土富,可以供其欲也,遂嫁之。不久,杜月笙死。溯杜月笙自刮土起家至死,四十餘年間,蓋無日不恃土爲生云。

太保阿畫 附王八妹

太保阿畫,姓徐,名天雄,湖州人。湖州呼道士曰"太保",阿畫爲其小名,天雄幼年爲道士,故以此呼之。長爲盜太湖中,率衆聚刦,擄人勒贖,聲名滿三吳間。嚴季寬爲予言,彼曾偕二友至湖州,月夜乘興游太湖,爲湖盜所獲,舟行蘆葦中,至一地,循沙徑入叢蘆中,一茅屋極寬敞,中坐一人,方獨酌,三人者屏息立其前。其人舉首睨嚴而笑,忽曰:"爾等何以夜游?"嚴年少,儀表不俗,且有膽識,朗然答曰:"旅客無聊,見月色佳,且知太湖有君坐鎮,必平安無事,故敢夜游。"阿畫更大笑問曰:"能飲乎?"曰:"能。"斟一杯授之,嚴飲立盡,連飲三四杯。阿畫語其徒曰:"送三人回船。"嚴即探囊出所攜鈔五十餘金,又向二友索所攜鈔,各三十餘金,當阿畫面,授其徒曰:"此行我輩得識太湖異人,又勞遠送,殊幸!以此贈諸兄弟,作一醉資。"阿畫復睨之笑,揮手曰:"行矣,行矣。"遂從容返。阿畫作案，綁架上海富室爲多。卒獲之，解送上海法院，定罪，當處死刑者七十餘案，阿畫悉承之，署字不置辯。拘獄中，受其惠者，賄獄吏送衣食，頗不乏人。就刑時，出獄，口誦詩曰"天雄出門見青天"云云。

阿畫之妻曰王八妹。阿畫能雙手發槍，八妹更能一手發槍，一手屈一膝夾槍枝實彈，兩手互換其槍，彈可源源發不盡，時亦稱之曰"雙槍王八妹"。阿畫死，八妹改適，專販私鹽，遇鹽巡必痛擊之，縱橫江湖間。抗戰事起，僞政府羅致之，任游擊工作，其實騷擾地方，走私運貨而已。解放初，偕其夫至岱山，後遯入臺灣。

李徵五與張宗昌

李徵五揮霍祖遺財產既盡，在上海，遂爲衆流皆匯之處，幫會、革命黨、鉅紳、善士、娼寮、方外，蓋無不知有李五爺也。清末，滬市辦民團，苦無團丁、器械，商之李。李曰："聽予指揮，不問出入，不出一月，事濟矣。"則皆應曰："諾。"李即攜款至大連。一日，飲酒肆中，見一大漢，率三四人來飲。李奇其狀，問姓名，則曰："張宗昌。"即邀與同飲。談既洽，李以召集民團事告之。張曰："予作紅胡子，誠不能有歸宿，且母亦不能尋覓奉養。"立呼李爲"老師"，跪請收錄。北京舊軍人對於提拔之者，皆感恩呼"老師"。李扶之起，問有人多少，何時可南行。張曰："同夥六七十人，一呼即集，槍枝子彈皆備，惟人各有馬，如何運送？"李曰："此不必慮，與汝約，二日後夜間某時集船埠，予當待爾同行。"張噭應而散。如期，李已包雇一外輪泊船埠，張率衆攜馬踴躍上船。抵滬，滬人見人馬强壯，槍彈皆全，大慰。張留滬，知馬無用，乃盡售去。如此者年餘，民團將解散，李徵五又爲張介於張作霖。張作霖見張宗昌魁偉，亦愛重之，遂薦陞至軍長，督山東。督山東時，李徵五方窘處滬上，張宗昌派人恭迎至濟南，爲貸巨宅，月致二千金。然李徵五性豪，錢雖多仍不足用，且習於海上生活，乃辭歸，不久病死。張宗昌於其未卒時，仍月致二千金，死而後已。

張嘯林

張嘯林，或曰"少陵"，名寅，杭州小流氓也。陸佑之語予，嘗爲其家傭工，後乃流蕩閭巷間，犯案累累。杭不能居，逸至申，仍作拆梢訛詐生活。滬有弄堂飯店，爲諸無賴飲食聚會處。一日有操北音者食於斯，飯畢會賬，手入袋中，則已空無所有，知被竊去，語飯店主，請至寓取錢相償。店主欺其北人，大聲斥曰："此非白吃之地，不必裝佯。"店中飲食者，大半主人之黨，圍而相詬罵，幾至用武。張嘯林適至，問何事，衆告以故。張嘯林問客："何不攜錢入飯店？"客曰："實攜錢，爲賊所竊，致無以償。"問："所食幾何？"主人曰："千二百餘文。"嘯故曰："此小事，不必相責難，錢我代償，客請行矣。"客大感激，必欲知姓名，則曰："我張嘯林也。"事遂解。嘯在滬，雜處諸流氓中，終碌碌無所表暴。辛亥革命後數年，何豐林任松滬護軍使,突有中央軍部電,囑覓張嘯林其人者,資遣赴京。何命人邀之,嘯懼,謀之同儕。或曰:"護軍使如欲緝君,不必使人相邀,直械擊可耳,今來邀,或當有事需君,不妨去見。"嘯思之良是,即隨使者赴軍署。至則何已命副官長待客廳中,見而語之故,且已具書購車票備旅資,即速嘯行。嘯夢夢然不知所可,即亦趨車站乘車赴京,按地址投一大宅。門房見其刺,立肅入客廳,狀甚恭;主管者出,延之坐,招待極周,語之曰:"已電話告部長,部中事繁,須中午方能來,請小憩。"已而部長至,執手言歡,狀至親熱,又屢道感激意,而嘯固不識其人,且亦不解所言也。部長見其茫然若甚窘者,乃告之曰:"我即數年前飯店中被困之人也,感君高義,屢思圖報,君今何欲,請相告,當爲盡力。"嘯悟,則曰:"一字不識,文武皆無所可,且小事亦不敢望報。"部長察其粗獷,乃曰:"我當具書致何護軍使,請代位置,君至此,可略事游覽而歸。"即命一副官爲伴,游數日,給資備函,送其南行。何豐林得部長書,思之累日,委之爲暗探。自此遂與杜月笙相結,共分販賣煙土之利,而勢力亦與杜相頡頏,且能結識北洋軍閥矣。部長者,或曰即段芝貴也。嘯既一躍爲上海巨頭聞人之一。淪陷時,浙僞省長汪瑞凱死,嘯欲代之,事已就緒,志益得,氣益驕。某晨,汽車司機者忤其意,憑樓欄張口大詈之,司機者急拔手槍擊之,彈從口入,貫顱,立斃。

黃亞樵

　　黃亞樵，安徽人，在滬專以暗殺爲職業，得報酬，即任其手下攜取，不問多少，盡而止。曾一次得紙幣八萬，以一鉛皮破箱貯之，囑一徒置牀下。徒住閣樓下，語之曰：“有人欲用錢來取者，任其取之，不必問也。”嗣相繼來取者至夥，徒見幣將盡，亦取二萬金藏他處。一日，黃忽驟至，語徒有急用，可開箱取幣。箱開，僅餘千數百金，黃急甚，問徒：“爾取幾何？”徒曰：“無幾。”黃曰：“不實言，我即斃汝。”徒則曰：“實取一萬金。”曰：“可急將來。”徒攜萬金至，黃以八千金納懷中，擲二千金徒前，曰：“此與汝。”即縱步去，不知其何用也。故黃使人刺某某，手下皆爭先恐後，不必若杜、張輩，先商價目、索現款也。杜、張輩亦憚之。聞鄭汝成、唐有壬之役皆出其門下所爲。抗戰時，攜妾走桂林，後獨身赴黔，妾與一特務首領通，特務派人刺殺之。

卷 末 跋 語

這一類文字，無論語體、文言，不知寫過多少，或者是答覆朋友們的信札。其中講學術，講考訂，講詩文，講板本和碑帖，講書畫，講考證磁器和漢玉的一切古物，講戲曲，講近代史料等等，都有。嚴濟寬弟屢次談及，意欲爲我蒐輯。他最注意的是各種書、畫、碑、帖、書册上的題跋。但是解放後已經散失了十餘年，解放前更不可收拾，而且濟寬弟所見僅僅近來五六年中的情況，已是如此，只好舊賬擱起不談。從現在起，我想留起稿來，不知自己能遵守此語否？

鐵如意館讀書札記

目　　録

讀《輶軒使者絕代語釋別國方言》

此書今皆簡稱《方言》，漢揚雄撰，隋以前《漢書·藝文志》未著録。據劉歆《與雄書》"屬聞子雲獨采集先代絕言、異國殊語以爲十五卷"，雄《答歆書》又粥以殺言十五卷，郭璞序云"三五之篇著，皆十五卷"。《隋書》著録十三卷，隋後各家著録同。戴氏震《疏證》序以爲隋以前人併十五爲十三。予意此書乃子雲未畢業之作，而又平生所極經意者。以其未卒業，故劉歆索之堅不肯予；以其未畢業，故後人或略去其二卷，亦未可知。何以證之？釋衣服、釋物居第四、第五兩卷（第三卷所收極雜），而第六、七兩卷又爲釋詁，第八卷釋獸、釋禽、釋蟲豸，第九卷釋兵、釋車，第十卷又爲釋詁，十一卷釋蟲豸，第十二、十三兩卷又爲釋詁，先後漫無次序，證一。釋名物、禽獸、兵車、蟲豸者爲一例，釋詁者爲一例。然釋詁之中又分三類：黨、曉、哲，知也。楚謂之黨，或曰曉，齊宋之間謂之哲。此先敘各字之義於前，而分列各地方言於後，最合著書本旨（例一）。虔、儇，慧也。秦謂之謾，晉謂之㦧，宋楚之間謂之倢，楚謂之譴，自關東趙魏之間謂之黠，或謂之鬼。虔、儇爲慧，下文未敘明何地方言。下文所列謾、㦧、倢、譴、黠、鬼六字，其義自當訓慧。然開首亦未曾列舉此六字，此例書中至多，決非子雲本旨（例二）。氓，民也。杌，仇也。僅舉字義，下文不載何地方言。

十二、十三兩卷中尤多此例，尤違《方言》之旨（例三）。由此以觀可證子雲此書未卒業矣。獨此書成於子雲一人之手，非若《爾雅》爲數人雜記而成，自屬可貴。

《世說新語》所引諸書目録

　　梁劉孝標注宋劉義慶《世說新語》，以三卷本爲最善，予有影寫本，今藏滬瀆。偶見六卷本。因思《文選注》所引書，近亦由沈子培年伯輯成專書，《世說新語》雖篇幅不多，然所引諸書逸者過半，輯而存之，亦目録家所宜知也。其不分存、逸者，蓋欲見孝標用力之勤，知古人即注不甚要之書，其搜採亦如此其備也。

　　汝南先賢傳　海内先賢傳　謝承後漢書　袁宏漢紀　典略　續漢書　郭泰別傳<small>宗祥按：此書所引《別傳》、《家傳》、《自敘》、《行狀》、《本事傳》，都一百八九種，疑皆單行之本，與史所載不同。故劉氏單標傳名，卷六有《郭林宗傳》，當同。</small>　薛瑩後漢書　三秦紀　先賢行狀　陳寔傳　張璠漢紀　檀道鸞續晉陽秋　魏書　陳氏譜<small>宗祥案：此書所引各家譜牒都三十五種，今皆無存者。</small>　荀氏家傳　魏志　傅子　魏略　禮記<small>下有一條引作《曲禮》。</small>　五經要義　王隱晉書　華嶠譜敘　晉諸公贊　晉陽秋　蕭廣濟孝子傳　虞預晉書　魏氏春秋　李秉家誡　嵇康集<small>宗祥案：此書所引《聲無哀樂論》、《養生論》、《琴賦》等，當皆爲集中文字，惟舉篇名故耳。</small>　嵇康別傳　文章敘録　朱鳳晉書　名士傳　孝經　世語　晉百官名　永嘉流人名　郗鑒別傳　中興書　周氏譜　文士傳　王乂別傳　楚國先賢傳　說苑　王丞相別傳　鄧粲晉紀　文字志　王氏譜　桓彝別傳　伯樂相馬經　語林　賈誼新書　阮光禄別傳　劉尹別傳　包氏論語　謝氏譜　范宣別傳　王獻

之別傳　晉安帝紀　桓玄別傳　周祗隆安記　春秋傳　論語
徐廣晉紀　王恭別傳　吳氏譜　鄭緝孝子傳　皇甫謐曰_宗
祥案：此節所引當爲“皇甫謐《高士傳》曰”，上脱書名三字。　五經通議
孔融別傳　王廙注繫辭_{宗祥案：當即王廙《易注》三卷。}　皇甫
謐帝王世紀_{原脱“皇甫謐”三字，下有，據以補正。}　琴操　漢南紀
蜀志　襄陽記　華陽國志　司馬徽別傳　莊子　家語　孟子
古史考　魏末傳　秦丞相寒食散論_{“丞相”乃“丞祖”二字之誤。}
嵇侶趙至敘_{疑亦集中文。}　嚴尤三將敘　周髀　呂氏春秋
朱鳳晉紀_{前後皆引作《晉書紀》，疑書訛。}　列僊傳_{當即下文所引《劉子}
_{列僊傳》。}　向秀別傳　晉世譜　王弼老子注　荀綽冀州記
蔡洪集　尚書　竹林七賢論　晉惠帝起居注　八王故事　陸
機別傳　丹陽記　衛玠別傳　顧和別傳　爾雅　漢書　東觀
漢記　史記　王含別傳　王弼易注　高坐別傳　塔寺記　涅
槃經　摯氏世本　孔氏譜　劉向別錄　佛圖澄別傳　趙書
陶氏敘　高逸沙門傳　孫放別傳　大智度論　庾法暢人物論
庾翼別傳　傅咸羽扇賦敘_{傳《集》未引。}　桓溫別傳　顧凱之
撰顧悦傳_{顧集未引。}　羊秉敘羊氏譜　王長史別傳　揚州記
戰國策　婦人集　王中郎傳　伏滔集　馬融論語注　南徐州
記　郗超別傳　支公書　太康地記　謝車騎家傳　王胡之別
傳　吳興記　孫綽遂初賦敘_{在孫集中。}　盛弘之荆州記　魏武
遺令　會稽土地志　丘淵之文章録　宋明帝文章志　袁氏家
傳　會稽郡記　王珣遊嚴陵瀨詩敘_{當是集中文。}　張資涼州記
西河舊事　春秋考異郵　征西寮屬名　孝文王傳　謝女譜
王司徒傳　孔安國論語注　鄭玄論語注　潘岳秋興賦敘_潘
集見下。　劉謙之晉紀_{卷六“劉諫之晉紀”，“諫”當是“謙”誤。}　丘淵

之新集録

以上卷一。

環濟吳紀　吳録　山公啓事卷三引作《山濤啓事》。　鍾雅別傳　許氏譜　陸玩別傳　殷羨言行　徐廣歷記　孫統虞存誄敘孫集未引。　范汪碁品　桓氏譜　孔安國尚書注　東陽記　江惇傳　殷浩別傳　王珉別傳　馬融自敘　高士傳《高士傳》二，嵇康、皇甫謐也。此說鄭玄，當爲嵇康作。　鄭玄別傳　毛公詩注　摯虞文章志　四本論當是鍾會集中文。　王弼別傳　荀粲別傳　管輅傳　周禮　向秀莊子注　郭象莊子注　王敦別傳　謝鯤別傳　嵇康聲無哀樂論　嵇康養生論見嵇康集。　歐陽堅右言盡意論歐陽集未見。　庾亮寮屬名　王述別傳　牟子劉子政列僊傳前卷引此書，未標子政姓名。　浮圖經　漢武故事　孔叢子　墨子　易乾鑿度　成實論　馮氏譜　支氏逍遙論支集未見。　神農書　支道林即色論　維摩詰經　支法師傳　法華經　謝玄別傳　釋氏辨空經　釋氏經此不知指何經。　名德沙門題目　沈約晉書　僧肇注維摩經　左思魏都賦左集未引。　詩經毛萇注鄭玄注　安法師傳　孫安國易象論孫集未見。　張野遠法師銘張集未見。　東方朔傳　樊英別傳　殷氏譜　經敘此不知何經。　袁氏世紀　荀綽兗州記　顧愷之晉文章記　左思別傳　劉伶酒德頌劉集未見。　夏侯湛集　潘岳家風詩潘集。　孫林之集　郭璞別傳　王隱論揚雄太玄經王集未見。　習鑿齒集　王修集　續文章志　文章傳　裴氏家傳　謝萬集　顧氏譜　袁宏集　袁宏東征賦集中文。　桓玄集

以上卷二。

　　漢晉春秋　干寶晉紀　曹嘉之晉紀　禮記鄭玄注　齊王官屬名　吳書　孔氏志怪　風俗通　論衡　杜預左傳注　諸葛恢別傳　諸葛氏譜　庾氏譜　周顗別傳　裴子　會稽後賢記　靈鬼志　孔愉別傳　蔡司徒別傳　王彪之別傳　孫綽集　劉氏譜　陶侃別傳　羅府君別傳　江表傳　祖約別傳　阮孚別傳　錢唐縣志　羊曼別傳　明帝東宮僚屬名　孫子兵法　王劭王薈別傳　安和上傳道安。　謝車騎傳前有《家傳》，疑同。　孫盛雜語　石勒傳　楊氏譜　王彬別傳　王舒傳　孟嘉別傳　東頻秦書　傅氏譜　文章録當即爲丘淵之所撰。　李氏家傳　邴原別傳　顧愷之畫贊　杜篤新書　陳留志　阮子阮武　褚氏家傳　蔡洪集　陸雲別傳

　　以上卷三。

　　王澄別傳　趙吳郡行狀　謝鯤元化論鯤集未引。　王邃別傳　卞壺別傳　徐江州本事　江左名士記　虞氏譜　王濛別傳　支遁別傳前有《支法師傳》，不知是一是二？　伏滔大司馬僚屬名　桓溫集　衛氏譜　嵇叔夜琴賦見嵇集。　魏氏譜　泰元起居注　會稽記疑即《會稽郡記》。　王胡之別傳　潘岳集　謝沈漢書　姚信士緯　蔣濟萬機論　吳志　逸士傳　王朝目録　虞光禄傳　溫氏譜　郗愔別傳　劉恢別傳　尚書大傳　大司馬官屬名疑是《伏滔僚屬名》。　石崇金谷詩序集未見。　陳逵別傳　王氏世家　曹氏譜　嵇康高士傳　袁氏譜　劉瑾集　葛洪富民塘頌葛《集》未見。　賀循別傳　陸邁碑　羅含別傳　春秋公羊傳　豫章舊志　遠法師廬山記　遠法師遊山記　韓詩外傳　會稽典録　異苑　南徐州記　顧愷之家傳　老子

桓沖別傳　皇甫謐高士傳已見卷三。　桓豁別傳

　　以上卷四。

　　梁祚魏國統　孫綽庾亮碑《集》中文。　周處別傳　王羲之
臨河敍即《蘭亭敍》。　韋昭漢書注　搜神記　王珣林法師墓下
詩敍《集》未引。　幽明録　索氏譜　阮裕別傳　李軌注揚子
尋陽記　袁宏孟處士銘　戴氏譜　陳劉志名　賈氏譜　賈氏
別傳　郝氏譜　魏氏志疑即《魏志》，“氏”字衍。　汝南別傳王普。
　妬記　郗曇別傳　郗氏譜　韓氏譜　晉後略　青烏子相
冢書　傅玄彈碁賦敍《集》未引。　典論　博物志　洛陽宮殿
書　阮孚別傳　郭子　晉東宮官名　裴啓語林上有《語林》，未
著撰人。　譙子法訓　司馬彪莊子注　許慎說文　高坐傳

　　以上卷五。

　　荀氏譜　張敏集　王氏家譜　尸子　楚辭　本草　范
汪別傳　張蒼梧碑　應邵注漢書　裴景仁秦書　符子符朗
　祖氏譜　國語　蔡充別傳　謝歆金昌亭詩敍　劉鎮南銘
劉表。　高柔集　邴原別傳　伏滔長笛賦敍集見前。　列子
　說林　永嘉記　舊譜　曹瞞傳　孫綽愍度道人贊集見前。
　荊州記　司馬晞傳　王德晉書“德”疑“隱”誤，見前。　王丞
相德音記　相牛經　南州異物志　廣志　劉諫之晉紀“諫”當
是“謙”誤，見前。　王雅別傳　魏志春秋“志”當是“氏”誤，見前。
　庾亮集　太原郭氏録　十洲記　司馬无忌別傳　司馬氏
譜　王廙別傳

　　以上卷六。

　　所引書共計四百三十三種，今去其易見者如《尚書》、《禮記》、《史記》、《漢書》之類，其餘則以《隋經籍》、《唐藝文》二志校之，分類列後，而以逸者附焉。凡隋、唐二《志》所有書今已亡者，當亦考定。

　　王弼易注《隋志》《周易》楊氏集二王注，五卷。《唐志》王弼注七卷。

　　王廙注繫辭《隋志》《周易》三卷殘缺，梁十卷，驃騎將軍王廙注。

　　孫安國易象論孫集未見，疑是集中文。

　　尚書大傳《隋志》三卷，鄭玄注。《唐志》三卷，伏勝注。

　　孔安國尚書注《隋志》《古文尚書》十三卷，《今文尚書》十四卷，漢臨淮太守孔安國注。

　　毛公詩注《隋志》《毛詩》十二卷，漢河間太守毛萇傳、鄭玄箋。按下引《毛注鄭注詩》者即此。

　　禮記鄭玄注《隋志》二十卷。

　　杜注左傳《隋志》《春秋左氏傳集解》三十卷，杜預撰。

　　國語《隋志》《春秋外傳國語》二十卷，賈逵注。

　　鄭玄論語注《隋志》十卷。

　　五經通議《隋志》八卷，不著撰人。《唐志》九卷，劉向撰，“議”皆作“義”。

　　五經要義《隋志》雷氏撰，五卷。《唐志》劉向撰。

　　馬融論語注、孔安國論語注、包氏論語、易乾鑿度、春秋考異郵《志》未見。

　　古史考《隋志》晉義陽亭侯譙周撰，二十五卷。

　　東觀漢紀《隋志》長水校尉劉珍撰，一百四十三卷。

　　謝承後漢書《隋志》吳武陵太守謝承撰，一百三十卷。

薛瑩後漢書《隋志》晉散騎常侍薛瑩撰，《後漢記》原百卷，隋存六十五卷。《唐志》亦《後漢記》一百卷。

續漢書《隋志》晉秘書監司馬彪撰，八十三卷。

謝沈漢書《隋志》晉祠部郎謝沈撰，一百二十二卷。隋存八十五卷，《志》作"後漢書"，此當脫"後"字。《唐志》一百二卷。

韋昭注漢書《隋志》《漢書音義》七卷，韋昭撰。

應劭注漢書《隋志》《漢書集解音義》二十四卷，應劭撰。

漢南紀《唐志》張瑩撰，五十八卷。

魏志三十卷。

蜀志十五卷。

吳志二十一卷。《隋志》晉陳壽撰，下有《魏氏志》當即《魏志》，衍"氏"字。

魏書《隋志》晉司空王沈撰，四十八卷。

吳書《隋志》韋昭撰，五十五卷。隋存二十五卷。

王隱晉書《隋志》晉著作郎王隱撰，九十三卷。隋存八十六卷。《唐志》八十九卷。

虞預晉書《隋志》晉散騎常侍虞預撰，四十四卷。隋存二十六卷。《唐志》五十八卷。

朱鳳晉書《隋志》晉中書郎朱鳳撰，未成書，十四卷。隋存十卷。《唐志》十四卷。

中興書《隋志》宋湘東太守何法盛撰，七十八卷，中上有"晉"字。《唐志》八十卷。

鄧粲晉書《隋志》晉荊州別駕鄧粲撰《晉紀》，十一卷。

沈約晉書《隋志》梁有一百十一卷，隋亡。

干寶晉書《唐志》二十二卷。

宋書《隋志》梁尚書僕射沈約撰,一百卷。此書是否沈約所撰?

張璠漢紀《隋志》張璠《後漢紀》三十卷,此脱"後"字。

袁宏漢紀《隋志》作《後漢紀》三十卷,此脱"後"字。

魏氏春秋《唐志》孫盛撰二十卷,下有《魏志春秋》,"志","氏"字之誤。

漢晉春秋《隋志》晉滎陽太守習鑿齒撰,四十七卷。《唐志》五十四卷。

曹嘉之晉紀《隋志》晉前軍諮議曹嘉之撰,十卷。

劉謙之晉紀《隋志》宋中散大夫劉謙之撰,二十三卷。《唐志》二十卷。

徐廣晉紀《隋志》宋中散大夫徐廣撰,四十五卷。

晉陽秋《唐志》孫盛撰,三十二卷。

檀道鸞續晉陽秋《隋志》宋永嘉太守檀道鸞撰,二十卷。

環濟吳紀《隋志》九卷。《唐志》十卷。

戰國策《隋志》劉向録三十二卷,又高誘注二十一卷。

吳越春秋《隋志》趙曄撰十二卷,又皇甫遵撰十卷。

梁祚魏國統《隋志》二十卷。

魏末傳《隋志》不著撰人,二卷。

晉諸公贊《隋志》晉秘書監傅暢撰,二十一卷。

晉後略《隋志》晉下邳太守荀綽撰,五卷。《志》作《晉後略記》,此當脱"記"字。

典略《隋志》魏秘書監魚豢撰,八十九卷。

皇甫謐帝王世紀《隋志》十卷。

趙書《隋志》僞燕太傅長史田融撰,十卷。《唐志》作《趙石紀》二十卷。

華陽國志《隋志》晉常璩撰,十二卷。《唐志》十三卷。

裴景仁秦書《隋志》宋殿中將軍裴景仁撰，十一卷，《志》作《秦紀》。

泰元起居注《隋志》梁有五十四卷，隋存二十五卷。《唐志》五十二卷。

漢武故事《隋志》二卷。

八王故事《隋志》十卷。

劉向別録《隋志》作《七略別録》，二十卷。

摯虞文章志《隋志》四卷。

續文章志《隋志》傅亮撰，二卷。

宋明帝文章志《隋志》作《晉江左文章志》，三卷。

海内先賢傳《隋志》魏明帝時撰，四卷。

先賢行狀《唐志》有《李氏海内先賢行狀》，三卷。

楚國先賢傳《隋志》晉張方撰，十二卷，"傳"下有"贊"字，此當脱。

汝南先賢傳《隋志》魏周斐撰，五卷。

陳留志《隋志》東晉剡令江敞撰，十五卷。

會稽後賢記《隋志》鍾離岫撰，二卷，"記"上有"傳"字，此當脱。

會稽典録《隋志》虞預撰，二十四卷。

豫章舊志《隋志》會稽太守熊點撰，三卷。

張資涼州記《隋志》《僞燕右僕射張諮涼（州）記》，八卷。"資"字誤。《唐志》同，十卷。

嵇康高士傳《隋志》《聖賢高士傳贊》三卷，嵇康撰。下有《高士傳》，不標撰人，恐爲此書。

皇甫謐高士傳《隋志》六卷。

逸士傳《隋志》皇甫謐撰，一卷。

蕭廣濟孝子傳《隋志》晉輔國將軍蕭廣濟撰，十五卷。

鄭緝孝子傳《隋志》宋員外郎鄭緝之撰，十卷。此脱"之"字。《唐志》同。

江左名士記《隋志》劉義慶撰，一卷。"記"作"傳"。

江表傳《唐志》虞傅撰，二卷。

竹林七賢論《隋志》晉太子中庶子戴逵撰，二卷。

名士傳《唐志》袁宏撰，三卷。

文士傳《唐志》張隲撰，五十卷。

妬記《隋志》虞通之撰，二卷。

列僊傳、劉向列僊傳《隋志》《列僊傳贊》二卷，劉向撰。又葛洪撰《列僊傳》，十卷。此書所引雖有一不標撰人，然亦劉氏之書。

搜神記《隋志》干寶撰，三十卷。

異苑《隋志》宋給事劉敬叔撰，十卷。

幽明録《隋志》劉義慶撰，二十卷。

靈鬼志《隋志》荀氏撰，三卷。

孔氏志怪《隋志》孔氏撰，四卷。

晉百官名《隋志》三十卷。

洛陽宮殿書《隋志》"書"作"簿"，一卷。

吳興記《隋志》山謙之撰，三卷。

會稽土地志《隋志》朱有撰，一卷。"志"作"記"。

盛弘之荆州記《隋志》宋臨川王侍郎盛弘之撰，三卷。

南徐州記《隋志》山謙之撰，二卷。

十洲記《隋志》東方朔撰，一卷。

南州異物志《隋志》吳丹陽太守葛震撰，一卷。

塔寺記《隋志》《京師寺塔記》二，一劉璆撰，十卷；一釋曇景撰，二卷。此當指劉撰。

東方朔傳《隋志》八卷。

管輅傳《隋志》三卷。

裴氏家傳《隋志》四卷。

褚氏家傳《隋志》一卷。

王氏世家《隋志》王褒撰《王氏江左世家傳》，二十卷。

曹瞞傳《唐志》一卷。

桓玄別傳《唐志》二卷。

謝氏譜《隋志》十卷。

楊氏譜《隋志》一卷。

傅氏譜《隋志》作《北地傅氏譜》，二卷。

王德晉書"德"疑"隱"字之誤。

沈約晉書《隋志》梁有一百十一卷，亡。

魏略亡。

劉諫之晉書"諫"疑"謙"字之誤。

吳録《隋志》、《晉書》有張勃《吳録》三十卷，亡。

晉安帝紀《唐志》有《陸機晉帝紀》四卷，不知是否其中之一。

世語《隋志》有晉襄陽令郭頒撰《魏晉世語》十卷，不知是否此書。

車頻秦書亡

晉惠帝起居注《隋志》梁有二卷，亡。

會稽記《隋志》賀循撰《會稽郡記》一卷，不知是否此書。

摯氏世本亡。

文章傳亡。

文章録亡。

徐廣歷記亡。

三秦記亡。

永嘉流人名亡。

周祇隆安記亡。

襄陽記亡。

荀綽冀州記亡。

丹陽記亡。

揚州記亡。

太康帝紀亡。

西河舊事《隋志》晉侍御史喻歸撰《西河記》二卷，不知是否此書。

東陽記亡。

荀綽兗州記亡。

錢塘縣記亡。

廬山記亡。

遊山記亡。

尋陽記亡。

永嘉記亡。

晉世譜亡。

晉東宮官名亡。

高逸沙門傳亡。

名德沙門題目亡。

征西僚屬名亡。

庾亮僚屬名亡。

齊王官屬名亡。

明帝東宮僚屬名亡。

顧愷之畫贊亡。

伏滔大司馬僚屬名亡。

王朝日録亡。

高坐傳_亡。

王丞相德音記_亡。

太原郭氏録_亡。

文章敍録_亡。

文字志_亡。

文章傳_亡。

文章録_亡。

丘淵之文章録_{亡，疑即上書。}

丘淵之新集録_亡。

顧愷之晉文章記_亡。

李康家誡_亡。

魏武遺令_{亡，疑在魏武帝集中。}

郭泰別傳_{下作《郭林宗別傳》，當是一書。}

陳寔傳

嵇康別傳

郗鑒別傳

王乂別傳

王丞相別傳

桓彝別傳

阮光禄別傳

劉尹別傳

范宣別傳

王獻之別傳

王恭別傳

孔融別傳

司馬徽別傳

向秀別傳

陸機別傳

衛玠別傳

顧和別傳

王含別傳

孫放別傳

庾翼別傳

佛國澄別傳

桓温別傳

顧悦別傳

王長史別傳

王中郎傳

郗超別傳

謝車騎家傳下有《謝車騎傳》，當爲一書。

王胡之別傳

袁氏家傳

孝文王傳

王司徒傳

鍾雅別傳

陸玩別傳

殷羨言行

殷浩言行

江惇傳

王珉傳

馬融自敘

鄭玄別傳

王弼別傳

荀粲別傳

王敦別傳

謝鯤別傳

王述別傳

支法師傳

謝玄別傳

安法師傳

樊英別傳

袁氏世紀

左思別傳

郭璞別傳

諸葛恢別傳

周顗別傳

孔愉別傳

蔡司徒別傳

王彪之別傳

陶侃別傳

羅府君別傳

祖約別傳

阮孚別傳

羊曼別傳

王劭王薈別傳

安和上傳

石勒傳

王舒傳

王彬別傳

孟嘉別傳

邴原別傳

陸雲別傳

王澄別傳

趙吳郡行狀

徐江州本事

王邃別傳

卞壼別傳

王濛別傳

支遁別傳與上文《支法師傳》，不知是否一書。

虞光禄傳

郗愔別傳

劉悛別傳

陳逵別傳

賀循別傳

羅含別傳

顧愷之別傳

桓沖別傳

桓豁別傳

周處別傳

阮裕別傳

賈充別傳

汝南別傳

郗曇別傳

阮孚別傳

荀氏家傳

范汪別傳

蔡充別傳

司馬晞傳

王雅別傳

司馬无忌別傳

王廙別傳

陶氏敍　羊秉敍　孫統虞存誄敍　張野遠法師銘　陸邁碑　袁宏孟處士銘　張蒼梧碑　劉鎮南銘　孫綽愍度道人贊

以上九篇當《別集》中。

陳氏譜

周氏譜

孔氏譜

王氏譜

吳氏譜

羊氏譜

謝氏譜

許氏譜

桓氏譜

馮氏譜

殷氏譜

顧氏譜

諸葛氏譜

庾氏譜

劉氏譜

李氏譜

虞氏譜

衛氏譜

魏氏譜

溫氏譜

曹氏譜

袁氏譜

索氏譜

戴氏譜

賈氏譜

郝氏譜

郗氏譜

韓氏譜

荀氏譜

王氏家譜

祖氏譜

司馬氏譜

華嶠譜敘《隋志》晉《華嶠集》八卷,此《敘》疑在集中。

嚴尤三將敘

賈誼新書《隋志》作《賈子》,十卷。

説苑《隋志》劉向撰,二十卷。

李軌注揚子《隋志》《揚子法言》十五卷,李軌注。

牟子《隋志》後漢太尉牟融撰,二卷。

典論《隋志》魏文帝撰,五卷。

譙子法訓《隋志》譙周撰,八卷。

王弼注老子《隋志》老子《道德經》二卷,王弼注。

向秀注莊子《隋志》晉散騎常侍向秀注,二十卷。

郭象注莊子《隋志》晉太傅主簿郭象注,三十卷。

司馬彪莊子注《隋志》十六卷。

符子《隋志》晉員外郎符朗撰,二十卷。

姚信士緯《隋志》梁有《士緯新書》十卷,亡。《唐志》存。

尸子《隋志》衛鞅上客尸佼撰,二十卷。

吕氏春秋《隋志》高誘注,二十六卷。

論衡《隋志》漢徵士王充撰,二十九卷。

風俗通《隋志》《風俗通義》三十卷,應劭撰。

蔣濟萬機論《隋志》《蔣子》八卷,濟撰。

傅子《隋志》司隸校尉傅玄撰,百二十卷。

説林《隋志》梁有《孔氏説林》二卷,孔衍撰,亡。《唐志》存五卷。

郭子《隋志》東晉中郎郭澄之撰,三卷。

博物志《隋志》張華撰,十卷。

廣志《隋志》郭義恭撰,二卷。

孫子兵法《隋志》魏武帝注,二卷。

范汪碁品《隋志》《碁九品序録》一卷,范汪等注。

青鳥子相冢書《唐志》《青鳥子》三卷。"鳥"當是"烏"字之誤。

伯樂相馬經《隋志》梁有,已亡。《唐志》存。

相牛經《隋志》甯戚撰,梁有,已亡。《唐志》存。

本草當指《神農本草》。

秦丞相寒食散論《隋志》二卷，不著撰人。又有《秦承祖藥方》四十卷。“丞相”二字當是“承祖”之誤

庾法暢人物論亡。

裴子《隋志》吳大鴻臚裴玄撰《裴氏新書》五卷，亡。疑即是書。

語林　裴啟語林疑爲一書。《隋志》梁有東晉處士裴啟《語林》十卷，亡。

孫盛雜語《隋志》有晉秘書監《孫盛集》五卷，無此書名。

杜篤新書《隋志》有後漢車騎校尉《杜篤集》二卷，又有杜恕撰《篤論》四卷，無此書名。

阮子阮武撰，亡。

舊語亡。

嵇康集《隋志》十三卷下所引《聲無哀樂論》、《養生論》、《琴賦敍》，皆集中文。

蔡洪集《隋志》梁有松滋令《蔡洪集》二卷，亡。《唐志》存。

伏滔集《隋志》晉《伏滔集》五卷。下所引《長笛賦敍》即集中文。

夏侯湛集《隋志》晉散騎常侍《夏侯湛集》十卷。

孫楚集《隋志》晉馮翊太守《孫楚集》六卷。

習鑿齒集《隋志》晉滎陽太守《習鑿齒集》五卷。

謝萬集《隋志》晉散騎常侍《謝萬集》十六卷。

袁宏集《隋志》晉東陽太守《袁宏集》十五卷。下所引《東征賦敍》、《孟處士銘》均集中文。

桓玄集《隋志》晉《桓玄集》二十卷。

孫綽集《隋志》晉衛尉卿《孫綽集》十五卷。下所引《遂初賦敍》、《庾亮碑》、《愍度道人贊》，均集中文。

桓温集《隋志》晉大司馬《桓温集》十一卷。

潘岳集《隋志》晉黃門郎《潘岳集》十卷。所引《潘岳家風詩》、《秋興賦敘》均集中文。

劉瑾集《隋志》晉太常卿《劉瑾集》九卷。

張敏集《隋志》晉尚書郎《張敏集》二卷。

庾亮集《隋志》晉太尉《庾亮集》二十一卷。

婦人集《隋志》二十卷，梁有《婦人集》三十卷，殷淳撰。又有《婦人集》十一卷，亡。

山公啓事　山濤啓事《隋志》晉少傅《山濤集》九卷，此當爲集中文。

支公書《隋志》晉沙門《支遁集》八卷，當即是書。所引《逍遙論》、《即色論》，均集中文。

傅咸羽扇賦敘《隋志》晉司隷校尉《傅咸集》十七卷，此爲集中文。

嵇紹趙至敘《隋志》晉侍中《嵇紹集》二卷，此爲集中文。

王珣嚴陵瀨詩《隋志》晉司徒《王珣集》十一卷，此爲集中文。

四本論《隋志》司徒《鍾會集》十三卷，此爲集中文。

孫統虞存誄敘《唐志》《孫統集》五卷，此爲集中文。

左思魏都賦《隋志》晉齊王府記室《左思集》二卷，此爲集中文。

王隱論揚雄玄經《隋志》晉著作佐郎《王隱集》十卷，此爲集中文。

謝鯤元化論《隋志》晉太常《謝鯤集》六卷，此爲集中文。

石崇金谷詩敘《隋志》晉衛尉卿《石崇集》六卷，此爲集中文。

王羲之臨河敘《隋志》晉金紫光禄大夫《王羲之集》九卷，此爲集中文，即《蘭亭禊序》也。

傅玄彈碁賦敘《隋志》晉司隷校尉《傅玄集》十五卷，此爲集中文。

歐陽堅右言盡意論《隋志》晉頓丘太守《歐陽建集》二卷，不知是否,俟考。

　　王修集《隋志》梁有魏國奉常《王修集》二卷,亡。

　　高柔集亡。

　　張野遠法師銘張集未見。

　　劉伶酒德頌集未見。

　　葛洪富民塘頌集未見。

　　謝歆金昌亭詩敘集未見。

　　林法師墓下敘　　陸邁碑　　張蒼梧碑　　劉鎮南銘四文不知出何《集》,俟考。

釋 三 歸

　　管氏有"三歸"。解"三歸"者有三説：一、"三歸"之"歸"即包氏所云"娶三姓女也"。二、以"歸"訓"饋"，言以三牲祭也。三、有三家以供歸宿也。訓爲"娶三姓女"者，泥於婦人謂"嫁"曰"歸"之説也。訓爲以三牲獻者，穿鑿晏子"以共宗廟之鮮"之言也。《晏子春秋·雜篇》："昔吾先君桓公，有管仲恤勞齊國，身老，賞之以三歸。"《戰國·東周策》："齊桓公宫中七市，女閭七百，國人非之。管仲故爲三歸之家，以掩桓公非，自傷於民也。"由《晏子》之説求之，則以"三歸"爲逸老之用；由《國策》之説求之，則"三歸"之下明著爲家，其非婦人、三牲明矣。此蓋如後世之賜第宅以備老臣休沐之用耳。《晏子》、《國策》尚非僞書，似可據此以解。至一言桓公所賞，一言管仲故爲此，則臨時引用之人不同，故立説亦異也。解爲臺名者，尤無據，故不論。

讀《戰國策》

　　《戰國策》之名爲劉向校録後所定，據向序云："中書本號或曰《國策》，或曰《國事》，或曰《短長》，或曰《事語》，或曰《長書》，或曰《脩書》。"是此書在向未校録前，其名至雜。今案：書中《秦策》，衛鞅被殺於惠王，蘇秦説秦惠王，後半皆爲敍事；《齊策》閔王殺孤狐咺、孫室子陳、司馬穰苴一則，《韓策》聶政刺韓傀一則，大都記事之文，其他類此者亦尚有之，是其所以有"國事"、"事語"、"長短"之名乎？以"國策"爲名者，蓋取其大凡也。

　　劉向敍曰："其事繼春秋以後，訖楚漢之起，二百四十五年間之事皆定以殺青，書可繕寫。"是在孔子修《春秋》之後矣。然《趙策》中有復塗偵説衛靈公逐彌子瑕、雍疽事，此與孔子同時，不應闌入。且衛、宋亦成一卷，何以入在《趙策》？豈此書在劉向之前漫無次序，而所收之文亦不限於戰國乎？如爲劉向編定，且既定名爲《戰國策》，此條應附《衛策》之後。以向例準之，衛靈公一事不計，《國策》最早之事爲《趙策》中知伯伐趙、郄疵諫親韓魏，此即三晉滅知伯事，在周定王十六年，東、西周尚未分也。最晚之事爲《齊策》齊王建入朝於秦事，在秦始皇二十六年。定王在位二十六年，自定至赧一百九十五年，赧卒而西周亡，實當秦昭襄王五十二年。昭襄在位五十六年，自昭襄至始皇二十六年，又得八十九年，是此書實佔二百八十四年之久，不止二百四十五年也。

蘇秦始以連橫之說說秦惠王，是蘇秦始亦主橫也。橫不成，方說燕文侯以合從。是從橫之說爲蘇秦所倡者。秦既相六國，故張儀事秦專主連橫以破從。秦死於齊，實在湣王時，宣王之子也，是儀、秦皆與孟子同時。

惠施爲魏相，《魏策》中屢見之，馬陵之敗又諫惠王悉兵攻秦，是與孟子亦同時，施即莊子之友，是莊子亦與孟子同時。

《宋策》公輸般爲楚設機，將以攻宋，文同《墨子》所載，加以刪節。按：公輸班即公輸子，《孟子·離婁篇》所謂公輸子之巧者也。《文選·西都賦》薛綜注："魯般一云公輸子，魯哀公時巧人。"孫仲容先生《墨子年譜》列此事於周考王元年、魯悼公二十八年。計自魯哀公二十七年起至共公元年止，凡八十三年。如以哀公二十七年爲墨子生年，則墨子拒公輸子之時爲二十九歲，見齊大王時爲七十三歲，皆在孟子之前，故孟子一引之，一攻之也。

齊王使使者問趙威后，威后問使者："於陵子仲尚存乎？是其爲人也，上不臣於王，下不治其家，中不索交諸侯，此率民而出於無用者，何爲至今不殺乎？"當是齊宣王時事。子仲亦與孟子同時。書中引老子者二：《齊策》老子曰："雖貴必以賤爲本，雖高必以下爲基，是以侯王稱孤、寡、不穀，是其賤之本與非？"老子原文作"此非以賤爲本邪非乎"。《魏策》老子曰："聖人無積，盡以爲人己愈有，既以與人己愈多。"引老萊子者一：《楚策》："公不聞老萊子之教孔子事君乎？示之其齒之堅也，六十而盡相靡也。"見《齊策》者爲顏斶說齊宣王，見《魏策》者爲公叔痤與韓趙戰，勝而不居功，當在梁惠王時。引老子語者實爲記事者引書以證,見《楚策》者爲説黄齊使善富摰。三事宜以顏斶爲最早,則老子必先於孟子矣。

引列子者一:《韓策》史疾爲韓使楚,楚王問曰:"客何方所循?"曰:"治列子圉寇之言。"曰:"何貴?"曰:"貴正。"是列子略先于莊子、孟子。

與《史記》所載詳略不同者甚多,亦有大異者。如《齊策》:"司馬穰苴,爲政者也,殺之,大臣不親。"而《史記》穰苴乃齊景公時人,晏子所薦者,距閔王時遠矣。《秦策》復使姚賈而誅韓非,《史記·韓非傳》非爲李斯藥死。

書中載爲相於他國者至多,疑有類於現時之大使、公使,惟得預聞國政。

敘博事者二:《秦策》曰:"夫不觀博者乎? 或欲大投,或欲分功。"《魏策》曰:"王獨不見夫博者之用梟邪? 欲食則食,欲握則握。"《楚策》曰:"夫梟棊之所以能爲者,以散棊佐之也。夫一梟之不勝五散,亦明矣。"其法不甚可考。

官爲柱國見《東周策》;官爲上柱國,爵爲上執珪,見《魏策》。柱國之官戰國已有。

《趙策》知過説智伯親善韓魏、智伯不聽,遂別氏爲輔。智氏亡,輔室獨存。《國語》作"智果"。智宣子立瑶,果諫不聽,別族於太史爲輔氏。由《趙策》言之,其時智伯已與韓、魏圍趙襄子于晉陽,夫韓、魏從張孟談之説反攻智伯,其事甚急,不容知過有別族之機,當以《國語》爲可信。張孟談,《國語》無"孟"字。

説 案 非 椀

祝廉夫弟校訂《文選注》"青玉案"三字，從鞏氏《後耳目志》訓"案"爲"椀"以駁李注。予既引《周禮注疏》等證鞏氏之非，且斥《康熙字典》別增"桉"字之贅，囑廉夫弟删去此則矣。又記，《急就篇》云："椷杅槃案栝閜盌。"顏師古注云："無足曰盤，有足曰案，所以陳舉食也。"王應麟補注曰："《考工記》：案，十二寸。萬石君對案不食。張敖自持案進食。《方言》：案，陳楚宋魏謂之檣，關東西謂之案。"無論顏、王注釋極明，即史游原文案、盌並列，亦可證案之不能訓盌矣。

黃　帝　言

《黃帝書》曰：“谷神不死，是謂玄牝。玄牝之門，是謂天地之根。綿綿若存，用之不勤。”

《黃帝書》曰：“形動不生形而生影，聲動不生聲而生響，無動不生無而生有。”

黃帝曰：“精神入其門，骨骸反其根，我尚何存？”

“黃帝即位十有五年，喜天下戴己，養正命，娛耳目，供鼻口，燋然肌色皯黣，昏然五情爽惑。又十有五年憂天下之不治，竭聰明，進智力，營百姓，焦然肌色皯黣，昏然五情爽惑。黃帝乃喟然讚曰：‘朕之過淫矣。養一己其患如此，治萬物其患如此。’於是放萬機，舍宮寢，去直侍，徹鐘懸，減厨膳，退而閒居大庭之館，齋心服形，三月不親政事。晝寢而夢，遊於華胥氏之國。華胥氏之國在弇州之西，台州之北，不知斯齊國幾千萬里，蓋非舟車足力之所及，神遊而已。其國無帥長，自然而已；其民無嗜欲，自然而已。不知樂生，不知惡死，故無夭殤；不知親己，不知疏物，故無愛憎；不知背逆，不知向順，故無利害。都無所愛惜，都無所畏忌。入水不溺，入火不熱。斫撻無傷痛，指摘無痟癢。乘空如履實，寢虛若處牀。雲霧不硋其視，雷霆不亂其聽，美惡不滑其心，山谷不躓其步，神行而已。黃帝既寤，怡然自得，召天老、力牧、太山稽，告之曰：‘朕閒居三月，齋心服形，思有以養身治物之道，弗獲其術。疲而睡，所夢若此。今知至道不可以情求矣。朕知之矣！朕得之矣！而不能以告若矣。'又二十有八年，天下大治，幾若華胥氏之國。而帝登假，百姓號之，二百餘年不輟。"

黃帝與炎帝戰於阪泉之野，帥熊、羆、狼、豹、貙、虎爲前驅，鵰、鶡、鷹、鳶爲旗幟，此以力使禽獸者也。

唯黃帝與容成子居空峒之上，同齋三月，心死形廢。徐以神視，塊然見之，若嵩山之阿；徐以氣聽，砰然聞之，若雷霆之聲。

黃帝之書云："至人居若死，動若械。"亦不知所以居，亦不知所以不居；亦不知所以動，亦不知所以不動；亦不以衆人之觀易其情貌，亦不謂衆人之不觀不易其情貌。獨往獨來，獨出獨入，孰能礙之。"以上《列子》。

黃帝立爲天子十九年，令行天下，聞廣成子在於空同之上，故往見之，曰："吾聞吾子達於至道，敢問至道之精。吾欲取天地精以佐五穀，以養民人。吾又欲官陰陽，以遂羣生。"廣成子曰："而所欲問者，物之質也；而所欲官者，物之殘也。自而治天下，雲氣不待族而雨，草木不待黃而落，日月之光益以荒矣。而佞人之心翦翦者，又奚足以語至道？"黃帝退，捐天下，築特室，席白茅，閒居三月，復往邀之。廣成子南首而卧，黃帝順下風膝行而進，再拜稽首而問曰："聞吾子達於至道，敢問治身奈何而可以長久？"廣成子蹶然而起曰："善哉問乎！來，吾語女至道。至道之精，窈窈冥冥；至道之極，昏昏默默。無視無聽，抱神以靜，形符自正。必靜必清，無勞女形，無搖女精，乃可以長生。目無所見，耳无所聞，心无所知，女神將守形，形乃長生。慎女內，閉女外，多知爲敗。我爲女遂於大明之上矣,至彼至陽之原也;為女入於窈冥之門矣,至彼至陰之原也。天地有官,陰陽有藏,慎守女身,物將自壯。我守其一以處其和,故我修身千二百歲矣,吾形未嘗衰。"黃帝再拜稽首曰:"廣成子之謂天矣。"廣成子曰:"來,吾語女。彼其物無窮,而人皆以為有終;彼其物無測,而人皆以為有極。得吾道者,上為皇而下為王;失吾道者,上見光而下為土。今夫百昌,皆生於土而反於土,故余將去女,入無窮之門,以遊無極之野。吾與日月參光,吾與天地為常。當我,緡乎! 遠我,昏乎! 人其盡死,而我獨存乎!"

黃帝遊乎赤水之北,登乎崑崙之丘而南望,還歸,遺其玄珠,使知索之而不得,使離朱索之而不得,使喫詬索之而不得也。乃使象罔,象罔得之。黃帝曰:"異哉! 象罔乃可以得之乎?"

北門成問於黃帝曰:"帝張咸池之樂於洞庭之野,吾始聞之懼,復聞之怠,卒聞之而惑,蕩蕩默默,乃不自得。"帝曰:"汝殆其然哉! 吾奏之以人,徵之以天,行之以禮義,建之以太清。夫至樂者,先應之以人事,順之以天理,行之以五德,應之以自然,然後調理四時,太和萬物,四時迭起,萬物循生。一盛一衰,文武經綸;一清一濁,陰陽調和,流光其聲。蟄蟲始作,吾驚之以雷霆,其卒無尾,其始無首。一死一生,一僨一起,所常無窮,而一不可待。女故懼也。吾又奏之以陰陽之和,燭之以日月之明。其聲能短能長,能柔能剛,變化齊一,不主故常。在谷滿谷,在阬滿阬,塗却守神,以物為量。其聲揮綽,其名高明。是故鬼神守其幽,日月星辰行其紀。吾止之於有窮,流之於無止。予欲慮之而不能知也,望之而不能見也,逐之而不能及也。儻然立於四虛之道，倚於槁梧而吟。目知窮乎所欲見，力屈乎所欲逐，吾既不及已夫！形充空虛，乃至委蛇。汝委蛇，故怠。吾又奏之以無怠之聲，調之以自然之命。故若混逐叢生，林樂而無形；布揮而不曳，幽昏而無聲。動於無方，居於窈冥。或謂之死，或謂之生；或謂之實，或謂之榮。行流散徙，不主常聲。世疑之，稽於聖人。聖也者，達於情而遂於命也。天機不張而五官皆備，此謂之天樂，無言而心說。故有焱氏爲之頌曰：‘聽之不聞其聲，視之不見其形，充滿天地，包裹六極。’汝欲聽之而無接也，而故惑也。樂也者，始於懼，懼故祟；吾又次之以怠，怠故遁；卒之於惑，惑故愚；愚故道，道可載而與之俱也。”

知北遊於元水之上，登隱弅之丘，而適遭無爲謂焉。知謂無爲謂曰：“予欲有問乎若，何思何慮則知道？何處何服則安道？何從何道則得道？”三問而無爲謂不答也。非不答，不知答也。知不得問，反於白水之南，登狐闋之丘，而覩狂屈焉。知與之言也問乎狂屈。狂屈曰：“唉！予知之，將語若。”中欲言而忘其所欲言。知不得問，反於帝宮，見黃帝而問焉。黃帝曰：“無思無慮始知道，無處無服始安道，無從無道始得道。”知問黃帝曰：“我與若知之，彼與彼不知也，其孰是邪？”黃帝曰：“彼無爲謂真是也，狂屈似之，我與汝終不近也。夫知者不言，言者不知，故聖人行不言之教。道不可致，德不可至。仁可爲也，義可虧也，禮相僞也。故曰：‘失道而後德，失德而後仁，失仁而後義，失義而後禮。禮者，道之華而亂之首。’故曰：‘爲道者日損，損之又損之，以至於無爲，無爲而無不爲也。’今以爲物也，欲復歸根，不亦難乎！其易也，其唯大人乎！生也死之徒,死也生之始,孰知其紀! 人之生,氣之聚也。聚則爲生,散則爲死。若死生爲徒,吾又何患! 故萬物一也。是其所美者爲神奇,其所惡者爲臭腐。臭腐復化爲神奇,神奇復化爲臭腐。故曰:'通天下一氣耳。'聖人故貴一。"知謂黄帝曰:"吾問無爲謂,無爲謂不應我,非不我應,不知應我也。吾問狂屈,狂屈中欲告我而不我告,非不我告,中欲告而忘之也。今予問乎若,若知之,奚故不近?"黄帝曰:"彼其真是也,以其不知也;此其似之也,以其忘之也;予與若終不近也,以其知之也。"狂屈聞之,以黄帝爲知言。

黄帝將見大隗乎具茨之山,方明爲御,昌寓驂乘,張若謵朋前馬,昆閽、滑稽後車。至於襄城之野,七聖皆迷,無所問塗。適遇牧馬童子,問塗焉,曰:"若知具茨之山乎?"曰:"然。""若知大隗之所存乎?"曰:"然。"黄帝曰:"異哉小童! 非徒知具茨之山,又知大隗之所存,請問爲天下。"小童曰:"夫爲天下者,亦若此而已矣,又奚事焉? 予少而自遊於六合之内,予適有瞀病,有長者教予曰:'若乘日之車而遊於襄城之野。'今予病少痊,予又且復遊於六合之外。夫爲天下亦若此而已。予又奚事焉?"黄帝曰:"夫爲天下者,則誠非吾子之事。雖然,請問爲天下。"小童辭。黄帝又問。小童曰:"夫爲天下者,亦奚以異乎牧馬者哉? 亦去其害馬者而已矣!"黄帝再拜稽首,稱天師而退。

陸刻《史通》

　　陸儼山深于嘉靖乙未刻劉知幾《史通》于蜀中，儼山題後云"得因舊刻校之"云云。其同年高公韶跋則云"同年儼山陸子牧蜀三越月，嘗病蜀本《史通》難讀，乃公暇釐訛續脫，芟其繁蔓"云云。按《史通》自宋刊後，以陸刻爲最早，則陸氏所云舊本、高氏所云蜀本，蓋即指宋蜀刻本而言。今人則又指陸刊本爲蜀本矣，或又有以陸氏爲修補宋本者，其實全書均嘉靖時刻，非修補宋本也。陸刻雖繼宋刻，然《因習》、《曲筆》兩篇錯簡闕文仍不可讀。萬曆三十年壬寅張鼎思又校定陸本重刻，顧難通之處依舊不少。張刻附陸校語在內，字亦活體，書估往往毀去張字序跋以充陸刻，其實行數、字數均不同。

《女儒外史》

　　《女儒外史》一百卷，清吕熊文兆撰，刻于康熙辛卯，有江西
南安知府陳奕禧、江西按察使劉廷璣、江西學使楊顒爲之序記
表揚。書敘唐賽兒事，以唐爲女儒，奉建文正朔，削永樂年號。
自洪武三十一年之後即爲建文，至建文二十六年接以洪熙，始
終以燕王爲反賊，表揚方鐵景及隨侍建文諸臣。雖正統之見
未除，然以一女子爲中心，史臣所書爲妖賊者，推尊倍至，實一
異書。

《英雄譜》

　　《漢宋奇書》更名《英雄譜》,兒時曾見之巾箱。本書分上、下二欄,上欄爲《水滸》,下欄爲《三國演義》。明坊刻本破體、縮寫之字滿紙皆是,然未經金聖歎改動。《三國演義》金氏改動尚少,《水滸傳》如王婆説風情十光,是書僅説其三,餘皆從略。可知今本十光完備者實金氏所增也。

《陶集》疑問

　　《陶淵明集》中有數疑問,今歷筆如下:〈一〉昭明太子蕭統《陶淵明傳》,《晉書》、《宋書》、《南史・隱逸傳》皆有"我不能爲五斗米折腰嚮鄉里小兒"一語。按:晉官制,縣令六百石,列第七品,即爲小縣亦無五斗米可能。以五斗米爲一日之俸耶?月僅十五石,年僅一百八十石,距六百石之數尚遠。且淵明《歸去來兮辭》即作于辭彭澤縣令時,其自序云:"余家貧,耕植不足以自給,幼稚盈室,絣無儲粟,生生所資,未見其術。親故多勸余爲長吏,脱然有懷,求之靡途。會有四方之事,諸侯以惠愛爲德,家叔以余貧苦,遂見用于小邑。于時風波未静,心憚遠役。彭澤去家百里,公田之利,足以爲酒,故便求之。及少日,眷然有歸與之情,何則? 質性自然,非矯厲所得,飢凍雖切,違己交病。嘗從人事,皆口腹自役,於是悵然慷慨,深愧平生之志。猶望一稔,當斂裳宵逝。尋程氏妹喪於武昌,在官八十餘日,因事順心,命篇曰《歸去來兮》,乙巳歲十一月。"云云。尋序中所言因貧求爲縣令,且思任滿一年,然後去職,蓋以救窮,則縣令之俸不止五斗可知。彭澤雖小縣,淵明雖爲版授之官,所得俸禄與當時官制相差甚遠,然後人敘此事者皆以淵明爲高尚,故捨官禄而去。《晉書》、《南史》本傳且云:"素簡貴,不私事上官。郡遣督郵至,縣吏自應束帶見之。潛歎曰:'吾不能爲五斗米折腰,拳拳事鄉里小人。'"云云。案:淵明非出高門，無當時王謝子弟習尚，且天性真率，入宋不忤王宏，無米不恥乞食，何簡貴之有？史臣所記未爲真實。自史傳如此記載，後人遂不加考索，亦以爲信然。如胡仔《苕溪漁隱叢話》云："東坡在潁州時，因歐陽叔弼讀《元載傳》，歎淵明之絶識，遂作詩云：'淵明求縣令，本緣食不足。束帶嚮督郵，小屈未爲辱。翻然賦歸去，豈不念窮獨。重以五斗米，折腰營口腹。'"云云。蓋無一不以五斗米爲官禄也。考晉代崇尚黄老，篤信服食，道教風行，盛極一時。魯迅研究晉人風尚亦論及之。當時士族歸之者衆，即右軍亦其中之一。五斗米者，實即漢末蜀中張氏之徒所奉教名，而非官俸之數。淵明出身寒微，習於勞苦，幼宗儒家之説，佛、道二教皆所深嫉，以違公名德，破戒置酒相邀，尚且不入蓮社，則道教支流之五斗米，淵明之不願趨事明矣。意者督郵實此教信徒，故淵明深惡而痛嫉之，且斥爲鄉里小人乎？準此，則"吾不能爲五斗米折腰，拳拳事鄉里小人"當作一句讀，若"米"字斷句，誤乃百出。陳君光漢曰："若'爲'字平聲讀亦可通。"余然之，因附記及之。

〈二〉《贈長沙公族祖四一作一首并序》，《序》云："余於長沙公爲族，一本作"長沙公於余爲族"。祖同出大司馬，昭穆既遠，以一作"已"。爲路人。經過潯陽，臨別贈此。"云云。按《淵明傳》云："曾祖侃，晉大司馬。"吳仁傑《年譜》列此詩于宋文帝元嘉二年乙丑，云："按《陶侃傳》曰：封長沙郡公，贈大司馬。有子十七人，洪、瞻、夏、琦、旗、斌、稱、範、岱九人，附見《侃傳》。先生大父亦侃子也，獨見於先生《傳》中。侃以壬辰咸和七年薨，世子夏襲爵。及送侃喪，還，殺其弟斌、亮，奏加放黜，表未至而夏卒。詔以瞻襲侃爵)卒，子綽之嗣。綽之卒，子延壽嗣。

宋受禪，降爲吳昌侯。以世次考之，先生於延壽爲諸父行，今
自謂於長沙公爲族祖，意延壽入宋而卒。見先生於潯陽者，豈
其子耶？延壽已降封吳昌，仍以長沙稱之，從晉爵也。《集》本
序文良是，詩題當云‘贈長沙公族孫’，而云‘族祖’者，字之誤
也。一本因詩題之誤，輒以意改序文云‘長沙於余爲族祖。’按
侃子夏襲封長沙公，於先生爲大父行。史雖不著夏卒之歲月，
然其卒在庾亮前，亮没以歲庚子，實咸康六年。距興寧乙丑歲
猶一十五年，時先生未生也，夏固不與先生同時。又按《禮
經》：高祖之昆弟，六世以外然後親屬竭。故有從父，有從祖，
有族祖。蓋同祖爲從父，同曾祖爲從祖，同高祖爲族祖。使侃
諸子而在，乃先生祖之昆弟，服屬近矣，安得云‘昭穆既遠’？
當曰‘從祖’，亦不得云‘族祖’也。至若延壽之子則侃之六世
孫，與先生同高祖，先生視之爲族孫，故以族祖自居。其詩有
云“同源分流，人易世疏”，又有‘禮服既悠’之語。蓋昭穆至是
差遠，然至以爲路人，則長沙公於宗族之義亦薄矣。又云‘慨
然寤歎，念茲厥初’，觀此，則俗本所改序文果非云。”

　　李公煥注引西蜀張縯《辨證》曰：“《年譜》以此詩爲元嘉乙
丑作。按《晉書》載：‘長沙公侃卒，子夏以罪廢，次子瞻之子宏
襲爵。宏卒，子綽之嗣；綽之卒，子延壽嗣。宋受禪，延壽降爲
吳昌侯。’若謂詩作于元嘉，則延壽已改封吳昌非長沙矣。先
生詩云：‘伊余云遘，在長忘同。’蓋先生世次爲長，視延壽乃諸
父行。《序》云‘余於長沙公爲族’，或云長沙公爲大宗之傳，先
生不欲以長自居，故詩稱於穆令族。《序》稱‘於余爲族’，或云
‘我曰欽哉，實宗之光’，皆敬宗之義也。如《年譜》以族祖、族
孫爲稱，乃是延壽之子。延壽已爲吳昌侯，其子又安得稱‘長

沙公'哉？要是此詩作於延壽未改封之前。"云云。

陶澍曰："按吳以《序》中'族'、'祖'連讀，疑所贈乃延壽之子，其稱長沙公者，從晉爵也。張以'族子'斷句，謂所贈即延壽，其稱長沙公在未改封之前。二說皆可通矣。例以永初以來不記宋號，則吳說爲長。即謂《序》中'余於長沙公爲族祖'，所贈乃延壽子，'族'、'祖'二字不必破句可也。惟題之族祖不及爲族孫，因《序》誤衍爲是。至長沙降封，宋高祖受禪，詔降五公，長沙公降爲醴陵侯，見沈約《宋書·高祖紀》。《晉書》誤作吳昌、吳張，皆沿其誤。又按：以稱長沙公爲從晉爵，即贈延壽在降封之後，亦可惟'族'字須斷句耳。先生於延壽爲從父行，《禮》'大夫斷緦'，故云'禮服遂悠'。又云'昭穆既遠，已爲路人'，蓋定律五服之外，以凡論也。而長沙公猶敦族誼，經過潯陽，葺治祖堂，展親收族，故先生作詩美之。既敘纏緜，遂加勗勉，親愛之至，詞意藹然。而葛立方之徒誤會感彼行路之語，橫生議論，亦可謂'固哉高叟'矣。《晉書·桓公傳》：'桓濟之子亮起兵於羅縣，自稱平蜀將軍湘州刺史長沙相。陶延壽以亮稱亂起兵遣散之。'"相"當作"公"。《宋書·高帝紀》：'義熙五年，慕容超率鐵騎來戰，命諮議參軍陶延壽擊之。'是延壽在晉頗立勳業，無忝厥祖，先生固非虛爲嘉許也。"云云。

古直《陶詩箋》云："羅藹其先生曰考。《爾雅》：'父之從父昆弟爲從祖父，父之從祖昆弟爲族父。'郝懿行《疏》云：'父之從父昆弟者，是即父之世父、叔父之子也，當爲從父。不言從祖父者，言從祖而別也云。父之從祖昆弟者是即從祖父之子也，族父亦當爲族祖父，如下文族祖母之例。'《喪服》云：'從祖昆弟。'鄭注：'父之從父昆弟之子。'《通典》引馬融云：'謂曾祖孫也。於己爲再從昆弟，同出曾祖，故言從祖昆弟。’今按：侃之子夏瞻等皆靖節父之世父叔父也。襲爵之瞻子宏，其世父或叔父之子也。宏卒子綽之嗣，綽之者，靖節之從祖昆弟，所謂族父者也。據郝《疏》，族父亦當爲族祖父，然則題云‘長沙公族祖者’，其爲綽之無疑。綽之、靖節爲再從兄弟，同出曾祖侃，故曰‘同出大司馬’云云。”

宗祥案：此事最糾紜，吳氏敘述陶氏世系之後，推求淵明族祖之權既不可得，於是下推至延壽之子而爲族孫。又以長沙公封號已改，則以存晉爵之説解之。張氏駁之僅就長沙公爵號立言，未有其他發明。尋延壽義政五年尚爲晉立功，下距元嘉二年計十七年，其間父死子襲，原有可能。獨以爲淵明不敘宋時官爵，則龐主簿之類，何以亦入詩題？是吳氏之説未能盡合也。陶氏引《宋書》正吳昌爲醴陵極爲正確，較近人引《通鑑》以爲宋初不降封陶侃爵號之説爲長。然其意則亦以爲此詩贈延壽，而非延壽之子，故依違于吳、張二説之間謂皆可通。古氏以此詩爲贈綽之之作，引郝《疏》證之，即依郝《疏》，亦當云族父或《經》曰族祖父，不當云族祖。且綽之與淵明爲再從昆弟，行未甚疏遠，《叙》不當云“已爲路人”。以詩旨言，詩有“禮服遂悠，在長忘同”等句，固當定爲贈延壽之作。何孟春、何焯皆以題中“族祖”二字爲衍文，似爲得之。《序》則應以“長沙公於余爲族”斷句。閻若璩父子至欲改大司馬爲右司馬，以爲非侃曾孫，當遠紹漢之陶舍，則更無據矣。又按詩及《序》意曰“昭穆既遠，已爲路人”者，自侃至延壽五世，服滿同於路人也。曰“伊余云遘，在長忘同者”，淵明爲延壽族父長于延壽也。四詩敘同出一源，雖世遠親疏而敬睦之義仍在，絶無易姓鼎革之感，則知爲延壽在晉襲爵後之作，未嘗入宋代也。

〈三〉《始作鎮軍參軍經曲阿》一首，詩云：“弱齡寄事外，委懷在琴書。被褐欣自得，屢空常晏如。時來苟冥會，宛轡憩通衢。投策命晨旅，暫與園田疏。渺渺孤舟遠，緜緜歸思紆。我行豈不遙，登降千里餘。目倦川塗異，心念山澤居。望雲慚高鳥，臨水愧游魚。真想初在襟，誰謂形迹拘？聊且憑化遷，終返班生廬。”《文選》本題李善注：“臧榮緒《晉書》曰：‘宋武帝行鎮軍將軍，辟公參其軍事。裕起兵討桓玄，誅之，爲鎮軍將軍，淵明參其軍事。未幾，遷建威參軍，見裕有異志，乃求爲彭澤令。’”吳仁傑《年譜》：“曲阿今丹陽縣也，本傳爲鎮軍建威參軍。按晉官制：鎮軍、建威皆將軍官，各置屬掾，非兼官也。以詩題考之，先生蓋於此年作鎮軍參軍，至乙巳作建威參軍，史從省文耳。”宗祥案：李善、馬端臨皆以爲淵明參劉裕軍事。蓋東晉自郗愔之後任鎮軍將軍之職，史可考者，王蘊、王薈之外獨一劉裕，因有是說。孫志祖《文選李注補正》云：“此題上著‘始作’二字，則爲在建威參軍之前矣。從都還，詩題著‘庚子歲’三字，則此爲隆安三年己亥矣。鎮軍雖莫考爲何人，然此年劉裕才參劉牢之軍事，至元興三年始行鎮軍將軍事，題注非也。”陶澍《靖節先生年譜考異》云：“反復推尋，先生實參劉牢之軍事。隆安二年，牢之代王恭爲都督鎮京口。題曰經曲阿鎮在京口，故曲阿有必經也。”宗祥案：孫氏以年歲推算，糾正李注之誤，然不能斷定庚子還都之詩，必爲己任鎮軍參軍之後所作。陶氏據孫氏之説，重爲斷定，證以地理，此案遂可確定。蓋牢之亦桓氏舊人，淵明之與桓氏實有相契之雅。故牢之出鎮即辟淵明，原極可能，且其後更參牢之子敬宣建威將軍軍事,而淵明亦樂于相就也。不獨淵明非參劉裕軍,且與裕爲同事,所不能完全得據者,史未明載牢之當時軍職,僅言代王恭爲都督鎮京口耳。則鎮牢之名究無著落,此事另篇考定。雖史有缺文,然時地皆符,此案可無疑矣。

〈四〉《讀山海經十二首》,第十首云:"精衛銜微木,將以填滄海。形夭無千歲,猛志故常在。同物既無慮,化去亦不悔。徒設在昔心,良晨詎可待。""形夭無千歲"句,宋刻江州《陶靖節集》、宋刻《東坡和陶詩》均同。獨曾紘端伯云:"余嘗評陶公詩,語造平淡而用意深遠。外若枯槁,中實敷腴,真詩人之冠冕也。平生酷愛此作,每以世無善本爲恨。其詩曰:'形夭無千歲,猛志固常在。'疑上下文義不相貫,遂取《山海經》參校。有云:'刑天,獸名也,口中好銜干戚而舞。'乃知此句是'刑天舞干戚',故與'猛志固常在'相應。五字皆訛,蓋字畫相近,無足怪者。間以語友人岑穰彥休、晁詠之之道,二公撫掌驚歎,亟取所藏本是正之。因思宋宣獻言'校書如拂几上塵,旋拂旋生',豈欺我哉?親友范元羲寄示義陽太守公所開《陶集》,想見好古博雅之意,則書以貽之。"《朱子語録》:"或問'形夭無千歲'改作'刑天舞干戚'如何?曰:《山海經》分明如此說,惟周丞相不信改本。向薌林家藏邵康節寫陶詩一冊,乃作'形夭無千歲',周遂跋尾以康節手書爲據,以爲後人妄改。向家子弟携來求跋,某細看亦不是康節親筆,因不欲破其前說,遂還之。"宗祥按:曾氏之說洪容齋載入《四筆》,周紫芝《竹坡詩話》襲爲己說,邢凱《坦齋通編》亦以洪容齋之言爲是,此皆以原五字爲訛者。

《二老堂詩話》云:"靖節此題十三篇,大抵篇指一事,如前篇之所言夸父同，此篇恐當專說精衛銜木填海，無千歲之壽，而猛志常在，化玄不悔。若並指刑天似不相續。"又説："末句云：'徒設在昔心，良辰詎可待？'何預干戚之舞耶？後見周紫芝《竹坡詩話》復襲曾紘之意以爲己説，皆誤矣。"吳瞻泰《陶詩彙注》云："吾友汪洋度著論云，曾氏以一己臆見非確，據舊時佳本流傳至今，不勝詞費。形夭句乃一篇點睛處，上下義未嘗不貫，填海正須待千歲也。志在與形夭應，故字又與無字應。摻入'刑天'則第二句爲不了語，第四句爲無根語矣。若以'舞干戚'爲猛，而銜木填海者其猛何如？'化去'即承'形夭'，'徒設在昔心'，因'形夭'故也。'良辰詎可待'暗與'無千歲'應，至'同物'句，不敢強爲之解。然必謂精衛與刑天爲同，亦屬牽合。"宗祥案：此二家皆宗舊本，以"形夭無千歲"爲是，其後有宗周說，仍用原句；如何焯等。有宗曾說，改爲"刑天舞干戚"，如陶澍等。聚訟至今。曾氏以前，一切宋刻以爲必作"刑天舞干戚"，方爲真正宋刻者。尋此五字，曾氏以前宋本確然具在。主改爲'刑天'者，始於曾氏，曾氏並無他據，硬斷爲義不相貫，而以"刑天"代之。晦庵復粗枝大葉不求甚解，附和其説。周氏、汪氏對于曾氏義不相貫一語，已能略有更正，惟尚未能折服一切。今爲剖析如下：周氏以一篇一事駁曾氏，則原詩第十一首即敘欽鴀、窫窳二事，是此説不足以屈之，要當以二事相類不相類爲主。"巨猾肆威暴"一首，既敘欽鴀、窫窳，兼及祖江，幾於三事。然皆連類而及，故自成章。若精衛之與刑天，一爲銜冤少女所化，一爲與帝爭神被戮，品既不同，事絕不類，何能連寫？況此詩明説精衛所銜是微木，將以填海，千萬歲所不能做到。小鳥之形易夭無千歲之壽，獨其猛志常在耳。

掺入"刑天"，此所謂猛志者，指精衛乎？指刑天乎？抑包二者而言乎？指精衛則掺入刑天，實屬横生枝節，指刑天則精衛竟無下落，并指二者則二物不類，且語氣更不貫通矣。況少女衛宛填海，其志之猛可歌可泣；刑天與帝争神，即有猛志，何足取乎？汪氏對"同物"二字不强解説，蓋尚模糊于精衛、刑天爲同物，故不下斷語。其實此指炎帝少女溺海不返化爲小鳥，下同于物。故下云"既無慮"，"不復悔"是猶云人同于物，且無顧慮即物易化去，亦不悔恨。所專志一心者，惟在填平溺死之海而已。但海既不可填，故結云："徒設在昔心，良辰詎可待。"此即明言徒有銜東填海壯志，而此平海之期究不可待也。此句必當以曾氏以前宋本爲主，不當好奇從曾氏之説改全詩，陷于不可解讀。又按："形天"或有刻作"刑夭"者，形、刑古通，其例至多，或者曾氏所見之本有作"刑夭"者。曾氏不知古字通用，因以致疑，遂强爲之覓證，牽涉及于"刑天"、"干戚"乎？

《萃志傳》

　　《萃志傳》十卷七十回，明錢塘孫高亮明卿撰，取《皇明實錄》、《皇明統記》、《皇明政要》、《我朝綱鑑憲章錄》、《皇明奏疏列卿傳》、《名臣言行錄》、《吾學編》《搜古奇編》、《天順日錄》、《復辟錄》、《水東日記》、《菽園日記》、《今説海》、《震澤長語》、《鎖綴錄》、《蘇談枝山野語》、《夢占類考》諸書爲資料，演述于忠肅公事跡者，不甚合于小説體裁，然較《岳傳》則爲精確。

《南西廂曲譜》

　　《南西廂曲譜》見于納書楹刻本中者計九齣。《正集》卷三爲"聽琴"、"驚夢"二折,《續集》卷二爲"遊殿"、"酬韻"、"諸宴"、"寄柬"、"送方"、"佳期"、"長亭"七折。癸巳歲,闌少濱先生以鈔本見假,上卷九套爲"驚豔"、"借廂"、"酬韻"、"鬧齋"、"寺警"、"傳書"、"請宴"、"賴婚"、"琴心"。下卷八套爲"前候"、"鬧簡"、"賴簡"、"後候"、"酬簡"、"拷豔"、"哭宴"、"驚夢"。《續集》四套爲"報捷"、"緘愁"、"求配"、"榮歸",全部《南西廂》均入譜中。據刻本乾隆五十七年壬子王文治序則知《北西廂·臨川四夢》均有全本行世。據鈔本乾隆六十年乙卯懷庭居士葉堂自序有云:"余譜《西廂記》行世,購者寥寥,有板無眼,此所以裹足不前也。邇因原板日久散失,復加校定於可用小眼處,令增入以付剞劂。則知不獨《北西廂》有全本行世,南西廂亦曾全本付刻行世矣。"然壬子王序又有曰:"除《北西廂·臨川四夢》全本先已行世外,自《琵琶記》而降,凡如千篇,命之曰《納書楹曲譜正集》。然世俗之所流通者或不能盡文,廣之曰《續集》、曰《外集》。"今《南西廂》九折正在《正集》、《續集》之中,是可證壬子時,實未有全本也。刻本全者不易得,此鈔本至足珍矣。

　　《正集》所收"聽琴"一折,即鈔本第九折之"琴心";《續集》所收"遊殿"一折,即鈔本第一折之"驚豔";"驚變"一折,即鈔本第三折之"寺警";"寄柬"一折,即鈔本中第十折之"前候";"送方"一折,即鈔本第十三折之"後候";"佳期"一折,即鈔本中第十四折之"酬簡";"長亭"一折,即鈔本中第十六折之"哭宴"。其他"驚夢"、"酬韻"、"請宴"三折標題均同。曲文、曲譜兩本大有出入,如"遊殿"刻本首爲[忒忒令]"隨喜到僧房古殿"句起,與鈔本"驚豔"完全不同,其他各折盡同此例。

鈔本有朱允倩先生朱墨批校,據卷首道光丙午自記,則謂據王實甫原本訂正者。然予用明富春堂本複校,實大不同,不知朱先生所據何本? 抑以意改定也乎? 予本擬録竣後,據納書楹刻本勘譜,據富春重刻本勘詞,今既方枘圓鑿,不能相容,則祇能存其本真,使葉氏此書多一傳本。朱氏勤學博聞,後生可以師法而已。

製譜者每致回文以就譜,此實無可奈何之舉,此朱先生所以有點金成鐵之慨。然專求回文之美,使與譜脱離,則又不能被之管絃成爲唱曲。《桃花扇》可唱者絶少,予時時引以爲恨。

《陶集》中紀甲子及年號者十四篇

　　《陶淵明集》中詩文紀甲子及年號者凡十四篇,今列如下:

　　晉安帝隆安元年丁酉至五年辛丑:

　　四年庚子:《庚子歲五月中從都還阻風于規林二首》。五年辛丑:《遊斜川》一首。見《序》云"辛丑正月五月"。《辛丑歲七月赴假還江陵夜行塗口》一首。

　　晉安帝元興元年壬寅至三年甲辰:

　　二年癸卯:《癸卯歲始春懷古田舍二首》。《癸卯歲十二月中作與從弟敬遠》一首。

　　晉安帝義熙元年乙巳至十四年戊午:

　　元年乙巳:《乙巳歲三月爲建威參軍使都經錢溪》一首。《歸去來兮辭》。見《序》云"乙巳十一月"。三年丁未:《作祭程氏妹文》見文中。四年戊申:《戊申歲六月遇火》一首。五年己酉:《己酉歲九月九日》一首。六年庚戌:《庚戌歲九月中於西田穫早稻》一首。七年辛亥:《祭仲弟敬遠文》。見文中。十二年丙辰:《丙辰歲八月中於下潠田舍穫》一首。

　　義熙十四年後爲晉恭帝元熙元年己未,二年庚申即禪宋改永初元年,歷辛酉、壬戌,至癸亥爲景平元年,至甲子爲元嘉元年,元嘉共三十年。

　　宋元嘉元年甲子至元嘉三十年癸巳:

四年丁卯：《作自祭文》見文中。據《宋書》及《晉書》本傳均云："元嘉四年將復徵，會卒。"《資治通鑑綱目》書云："元嘉四年冬十一月，晉徵士陶潛卒。"是知淵明年歲雖不能確定，卒年爲元嘉四年丁卯則可確定。且入宋之後，詩文標甲子者僅《自祭文》一篇，其餘諸作皆在晉代。

淵明生年及出仕本末

《陶集》詩文中記年歲諸作：

《歸田園居六首》第一首："少無適俗韻，性本愛丘山。誤落塵網中，一去三十年。"按：此詩標題爲"歸田園居"，則在義熙元年之後，可無疑義。詩云："誤落塵網中，一去三十年。"則爲四十以前，三十以後之作，亦可無疑。若照吳仁傑《譜》，列去彭澤令歸田一事於四十二歲，則誤矣。

《遊斜川》一首《序》云："辛丑正月五日，天氣澄和，風物閑美，與二、三鄰同遊斜川。"又云："率爾賦詩，悲日月之遂往，悼吾年之不留。各疏年紀鄉里，以紀其時日。"詩云："開歲倏五日，吾生行歸休。"按：梁啓超《陶譜》駁吳《譜》云："吳《譜》從廬山東林舊本作‘倏五日’，與《序》‘正月五日’正相應，宜以爲正。殊不知‘開歲倏五日，吾生行歸休’，此二語如何能相連成？意慨歎于歲月擲人者，豈以日計耶？況《序》中明言，各疏年紀著作，開歲五日所疏年紀何在耶？于是復有據辛丑五十之説，謂先生實得年七十六者。然則乙巳辭彭澤令，時先生已五十四，與《飲酒篇》‘是時向立年’句又衝突矣。"云云。蓋辛丑爲隆安五年，其實淵明如爲五十，則至丁卯卒時當爲七十六歲，于是有改《序》中辛丑爲辛酉者。辛酉爲永初二年，距丁卯計六年，則淵明享年又爲五十六歲。即梁氏所主之年歲。淵明年歲，此處且不下定論。若《序》中所云各疏年紀、鄉里，明是當時另疏記載，未必即是詩中。（晉人多此例，蘭亭石刻可證。）如果指詩中固有年紀矣，何以又不載鄉里耶？且《序》又明言以紀其時日矣，五日正記時日之言，梁氏之説未爲確當。況"開歲倏已五日"，正感流光之易逝，何以必須以歲計而不可以日計耶？我以爲從吳氏東林舊本之説，以"十"作"日"尚較改"辛丑"爲"辛酉"爲合理也。

《怨詩楚調示龐主簿鄧治中》一首詩云："結髮念善事，僶俛六九年。弱冠逢世變，始室喪其偏。炎火屢焚如，螟蜮恣中田。"按：此詩作時爲五十四歲，在《戊申義熙四年六月遇火》詩之後，更可證辛丑之非五十歲。

《連雨獨飲》一首詩云："自我抱茲獨，僶俛四十年。"按：此亦歸田後作，前于《怨詩》十餘年。

《始作鎮軍參軍經曲阿》一首詩云："弱齡寄事外，委懷在琴書。被褐欣自得，屢空常晏如。時來苟冥會，宛轡憩通衢。投策命晨裝，暫與園田疏。眇眇孤舟逝，緜緜歸思紆。我行豈不遙，登陟千里餘。目倦川塗異，心念山澤居。望雲慚高鳥，臨水愧游魚。真想初在襟，誰謂形跡拘？聊且憑化遷，終返班生廬。"按：此詩題標"始作"，詩首即云"弱齡"，又云"投策命晨裝，暫與園田疏"，又云"望雲慚高鳥，臨水愧游魚"，結云"聊且憑化遷，終返班生廬"，其爲投末學仕初入宦途，遠別家園可無疑義。所敍年歲僅及弱齡，未至三十，則在離主簿之後亦可確定。

《辛丑歲七月赴假還江陵夜行塗口》一首，詩云："閒居三十載，遂與塵事冥。詩書敦宿好，林園無俗情。如何捨此去，遙遙至西荆。"按：此詩可證任鎮軍參軍，時先生之年在三十左右,故云"閒居三十載",而辛丑時已在三十以上。

《乙巳歲三月爲建威參軍使都經錢溪》一首,詩云:"我不踐斯境,歲月好已積。"按:庚子五月有《從都還阻風于規林二首》,至此凡六年,故云"歲月好已積"。

《還舊居》一首,詩云:"疇昔家上京,六載去還歸。今日始復來,惻愴多所悲。"按:據此則淵明自始出仕時,去舊居家上京至還舊居,共計六年。即自乙巳十一月上溯至己亥也。隆安五年至義熙元年。

《戊申歲六月遇火》一首,詩云:"總髮抱孤介,奄出四十年。"按:此詩可證戊申時淵明年過四十。《江州志》所據《陶集》戊申作戊午,推遲十年,則淵明爲鎮軍參軍時將未及冠,其誤無疑。

《飲酒二十首》第十九首詩云:"疇昔苦長饑,投耒去學仕。將養不得節,凍餒固纏己。是時向立年,志意多所恥。遂盡介然分,拂衣歸田里。冉冉星氣流,亭亭復一紀。"按:此詩敍述出仕歸田,均在三十左右極明白。

《雜詩十二首》第六首詩云:"昔聞長者言,掩耳每不喜。奈何五十年,忽已親此事。"按:此詩作于五十左右。

綜淵明《集》中詩文紀甲子者,最早爲庚子晉安帝隆安四年,最遲爲丁卯宋文帝元嘉四年。記年歲者,自弱齡總髮,向立三十、四十、五十至六九而止。雖五十四歲之後未必無詩,然全集中無一語及六十者。雖古人不五十、六十自作壽詩,然六九之年且已敍及,何以集中竟無一語敍及六十者?豈六十之後竟未作詩乎?則知淵明享年在五十四以上、六十左右較可信。《戊申遇火詩》如定爲四十一時作,則卒年正爲六十矣。淵明與子儼等疏云"天地賦命，生必有死"、"吾年過五十"云云。顔延年《誄》云："年在中身，疚惟痁疾。"《書‧無逸》"文王受命惟中身"，鄭康成注："中身謂中年。"此二說尤可證明。故《宋書》、《晉書》本傳所稱六十三歲，恐未盡確。祁寬云："靖節先生以義熙元年秋爲彭澤令，其冬解綬去職，時四十一歲矣。後十九年晉禪宋，又七年卒，是爲宋文帝元嘉四年。《南史》及《梁書‧昭明太子傳》不載壽年，《晉書‧隱逸傳》及顔延年《誄》皆云年六十三。以曆推之，生于晉哀帝興寧三年乙丑歲。"云云。張演云："先生辛丑《游斜川》詩言'開歲倏五十'，若以詩爲正，則先生生於壬子歲。自壬子至辛丑爲年五十，迄丁卯考終，是得年七十六。"云云。按：祁氏以《宋書》、《晉書》爲定案，遂定歸田爲四十一歲，以遷就卒年六十三之說。如果歸田時爲四十一歲，則《歸田園居》詩中所云："誤落塵網中，一去三十年"當云"一去四十年"方合。乙巳時淵明實三十六、七，故《戊申遇火詩》有"總髮抱孤介，奄出四十年"之句也。張氏以"五日"作"五十"，遂使後人改"辛丑"爲"辛酉"，以期脗合。其實六十三歲之說，《宋書》誤定于前，《晉書》誤從于後。淵明同時知友顔延年《誄》文原作"春秋若干"，見于《文選》祇有"年在中身"之句，並無六十三歲之文。以《陶集》詩文所載甲子及詩文中所敘年歲，考定淵明年歲，祁、張之說可知無據，應予糾正。又《怨詩楚調示龐主簿鄧治中》詩，龐遵見《宋書》"元嘉二年分遣大使巡行天下，司徒主簿龐遵使南兗州"，則淵明此詩作于宋代，故詩中歷敘艱苦，多慷慨不平之氣。此詩一可證元嘉時，淵明健在，作此詩之年則爲五十四。二可證淵明對宋代官爵，亦皆記錄，並無避而不書之例。吳仁傑《年譜》指《贈長沙公》詩謂從晉爵，實未深考。從以上詩篇考證，自庚子至乙巳，淵明從仕凡六年即還舊居，詩中所云“疇昔家上京，六載去還歸”也。此可確定淵明從仕之年爲己亥或庚子隆安三年、四年，但所任何職，史無明文。詩中所見僅有《始作鎮軍參軍》一首，可以定爲淵明入仕之始，故列于《庚子歲五月中從都還阻風于規林》一詩之前。斯時任鎮軍將軍者，史未詳載，則以劉牢之鎮北將軍代之，此説陶澍主之最力。有以爲牢之未任鎮軍將軍，當爲劉裕參軍。蓋元興三年，劉裕敗桓玄後，實任此職。由前之説，必須改劉牢之所任前將軍鎮北將軍之職爲鎮軍將軍；由後之説，劉裕于元興三年任鎮軍將軍，實爲甲辰年，下一年即爲乙巳。淵明改任建威參軍，又改任彭澤令，八十餘日解組歸田。自庚子至甲辰凡四年，此四年中，淵明究任何職，未有下落。觀其《從中都還阻風于規林》、《赴假還江陵》、《夜行塗口》諸作，有親行役僕之道途，決非閒身。以淵明性格推求，亦決非游官軍閥之間，類于政客請客一流。四年之中任何職，依何人，實可研究。就當時情況論，在長江上流者桓玄，下流者劉牢之。而淵明又有《從中都還》一詩，《赴假還江陵》一詩，來往於中都、江陵之間，似以依劉爲近，陶澍遂至強解鎮北爲鎮軍，以求強合。亦有據《還江陵》一詩，謂淵明即依桓玄者，但牢之及玄均未任鎮軍將軍，則淵明參軍之職竟無著落。以爲從劉裕參軍則《始作鎮軍參軍》一詩，固明敘初次出仕情況，如須推至元興三年，既與詩情不合，且淵明四年中官職又無著落，此二説均未完善。若就愛護淵明處立説，以謂淵明不臣篡逆，則當時桓玄叛情顯著，劉牢之實有關連，劉裕則爲討伐叛逆者。必臆斷爲淵明能推測十餘年以後之局，不甘爲劉裕幕僚，萬一劉裕功成不祐，三五年即死，又將何以爲辭乎？且此時晉室式微，武臣柄政已有年矣。即淵明曾祖尚有登天折翼之夢，豈劉裕義旗高舉之日，反不能爲之參贊乎？此說更非事實。以上諸說其弊蓋在泥定牢之、劉裕諸人，立論遂至扞格難通。以詩證之，淵明出仕在己亥或庚子明甚，出仕之官爲鎮軍參軍亦明甚，未必是劉牢之及劉裕明甚，晉有此鎮軍將軍一官更明甚。所不明者獨淵明任參軍時，鎮軍將軍爲何人，史書失載耳。此例史中至多。何必強定一人，膠柱以求鼓瑟，致與事實不符耶？

《陶淵明集》予所見者，宋李公煥本、明懷易堂本爲最全。懷易堂本似出李本而删去各家評語，首昭明《序》、《傳》、顏延之《詠》三篇。全書分八卷：第一卷詩四言九首，第二卷詩五言三十二首，第三卷詩五言三十五首，第四卷詩五言四十七首，第五卷記一首、辭一首、傳二首、述一首、賦二首，第六卷贊六首、疏一首、文三首，第七卷集聖賢羣輔錄上，第八卷集聖賢羣輔錄下。卷一《贈長沙公詩序》作"長沙公於予爲族祖"，卷二《遊斜川》詩作"開歲倏五日"，卷四《讀山海經》詩作"刑天舞干戚"。

陳古民先生《施家橋記》

　　漱芳塾數步東南隅略約曰"施家橋"，相傳一叟與妻鋤田間，兒僅八齡，守舍饑甚，過隣家，竊啖飯。叟歸，廉知之，與妻泣曰："幼若此，長當何如?"妻遂以米囊與叟，叟沈之橋下，施氏遂絶。稚子飢，竊飯何至死！以意度之，此必申、酉間，狷士隱于農，慮他日讀書登科第必玷家聲，夫婦同心，不惑不撓，賢於世之身爲高士，而陰縱其子爲不義以取榮名者矣。

　　硤川孝廉周五重先生遇難，夫人率妾媵將投青蘿池，婢雪梅抱公子稟曰："婢請爲嬰、臼可乎?"夫人曰："倘留此，不肖不如絶矣。"雪梅遂抱公子首赴，夫人率家衆連袂死之。吾友慕迂學稼軒即周故宅，至今青蘿池，秋風月黑，亂螢照水，猶凛凛也。農水一坐漱芳，詩興不減平山，文獨寥寥，録此正之雪漁先生，不知較起起進退何如也。時庚午立夏前十日書於雪毯花傍，客星山人。

　　此稿不知文集中有否，録之備志。書中"農水"爲二小字，間于原文"凛凛"二字行間。下有"不知較起起進退何如"語，恐辭微後作。

萬壽祺《秋江別思圖跋》

　　辛卯春始遇顧子於舊都，顧子名圭年，顧子曰："余再轉注而得此名。"予心異之。是年秋，顧子抱布爲商賈，繇唐市至淮之浦西，過予草堂。予始雖心異顧子，至是乃詳知顧子之爲予友也。曰："子非寧人乎？方少年時，操筆挾策論古今之事。國步既傾，屢經喪亂，天下之賢者不能須臾忍，多成名於鋒刃屠割之間，予與子亦幾不得免。事既不就，行且八年，而子隱于商賈，予隱於沙門，雖所就之路殊，志足悲矣。今子操奇贏於市中，宰天下之平，抑將終身焉與監門屠狗者伍耶？子歸唐市，念未轉注時，昔之名者安在？則庶幾舍商賈而求所爲寧人者乎？"是行也，顧子欣然鼓枻渡江而東去。沙門慧壽。

　　按：辛卯時亭林三十九歲，萬氏名壽祺，號年少。

三 種《菊 譜》

宋人譜菊者三家：彭城劉蒙，吳興范成大，吳門史正志。

劉《譜》計三十五種，《百川學海》所刻本與明抄《説郛》本種數相同，内容完全不同。《學海》本簡略，不及《説郛》本遠甚。

范《譜》計三十五種，所分種類與《學海》本劉《譜》完全相同，敘述各花，語句亦同。當是刻《學海》時，誤以范《譜》作劉《譜》。故書中有石湖《梅譜》，而《菊譜》僅有劉、史兩種，反闕范《譜》。而劉《譜》又僅存前序一篇，其他序後之説，疑《定品》二篇及《雜記》中之《敘遺》、《補意》、《拾遺》三篇，均皆失載。史《譜》又缺後序，可謂疏矣。

史《譜》二十六種。

三《譜》所收敘花形，則擬之爲薔薇、荼䕷、金錢、金鈴，可證無今日菊花之太斂。花葉則僅言厚薄多寡，或心突與不突，可證無今日瓜帶、針種之繁複。敘花色黄白之外，紫花較多，紅者較少，大紅絶無，可證無今日兩色相間及緑菊之類。自宋至今七百餘年間，而菊品日繁，則知自宋以前推及陶氏東籬所採之菊，蓋今所謂野菊耳。由野菊而成今日之菊，此可以見人力之巧矣。其中亦有來自異域者，如金背大紅爲乾隆時英國所貢，此其一例。

騎　狗　録

目　　録

戊寅夏,自漢上退至桂林。夫婦二人攜三行篋,中無一書。流寓異地,亦無書可借。窮居山麓屋中,與牛欄接。日聞磨聲隆隆,暮則隨牛至山石間,坐石上,看牛囓草,閒甚。無以自聊,因舉所聞所見所親歷,詼諧可笑者筆之,成《苦樂集》一卷。時敵氛正盛,國之存亡,同於累卵,取此名者,用諺語"黃棟樹下彈琴,苦中得樂"意也。歲底,至重慶。己卯五三、五四,日機肆虐,巴市半燬,寓屋在江家巷,市廛櫛比,亦遭燬滅。五兒同搶救衣物,而此書及《鑄鼎録》等稿則盡佚矣。庚寅寓中,夜間無事,能記憶者,復為補録。勝利東還,續有所聞見,則更益之。解放後來湖上已將十年矣,十年之中,國勢強盛,一日千里。予雖日老,而心則真樂而不苦,既復續有所記,而"苦樂"舊名,不可復用,乃更之曰"騎狗",諺云:"老壽星騎狗,自得其樂。"壽星不敢當,老則真老,樂則真樂,故用之也。以"樂"諧"鹿",此硤石人土音如此耳。一九五九年九月二十二日,海寧張宗祥記。時年七十有八。

物 傷 其 類

譚仲修先生_獻留客飯,羞鼈焉。舉箸勸客,客不顧。譚曰:"此饌今日烹調極善,子曷嘗之?"客顰蹙曰:"予向不食鼈。"譚則大言曰:"我異是,世間各物無不食者,獨不食人

343

肉耳。"客反詰曰："既無所不食，何獨舍人？"譚笑曰："無他，物傷其類耳。"

力 透 紙 背

錢笘仙先生_{振常}與陶心雲先生_{濬宣}，同在官書局任事，陳仲恕_{漢第}謁之。陶有書名，極自負，語陳曰："我近來書法更進，筆筆力透紙背矣。"陳即曰："極思購佳紙求老伯法書。"錢忽語陳曰："仲恕，陶老伯將來給爾寫字，爾攜回去必須反裱才是。"陶詫曰："何故要反裱？"錢笑曰："不反裱，誰知爾書力透紙背？"

回 頭 碰 狗 頭

仲恕較矮，一日相聚，各舉詠矮人詩。一人曰："仰面看人面，低頭碰狗頭。"亦佳句也。仲恕忽曰："何至是？"予笑曰："如君遇關外狗，正當改一字方切。"仲恕曰："改何字？"予曰："應作'回頭碰狗頭'也。"

"不" 衍 文

單不庵_丕責婦甚嚴，每與其姊夫錢念劬_恂通書，書中必稱之曰"不賢婦"。後納一妾，乃知其婦勤而且儉，書來揄揚之。錢一日語予曰："不庵誤其婦矣。彼來京，我將出前書質之。"予曰："我當爲之校正。"錢曰："如何校法？"予曰："'不'，衍文。”

甲 魚 有 姓

吳奏彤與劉芥舟，同至杭應歲試。閒行街道，過一魚攤，列鼈數枚，以紅泥標價於腹，中一鼈標“刘”，蓋用湖州碼子，即九十二文也。劉已行過，吳急挽之回，指而示曰：“芥舟你看，杭州甲魚亦有姓也。”小寫“劉”字正作“刘”。

舅 媽

奏彤跛左足而行甚速。一日，與友游湖上，前行一少婦，甚麗，婢媼相隨，大家婦也。諸友語之曰：“爾如能與之接談，當以酒食相餉。”吳曰：“易耳。”跛而前，出婦數步，忽回顧，長揖到地曰：“舅媽。”少婦愕然驚詢曰：“爾何人何姓？”吳急曰：“誤矣，何真似我某姓舅媽也。”匆匆返，諸友乃作東道飲之。

小 臭 蟲 壽 詩

硪語呼“糞蛆”爲“瘌臭蟲”，音與“吳奏彤”相近，遂以此呼吳。吳之子則呼之曰“小臭蟲”。小臭蟲生日，宜園中啜茗諸友，欲聯句賀之，予因先成五律四韻，曰：“世德青蠅後，緜緜瓜瓞長。論功尊五穀，食邑計千坑。玉守全身白，金陳四壁黃。良辰慶弧矢通“屎”字，賀客集蜣蜋。”下二聯仲梧兄樹森所續，今忘之矣。

坐 汽 車

　　劉子庚鬱盤至京,謁其老友樊樊山增祥。樊厲外爲廠門,門房皆舊時排場。劉坐一街車,至廠門外即下車。劉故瘦小,衣服敝舊,且吳音,門房見其猥瑣,則以“大人不在家”拒之。明日又去,適一坐馬車之客至,馬車直入廠門,門房接帖惟謹。劉因亦得以刺授之。樊見劉刺,急延之入,與他客寒暄畢,即絮絮與劉語。劉忽曰:“樊山,此後謁汝,我思坐汽車來。”樊不解,詢故。劉曰:“無他。街車在廠門外下車,馬車在廠門内下車,坐汽車來,想可在上房門口下車耳。”明日,來予厲,大呼“三弟”而入。相見,首以此事相告,且曰:“人言三弟家中無酒壺,確耶?”予曰:“玄德公或有逃席之時,身是燕人張翼德,家中乃無酒具,真是異聞! 子不過造謠索酒耳。然來此可省坐汽車之資,酒錢仍須爾付也。”

我 想 平 兒

　　吳雷川震春中年喪偶,飲食起居均不便。予勸其續娶,吳曰:“誠如子言,且已物色得之矣。”越數旬,予問消息,忽曰:“我想平兒,平兒不想我,事無望矣。”蓋吳鬢早霜,平兒不欲嫁也。

冒 充 好 漢

　　雷川邀予在廣和居賭酒,時雷川厲北半截胡同,不數步可至，予則乘驢車往。各人一斤，飲畢再索。無他客，不猜拳行令。至四斤將盡，雷川曰："我不飲矣。"予則第五斤來，飲兩杯而止。明日，予語雷川："昨日醉矣。上車時，車夫扶我方能登。"雷川曰："予至天明睡醒，方知在自家牀上。"如此四五斤酒量，在杭時乃號稱海量，直冒充好漢耳。

錢 晦 氣

夏穗卿曾佑媳，德人也，能操華語。冬日，冰雪載途，穗卿飲酒晚歸。入門，為冰所滑，仆於地。媳急扶之起，且詢曰："爸爸跌痛否?"穗卿甚悦，答曰："無所傷"。媳則繼之曰："還好還好，不然又是浮雲錢晦氣矣。"浮雲，穗卿子號。

倒　懸

朱逷先希祖，不留髮而髯甚長。民初，報載數盜匪梟首示衆，逷先不知用木籠盛首而懸也，語予曰："無髮，頭何能懸?"予指其髯曰："如君將來梟示，正可倒懸耳。"

單 爿 兒

錢中季玄同愛大嚼，尤喜食肉。一日至杭，下火車，急趨杭飯兒店進飯。飯畢，晤予曰："今日糟極。"予詢故，則曰："予已食健兒肉四塊，尚思過魚癮。慮全魚不能盡，思食其半，又欲冒充杭人，但僅記杭人呼半魚之名，有一'單'字，有一'兒'字。

乃語堂官曰：‘來一盆單𠰷兒。’堂官笑謂予曰：‘客要單葉兒乎？單𠰷兒不可食也。’”杭人呼小兒尿布爲“單𠰷兒”。

不 敢 放 屁

念劬甚愛其弟，而中季極畏其兄。每聚談，念劬在坐，中季默不作聲。一日諸友談笑雜作，中季隅坐無一言。予曰："中季真第二名轎夫矣。"不庵不解，予曰："向有形容四人轎轎夫者，其一曰‘揚眉吐氣’，其二曰‘不敢放屁’，其三曰‘昏天黑地’，其四曰‘拖來扯去’。中季一語不發，非第二名轎夫乎？"

有 鰾 在 下

章太炎炳麟寓其兄仲明處炳業後改名箴，距予寓至近，念劬時偕予訪之。一日，予見太炎面色黃瘁，略似腫，因曰："太炎豈學定菴之有鰾在下乎時章未續娶？"太炎大笑曰："何至是，何至是，昨偶失眠耳。"念劬不解，予曰："相傳龔定菴有聯曰：‘告北斗星君，有鰾在下；奉西方佛教，非法出精。’太炎黃瘁，故疑之耳。"

掛 鬧 鐘

太炎短于視，一日赴滬，掛一小鬧鐘腰間，便閱時刻也。至滬，出車站，鐘忽大鳴，一包打聽拍其肩曰："生意好。"太炎茫然不解。又曰："不必粧洋行裏去。"仍不解，乃挾之赴捕房。

主者詢姓名，則曰"章太炎"。時正出獄未久，海上無不知之者，乃以車送之歸。

改　唐　詩

民初，太炎改唐詩甚多。惜今僅記其一曰："孫文皇帝有高臺，此日登臨演說開。三點會員皆北嚮，兩條兵艦自西來時傳購有英艦二艘。少川總理今安在唐少川，雙木將軍去不回林虎。不如且尋沈小姐沈佩珍，陶然共醉勃蘭杯。"又有詠袁世凱者，僅記其一句曰"日繞猴頭識聖顏"。

化　春　畫

一熟友過太炎，見不在書室，即入其臥室。帳低垂，揭視，有男女二人臥其間，急趨出。至門，太炎適回，必欲拉友入。友故大聲與之談，太炎則曰："我正成一文，昨脫稿，爾試閱之。"遍覓其稿，不可得。則又曰："當在枕邊。"友阻之："不必覓。"太炎不聽，即入臥室，匆匆出曰："奇哉，文稿已化春畫矣。"蓋二人仍臥其榻也。

杭　諺　詩

邵位西先生懿辰在危城中，集杭諺成五言律詩爲一卷刊行。予今僅記一首云："獨跳一枝花，橋頭三阿爹。無葷不吃飯，到處便爲家。有腰沒褲子，搖頭甩尾巴。十爬九不盡，七

349

嘴八杴杈。"

杭諺越諺聯

有用杭諺作上聯者,曰:"五行六月,大雷大雨,辟辟拍拍,打將下來,你看你看,呷好呷好。"人以越諺對曰:"半夜三更,老夫老妻,悉悉索索,爬掃平聲上去,沙西沙西,亨個平聲亨個。"

相傳翁偷媳聯

杭人有作翁偷媳聯,曰:"我豈愛爬灰,多緣小子無能,深憂絕後;人誰不打算,祇爲老妻已故,免得重婚。"

再 醮 訟 詞

中季爲予言:"一再醮婦嫁農夫,三月未同床。婦呈官,詞曰:'成婚已經三月,夫尚未共枕席。非關兒女私情,深恐宗祧斷絕。'官批云:'成婚既已三月,緣何未共枕席? 其中有無別情,仰媒稟覆酌奪。'媒覆呈云:'成婚確已三月,六禮告成無缺。其中有無別情,媒人實不知悉。'官批云:'媒錢是爾所得,媒酒是爾所喝。倘敢諉爲不知,定應提案究責。'媒不得已,使其夫自覆,詞云:'成婚至今三月,實因農忙無隙。苟爲兒女私情,全家衣食無著。'批云:'具稟各節均悉,現在農忙已畢,罰爾一夜三回,以補從前之缺。'越數日,婦又具呈,云:'沐恩一夜三回,小婦感德無極。倘能再加兩次,萬代公侯積德。'官乃

350

批曰：'爾夫一夜三回，業已精疲力竭。苟欲再加兩次，除非請個西席。'"

僂　鶴　蠟　臺

朱蓬僊宗萊跛左足，予跛右足，縣試列第一、二名。唱名接卷，左、右跛而前，人目爲僂鶴蠟臺。

詠　人　詩

胡愚若壯猷與予同居邵裴子長光廡中，裴子撮其言行爲一律云："愚若先生怪相多，笑聲渾似老鸚哥。揭開馬桶將尿撒，睏上眠牀把戲哦。滾罷銅錢頭便痛，寫完家信涕偏拖。二葷吃罷渾無事，乘興還將茶室過。"

前　無　古　人

康長素先生有爲《六十自壽詩》，手書一册，梁任公啓超爲付石印，贈予一册。越數日，任公問予曰："康先生書法近何如？"予曰："曾題贊語，請閱之。"册面題曰："合鐘鼎篆隸行草爲一家，前無古人，後無來者。"任公笑曰："此非贊也。"

馬　廄　聯

念劬購一宅，頗宏大，有馬房。歲暮過之，語予曰："正擬撰春聯,馬號門亦思貼一聯。"往予至京,見騾馬店春聯曰"左手牽來千里馬",意下聯必"前身疑是九方臯",及閱之,乃"右手牽來千里驥"也。又曰:"馬號上聯已得之矣,'何時逢伯樂'如何?"予即應之曰:"下聯可對'此地産耶穌'也。"念劬狂喜,春節過之,已親書張貼矣。

赤 子 之 心

念劬六十歲後,即御紅緞鞋。一日偕赴廣和居,站堂一老者起而呼曰:"大少爺,您來了。"念劬捋白髯大悦。予曰:"此所謂大人者不失其赤子之心者也。"

親 家 太 太

袁氏叛國,宮中已實行帝制,稱"萬歲"。民五元旦,孫慕韓寶琦之妻入宮賀節,且云:"與萬歲爺拜年。"俟之良久,一女僕出曰:"萬歲爺説,親家太太免了罷。"

外 國 衣 冠

王壬秋闓運入京,撰一聯曰:"民猶是也,國猶是也;總而言之,統而言之。"壬秋軀不甚長,留一小辮,作一小髻在頂心。聞在湘中作生日,猶服清代頂戴袍靴,賀客則革履西裝者盈門。客有進言者曰:"先生何尚服此?"王曰:"我與君等均著外國衣服,何異之有?"

上 海 指 南

清史館開館時，予與念劬均被邀參預。其日，任公欲增《商務志》，且列舉天津、漢口、上海每年進出口物品數目及商務情形，言之娓娓不倦。念劬肘予耳語曰："任公想編《上海指南》。"

呪　　語

壬秋亦發言，語急促而多土音，不易辨。念劬皺眉，予亦耳語之曰："此老師傅呪語也。"湘人學"祝由科"者，人稱之曰"老師傅"。"祝由科"現名"辰州符"。

張 之 洞

念劬言：張香濤之洞督鄂，冬季思食楊梅，電上海關道採購。覆電云："祇有燒酒浸者。"張乃親撰電文，述楊梅必須鮮者，酒浸則色香味俱差，洋洋千餘字覆之，楊梅終未見也。汪書堂森寶言：張月夜游園，客指一處曰："若添小亭，風景當更佳。"張然之，諭連夜建築。明夕過之，覺亭略高，命各柱截短。明夕又過之，又覺過矮，乃撤之，不復問矣。陳虁龍過鄂，張觴之極歡，無幾何，忽聞室中大閧，則二人互指其長髯，交訴不潔。僕從視之，羹汁黏染，二人正同也。

京　師　謔　聯

　　有名丑曰楊鳴玉,行三,蘇人也。既死,人爲之語曰:"楊三已死無蘇丑。"時正訂"馬關條約",乃有對之曰:"李二先生是漢奸。"張香濤入京後,一日忽出一聯,下句曰:"烟惹御爐許久香。"時許亦在軍機也,人無能對。數日後,有一函至,開視,則對曰:"圖窺秘戲張之洞"也。

遺　　　少

　　王静庵國維辛亥革命後,遇于滬上,尚留辮髮。予持其辮摇之曰:"人皆作遺老,子乃欲作遺少耶?"

素　　　菜

　　鄭大水,原爲劉崧生厨子,善治素菜,實以鯽魚、小牛肉等熬湯煮成,故味特美。一日爲印《道藏》事,傅沅叔先生增湘宴白雲觀方丈。方丈盛言觀中不獨道士素餐,即厨子亦自乾隆至今子孫相傳,數百年不知葷味,偶有葷油一滴入口,必當嘔吐。予鄰座爲彦明允,私詢之曰:"今日何人值厨?"彦曰:"鄭大水也。"且舉一小魚刺示予,予曰:"此儕狼吞虎咽,頗健啖,不知歸去嘔吐耶,抑當場還席耶?"終亦安然無恙。

打 人 人 打

在沅叔先生處便飯,其鄰有巨厦,新爲張宗昌所購,指而語予曰:"冷僧,爾上改一姓則被人打時五四之後,章仲和被打方數月,下改一字則打人。"予笑應曰:"予正處于打不打之間。"

輓 聯

與劉龍伯富槐等遊玉泉山,龍伯短視,陟山甚艱。予回顧曰:"龍伯,爾如下墜,我已有輓聯矣。"龍問云:"何?"予曰:"'一失足成千古恨'也。"

飲 開 水

沈衡山先生鈞儒忽茹素,任衆院議員時,時過予廎。一日予方晚餐,膳有雛鴨煨湯,留之飯,仍不進葷。予曰:"既不茹葷,且泡些湯。"衡山曰:"子何相戲?"予曰:"子飲開水乎,此不過鴨子游過之水耳,何害?"

與 民 同 樂

馮國璋任總統時,三海之魚招商承買。有人進言以爲失體,馮答曰:"此吾與民同樂之意也。"

要　掛　麪

姜桂題不甚識字，又短視。一日宴客，客有飢者先索麪，以紙片書"要掛麪"三字付堂官，姜見之，急曰："奈何以我姓名開玩笑！"

鴉　片　鬼

周豫材<small>樹人</small>面黃瘦，牙長外露，翠鳥牌香煙終日不離口，牙與指甲均黃且黑。張仲仁<small>一麐</small>任教育部總長，邀各科長談話，見其狀，頗疑爲癮君子。又召社會司司長高步瀛<small>時豫材任社會教育司第二科科長</small>，囑勸周科長戒煙。豫材聞之，即跳躍至予斜曰："冷僧，我乃今成爲鴉片煙鬼矣。"予笑曰："試觀子兩手及齒，恐鴉片煙鬼中尚須稱老前輩也。"聞後至廣州講學，火車中亦有疑而檢查其行李者。

山水畫中人

陳師曾<small>衡恪</small>瘦弱，喜穿寬博衣服，頷下畜微髯。予每曰："子可自畫其形入山水中，真妙極之點簇人物也。"

五　百　斤　油

有託友撰書輓聯者，但知死者楊姓，極肥胖。撰者即大書

356

曰：“大漢千古，關西一人。”求者忽曰：“尚有輓額，亦請撰書。”其人急無以應，見所磨墨名，即爲書曰：“五百斤油。”此四字爲往時通用墨名。

西 漢 姑 母

卓笠庵語予曰：“卓氏恐始于卓茂矣。”予曰：“子何忘却西漢時尚有姑母文君耶！”

要 看 不 准 笑

劉竹君麻面怪醜，一夕招熟妓侑觴，妓細視其面，且視且笑。劉忽莊容曰：“我有條件。”妓問云：“何？”劉曰：“要看不准笑，要笑不准看。又看又笑，又笑又看，我可受不了。”

鬼 鬼 崇 崇

以“荼毒生靈”對“草管人命”，可爲讀別字者絶對。惜“鬼鬼崇崇”尚未有確對耳，或以“歇歇赦赦”當之即蠍蠍螫螫，未盡善也。近有讀“文娛”作“文吳”者，予以“武斷”讀“武段”對之。

演 説 詞

有作開支報告者，“公帑”皆讀作“公奴”，人不能懂。然未若張漢卿學良也。張嘗向人演講，謂“武人必當學馬革裹屍”，人以爲必一外國忠勇人名，而不知其即"馬革裹屍"之誤也。

王八蛋大家做

吳佩孚電說張宗昌反奉，張付秘書擬覆稿，已則仍鬥牌。秘書擬就，立其旁，誦使聽。稿甚長，未及半，張曰："嚕囌，改過。"秘書退，改後再誦之，張仍曰："嚕囌。"乃使秘書操筆伸紙，口授詞曰："子玉大哥勛鑒：某電悉，你若反曹，我必反張，王八蛋大家做。弟張宗昌立正。"

輓　聯

夏定侯超死，有人寄一聯曰："十年謀生聚教訓，惜無范蠡文種；一世養雞鳴狗盜，誰爲聶政荊軻。"

有 求 必 應

日機轟炸重慶時，人皆築防空洞避之。予爲洞撰一聯曰："見機而作，入土爲安。"苦無橫額。其後疲勞轟炸時，每懸紅球，機必隨至，因題額曰"有求必應"。

付 之 一 笑

惠力寺彌勒龕新修，一人欲爲懸額，丐予書，即書"付之一笑"四字與之。其人頗躊躇，有告之者曰"此最切"，方用之。今成灰燼矣。

土 地 廟 聯

川中土地廟皆小,高不及丈,大亦如之。内塑翁、婆各一,高約尺餘,露處田野間,到處可見。必有聯,通用者爲:"黄酒白酒皆不論,公雞母雞只要肥。"偶見一聯云:"這一方無窮佳話,我二老決不多言。"真妙語也。

股 老 讚

同事王冕,號服周,有投以函,誤書"服"爲"股",人因呼之爲"股老"。一同事戲爲作一簡筆象,極肖,真電影中王先生也。予乃題讚其上曰:"這是誰? 王股老。哭非哭,笑非笑。外邊如無皮,裏邊骨散了。裏邊如無骨,外邊皮瘟了王極瘦。一個光榔頭,辮子不能蹺俗名死爲蹺辮子。黑心保險費,要拿拿不到王時胃病極重而壽險費保額極大。股老雖要哭,太太却要笑。猢猻騎胡羊王瘦而其妻甚矮。串戲串到老。"又拆其姓名書一聯于旁曰:"不可穿靴,只宜戴頂"王"下加二點,則成"王八"。人皆曰'兔',我獨呼'宽'王簽字草書,其"冕"字有類"兔"、"宽"二字"。

"不"字點斷

有貼標語曰:"人生以服務爲目的,不以奪取爲目的。"人忽於"人生以服務爲目的"句下加問號,"不"字點斷,遂成妙文。

無 恥 之 徒

劉禺生齒牙盡脱,沈尹默六十後兩鬢未霜。適有詩會,予目劉爲"無恥之徒",沈爲"不白之寃"。

有 一 點 酒

甲、乙均嗜酒,甲欲戲乙,邀之飲。酒中攙水,問乙曰:"酒味如何?"答曰:"有一點水。"他日,乙報甲,酒中攙水更多,乙問酒味,甲曰:"有一點酒在裏面。"

六 塊 肉

秀水學堂初辦時,學生膳六人一桌,必有紅燒肉六塊,蓋每人各得其一也。金生日新,諸同學皆不願與之同席。予問故,錢生寶琮曰:"與之同席,則肉無分矣。"予曰:"肉有六,彼一人能食耶?"錢曰:"日新一上席,口中一塊,碗上一塊,碟中一塊,筷上一塊。"予曰:"不尚存兩塊耶?"許生夢飛搶答曰:"先生獨不見彼一雙大眼乎?固兩眼釘住兩肉不放也。"

陳 寅 恪 聯

陳寅恪在清華時,任公、静庵皆在。一日與學生坐談,梁、王有事早退，學生乃請陳講一故事。陳曰："故事未備，僅有一聯。"學生請誦之，乃曰："南海聖人，再傳弟子；宣統皇帝，同學門生。"一指梁，一指王也。

輓劉湘聯

劉湘死于鄂，蜀中爲之開追悼會。中有一聯曰："據報紙宣傳，真如烈士；奉上峰命令，來弔先生。"

路 斃

陳伯衡錫鈞精研碑帖，收藏極富，築一樓曰"石墨"。予書聯贈之曰："爛鐵廢銅真古董，烏金墨玉好家私。"上用杭董浦事，下用北京煤炭店標語也。知其相戲，不肯懸掛。步履頗艱，而時過予廬。予戒之少出門，不能聽也。一日，予送之出門，語之曰："子不聽予言，必欲路斃耶？"

鳥 語

朱少濱師轍語音極難辨，會談時有人問予："子能全解其語乎？"予曰："我非公冶長，安能盡通鳥話。"

墓 碑

蜀中墓碑，有刻"皇清誥封先考某某"者，有刻"皇清誥授先考"者，有刻"故先考"者。勝利後，一日本俘虜死，爲之刻墓碑曰"故寇松山之墓"，談金石者，以爲如何？

福　芝　芳

梅蘭芳反串黃天霸，楊小樓反串張桂蘭。通名時，楊忽曰："我張桂蘭，又名福芝芳。"滿園閧然。

掇　　門

杭州人言"我們"、"你們"、"他們"，海寧人則曰"我得"、"你得"、"他得"。人言："杭州之門，皆爲海寧人掇掉。"

蟹　　種

一人病，請醫診治。醫曰："病似憂憤所致。"病者曰："先生真神醫也。"醫續問病因，則曰："爲爭一肉球不得，因此憂憤成疾。"醫曰："何不先下筷？"曰："筷上有一海參。""何不將海參放入匙中？"曰："匙中滿滿是蝦仁。""何不放入匙碟？"曰："碟中有魚圓。""何不放在盞内？"曰："盞中堆滿肘子肉。""何不納入口中？"曰："口中兩塊肚子，因爲吞得慢一些，眼睜睜一個肉圓，被人得去，所以致病。"醫曰："病真不輕，骨盡在外面矣。"病者曰："這到請先生放心，我家原來是蟹種。"

皮 鞋 反 著

民初，一簡任官覲見，借友人禮服用之。見畢，即趨友人廁中易衣。友人問："穿大禮服便否?"則蹙額曰："餘無不便，獨兩足難受耳。"視其足，則皮鞋左右反著也。

鍾 馗 嫁 妹

吳昌碩先生極風趣，在滬時偶與同行，路邊見莫伯恒_{永貞}偕一女乘汽車馳過，語予曰："冷僧，爾見崑戲乎?"予曰："何處有戲?"則指莫車曰："此非一齣鍾馗嫁妹乎!"

小 哥 哥

金雪塍賢_案在紅崖嘴時，日共笑樂，遇事則各作打油詩詠之，同人或呼爲"兩缺老"，言其缺德也。解放後，名其室曰"玄芽"。寄一像來，修髯尺餘矣。陳方之_方及雪塍，皆小予兩歲，故均呼予爲"小哥哥"。予則呼之曰"老弟弟"。見像後，復作打油詩一首曰："修髯繞頰亂茅窩，養出玄芽如許多。我臉如鋼鑽不出，依然仍是小哥哥。"紅崖詩惜境過即忘，不然，可成一《紅崖百屁集》也。

打　油　詩

雪塍詩尚記其一曰："表妹低聲喚表哥，今宵哥意欲如何？峨嵋山月圓如許，不怕蚊蟲革蚤多。"其本事則予忘之矣。

欄　杆

予南還，仲恕餞予，席加四碟。仲恕曰："今日有欄杆，破例也。"杭人名小葷碟、果碟爲"欄杆"予忽接口曰："欄杆欄杆，四個小盤。再添八碟，其數方完。"仲恕曰："子真老饕，尚嫌少耶！"予曰："非也，以'碧城十二赤欄杆'句證之，欄杆之數，自須十二耳。"雷川噴酒盈襟袖，笑曰："冷僧真嘔人。"

五　百　年　紙

余樾園紹宋頗自負其書法，嘗曰："七百年來無此字矣！"予曰："頗思覓五百年之紙，請君一揮，不知尚嫌太新否？"然樾園畫自佳。

小　帶　魚

紹興舊稱店主曰"店王"。某店王刻薄起家，子不肖，嗜賭博，人有傳其大負者，店王徹夜不寐，明晨攜菜籃赴鹹魚鋪購帶魚，人習知其吝嗇，撿小帶魚與之。店王急曰："今日須吃大

帶魚矣。"爲換大者,倒茶一杯奉之。店王細細啜茶畢,忽曰:
"咳,彼自幹彼的,我自幹我的,還是吃小帶魚爲是。"仍換小魚
而去。

字 用 手 寫

西泠印社開會,伯衡簽名字,手拘攣甚久始成字歎曰:"安
能如君速而且整齊也。"予曰:"我乃用手指握筆寫字,故耳。"

勸 和 尚 出 家

華巖寺距重慶二三十里,予在江家巷被日機轟炸後,厲其
間。方丈宗鏡,質樸人也。後戴傳賢亦來住,數日冠蓋如織
矣,宗鏡迎送頗煩。一日日暮,予至寺門外散步,遇其送客回,
予曰:"法師勞苦矣。"宗鏡曰:"甚矣憊。"予曰:"我勸法師出
家,如何?"

毛 禦 寒

諸老人聚餐靈隱,或有談留鬚歷史者,有鬚者半皆發言。
後有人談及"毛象"毛甚長,而寒帶古時亦生,其毛乃所以禦
寒,證極明白。予曰:"此説至確,且可爲留鬚者進一解。蓋嘴
若畏寒,當早蓄毛以禦之也。"

弔王麻子

一教官前清教諭、訓導通稱“教官”或曰“望老師”性詼諧,有門生謁之,見有不愉色,問曰:“老師何故不樂?”則曰:“今日過東門,賣麻花之王麻子死矣。感而賦詩,故情緒不佳耳。”“請聞其詩。”則曰:“去年今日此門過,麻面麻花相對搓。麻面不知何處去,麻花依舊下油鍋。”

王八先來

張樹屏訪予滬廎,予留午飯,且告有大鼈。樹屏曰:“尚須訪一友,屆午必來。”匆匆去。後聞叩門聲,予問“何人?”則曰:“我居來矣。”海鹽人呼“龜”字、“歸”字皆作“居”音予乃開門大笑曰:“不意甲魚未爛,王八先來。”

騙 道 士

朱竹垞先生彝尊與一道士善,道院有枇杷,無核,索其培植之法,秘不肯言。道士嗜紅爛豬肘,竹垞邀之飯。道士至,坐談良久,將近午矣,見厨人提一豬肘入,且曰:“今日此肘,真大而且肥。”故翻弄之而入。無幾何即開飯,豬肘先來,爛美異常。道士且啖且問曰:“子何法能使速而且爛,願求其方。”竹垞曰:“若以枇杷無核之法見告,則煮肘之法,亦當相授也。”道士曰:“此易耳。枇杷花時,鑷去其蕋即可矣。”竹垞曰:“我法更易。子所食者,昨日煨爛之物,子所見之猪肘,固未下鍋也。"

舟 子 對

郭粹甫之尊人微跛,至郭店診病,過斜橋,遇風雨,得句曰:"斜風斜雨過斜橋。"吟哦不止。舟子忽曰:"我爲先生得對句矣。"問之,則曰:"'郭六郭蹺到郭店'也。"

狗 鬼 屁

有編修《江西通志·凡例》者,趙撝叔之謙批其上曰:"狗屁狗屁,倭鄉狗鬼屁。"此較"放狗屁"、"狗放屁"、"放屁狗"之説更進矣。惟狗産倭鄉,是否專於放屁狗而成鬼?是否其屁更臭?惜不能起撝叔問之矣!《例》中以"戶口"入"食貨",又批曰:"戶口既非貨,不可食。"

無 情 對

袁氏帝制時,顧鰲、薛大可奔走其間,人皆側目,或爲之對曰:"潘驢鄧小閒"。無字不工,此真無情對中上乘矣。

嘉興人無上聲

諸友相與談字音,一人忽曰:"嘉興人口中無上聲字。"座中有嘉興人聞之，起而怒曰："豈氣有右此次理利！"不知不覺間，四上聲均讀去聲。

延 景 樓

昔有一鹽商構新樓湖上，轉丐人求予書樓額，予以"延景樓"三字應之，蓋此人出身鹽警也。此舉實襲旦白堂故事，予早忘之，裴子憶而談及。

留 點 看 看

市上食品供應不多，食品公司厨中，或有陳列而不出售，人以爲憾。予曰："子不憶舊時笑話乎？數人聚飮，一老饕每餚均連湯皆盡。時適月蝕，聞擊鉦、鞭炮聲，羣談救月習俗。一人曰：'敝處祇合十對月云：阿彌陀佛，求勿吃完，留點給人看看也好。'今尚有得看，何憾！"

拒仇貨時招牌

抵制外貨時，上海一大洋貨店懸二牌曰"精製中西洋服"、"採辦環球國貨"。

春 聯

國民政府建都南京時，禁用舊曆頗嚴，然春聯仍到處可見。“公説公有理，婆説婆有理，你過你的年，我過我的年。”此其一也。尚有一聯云：“小百姓四時吉慶，大將軍八面威風。”則鋒鋩畢露矣。

抗 日 告 示

有仿一公文式爲抗日告示者，云：“照得長期抵抗，業經要人提倡。前准努力殺賊，內開我心憂傷。等因枕戈待旦，奉此薪臥膽嘗。相應禮義廉恥，理合慷慨激昂。是否打得日本，伏維計議端詳。”此爲“內開我心憂傷”句，我要改爲“內開切勿逃亡”。

這 個 演 説

某地國慶，一師長演説云：“呵。這個，這個，各位同志，各位同胞，今天這個這個的時候，是這個這個開這個慶祝大會。我們這個這個中國的時候，從前受這個滿清這個專制，這個八十年來，所以這個這個帝國主義，這個不平等條約，所以這個來這個壓迫我們。我們這個這個總理的時候，所以要這個這個國民革命，打倒這個這個帝國主義，這個不平等條約，這個以及這個什麼關稅自主，這個經濟的侵略，這個領事裁判權。我們總理這個發明這個三民主義，這個民族、民權，這個民生，這個求這個中國之自由平等，這個凡四十年。所以我們這個中華民國，這個十月十日，今天我們要開這個慶祝大會的意思，紀念這個先烈，這個黃花崗七十二這個烈士。這個各位同志，各位同胞，來這個參加這個大會，是這個這個這個很好的。”這一篇“這個演說”，我抄來供人讀讀，頗有點“粵若稽古”的味兒。

《論 語》判

一人竊衣被獲，縣官大怒，判死刑。竊衣者問何以罹重辟，官赫然曰：“爾不聞《論語》乎？‘朝聞盜席道夕，死可矣’。孔聖人如此説，況衣較席重乎。”竊者曰：“聖人書中尚有‘夫子之盜鐘道忠，恕而已’，鐘較衣更重，尚得恕，何獨罪盜衣也！”官閲書，信然，遂釋之。

慈 禧 壽 聯

慈禧七十，梁任公有一聯云：“今日幸頤園，明日幸海子，何日復幸古長安，億萬人膏血盡枯，祇爲一人有慶；五十割交趾，六十割臺灣，七十又割東三省，千百里輿圖漸促，請看萬壽無疆。”

官 場 四 班

清末，官場稱“候補道”曰“尖班”，小則可當府缺差若牙釐局之類，大則可署三司。“學政”曰“卡班”，在學政任内，或可署藩司，任滿返京外放，或任知府，可上可下，故曰“卡”。“副都統”之類曰“斌班”，謂其可文可武也。後試留學生，有洋翰林、洋舉人等名,則曰"傀班",以洋爲鬼子也。初辦學堂時,或曰:"最好名'好斌學堂'。"問何意,答曰"男女、文武皆備"。

喊 口 令

譚延闓,官僚政客而兼滑頭者也,能説笑話。一日語人曰:"蘇州軍隊大檢閱,一指揮官喊'開步走',衆皆不動。再喊,仍不動。指揮官悟,改蘇白曰'唔篤走嘸',全隊開步矣。"

紹興八縣詩

紹興八縣同鄉會中,王曉籟有詩曰:"會稽本是舊皇都,況復山陰出鳳雛。東渡上虞江接海,南連諸暨水平湖。餘姚文士魁金榜,嵊縣溪山入畫圖。惟有新昌人物好,蕭山風景世間無。"歇曰"古剡得天居士某"。有自署"今申失地走卒"者,和之曰:"會稽短筆遍名都,況復山陰出破靴。挖小上虞錢店管,逞凶諸暨殺人屠。餘姚自昔鹽梟窟,嵊縣由來綁匪區。惟有新昌娼婦好,蕭山毛厠世間無。"二詩毀譽不同,不知何者是實,還請紹興人參之。

考 試 院 聯

戴傳賢任考試院長,開金光法會,誦經救國。有人題一聯於壁曰:"考場做道場,且莫爭登金榜;試院當僧院,大家來敲木魚。"

戴傳賢命名之意

戴初在上海辦報，名戴天仇，與滿洲不共戴天也。嗣經營交易所，名戴繼陶，言將繼陶朱公之後而爲富人也。入廣東，又易名傳賢，欲中山之統不傳于子阿科，而傳于己。己，賢者也。予曰："抗戰後尚少易一名。"人問何名，予曰："應易爲戴是賢。"蓋戴曾宣傳其爲普賢轉世，欲藏人迎之入藏，而藏人不信也。

川 中 煙 税 聯

川中劉存厚轄區，專恃嬰粟爲餉。劉湘轄區較差，然亦栽種購吸，遍地皆是。有一聯曰："好的他家田，苦了我家田，説聲派煙税，團總派，甲辰派，浮派，濫派，指名官派，胡鬧鬼派，硬起心腸由你派；爲是要巴土，所以刮巴土，講到收洋錢，場上收，鄉下收，明收，暗收，不把手收，只怕天收，謹防屍骨無人收。"

百 家 姓 解 釋

一蒙師解"趙錢孫李"句云："'趙'就是我姓趙，'錢'就是我有錢的錢，'孫'就是我有一個孫子的孫。"又指一學生名李萬年者曰："'李'就是他李萬年的'李'。"於是諸童聯而唱曰："我姓趙來我有錢，我的孫子李萬年。"

趙 爾 巽 對 聯

有撰一聯誚趙曰："爾小生，生來刻薄；巽下斷，斷絕子孫。"蓋趙爲漢軍而無兒女，故下聯云然。趙見而改曰："爾小生，生來本分；巽下斷，斷不容情。"

時　聯

民元臨時政府，梁燕孫任秘書長。民十四段祺瑞臨時執政，梁鴻志爲秘書長。有人撰聯曰："壬子、甲子，兩度臨時，梁上君子幕中賓，只見來鴻去燕。"段執政時，徐東海去位，孫中山逝世。人有續其下聯曰："約法、憲法，一時掃地，執政合肥天下瘦，可憐涸海頹山。"

川中煙室聯

民十四時，成都售烟室設備極佳，遍懸聯對。有人誦二聯云："燈光不是文光，偏能射斗；文將並非武將，亦善用鎗。""全憑氣味留知己，半藉烟霞訪故人。"予憶齊盧戰時，盧待臧致平、楊化昭二人率軍入浙，始開赴瀏河。臧故大癮，部隊皆身佩雙鎗。或問予軍容如何，予曰："勇甚，數千人皆董平也。"

布 店 門 聯

山東濟南趵突泉街,毓記慶義成布店門聯曰:"革命生意,黨義財源。"此真能運用新式字者。

張宗昌放逃兵

張一日獲一逃兵,怒甚。即提筆欲書"著即槍斃"四字,"斃"字不能寫。換一紙,欲書"打二百棍","棍"字又不能寫。忽笑道:"算了,放了你罷。"

禮　　服

段書雲任湖北巡按使時,每以穿禮服爲苦,語人曰:"束手無策袖子,不堪回首領子,天步艱難靴子,只顧眼前帽子。"

唐　漢　玉

有古董商攜玉兔符來售,盛稱漢製之精。予閱符背刻云"麾將"字樣,笑曰:"此真明版《康熙字典》也。"商亦不解,予卒留之。

名　字　對

在桂林遇馬君武同年,語予:"人有以達爾文爲彼姓名作對者。"予曰:"不工。有一人能改姓'鹿',則真確對矣。"問:"何人?"予曰:"宋子文也。"君武大笑。

問 門 牌

予性善忘,門牌、電話號目尤不能記。欲與滬友通書,忘不能記,適有熟友在座,問某人住處,則曰:"亦忘之,何不作書一問?"予笑,友亦悟而笑。

戲 詞

山西梆子有《孔子絶糧》一劇,出場白先曰:"阿喲喲,餓壞了。"唱句中有曰:"叫子路,快加鞭,趕到顏淵家中吃白麪。"徐赤文兄復云,在河南鄉間,見演孔子平生事跡,據云自"尼山禱祭"至"山頹梁壞",可連臺演至半月或一月。徐參加之日,正演"孔子過生日,子路來祝壽",道白不可懂,祇見孔子喜甚,即唱曰:"多烙餅,少煮飯,子路這傢伙吃量大。"下即接以喧闐後場。真無獨有偶。

西 廂 詞

看《西廂·驚豔》,一人問:"怎不回過臉兒來,是何意?"一曰:"女子害羞,不比男子老臉皮。"予曰:"恐是已改西裝硬領,回頭不便耳。"時扮雙文者,朱傳茗也。

釘　鞋　底

予在桂林，友人有函詢山水情形者，予答之曰："子但翻轉釘鞋底一看，即爲桂林山矣。"又有人問畫山水法，予曰："儘子意畫之。人如不認爲山，可請他到桂林、陽朔去看。"

先　生　與　牛

一學生喜逃學，師出文課題曰："牛何之?"以譏之。其文結處曰："孟子書中問'何之'者有二，一曰'牛何之'，一曰'先生將何之'。蓋'先'者牛之踢飛脚者也，'生'者牛之坐板橙者也。故先生也，牛也，其實一也，故其問相同也。"

善　　忘

一大學教授善忘，赴友約，投宿旅館。脱外衣懸架上，入寢室，語侍者曰："明晨六時，必須速余醒，余將赴約。"闔門即睡。嗣有一軍人亦來投宿，脱外衣懸教授衣旁，入寢。明晨，侍者速教授醒，忽促間，披軍人外衣出門。躑躅通衢中，已盡忘前事，惟恨侍者何以天未明即喚人醒。忽俯視其衣，爛然軍服也，恍然若悟曰："還好，還好。喚醒的是他，不是我。"

加 倍 送 錢

一客夜深無宿處，叩門，遇一老者，許留之。屋矮面河。匆匆間，老者即入，客亦安寢矣。忽腹鳴欲大便，未問厠所，又不願驚動主人，乃設法撒入襪中。悔恨之餘，提盛便之襪，用力甩入河中乃睡。忽念襪跟小破，萬一遺糞在室，奈何？天明視之，果因用力太重，屋又矮，有糞點著天花板上。老者出，客即以五圓與之。老者力言非旅館，不受酬。客忸怩曰："污穢，此屋請作清潔之費。"老者更不解，客乃指天花板上黄點示之。老者老眼昏花，望而不解爲何物，客不得已爲説是糞。老者急以五元納客手中，復從袋中摸五圓出授客曰："祇須告我，糞如何會撒到天花板上？以此爲酬。"

項 羽 拿 破 崙

有以項羽、拿破崙命題者，一文曰："夫破輪不易拿也，而項羽竟能拿之，豈非人傑也哉！"

不 放 假

一小孩哭於道，甚哀。人問："何故哭？"答曰："哥哥、姊姊明日都放假，我不放。"問："爾何以不得放？"答曰："我還没有上學。"

人　與　鬼

“如果鬼不好，死去的人，多要逃回來了。”“你若碰見惡鬼，應當竭力與之對打，打敗了還不過和他一樣。”這兩種説法，是昔人對於人、鬼看法。自從有了洋鬼子之後，有點不同了，洋鬼子會勾結中國鬼奴來欺侮中國人。對付這種洋鬼子和鬼奴，第一好辦法就是連合起人類來打。却不可請教喇嘛，也無須畫鍾馗，衹要不分華洋，先分清了人、鬼界綫，自然人多鬼少，一擊就破。這是我的殺鬼政策，急急如律令。

譯　白　話

一九二三年，志摩偕適之來杭厪相訪。一見，我即問胡：“你亂七八糟要到那裏？”胡説：“專來看你，不到那裏。”我笑曰：“我是拿你姓名來繙成白話而已，不是問你到那裏。”

形　容　瘦　者

予弱冠時極瘦，暑月著葛衣，先母目爲“豆腐皮包善富”“善富”爲油燈盞之架，以小竹爲之，硤俗名曰“善富”，言骨皆外顯也。《七俠五義》中形容蔣平之瘦曰：“外面無皮包著，他的骨會散了。裏邊無骨撐著，他的皮還要往裏縮。”此最盡致。

長沙大火聯額

抗戰時，國民黨放火燒長沙。湘人事後有聯曰："治湘有方，五大政策一把火；中心何忍，三個人頭十萬元。"額曰"張皇失措"。蓋主湘者爲張治中文白，故析其姓名嵌入也。"三個人頭"，爲十八日槍斃警備司令酆悌、警備第二團長徐昆、公安局長文重孚。"十萬金"，爲撫恤長沙市民之費。其實十二日上午，張奉蔣介石密電要焚燬長沙，非出張意。張奉此惡毒殘暴之令，不知力爭，此其所短，湘人責之亦宜。

四　　聲

往時家塾，每舉四聲全備句，如"天子聖哲"、"何以報德"之類，俾學生誦習。一家以饅首供師點心，師手摩之不甚熱，即曰："冰冷氣出。"有學生起而續曰："隨你亂說。"師責其不敬，生曰："我以爲師在考問四聲耳。"

截　字　聯

嚴生云，曾截"可憐懷抱向人盡"、"紅顆酸甜祇自知"兩句上二字，贈一遺老，遺老頗賞其工。予曰："此當贈老妓。"生大笑。

梅　花　詩

　　予最愛"紅帽哼兮黑帽哈，蘇州太守看梅花。梅花打個扦兒道，小的梅花接老爺"。曾畫一幀，爲人攫去。來杭州，復取"開門七事盡皆賒，歲底催錢噪晚鴉。我亦顧他娘不得，後門逃出看梅花"一詩，畫一小紙，爲館友索去。頗思再覓二詩相類者，畫成四頁，至今未得。僅成二詩，可以博笑，不能畫也。其一曰："一張冤狀訴東風，家住孤山亂石中。硬被林家豪奪去，强污名節號妻宮。"其二曰："一樹梅花一放翁，放翁真成孫悟空。梅花苦笑默不語，詩人説謊古今同。"

缺　老　壽　頌

　　在紅巖時，金雪塍小予兩歲，愛作打油詩，以寓諷刺，予亦時時作之。同人因呼二人爲"缺老"，即缺德老人也"缺德"北京俗語，指喜譏誚人之稱。今年予八十，因成此頌寄之。頌曰："缺老八十，氣旺身强。若非德缺，安得壽長？滑稽嘲笑，算是文章。遠告缺弟，缺道同彰。千缺萬缺，百歲建坊。洪宣寶屁用"屁"頌人，正"高聳金臀，洪宣寶屁"成語，萬古流芳。"

時　間　問　題

　　有一留歐學生，歸國後遇開會演講，下至宴會，必申申詈中國人不守時間；又必出其瑞士貨手錶，炫於衆曰："此錶無一分一秒之誤，予與吾妻各備其一，故從不誤分秒也。"其妻爲德産，一日宴會，樂而忘返。忽其妻闖入，責其逾時返宅。其人閱手錶，爲九點三十分，則曰："尚有三十分，未逾十點之約。"妻亦出其手錶曰："請看，九點三十分乎？十點零五分乎？"其人默然隨妻去。事後，語人曰："今知瑞士手錶，亦不可盡靠也。"

渾 蛋 加 三 級

清末，廣和居有一湯，曰"海軍衙門"。予初聞此名，不知何物，及上桌，乃蛋花雜有海參片、肉片、筍片之湯也。問得名之由，則曰："極易解，渾蛋而已。"後又易名"總理衙門，"乃湯中加白雞、燻雞、醬雞三絲也。京音"雞"、"級"相近，此言"渾蛋更加三級"，侍酒之役，無不知者。京師諱"蛋"字，遇"蛋"字則易爲"木樨"、"黃菜果兒"等名，此獨以衙門代，澗哉！此二衙門。

參 議 員 人 物

錢念劬評參議員人物爲三類：一"賣嘴"，每開會必爭先講說，不問是非；二"賣手"，每事表決時必舉手，亦不問是非；三"賣屁股"，每開會必出席，既不說話，亦不舉手，更忘其所謂是非。予曰："'賣嘴賣手賣屁股'，可對'貴旗貴教貴天津'。"蓋京師自辛亥後，內城房屋出租時，招租紙上往往寫"貴旗、貴教、貴天津，免開尊口"一語也此三種人，房主怕難纏，故不敢承租。

歇　後　詩

一幕友隨學使赴各屬考試閲文，思家頗切，因作詩曰："抛却刑於寡妻，來看未喪斯文。可憐三月不知肉味，竟染七年之病。半折援之以手，金昏請問其目。"尚有結聯未成，學使至其房，適見之，即援筆爲續曰："且等子游子夏，棄甲曳兵而走。"歇後語如"斷送一生惟有、破除萬慮無過"之隱"酒"字亦爲絶妙佳聯。而此詩對仗，用虛字爲韻，尤不可及。

用 "而" 字

一考卷用"而"字均不妥，批曰："當而不而，不當而而。而今而後，已而已而。"此二條昔有載之者，以其佳，重爲録之。

輓　詩

有譚某者，先從徐申如、蔣百里，後從予，供購物奔走之役，戲呼之曰"痰盂"。淪陷時，聞任維持會會長、海寧縣知縣等職。解放後，窮老無恃，予月給以膳費。一九六〇年死，年八十七矣。予作一打油詩輓之，曰："報道痰盂今打碎，遠勞和尚匯齊錢。倘然果有閻王管，爲訴多生廿五年。"

詠鄧錫侯詩

一九三一年冬，劉文輝、劉湘叔侄相戰，時鄧錫侯部隊宣告中立。川人有詩曰："君侯不愧號水晶,半用調停半用兵。刀打豆腐平兩面,輸也吃糖何況贏。"

詠甬妓詩

甬妓有愛淡粧者,後適一鹽商。甬人有詩曰："淡羅衫子淡羅裙,淡掃蛾眉淡點唇。可惜一身多是淡,如何嫁與賣鹽人?"

吃墨水

科舉時,諸生有奉呂純陽乩壇者,群叩闈中題目。乩動,書曰"趙酒鬼到",諸生急焚符退之,仍叩請祖師降壇。良久,果書"祖師到",諸生虔請判示,書曰:"可各磨墨先飲一杯。"各磨墨飲訖,乩忽大書曰:"平時不讀書,臨時吃墨水。我非呂祖師,依然趙酒鬼。"

漢奸

餘姚未淪陷時,一警區獲二漢奸,皆二十餘歲浮薄青年也。區長詢之,則互指爲漢奸,求嚴辦。兩家父兄託人告區長:二少年不肖,爭一土娼,勢不相下,遂互指爲漢奸。事實確鑿,區長乃嚴斥二少年,取保釋放,笑語人曰:"此非漢奸,乃奸漢耳。"

基 本 上 已 通

一人學習時，自言思想上難得通。後忽脫履，人見其襪底皆穿，急慰之曰："君基本上已盡通矣。"

飲　假　酒

有人宴章太炎，太炎妻語侍行門人："不可使多飲致醉。"門人以語主人，主人曰："我以沙斯汽水略入黃酒進之，當無患。"太炎飲之大樂曰："何來此日本酒！"歡飲五七杯。梁任公實不能飲，自詡能辨酒品，以"苦爲上"一語爲主。沽酒者乃以紅茶雜酒中售之，色濃味苦，價至二元一斤。任公信之，且譽之。陳仲恕宴客，有任公及予。仲恕本不知酒味，習知任公所好，亦以紅茶鑲酒，進茶過其量。任公飲之，贊曰："此較予平日所飲更醇矣！味乃一無暴氣。"予飲之，顰蹙不語。席散，任公先行，仲恕問予："子何飲時屢蹙其眉？"予曰："子司酒之人誤矣！時時以紅茶相饗，何嘗有酒！幸有饌滿席，否則今日真成成老爹獨飲釅茶耳！"

買　　鏡

一鄉人新婚，伉儷情篤。將入城市，問妻："欲購何物？"妻言："願得一鏡。"問："鏡何狀？"則曰："如滿月。"鄉人入城求之，果得鏡。店夥語之曰："此物不宜手撫，多撫則光損舊時銅鏡皆如此。"乃丐紙層層包裹置懷中,抵家鄭重出授妻。妻返房,出鏡照之,大怨恨,以其夫爲別有新歡也。臨飯呼之食,不應,惟垂淚。鄉人大窘,語其母。母入詢媳至再,始言:"夫有新歡。"問"何據?"出鏡曰:"人在鏡中。"母覽鏡,咤曰:"子真不肖!即欲結新歡,當擇少者、美者,何以愛一老醜人!"正紛擾間,父忽歸,亦覽鏡,又見一老翁。使妻照之,乃恍然,子宛始白。

諧　詩

向有"蛙翻白出潤,蚓死紫之長"一詩,王船山先生之"繞涎收篆壁蝸"句即從此出。向有《雪》詩"天地直籠統"一絕,予《大雪》詩一聯云:"沉沉天似睡,漠漠地無涯",即用其首句意,何諧之有。

裝　拉　鍊

一人患盲腸炎,醫生爲之割治。手術不愼,炎處更甚,必須重割。其時適有他人割腹治肝膽,醫生竟忘一小用具在腹中,亦須重剖者。患盲腸炎之病人乃語醫生曰:"我建議:凡須剖治之症,剖處裝一拉鍊,可以自由啓閉,較爲省事。"

張　飛

有以"蒼蠅停在眼皮上"作謎面,打一《三國》人名者,蓋張飛也。

阿 斗 不 傷

或問《三國演義》長坂坡趙雲救出阿斗，從懷中解下，呈上劉備，備即擲之于地，何以能不傷？ 説書者曰："你們應該記得，劉備是雙手過膝的，他兩膀甚長，所以就和放在地上一樣，那裏會受傷!"

三 字

《三國演義》中最多是"三"字，從"桃園三結義"起，"三顧茅廬"、"三氣周瑜"，以至"三擒孟獲"、"三出岐山"。或問孟獲是"七擒"，岐山是"六出"，何以云"三"？ 説書者曰："不先經過'三'，那裏會有'四'、'五'、'六'、'七'!"

唱戲救口吃

有鄭君者口吃甚，嗜戲，工唱老生，遇唱則抑揚流暢，無復期期艾艾之病矣。一日途遇一友，急欲告一事，更不成語，同行之友即口作小鑼聲，曰"嗆嗆"，繼以京胡聲。鄭即脱口唱曰："君家現在遭火焚，勸君即速奔家門!"友聞之，飛馳而去。沈衡老亦有此病，説話時每以"嗯"字起頭，有嗯至二、三分鐘者，大病後，此病轉不復見。

一 代 完 人

許邁生先生營楡園成，而子姓不肖。病中語友，戚曰：
"我死當書'一代完人'四字作輓額。"蓋知後人不能守也，歿
後，園即售人。

狗 生 狗

張佐時弟夫婦齊年，五十時側室始生一子。彌月時，佐時
作詩云："你我一百歲，生下一只狗。你我二百歲，看狗再
生狗。"

打 坐 有 得

香夥在廟久，有僧教以打坐參禪法，云："必有所得。"香夥
歸家習之，坐不久，張目語其妻曰："適間靜坐，忽然記及左鄰
阿二尚借二升麥未還。"打坐真有所得。

李北海上海賣字

與八兒同事某君，喜談書畫，一日詢八兒曰："尊翁書法佳
甚，不知何所宗？"八兒曰："三十前宗顏平原，三十後宗李北
海。"某君恍然曰："是矣！北海向在上海賣字，固極負盛
名也。"

題　照　詩

徐悲鴻爲劉半農畫一象，半農函索一友題詩，且須舊體。友乃寄一詩曰："未見名師畫，何妨瞎眼題。方頭真博士，小胖似儒醫。廳長同名姓時有一廳長與劉同名姓，莊家半適宜。不嫌麻一點，偕老作夫妻劉妻面麻。"

兄　弟　相　稱

一商人出外貿易，頗獲厚利，納一妾。四五年偕妾回里，妻具酒食饗之。商人指妾語妻曰："此慰予客中寂寞之侶也，此後請以姊妹相稱，和睦共處。"妻唯唯，旋命婢添一座身旁，自起至後房，呼一少年，攜手出，使坐己旁，語夫曰："此人自君出後，亦來慰予寂寞之人也。此後請以兄弟相稱，和睦共處。"

責　幹　部　聯

毛主席撰一聯責幹部之無實者，曰："墙上蘆葦，頭重脚輕根下淺；山間竹筍，嘴尖皮厚腹中空。"

尊　姓　是　楊

一名旦演《翠屏山》，座有和尚大讚其色藝，且曰："真潘巧雲恐尚不能如此豔冶佚蕩也。"旁座一人聞之頗憤慨，大言曰：

“不意戲中潘氏仍爲和尚寵愛！”和尚回顧其人曰：“阿彌陀佛，足下尊姓是楊？”

熊　馬　之　争

熊十力與馬一浮講學不合，詬之曰：“無論學理，即以姓名言，熊自勇猛過馬，十之數亦多於一，況彼輕浮而予有力乎！”此論奇而確，然二人姓名，是一佳對。

吃　不　够

一九六一年間，杭人有諺曰：“説説大躍進，聽聽大豐收，看看真緊張，吃吃皆不够。”

字　如　其　名

有人不識唐駝，一日相遇，或爲之介，曰：“此書家唐駝也。”其人曰：“哦。原來是腫背兄，真名如其字，字如其名。”諺云“見駱駝不識，認爲馬腫背”，故呼爲“腫背兄”。唐字朦腫不堪。

粧　美　女

兩小居室，夫戲妻曰：“爾殊不及古美女。”妻問：“古美女何狀？”夫曰：“柳眉，杏眼，梨渦，櫻桃口。説話如鶯聲燕語。”是日夫出，至暮方歸，則見其妻畫綠色濶眉，塗黄色圓眼，兩頰白花兩朵,當脣胭脂一點。夫問:"何以如此粧扮?"妻以尖銳圓轉之音答之,而不辨爲何語。及進晚膳,妻納一麪條口中,慢慢咽食,夫驚曰:"爾有病乎?"妻乃大笑曰:"此非爾所謂古美女乎?"

越 看 越 像

老友數十年相別,偶然會晤,鬚髮盡變,肥瘦大異,覿面不相識。通姓名,始輾然曰:"真不認得。"握手對視,同聲曰:"越看越像。"

詠 糞 尿

陸維釗兄在火車上大便,歸而語:"此糞將行二十里矣。"予即曰:"車上登坑真快事,糞汁飛行二十里。"邵裴子於渡江時欲小便,廁門已鎖,不得入,渡江始得如廁。予又曰:"江北攜來一泡尿,放在江南田野裏。糞早橫飛尿久留,脹破膀胱愁不愁。"二兄笑謂:"不可再續,續則尿糞氣滿車矣。"

地 毯 作 被

鄉下老婆婆攜二千元至北京,欲購物,不可得,因以千元買一方地毯回去。鄰人問曰:"此毯泥地不能鋪,如何用法?"婆婆曰:"待我裁做兩片,一片自己作被蓋,一片給大孫女作被蓋。"

賞 叉

俞振庭渾名"小毛包"其父菊笙渾名"毛包"，演武劇飛叉有時落臺下，至傷人。一日演《鬧昆陽》，一叉脫手，飛落池左舊時戲園中間坐位曰池子，張玉樓之兄坐其間，以手攫住。值臺者索之，張曰："這叉從何處來，鬧清楚方可還。"俞即趨臺前，向張連打數扦曰："大爺，給您請安了。叉賞給我罷。"戲裝打扦，闔堂一笑，張乃擲還之。

歐陽子方

二人讀《秋聲賦》，甲曰："歐陽修不知何字?"乙即答曰："字子方。不是第一句已經明白說出，歐陽子方在夜間讀書麼!"

田 由 申

徐敏惠兄名女曰"田田"，又生一妹名曰"由由"。予曰："君若再生一子，必當名'申申'矣。"

腹 小

有人聚談近人度量狹隘，或曰："古人腰大十圍，近人腹小，故度量曰狹耳。"一人恍然大悟，曰："是矣! 昔時老輩計糧,成丁者月三斗,每斗十五斤有奇,月得四十五斤餘。今一般皆爲二十四、五斤,豈非腹小之證!"一人又曰:"今日方知西婦束腰,是節食第一好法也。"

領 袖 相 片

蘇聯二十二大後,赫魯曉夫至一都會,入一照相館游覽,見所懸領袖像僅本人一種,心甚喜,故意問曰:"其他領袖像何以不多印發售?"店中人答曰:"印得甚多,隨印隨售傾,獨此存留耳。"

出 洋 留 學

研究書法之後,杭州欲重興西泠印社,講求金石篆刻之學。余曰:"此誠國學遺產之一,若再不培養數人,恐將來須出洋留學方能明瞭矣指日本研究吳倉碩作品。"

有 條 有 理

勝利後,刲收大員既有"五子登科"之譽,上海市各區更淋灘盡致。甲、乙區親友相遇互談,乙曰:"我區可謂無法無天。"甲曰:"我區則有條有理。"乙不解,請舉事實。甲曰:"易解也。子區無法幣者即無天理,我區有條子者即得從輕處理,此真條條是路也。"

認 郎 作 小 官

鄞俗娶媳,必年長於子,以四歲爲常見,甚或七八歲者,取其能主持家政,約束夫婿也。某姓一子,甫十五齡,又未發育,極矮小,娶一二十以上女子作妻。拜堂行禮,舊用紅帕蓋臉,固不辨新郎形狀也。及卸粧坐房中既久,新娘忽曰:"小官,你可去了,夜已深,恐爾母覓爾。"新郎則曰:"阿拉是新郎公,啥地方去?"

設 立 統 戰 部

孫慕唐兄抗戰時在重慶續絃,其實元配仍在故鄉也。解放後,夫婦間時勃谿,甚至居民委員會屢爲調解。長子在臺灣任職,其子女留杭,亦時與祖父相關,一切不受約束;二子任廣東省人委秘書長;五子在北京任建築工程師。一家志趣大異,老人左右爲難,嚮予言及,有時泣下。予欲慰之,亦無語可説。強作諧語曰:"子真專攻外交,不諳內政。無已,其設立統一戰綫部,以處理之乎慕唐在德學外交?"

四 門 口 號

"高級幹部送上門,中級幹部找窍門,下級幹部開後門,一般老百姓罵山門。"此近時流行民間口號。

抱殘守缺齋

一人首娶爲缺唇，繼娶爲跛腿。會新構屋成，欲取齋名。友曰："'抱殘守缺'，齋名最爲確切矣。"

諧　聯

一富室子生而眇一目，腿又有病，必欲求一美妻，既得如願，而婦不安于室，富室子無如何也。他日求友書聯，友乃書"眼開眼閉，脚高脚低"兩語贈之。

妙　答

蘇聯一婦生四子，首名"真理"，次名"公道"，三名"人民"，四名"良心"。有熟友過之，見婦寂坐，子皆不在，因問："諸孩何在?"婦曰："真理跑了，公道也尋不著，人民在哭，良心睡著了。"

時念在刻

一人請印人刻一章，久未報命。偶相值，印人曰："尊委之章，時刻在念。"其人即答曰："不敢，我則時念在刻。"

怕 浸 生 水

夫婦吵嘴，婦憤甚，投門前小河中，而高舉右手出水外，人因援之起。問："既投水，何以舉其手？"曰："食指爲剪刀悮傷，入水恐潰爛生膿耳。"

張 難 先 受 窘

張難先以刻苦聞，主浙時，呢掛、卡嘰布袍，皆敝甚。囑員屬不得穿綢緞，一時估衣舖舊衣皆購罄。商會會長王竹齋，平日亦儉樸甚，特穿新緞掛、綢袍往見，滿堂皆敝衣，見此粲者，羣駭異之。王則趨語張曰："浙恃鹽絲爲生者，數百萬人，主席欲絶其生路耶？且主席所御，皆舶來品，是欲爲洋貨推廣銷路也？"張默然。越數日，竹齋生日，難先亦製緞掛、綢袍往賀。

諧 聯

鄒俠禪少即善無情對，從陸左昇讀。同學問："先生姓名，爾能對否？"即應曰："三上弔。"後與我佛山人、袁寒雲、步林屋等，叙於友人齋中，其女僕正以熱水灌牀殺臭蟲。我佛山人曰："'熱水澆棕綳'，爾對云何？"鄒即先指袁，後指步，曰："寒雲步林屋。"

張小泉有一子，十二歲即喜雀戰，性特慧。雪天其父開窗，見子來，即曰："'推窗望大雪'，爾對之。"應聲曰："拍桌打中風。"

巴山夜雨録

目　　錄

入川之後，始庽江家巷。五四大炸，避居華嚴寺，更遷來龍寺坎下，又遷桂花園，一二年中，居處無定。二十九年秋，居虎頭巖，始定居焉，至今八年，未離巴縣轄境。每當戚友聚談，可記者隨筆記之。今將歸矣，因爲寫定，將以之告鄉人。

乙酉秋海寧張宗祥記

重慶通商約文

清光緒十六年閏二月十一日，《中英烟臺條約續增專條》："大清、大英國，國家爲續議條欵事。前因光緒二年《烟臺會議條欵》第三端'通商事務'第一節，内載'四川重慶府可由英國派員駐庽，查看川省英商事宜。輪船未抵重慶以前，英國商民不得居住開設行棧，俟輪船能上駛後再行議辦'等語，嗣因彼此意見不同，未克定議。今願合衷商辦，以歸一是。故擬定《續增專條》如左：一、重慶即准作爲通商口岸無異，英商自宜昌至重慶往來運貨，或僱用華船、自備華式之船，均聽其便。一、此等船隻自宜昌至重慶往來裝載運貨，與輪船自上海赴宜昌往來所載之貨無異，即照《條約稅則》及《長江統共章程》一律辦理。一、凡此等船隻，所執船旗號應領貨照，及擬運宜昌以上貨物如何折動另裝，並宜昌至重慶貿易之人，應遵守一切規則,俾得獲保護利便之益,應由宜昌關監督及現駐重慶之川東道暨稅務司與英國領事官會商妥定。章程其所定之章,日後有應變通之處,彼此可商明酌改。一、凡僱用華船,應照《長江統共章程》,在宜昌、重慶兩處完納船料。其有能懸英國旗號之華式船隻,應照條約章程完納船鈔。所有英人僱用華船及自備華式船隻,由宜昌至重慶往來運貨者,務須在海關承領船牌、關旗,即使能懸英國旗號之華式船隻,亦當一體遵照以上兩項。船隻倘無海關所發船牌、關旗,均不准獲享此次'續增專條'之利益。其領有海關船牌、關旗之兩項船隻,均克往來宜昌、重慶通商貿易,所有船貨均照條約及《長江統共章程》一律辦理。其餘船隻,概由常關自行辦理,所領船牌、關旗,應由原船自行持用,不得轉付他船,並嚴禁華人船隻冒用英國旗號。凡船初違關章,可按照條約已開通商各口成例罰辦,倘再有違犯,即將原領船牌、關旗追繳,以後不准該船由宜昌至重慶來往貿易。一、俟中國有輪船販運貨物往來重慶時,亦准英國輪船一體駛往該口。一、現在議定,此次所定'續增專條',應與《烟臺條約》視同一律,其實力奉行之處,亦與逐字載入《烟臺條約》無異。此專條須由兩國批准,其批准文據,應在中國京城交換,限於畫押之後六個月開辦施行。此指兩國批准文據,已在期內互換而言,倘期內未能互換,即自互換之日開辦施行。此專條係在中國京城繕立,漢文三份,英文三份,凡六份。光緒十六年閏二月十一日,西曆一千八百九十年三月三十一日,兩國所派欽差便宜行事大臣,在京都親各畫押,鈐用關防,以昭信守。"此重慶通商約文也。十七年正月,署川東道張華奎與稅務司勘定南岸王家沱爲商埠地址。二十二年二月,日本總領事珍田捨已交涉重慶開埠,仍割王家沱地址。二十七年八月,駐重慶領事官山崎柱始訂條約二十二條,設立租界。至民國十八年後,渝民屢請收回日租界。二十年,日領事清野長太郎離渝。

重 慶 設 市

重慶設市,自民國十五年潘文華兼任市長始。原爲商埠督辦也,其改爲特別市,則自國府遷渝後民國二十九年始。

巴 之 得 名

譙周《巴記》:"閬、白二水東南流,曲折三迴如'巴'字,故謂之巴。"云云。"之"字原本及他書誤作"三"字,《元和郡縣志》作"之",此爲巴縣得名之始。武王克商,以其宗姬封于巴,爵之以子。《左傳·桓九年》,巴子使韓服告於楚,此爲巴國之始。周慎靚王五年,秦惠王滅蜀及巴,置巴郡。劉璋時,分爲三巴,曰巴郡,治安漢;曰永寧,治江州;曰固陵,治魚復。建安六年,正三巴之名,曰"巴郡",即永寧;曰"巴東",即固陵;曰"巴西",即巴郡。先主立江州都督於郡治,此巴分爲三之始。隋文改楚州曰"渝州",尋廢巴郡。唐太宗以渝州隸山南道。宋以渝州隸西川路,後分隸夔州路,徽宗改爲恭州。光宗即位,以潛藩升重慶府,此巴縣又名"渝"及府名"重慶"之始。元季,明玉珍建都於此。

説　塔

“塔”字《説文》在卷十三,係徐氏新附之字,注云:“西域浮圖也。”則知叔重時未有此。見於正史者,《魏書·西域傳》于闐國、乾陀國均有佛塔。在中國之塔,當以《洛陽伽藍記》所載爲最詳最早矣。按《十二因緣經》載八種塔,並有露盤:佛塔八重,菩薩七重,辟支佛六重,四果五重,三果四重,二果三重,初果二重,輪王一重,凡僧但蕉葉火珠而已。據此,可知塔有等級,至八而極,蓋釋氏瘞骨之標識也。重慶之東,有浮圖關,無塔而以浮圖爲名,向爲險隘,今改名復興關。

哥　窰

哥窰,予所見及所藏者,梅子青、豆綠、炒米色,凡三種。間有青色釉中,先彈以粉,使成白點者,名“鹿斑點”,已極少見。予僅得筆架一座,若偶呈一塊硃砂紅,此係釉質之變,尤爲希世之品。兄曰“章生一”,弟曰“生二”,皆南宋時人。兄製良,故世傳“哥窰”之名,其實“弟窰”亦較普通宋龍泉爲佳。《四部橐》曰:“處州章生兄弟皆作窰,兄所作者,視弟色稍白而斷紋多,號‘白茇碎’。”恐即指米色之磁,非另有白磁也。蓋龍泉窰以梅子青爲第一,不以白見長,如定窰也。又宋龍泉,惟米色者多碎紋,然亦天然者多,人爲者少。元龍泉,則米色之磁,大都人爲斷紋矣,且其色甚深,等於煨磁。川中之磁,出於唐時者,曰“邛窰”,尚非磁胎,胎在鋼陶之間,釉則有三色者,大類唐三彩,有緑,有藍,有黑,有白者。出於宋時者,曰"蜀窰",其産地蓋不限於邛州,故以蜀爲名。白色者較龍泉爲白,亦以豆緑爲最多見,製作極似龍泉,惟不見梅子青一類極漂亮之釉。以時考之,當在北宋已有此物,實較龍泉爲早。

《史記》宣和刻本列《老子傳》居首

《史記》列傳有退伯夷、叔齊於後,而以《老子傳》居首者,蓋宋宣和時刻本也。徽宗推崇道教,有旨升老子於列傳之首,事見《筠溪牧潛集》。假使唐代已有刻本,不且以老子入本紀乎?

西 湖 十 景

西湖十景,曰:"平湖秋月"、"蘇隄春曉"、"斷橋殘雪"、"雷峰落照"、"南屏晚鐘"、"麯院風荷"、"花港觀魚"、"柳浪聞鶯"、"三潭印月"、"兩峰插雲",見《方輿勝覽》,可知此名宋時已有矣。惟忘却孤山處士梅鶴耳。

耕 織 圖

清《耕織圖》,康熙時山東膠州人焦秉貞畫,計四十六頁,刻石内廷。乾隆時重畫,亦以焦畫爲藍本。按《玉海》載,宋紹興中於潛令樓璹畫"耕"、"織"二圖,高宗召對,宣示後宫。樓畫計四十五事,爲五言詩四十五章,清畫實又仿宋也。

盧鴻草堂十志圖

《盧鴻草堂十志圖》,今藏故宮博物院,爲清内廷舊物。甲申春,在渝展覽,又得重觀。造意用筆,似拙極工,其中金碧潭之水,尤難著筆。昔曾臨之,爲三兒重攜去裝裱,遂失其稿。《志雅堂雜鈔》載有李伯時《盧鴻草堂圖》,南宋時收入高廟劉娘子位者,伯時之畫,不知又如何著筆也。

《長編》卷數

李燾《長編》於淳熙十年上書,凡九百八十卷,舉要六十八卷,詔付秘書省。今傳本一百七十五卷,乃從閣本録出者。

元祐黨籍碑

元祐黨籍御書刊石端禮門者,凡一百二十人,是爲第一碑,在崇寧元年。其後蔡京重定爲三百九人,手書刊諸郡國。龔頤正據第二本著《元祐黨籍譜系》一百卷,三百九人中,惟四人無考。龔後附韓侂胄,韓死,詔毀所著書。此碑今存者,惟桂林龍隱洞中一,洞距七星巖近,故查氏《人海記》誤爲在七星巖也。洞口刻狄青紀功碑,爲宋時原刻。黨籍碑乃明時重刻,非宋刻之舊也。碑有跋語,記之極詳,《人海記》亦誤載。

嚴　復　事

　　嚴復,字幾道,福建侯官人。船政學堂生,派赴英國留學海軍,與日本伊藤博文同班,學業考試,必超伊藤之上。歸國後,李文忠督直,任爲水師學堂教習,不樂武職,納資改道員,旋充該校總辦。初不習本國文學,僅誦四子書即出洋,及回國,從國文教習王姓者請益。王曰:“吾不足爲子師,必欲學國文,請從吳摯甫先生遊。”介而謁吳,吳詢讀何書,則曰:“四書外一未讀也。”吳曰:“可歸讀五經,熟而再來。”乃畢力以赴,難解者就教于吳,不數年,遂成譯書名家。嗜阿芙蓉,每譯書用字未妥,必在煙榻深思,妥而後已。戊戌政變,康有爲薦之光緒帝,奉旨召見。津至京本不遠,且火車已通,以癖煙性懶,遲未成行。及既赴京,光緒詢以新政,則以《擬上皇帝萬言書》所列各節對,多閩音,不能明晰,光緒命抄進。嚴能書,學鄭文公碑,小楷非所長,募人抄未畢,而垂簾之詔下,跳身歸津,得免禍及。文忠時方被逐任兩廣,過津,謁之於車站,文忠笑語之曰:“爾頭幸矣。”革命後,頗不得志。袁氏稱帝,思收羅人望,召之入京,列名籌安會中。袁氏敗,遂隱不出。五十即鰥,無姬侍,在滬遇一老妓,善燒煙,納之。入門,與約曰:“以二萬元記爾名存銀行中,我何時死,爾即何時攜以去。”其子闢一院迎養。後嚴死,子詢妾曰:“父命在,固不敢違。苟願留,衣食供養不敢缺。二萬金仍歸執掌,本息皆不問。”妾曰:“同居久矣,豈無香火情,況年老復誰適? 敬當守此勿去。”子仍以舊院居之。

賽 金 花 事

賽金花，予遇之津市，時已適魏氏矣。弓足而長身，纖眉軒軒，目秀而長，雖五十餘，望之尚如三十許人。魏歿，其子封其財物，孑身出走，老死北平。

周　　媽

周媽，村嫗耳，而湘綺故張之。湘綺暮年，姬侍盡亡，衣服飲食，恃周左右之。又偃蹇不得意，則謁賓見客，故偕之寵之。玩世也，其實逃世。智哉湘綺，雖袁氏亦無從牢籠之矣。

十 三 旦

侯峻山，即“十三旦”，暮年以資雄於張家口。地方義舉，必身爲之倡。張家口無不知有侯老闆，亦無不推崇之者。京師演義務戲，招之必來，自配角以至琴師行李之資，纖悉皆出自侯，不糜公家一錢也。與人言，謙退樸訥。矮而肥黑，及登臺上蹻，乃不覺其矮，厚塗脂粉，乃不覺其黑而老。仍演《新安驛》等劇，風韻如三十許人。反串戲以《伐子都》、《陸文龍》二劇爲佳。《陸文龍》一劇，舞雙槍，姿勢迥異他人。此劇曾傳徐碧雲，碧雲無行，不理於同人，今聞流落秦中矣。

紙　　錢

　　封演《聞見記》云：“今代送葬，鑿紙積爲山，盛加雕飾，异以引柩。古者享祀鬼神，有圭璧幣帛，事畢則埋之。魏晉以來，始有紙錢，今自王公逮於匹庶，通行之矣。”戴埴《鼠璞》云：“紙錢起於殷長史，南齊東昏侯剪紙爲錢，以代束帛。”《五代史記》云：“晉祭顯陵，焚紙錢於南莊。周世宗慶陵用紙錢大如盞口，雕印文字，黄曰‘泉臺上寶’，白曰‘冥遊亞寶’。”李濟翁《資暇録》云：“邵康節春秋祭祀，約古今行禮，亦焚紙錢。伊川程子怪而問之，曰：‘明器之義，脱有益，非孝子順孫之意乎。’”是可知紙錢之行，實代漢後瘞錢之俗，而用意即所以代真錢。故分黄、白二品，今通用者，皆黄無白。至以錫矷紙上，摺成方錠，此風僅盛於杭、嘉、寧、紹，費人工，耗物力，實非所宜。近更有仿鈔票之法，印爲冥國紙幣者，可笑也。予家十世祖北湖公，曾禁焚紙錢，喪事不用僧道，不回煞。至今相傳七八世，尚相遵守者，僅不回煞，不用道士耳，餘皆同俗矣。予自桂經黔入川，春秋享祀，仍用紙錢。此三省紙錢之製皆同，以整叠之紙，上鑿數錢範，狀極簡陋。重慶亦有錫箔，均來自紹興，每百張價五六十元，幾與真鈔無別矣。

麻　　將

　　徐珂《清稗類鈔》云：“骰子相傳爲曹植所造，本止有二，謂之‘投子’，質用玉石，故又謂之‘明瓊’，所謂‘投瓊’者是也。

唐時加至六枚,改以骨製,始有'骰子'之名。牙牌又由骰子而生,或云製自司馬温公。麻將牌則源自馬弔,麻、馬音轉,吳人呼鳥之音爲弔,則轉弔而爲雀矣。甬人呼爲麻將者,以葉子戲所畫呼保義宋江以下,皆梁山英雄也,則亦將之而已。"潘之恒《葉子譜》云:"始于崑山,初用《水滸傳》中名色,以爲抵戲。"又《分門品》云:"錢製圓而孔方,取義於大,反數於空,故尊空没文,空者所以貯也。當其無有貯之用,屬波斯獻焉。案此即麻雀牌中"白板"、"財神"所祖。次稱'齾客',齾者,獸食之餘,井上有李是也,里人目爲枝花。枝花者,花未成果,故自一至九,咸呼爲果,本枝花而得名。而文錢爲最初之義,其數十,一葉而極於九,案此"一筒"至"九筒"之本,所云"枝花",又"梅""蘭""竹""菊"之本也。索以貫錢,百文爲索,極於一而專於九,九者數之盈,十索則名貫矣,故去十爲萬始焉。案此"一索"至"九索"之本。葉凡九,萬者索之累十而得名者也。極一而尊九,不居其十者,有所總也,葉數亦如索。"又云:"萬字門計九葉,尊九萬貫天退星插翅虎雷横,八萬天空星急先鋒索超,七萬天猛星霹靂火秦明,六萬天微星九紋龍史進,五萬天壽星混江龍李俊,四萬天貴星小旋風柴進,三萬天勇星大刀關勝,二萬天英星小李廣花榮,一萬天巧星浪子燕青。"　案此爲"一萬"至"九萬"所本。如潘氏之説,則今雀牌筒、索、萬之制皆出葉子,顯然可證矣。惟葉子尚有十字門,十一葉不用耳。"自萬萬貫天魁星呼保義宋江以下,千萬、百萬、九十萬至十萬貫扈三娘十一人。《清稗類鈔》又云:"康熙時,士大夫喜馬弔,其牌之縱横幅較紙牌爲稍廣,繪畫雕印並同。"又云:"淮陽鹽賈盛行此戲,陶文毅禁絶之。齜商乃改繪梁山盜宋江貌如陶文毅并其女公子。粵亂起,軍中用以賭酒,增入'筒化'、'索化'、'萬化'、'天化'、

'王化'、'東'、'南'、'西'、'北化'，蓋本太平封號也。行之未幾，流入寧波，而遂普及。"按徐氏此説，當有分別。"筒化"、"索化"，昔皆繪畫精緻，"萬化"昔皆畫人，至粵亂時，軍中取其簡略，遂易爲"一筒"、"一索"、"一萬"之類，"天化"、"王化"、"東"、"南"、"西"、"北化"，此猶明末時加入闖葉，非盡爲太平封號也。"天化"、"王化"，今以"中"、"發"代之，"東"、"南"、"西"、"北"猶存。其"白葉"向爲一張，其用猶現時之"聽用"，今則亦爲四張。此牌入寧波後，始易木製，皆用烏木，取其不易辨認也。或云，航行多風，紙葉易於飄散，故改以木。今寧波鬭此牌時，尚有用一小竹筐置桌旁，已發牌而他人不吃、不碰者，即將此牌投入筐內，蓋猶存舟行鬭牌之舊習。至製造之材，則早由蘇人易烏木以牙竹矣。惟川中尚盛行紙製之雀牌，產樂山者最佳。

巴中跳神

予居江家巷時，左廂有他人廁之，其婦產後患病，延巫跳神。巫與其侶三五人偕來，設案供神，曰"五猖"。又有二鬼頭，一赤面長髯，曰"師翁"，一女面，曰"師娘"，謂是伏羲、女媧之神。巴人呼巫曰"端公"，既獻神，巫面或塗墨，或塗硃，或五色均具，時時變易，其衣亦屢易，口中時或若誦經，若念呪，若唱戲，若誦歌謠。其侶則敲鑼擊鼓助其勢，或吭噪和之。入夜，歌聲、和聲、鑼聲、鐃聲、鼓聲，諸聲並作，哄然震四鄰。巫則祖其上衣，翻騰地上不止。將送神，以一雄雞裂其頸，取血灑門户，又取一碗碎之。攘攘一日，病人之病如何，不問也。

送神已,取神臉懸於房及户限上,以爲鬼退而病安矣。不二日,其婦死,神臉依然在户限上。巴中跳神蓋如此。

巴中土地神

巴中土地祠,田塍、村落間到處有之。或土或石爲龕,高不逾丈,闊半之。中塑男、女神二,或老或少,無一定之像。龕傍書小聯,曾記一聯曰:"這一方許多嘉話,我二老決不多言。"滑稽幽默可愛。然未見有若江浙之土神廟,畫棟雕梁,連甍接宇,鬼判泥馬,侍衛森嚴,其夫人則珈翟耀煌,繡幃掩映。貧富相形,不可以道里計,我知巴縣土地之缺蓋不肥矣。

道 教 二 派

道教分正一、龍門二派。正一派,即張道陵所傳者。至元成宗時,道陵後裔張興材授正一教主。歷明及清,皆世襲"正一真人",號稱"天師"。然道陵創教於蜀,而子孫乃世居江西龍虎山,不知何故。龍門出於丘處機,即所謂"長春真人"也。

巴 方 言

巴人呼煮物爛者曰"㲦",李宗昉《黔記》有"㲦"字,讀"怕",平聲。李實《蜀語》作"𤷇",音"跋"。呼外祖父母曰"家家"。問"甚麼"曰"舍子"。呼男人年長者曰"老太爺",女人年長者曰"老太婆"。呼異鄉人皆曰"下江人",輕薄者則曰"腳底下人"。

茶　　室

俗好遊茶室。茶室之設備皆簡陋，聞成都亦有佳者。備胡床數具，已待上賓矣。接洽商務，調停人事，茶室中皆優爲之。茶則紅、綠、菊花皆具。專飲開水者，名曰"玻璃茶"。

川　中　之　茶

入川後未遇好茶，壽毅成弟主辦中國茶葉公司時，以紅、綠兩種見贈，紅者産恩施，綠者産宜昌。予之評語曰："紅茶注水時微現綠色，極似祁門，至色味則瞠乎後矣，此陽貨貌似孔子者。綠茶初看似極粗陋，然注水之後，香雖無，色雖厚，味却尚佳，此鄉間處女也。"其後有人以縉雲山所産甜茶見貽，味如甘草，不知何樹之葉，乃混茶名，此正所謂"野狐禪"耳。

書　之　裝　訂

書之裝訂，葉焕彬以爲旋風裝當起於秦漢之間，引《戰國·序》高誘注一曰"短長書"，一曰"國本"；及《太平御覽》"學部正謬誤類"引劉向《別傳》曰"讎校者一人持本，一人讀析，若怨家相對，故曰讎也"兩事，以證當時已非盡爲卷子，而有成本之書。然"本"字之義，若藁本、底本、絹本、紙本之類，並非專指裝訂成本之書而言，卷亦未嘗不可稱本。葉氏此論，亦意想之辭。旋風裝實起於唐，《演繁露》之説不誤。蓋至太宗時，繙譯佛書至多，三奘又身歷印度十有七年，所見貝葉梵書大經之制多矣，因倣其法，改而成此者也。貝葉小經，類中國竹木簡。每葉首端有孔，以繩繫之，其葉之大小長短，則無一定。大經橫列，一巨葉上有兩孔，以金屬之物穿之，誦時置之案上。其形式有類今之案頭日曆，惟橫列，且極大耳。更進而爲蝴蝶裝，亦非盡以糊粘板心，小冊四五頁者，板心以鐵絲穿之，極類今西洋書之裝法，敦煌石室唐寫經中，尚存數冊，可資印證。至刻書，則唐時板刻佛經已有之，且有刻佛像者。予收得半卷，棉紙印佛像極小，相次排列，紙背有墨筆書"天寶十二載"數字。孫君壯收得唐刻經殘紙數頁，字極樸茂，較北宋刻更古。此皆可證刻書之起原。獨五經之刻印，始於馮瀛王，自此而刻書之風遂日盛耳。宋時刻書皆就造紙之處設局，取印刷較便也，故贛、浙、閩、蜀，刻書最富。自宋歷明，此風不變。余來巴中，見寫刻工人爲華嚴寺中刻佛經，尚不乏人。獨諮訪舊時書板，則僅眉山蘇氏祠中，尚留《三蘇文集》，成都浣花草堂，尚留《杜詩鏡銓》兩種而已。紙之產地雖多，亦無佳品，求薛濤遺製，邈不可得矣。獨夾江連史一種，可作印刷之用。

蜀 無 寧 日

蜀自辛亥之後，内爭外患，二十餘年幾無寧歲。重慶因爲商埠，在所必爭，罷兵燹尤慘。民國七年一月，太炎章氏以廣東大元帥府秘書長，由雲貴至重慶。其時主川者，爲會辦軍務劉存厚。川與川爭，滇黔之兵與川爭，附南附北，朝夕變幻。太炎有詩，題曰"巴歈"，詩云："金鼓且勿喧，聽我歌巴歈。人

皇既荒昧,方志傳魚鳧。自從嬴秦來,梁雒柔同區。天險固可
恃,乘亂資梟渠。公孫早躍馬,章武從後驅。狂狡逮諸李,王
孟相乘除。明夏猶小堅,張公蕩無餘。七豪彼何人,及爾無葭
莩。劍碧謂劍閣、碧口。地斗絕,瞿塘鐵不逾。胡爲行絕跡,鬱
然構皇居。哀哉江沱上,百縣鮮完郛。守險一失道,良士皆成
俘。族望無宋明,轉徙僵路衢。同室勿相鬪,相鬪利豺貙。"不
意民七之後,兵禍愈烈,同姓相爭,惟權利是問。太炎幸未見,
見之不知更若何感慨也。

兵爭中之異局

川人之爭,但驅其主帥他奔而已,家族不問也。不獨不
問,事定之際,開宴慶功,必邀敗者之封翁上坐,告以老幾無
恙,老伯請安心納福。厥後或兩方通好,杯酒相歡,席間輒曰:
"老幾,某役爾所以敗者,以某事某事也。"鑿鑿言之,不稍避
諱。故敗者但能跳身以去,尚可收拾遺燼,以圖再舉。一川友
曾語予曰:"某役某與某相持於江津,同學也。夜忽乙叩甲軍
門,甲亟劇不知何故,引而問之。則曰,我軍已絕糧矣,乞假數
百金糴米耳。許之,持金去。明日遂交戰矣。"川友能舉兩人姓
名,予忘之。此亦兵爭中之異局也。

劉　湘　歸　葬

劉湘病死漢口,喪歸川中,營葬成都,地近先主之陵,墳制
崇宏,見者駭歎。聞所信之劉神僊,尚在人間。劉文輝則仍長

康定,以鴉片煙爲生產大宗,以給其軍。

巴中人請神僊

予在桂無事可爲,急欲至渝,無車可乘。胡世兄雪蕉笃,愚若長子也,時在軍令部任職,亦屬桂,乃設法乘軍令部汽車以行。初以爲至渝即可達厲屋,及抵海棠溪後,方知尚隔大江,非馬敬銘弟及四女來迓,幾悵悵何之。至厲後,厲主爲黃君致平,江右人,其屋亦租自外家者。計三樓三底,左樓黃君自居,右樓敬銘弟居之,余處其中。樓下復厲二家,亦敬銘同事。樓之對面,爲屋主人廳事。此屋構造,木石均極堅固,墻間有小石,鑿築室年月,計之已逾六十年矣。一日,樓下來一客,能請神僊。午夜,屋中尚燭影搖紅,香煙未散,余因亦晉而叩之。問前生,僊云:"爲一道士。"問此屋安危,僊云:"四月間此屋四週之屋,均將遭刦,獨此屋存。"其傳神語也,與尋常扶乩者不同,但懸一吕僊像,焚香燭,與同道者伏叩像前,歷數分鐘,即起而致語。予之前生爲道士與否,無可徵信,此屋則自五三、五四兩次敵機轟炸之後,果僅存此三厲,餘皆燬滅矣。

五 四 逃 難

五三轟炸後,與妻約:明日我攜一皮包至部。蓋交通部在牛角沱,地較僻。妻則挈九女至南岸以避敵機。五四下午五時餘,敵機至,予避部中防空洞。既解嚴,望城中四處火起,急欲返城。韋作民兄以車送予至觀音巖,不准通行,返至韋

418

厛。望城中火愈烈，予必欲行。復以車送予，繞道南區公園，至南紀門，一彈落路中未炸，復不許行。乃下車步行，又不識路，屢屢詢行人。始自青年會處上坡，沿坡樹下，盡爲難民，恐妻女亦在內，時時回顧難民中。將近都郵街，火勢至烈，仍禁行人。復返南紀門，覓宋梵僊兄厛，其妻在，詢梵兄，則云至余厛視余妻女未回。略坐息待之，卒不至，予辭宋嫂。繞朝天門行，卒不得路，復回宋厛叩門，則梵兄已歸。詢予妻女，知無恙，避九尺坎中國農民銀行宿舍中。路則須繞朝天門，再轉小徑方通。予遂依所言覓得妻女。四女投懷而泣，時妻方出外覓予也。無幾何，妻與五兒歸，少作休息，天將明矣。忽警笛又鳴，宿舍中人紛紛挈子女覓防空洞，予已倦不能興，任之而已。天微明，略攜衣服，與妻女赴華巖寺，五兒獨留城中。覓車輿皆不可得，得一力伕，肩行李步行。出石板街，九女本前行，忽止不前。余速之，慘不一語。及予至前，乃知路傍列烤屍二具，一無手足，一已腹裂，予乃翼九女過之。步履皆在碎磚瓦上，鞋底炙熱。過七星岡，妻與四女落後，小立佇之，既相值又前行。至兩路口，向日滑竿聚集之處，乃空無一人，不得已又行。過浮圖關，始獲水潤喉。旋又得一山轎，余先乘之行抵寺，宗鏡法師方烹茗相待，妻女輩忽亦至。予問："何速"？則曰："路遇三馬，因雇以行，九女且前行也。"時九女十一齡耳，數口始得安全。予妻語予曰："是日本偕九女赴南岸，至江邊，見五三被炸屍體堆積滿岸，爲狀至慘，因復折回，亦不思午食矣。午後，趙述庭弟來，久佇汝不歸，將行矣，忽人語傳有警報，馬敬銘弟亦回厛晚餐，與述庭相遇，述庭必欲行，遂出門。未數步，電燈熄，述庭復回，敬銘弟赴樓上取綿被鋪桌上，使予等踞桌下，彼復上再取，則機聲隆隆已在屋頂矣。敬銘弟避書桌下。旋聞四處巨響，聲過後，敬銘弟即出桌底，大呼曰'火！火！'予等皆出，見四面均火，急出門。他路均已不通，惟赴九尺坎路未斷，故得逃入宿舍。箱籠則敬銘弟及其侄仰援與五兒三人，分批陸續運出者也。"是真性命呼吸之事，而竟無恙，命在天矣。

茶

初入川，行篋中尚存道光製茶磚一塊，乾隆時普洱茶膏兩匣。壽毅成弟來訪，與談中國茶史，因舉茶磚贈之。茶膏則五四之後，遷入華巖，遺失頗多，存者舉以贈宗鏡法師。普洱茶種類至多，後有滇友饋予一種，初以爲不及往時所得大小各團之精，視爲粗品，友人兼饋一瓦製小罐，云出下關，必須以茶碎加罐中，炭火焙取香發，始入沸湯。試之果佳。雖非閩、廣工夫茶之雋永，杭皖綠茶之清越，然西南得此，亦差有風味矣。

評　酒

馬叔平兄非黃酒不飲，予則不計黃白。至渝後，得縣竹大麴之陳者，每瓶斤餘，價不過八角，最上者一元，嗜而甘之。而朋輩相邀，每晉渝酒，以紹興釀酒之法在渝釀造者，名"渝酒"。其味非酸即甜，予其薄之。一日，與叔平相遇評酒，叔平主渝酒，予主縣竹大麴，各左右袒。叔平曰："請君過予飲渝酒如何？"約日而別。及期，出一罈，色若竹葉青，普通渝酒均紅色。味微苦，予飲之,贊不絕口,因亦約日邀叔平過廎飲縣竹大麴,叔平亦以爲佳。乃知我二人所賞非虛,特市肆中無好酒耳。瀘縣釀戶十倍縣竹,故充斥酒肆者,皆瀘縣大麴也。今縣竹產者,一斤已至百五十金;瀘縣產者,亦百三十金矣。此爲民國三十一年之價,三十四年時,均出千金之上矣。

白 酒 次 第

白酒最上者,汾州竹葉青,色淺碧,香不甚濃,皆酒香而無雜質,味醇氣和,此大家閨秀而主中饋者也。其次,貴州之茅台,香氣郁烈,此寵姬也。余飲茅台,始在北平,每瓶價止八角,一開瓶香溢四座。後在漢上,價一元二角,無事則與郭季威弟各攜一瓶,入醉僊樂等處,以各罄其瓶爲止,香已不及清末矣。二十七年過貴陽,偶一飲之,香竟大減,僅入口略有香氣耳,價則三元矣。居渝數年,親友相饋者至夥,皆如在貴陽時所飲,價則日高,豈美人遲暮耶?聞已分爲兩家,或釀不得法也。溫州產老酒汗,陳者雖不及茅台之香,味實過之,亦姬侍中上選。至若蘇之陽和,蜀之大麴,魯之蘭陵,秦之貴妃,得其佳者,亦可入選,否則僅充使令之役而已。桂林三花,赤脚小婢也。

三 老 趙 掾 碑

《三老趙掾碑》,近始出土於青海。碑頭篆書"三老趙掾之碑",分兩行,字大一寸有半。碑文隸書,連年月爲二十三行,行三十二字。其文曰:“三老諱寬,字伯然,金城浩亹按當爲“亹”字隸書變體。人也。其先蓋出自少皓,唐炎之隆,伯翳作虞,胤自夏商。此爲第一行,“三”字第一筆及“皓”、“唐”二字微損。造父馭周,爰暨霸世,夙爲晉謀,佐“人”傍微泐。國十嗣。趙靈建號,因民焉。迄漢文景,有仲況者,官第二行。至少府,厥子聖爲諫議大夫,孫“子”傍微泐。字翁仲,新城長,討暴有功,拜關内侯。弟君此字半泐,下一字中泐不可辨,即充國父名也。密靖内第三行。侍,報怨禁中,徙隴西上邽,育生充國,字翁孫。該子威謀,爲漢名將,外定彊下泐一字似是夷字。即序西第四行。戎,泐,存戈形。内建籌策,籌策隸之變體。協霍立宣,圖形觀下泐一字,存水旁。封邑營平。元子邛爲右曹中郎將,與充國並征。電第五行。震此處有斷紋。要荒,或“馘”字之變體。滅狂狡,讓不受封。邛弟二字微泐,下泐一字。爵至孫欽,尚敬武主,無子國除。元始二年,復封第六行。曾孫微泐。纂爲侯,宗族條分,裔布諸“者”旁泐。華。充國弟字子聲,爲侍中。子君游,爲雲中太守。子字第七行。游都,此處有斷紋。朔農都尉。弟次卿,高平令。次子游護,苑微泐。使者。次游卿,幽州刺史。邛陪葬杜陵,孫第八行。豐字此處有斷紋。叔奇,監渡“度”字之變體。遼營謁者。子孟元,次子仁,二横泐。子仁爲敦煌太守。孟元子名寬,字伯然,第九行。即充國此處有斷紋。之孫也。自上邽别徙破羌,爲護羌校尉、假司馬,戰鬭第五,大軍敗績。于時四第十行。子:子下斷缺一字。長、仲寶、叔寶皆并覆没,唯寬存焉,冒突鋒刃,收葬尸死。郡縣殘破,吏民流散,乃第十一行。徙“徙”下斷缺一字,存宀形,疑“家”字也。馮翊,修習典藝。既敦詩書,悦志禮樂,由通“猶”字。復研機篇籍,博貫史略,雕篆六體,稽呈第十二行。前“前”下斷,缺一字。吟咏成章，彈翰爲法。雖楊、賈、斑即"班"字。杜，弗或過也，是以休聲播于遠近。永建六年，西第十三行。歸鄉里，此處斷紋。太守陰嵩，貪疑"貪"之省。嘉功懿，召署督郵，辭疾遜退，徙占浩亹。時長蘭芳，以寬宿德，謁第十四行。請端直，此字半斷泐優號三老，師而不臣。於是乃聽訟理怨，教誨後生百有餘人，皆成俊艾，仕入此字半泐。第十五行。州府，當此處斷紋。膺福報，克述前緒。遭時凝滯，不永爵壽，年六十五，以元嘉二年徂疾，二月己第十六行。酉卒。長此處斷紋。子字子恭，爲郡行事。次字子惠，護羌假司馬，含器早亡。叔子諱璜，字文博，纘第十七行。修乃祖，多"多"字上半斷泐。才多藝，能恢家裤業，興徹繼絶，仁信明敏，壯勇果毅，匡陪州郡，流化二城，第十八行。今長陵令。此字斷泐。深惟皇考懿德未伸，蓋以爲垂聲四極，音流管弦，非篇訓金石，孰能傳焉？第十九行。乃刊碑勒此處斷泐。銘，昭示來今。其辭曰：第二十行。猗余烈考，此處有斷紋。秉夷塞淵。遭家不造，艱難之運。自東徂西，再離隘勤。窮逼不憫，淑慎其身。第二十一行。游居放言，此處有斷紋，"言"字下"口"字泐。在約思純。研機墳素，在國必聞。辭榮抗不，此不知何字。追迹前勳。立德流范，作式後昆。第二十二行。光和三年十一月丁未造。第二十三行。此行自二十三格起，"造"字在末格。

　　按"浩亹縣"東漢屬金城郡，其地原在甘肅西寧府碾伯縣東，今則西寧已畫歸青海，另設省治矣。"光和"爲漢靈帝年號。碑首有一斷紋，自第一行三字上橫起，迤左，漸趨而下，至第二十二行已在第四字"言"字之下。此碑今歸省府保存，不能隨意搨取，故流傳不多。聞尚有《青海王碑》四字碑頭，亦新出土，未見搨本，不知字作何體。考"青海"之名，始見於《水經注》,《舊唐書·西戎傳》亦云:"吐谷渾有青海。"此爲最早,然未聞有以此名封王者。此碑又僅有碑頭,未得碑文,不知所叙云何。意者若趙佗之"老夫聊以自娛,姑王之"云乎?然羌人亦未聞有此也。

官　箴

"朕念赤子,旰食宵衣。託之令長,撫養安綏。政在三異,道在七絲。驅車爲理,留犢爲規。寬猛得所,風俗可移。無令侵削,毋使瘡痍。下民易虐,上天難欺。賦與是切,君國是資。朕之爵賞,固不踰時。爾俸爾禄,民膏民脂。爲人父母,罔不仁慈。特爲爾戒,體朕深思。"此後蜀孟昶廣政四年五月所著官箴,頒於郡國者。宋太宗節爲"爾俸爾禄,民膏民脂,下民易虐,上天難欺"四句,命刻木楔,樹諸州縣衙署之前,歷元、明、清,有撤有存。予幼時尚見海寧州署前有此木楔,今盡亡矣,宜乎貪污者載道皆是也。

姜宸英之死

年羹堯,年逾齡子,康熙己卯順天鄉試中式,主考爲李蟠、姜宸英。試榜既發,寒士攻其賄賂公行,揭於市。揭文有云:"年羹堯攜湖撫資囊,潛通一萬。"康熙聞之怒,逮主試者付獄,姜年老死獄中,李戍邊。復試徐用錫列第一,餘皆寬宥。惟自此定官卷取人之法,凡官卷十取其一,不得逾格。羹堯後入翰林,殿試卷曾見之,後有人影印,書法頗娟秀,類後時白摺。

婚 禮 之 儀

　　江南舊時婚禮,婦轎入壻家,先拜天地,然後交拜、入洞房。天地不知何神,以紙及顏料印成,模糊不可辨,但見上有兩首耳,此種印刷俗名馬甲。神座内向。江南之俗,祀神、佛皆外向,惟邪而爲祟者内向。又相傳天地神不能諦視,視之病目。而奉天有廟,亦曰"天地",所祀神則歡喜佛也,乃知新郎新婦所拜之天地,實即歡喜佛耳。明時諸帝大婚,先禮内廷所供之歡喜佛,此禮蓋沿元俗。然考《至元婚禮》所載,婦入門即入新房,明晨廟見,與現在北地所行之婚禮同,並未有拜天地之禮,則知此固習俗相沿之舉,即元人亦未載入正禮也。又江浙舊時新娘,臨登輿皆戴花冠,冠以燈心草縛成,外裹紅綢,遍插紙花其上,高幾半尺餘,暑月戴之尤苦,相傳以爲可辟五通,他省均未見也。民國以來,婚喪之禮,均未頒制。袁氏時,定婦人禮服:天青緞,大袖,衣長至膝,上繡團花,花之多少,視特簡薦委等級而分,裙以紅緞。行之雖不久,尚覺莊重。今則新婦皆西裝,兜白紗,曳長紗以行禮,此實無謂。自三十二年之後,渝市貸用此服者,至四五千金,或加至萬金,糜費而不合禮,可以改矣。巴中鄉間婚禮至簡,新婦穿粉紅衣,施脂粉,乘一山轎,即至壻家矣。

墳 邊 樹

　　《白虎通》:"天子墳高三仞,樹以松;諸侯半之,樹以柏;大夫八尺，樹以欒；士四尺，樹以槐；庶人無墳，樹以楊柳。”江南起墳無過八尺者，獨環墳皆植松樹，僭漢時天子之制矣。墳之頂或其後，亦有樹香楠者，蓋即欒樹，柏及槐與楊柳，頗少見之。巴中墓道，有樹塔柏者，墳上或樹黃桷。黃桷到處有之，其材不足以製器架屋，易生而長年葉大陰濃，冬不黃落，疑爲榕之一種，蓋即工部所謂“檉林蔽日”之檉也。“桷”字東坡音爲“歌”，今巴人仍用“角”音呼之。東坡之音，或者棄蜀音而以中州音呼之，故變爲平聲乎？

西　瓜　種

西瓜，或云洪邁使虜，得其種以歸中國，《草木子》則云：“元世祖征西域，中國始有此種。”余按五代時胡嶠《陷虜記》云：“真珠寨東行數十里，入平川，始食西瓜。云契丹破回紇，得此種。以牛糞覆棚而種，大如中國冬瓜而味甘。”是契丹時已有此種矣。又文文山《西瓜吟》云：“拔出金佩刀，切破蒼玉瓶。千點紅櫻桃，一團黃水晶。”則知此瓜之種入中國，實在元世祖之前無疑。巴人向不種此，云“食之破人腹”，蓋不知蒼蠅之傳菌，而歸罪此瓜也。自三十年之後，有種之北碚者，江南旅人均嗜之。種以日繁，然形則馬鈴，瓤則檀香，皆傳德州一系。至若新鄉三白，蓋未見也。

婦　人　行　狀

明胡侍《真珠船》引《吹劍續録》云：“古今志婦人者，止曰

'碑'、曰'誌'，未嘗稱'行狀'。近有鄉人志其母曰'行狀'，不知何據。"按俞文豹《吹劍録》有《正集》、《續集》、《三集》、《四集》。正、續二《録》，文豹及身時已併爲一《録》，《三録》久佚，庋藏家均未得見。予主京師圖書館時，得一舊鈔，手爲寫定，乃知實俞氏《三録》也。《四録》則今所稱爲《吹劍録外集》者，由此以言，《續録》久不可得矣。胡氏所引不知何指，惜諸書皆不在手頭，無從校閱，姑記於此。

照 相 中 之 鬼

徐定超，字班侯，溫州永嘉縣人。清末任御史，守制回籍，任兩級師範學堂監督，予時任地理教員，極相熟。性和易，嗜酒。辛亥之後，聞死于海，善人不得令終，且失老友，念之於邑。十三年，予至永嘉，晤其姪，云："新構一祠方落成。"予甚喜，即至其祠瞻仰。樓上懸一像，高約二尺，長髯高顙，宛若生平，惟略模糊。予問："此影生時所攝耶？"其姪曰："非也。先叔遇禍時，初未留影。一日扶乩，先叔忽降壇，因以建祠爲請，叔允之。叩請懸像，則乩書云：'明日午後某時，引攝影者至此，向北空際攝之即得。'故此像即攝自空中者也。"此像爲余所目覩。又宦杭時，同寅陳君處見一照片，坐而成列者四人，三、四人之間，肩後忽現一蓬首垢面模糊悲慘之首，其目光略注第三坐者。陳君曰："此四人皆山東高審廳推事也，極相友善，慮聚散不常，因攝一影爲紀念。攝後至照相館取照，主人則云'前片因光綫不佳，請重拍一次，願不取值'。四人者從之。及再取，又不肯予，復請重照，四人者不樂，必欲閱底片。

主人曰：'必不信則願相示，惟請不聲張，聲張則我肆之門可羅雀矣。'允之，乃出此片，且云：'兩次皆然，故不敢出示也。'諸人以爲奇。坐第三者悵然曰：'既如是，不必再攝矣。'紛然各散。不數月，坐第三者病殁。其人平時亦慎默，不知其何孽也。"陳君贈予一紙，此亦予親見，惟不識其人。北平廊房頭條胡同，有同生照相館者，顧客至夥。一日，有軍人娶再醮婦，結婚時邀去攝影。及期取片，則云'請重攝'。軍人洶洶必欲得是片，不得已出示。則兩新人之間，復有一男子。軍人攜歸示其婦，婦一見驚呼倒地而殞，蓋即其前夫之影也。

春 秋 繁 露

《春秋繁露》，董仲舒撰，十七卷，八十二篇。案《漢志》"春秋類"有《公羊董仲舒治獄》十六篇，"儒家"有《董仲舒》百二十三篇。《隋志》"春秋類"始有董仲舒《春秋繁露》十七卷，而"儒家"別無所謂百二十三篇者。《漢書》本傳稱"仲舒説《春秋》得失，《聞舉》、《玉杯》、《繁露》、《清明》、《竹林》之屬數十篇"，顔注謂皆其所著書名。前儒之辨此書者多矣，兹不備録。總以既名《繁露》，而其中又有《玉杯》、《竹林》二篇，與史傳所言不合，皆以爲疑未有決者。惟胡元瑞曰："《隋志》西京諸子往往具存，獨仲舒百二十三篇，略不著録，而《春秋》類突出《繁露》十七卷。今讀其書爲《春秋》者僅十之四五，其餘《王道》、《天道》、《天容》、《天辨》等章，率泛論性術治體，至其他陰陽五行之譚尤衆，皆與《春秋》不相蒙。蓋不特《繁露》冠篇爲可疑，並所命'春秋'之名，亦匪實録也。余意今八十二篇篇文，即《漢志》'儒家'之百餘篇者。必東京而後，章次殘闕，好事者因以《公羊治獄》十六篇合於此書，又妄取班氏所記《繁露》之名繫之，後人既不察董子百餘篇之所以亡，又不深究八十二篇所從出，徒紛紛聚訟，故咸失之。"案元瑞此論，雖屬臆測，而實有理，故存其説，別列其書于此。以上新安姚首源際恒《古今僞書考》之言也，與予整理此書，易《春秋繁露》之名爲《董子》之意，若合符轍，因備録之。

少　林　寺

少林寺在少室山，沿山溪五六里始至，今存一大殿，餘屋數楹，僧侶五十餘人，尚聚徒習拳棒，不論在家、出家，皆可從學。大殿中磚厚近尺，廣方數尺，相距四五尺，則磚上有窪痕，深數寸，皆習藝者兩足蹈處痕也。主方丈者，修幹偉軀，面黑而麻，舞雙鈎翩翻便捷，静寂無聲。殿後墻畫壁頗工，兩廂間懸壁畫四五，均佛像，青緑紅黄，顏色古茂，非近世所有，高闊四五尺。察其壁，厚數分，以麻苧雜石灰成之，堅韌甚。向不止此，爲盜者剗剥去，四出追逋，方獲此數幅歸。距今數年前，有僧某或曰俗姓劉，結徒黨數十人，恃其拳勇，凡軍隊過其境，懦可欺者，率邀截其械，從者益衆，自立爲軍，號團、營長者數人。少林處境僻，僧徒多習武，向本跋扈，不守繩墨。寺有田，佃者攜室女求佃，得其上；攜妻者次之；鰥夫墾荒闢草萊，視爲當然。妻、女爲僧外室，環寺以居，宛若巨鎮。知嵩縣者不敢與較，輒假借優容之，習以成俗。劉姓僧既得械，勢日張，會韓復榘領兵至，僧亦以爲猶向之軍也，噪而乘之，轟然衆槍發，僧敗死，衆遁入寺。韓軍圍寺索凶人，寺僧復禦之，遂縱火焚寺，驅其衆。今所存屋十之一二而已，今所存僧，刼後重聚者也。沈君伯棠爲予言如此。予曰："少林自達摩以來，歷代以拳勇相傳，佛法廣大，又無所不容，巨盜飛賊，均得皈依其間，宜若是。然中國僧侶無妻室，少林僧既置外室，何妨另闢一途，准畜妻子，其術可傳，其悍可御，馴獅象者當知之。"聞寺中舊有達摩面壁石，石有達摩影，亦焚毀。小説家言有羅漢室，觸其機能起搏人，學拳成必與諸羅漢鬭，無傾跌方得出，實無其事。惟所塑諸天羅漢，皆範鐵爲首，寺焚後，泥身還復爲土，鐵首纍纍在地上，伯棠見之夥。

養金魚盛於南宋

《東南紀聞》云："杭州有豢魚者，能變魚以金色，鯽爲上，鯉次之。貴游多鑿石爲池，寘之簷牖間以供玩。問其術，秘不肯言。或云：'以闤市洿渠之小紅蟲飼凡魚，百日皆然，初白如銀，次漸黄，久則金矣。'未暇驗其信否也。又別有雪質而黑章，的皪如漆，曰'玳瑁魚'，文采尤可觀。吳曦之歸蜀，汲湖水浮載泛巨艘以從，詭狀瑰麗，不止一二種，惟杭人能餌畜之，亦挾以自隨。東坡詩曰'我識南屏金鯽魚'，則承平時蓋已有之，特不若今之盛耳。"據此，則今之金魚，盛於南宋，乃人力豢養而成，明王世貞有《金魚賦》，朱之藩有《金魚詩》。今則北平中央公園所養最多，品之奇者藍魚，鱗間有光若珠形，此種他處均未見。巴中所産，盡屬常品，且好之者寡，故亦無人留意畜養，以此爲業。記岳珂《桯史》亦載臨安豢金魚事。

清内閣書中北宋所遺者

明李清《三垣筆記》云："質慎庫圖書百萬卷，皆宣和所藏，爲金自汴梁覓入燕者，歷元及國初無恙。徐達下大都時，封記宛然。至國破，皆失散不存，聞者惋歎。"李氏所載如此，然清内閣書中，尚有《天潢玉牒》等書，皆北宋所遺也。

北宋已纏足

靖康之亂，柔福帝姬隨北狩。建炎四年，有女子詣闕，稱爲"柔福"，詔遣老宮人視之，其貌良是。問以宮禁舊事，略能言彷彿，但以足長大疑之。女子顰蹙曰："金人驅迫如牛羊，跣足行萬里，寧復故態哉！"上惻然，不疑其詐。見《鶴林玉露》。是北宋時已有纏足之習矣。又《藝林·伐山》云，南渡後，妓女窄襪弓鞋如良人，故當時有"蘇州頭，杭州腳"之諺，亦可證纏足之風北宋已有。柔福，據《北狩蒙塵録》載，嫁金王室，與徽、欽曾通音問，送飲食。

編《通鑑》始末

治平中，英宗患歷代史繁多難見，令司馬溫公編進君臣事蹟。溫公請置局辟官，薦劉恕道原、劉攽貢父、趙君錫無愧，而無愧以親老辭。後又辟范淳父在局，遂成一代大著。書成即進上，神宗賜名《資治通鑑》。元豐末，進《五代紀》而書成，遷公資殿學士,除淳夫秘書省正字爲賞典。時道原已前死,貢父方貶官衡州也。元祐初,温公還朝作門下侍郎,用宰相蔡持正劄子,方下國子監開板,杭州雕造劇致工也。令温公門下士及館職校雕之,板成,遍賜宰執侍從,及校讐官。以上見《四六話》。此刻今不得見,得見者,南宋贛、蜀二刻而已。

《北窗炙輠》

《北窗炙輠》二卷,宋施彥執撰。彥執,諱德操,海昌人,張子韶之友,嘗著《孟子發微》一篇,見《曝書亭集》。此可補海昌文獻。

南宋時茶

《平園集》:"周必大《胡邦衡生日以詩送北苑八胯日鑄二瓶》曰:'賀客稱觴滿冠霞,懸知酒渴正思茶。尚書八餅分閩焙,主簿雙瓶揀越芽。'"云云。如此則南渡後茶已不全製餅,不製餅則不必盡煎服矣,故有"二瓶"及"揀芽"之語。予每尋開水沖泡起于何時,苦未得證,由此以觀,宋季其已有乎?

崑曲新腔

張功甫豪侈而有清尚,嘗來吾郡海鹽,作園亭自恣,令歌兒衍曲,務爲新聲,所謂"海鹽腔"也,見《紫桃軒雜綴》。此在崑腔之前,今浙江金、處等府,仍行此腔,皆一眼一板。自俞粟廬起,在崑腔中又有新腔,名之曰"俞派",而古調不復可聞矣。

游 龍 戲 鳳

《游龍戲鳳》一劇,出自崑劇中梆子腔。今京班改唱四平調,其詞句悉仍舊本也。

評　劇

桂劇唱調,介于京調、徽調之間。劇本亦採用京劇者多,其他則雜取崑腔、彈詞、小曲中情節編排之,無武劇。每場排演四齣,首必老生、正旦或銅錘,繼之以旦,再繼之以花旦、小生,結場必以小丑,三小時可畢,費時不多。無武戲則後場鑼鼓不至震耳。正戲在前,小丑殿後,使觀者皆一笑而散,此各戲場中所應效法者。予最恨北京堂會,名角出塲,必在夜分之後,窮日繼夜,令人受罪,且一便旋起坐,坐位即爲他客所佔。惟趙次珊能自開鑼坐至散場,耄年有此,真不多見。川劇有梆子腔一種,與京調仿彿,餘則類於高腔,一唱羣和,後場更喧震,豈獨難伍桂戲,即鄂戲亦所不及。予猶見鄂名伶余洪元,其唱做信入神,鄂人重之,若北京人之重小叫天也。余伶唱末,鄂戲末與生分,非如京戲混而爲一。所難解者,黑頭、正旦,均用假嗓耳。

中 和 園 盛 況

當譚鑫培主持中和園時,黑頭有金秀山,油二花有黃潤甫,即黄三。丑有王長林,掃邊生有賈洪林,老旦有謝寶雲,正旦有王瑶卿,花旦有水僊花,小生德珺如,極一時之盛。票價二百八十文,池座矣,兩廂尚不須此。堂會邀叫天,計銀五十兩。唱《失街亭》,則叫天"孔明",秀山"司馬懿",黄三"馬謖",尚有武生名劉春喜者配"王平"、"長林老軍",真有珠聯璧合之妙。其時瑶卿名噪甚,瑶卿師陳德霖停演以讓之,故石頭至民國初年瑶卿倒嗓之後,方再登臺也。

改　　戲

《打魚殺家》故事出《混江龍遁羅開國記》。亦名《後水滸》。第一回中,蓋宋江既死,諸人星散,阮小五因小二、小七均亡,遂復理舊日生涯,從事打魚,而土豪徵税,因殺之而與李俊偕行也。此書已不能詳記,大略如此。今戲中仍有李俊相訪,獨改阮小五爲蕭恩,極費解,豈蘇人"五""恩"之音相近,而又故去"阮"字,遂成此名耶? 此尚可説。《戰蒲關》實演張巡殺妾享士事,地則改爲"蒲關",人則改爲"王霸",真不知所云矣!

宗　鏡　事

華巖寺方丈宗鏡,時或袖出大麯享余。余曰:"此佛氏大戒,師何出此?"方丈曰:"先生飲酒不亂性,故以相享。若亂性,則盜、淫、殺,醉後均可犯矣,此所以列爲大戒也。"然方丈持戒極嚴,早已過午不食,獨苦後有黨國要人借住其間,遂多迎送之勞。

諧　聯

予後居虎頭巖，茅屋三椽，當東山之角，大風暴雨相襲，紙窗盡破，則與老妻持布單被釘窗上以禦之。因書一聯懸室中，曰："四面雲山如畫裏，一廬風雨儼舟中。"又額之曰"冷藏"，同人均笑。又一同人構一樓，掘地時發得數棺，屋成，屬予撰聯。予爲擬曰："襟江帶山，四面烟雲摩詰畫；掘墳造屋，一窗風雨諸葛文。"不肯用，因集東坡句"到處不妨閒卜築，逢山未免更留連"與之。

炭　與　罐

川中有輼輬炭，云黃桷樹所造，形奇醜，以紙捲小火燒而吹之，即可燃，斯須之間滿盆盡燃矣。冬日圍爐，以雲南下關所製磁罐，焙沱茶飲之，亦有至味。

青　紅　幫

川中皆袍哥，即紅幫也，其勢力至沙市，沙市以下則屬青幫矣。抗日後，下游青幫溯江而上，各爭碼頭，時時械鬬，重慶一埠尤烈。紅幫日造謠言，甚至謂下江人食人者。韋作民爲予老友，且亦青幫中有力量者，予勸其設法調和，免肇奇禍。會張樹森入川，乃有青翻紅之舉，羣奉樹森爲魁，不一月謠諑盡息。杜月笙入川後，亦思有所發展，而行輩較樹森爲低，不能相争。又派入滇、入陝諸門下,均爲張氏陝、滇徒輩所阻,鬱鬱無所成,遂蝨處巴市,上海杜氏一派微矣。蔣介石聞亦爲杜氏門徒,此輩遂無法無天,運賣煙土,無惡不作矣。

八路軍政治部

紅巖嘴山下即爲八路軍政治部,每夜秧歌、腰鼓之聲頗盛。然部中人出門,往往聞有失蹤者,故思往一覽者,均有戒心。

張 同 被 捕 事

五兒同,在復旦新聞系肄業;八兒兆,在銀行系肄業。一日,兆回厲偕九女城中購物歸,忽遇同兒對面來,前後有四、五人同行,呼之不譍,僅回一英語。兆歸語其母,匆匆回校。忽有同學以一紙塞其袋中,取視則囑其謹慎。因大疑,急暗覓兄,知已失蹤三日,奔回厲告父母,託人四出尋訪,知爲中統局所捕,且已送土橋。送土橋者,少生還,予妻急而嘔血。予友許夢非聞之,代予覓陳立夫囑徐恩增,輾轉數日始釋歸,妻已臥病牀上矣。許君亦新相識,無深交,情至可感。立夫向未識面,此真倖事。此事在癸未,事後與康穆結婚,生長孫祝。有人告予曰:"張同之名,已從黑名單上抹去,可無慮矣。"仇視進步者如此,可慨也。

戰 時 文 物

宋刊《施注蘇詩》，向爲翁覃谿所藏，每册前後七八頁，均名家題記書畫。後歸湖南袁思亮，遭火搶出，重行裝裱，雖損字不多，而四匡焦痕爛然，且聞原有石谷等畫，今皆未見。歸澤園張氏。芹伯兄又以此歸中央圖書館。蔣慰堂弟即攜上山見示，爲跋數語，立返之。時正日機時來轟炸，恐波及此寶笈也。馬叔平兄欲以故宮畫册借臨，亦不敢受，萬一被燬，罪過難贖。

重 慶 稻

重慶山田，盡恃天雨，稻熟甚早，且亦有螟，每畝中時見白頭不穗之稻，然從未聞其爲災若兩浙者。後知蓋有數因：一、稻早熟，螟蟲不及三化；二、重慶農人割稻者，僅取稻桿之半，腰以下皆連根棄置，田中積水使之腐爛，蟲卵盡死，故雖氣候均宜于螟，而爲害不烈。

川人重橘之皮絡

川人樹橘者，珍其皮絡，供藥用。予初入川，人語曰：“一銀餅可送百餘橘來。如皮能如法剥取，絡亦歸之，則可再送數十枚來。大約如此掉換，可盡一冬。且有橘園任人遊覽取食者。”予雖未至橘園，買橘之事，則曾試之不爽。

花　生　腐

宗鏡法師曾以花生磨粉作腐塊享予,不獨勝豆腐,較杏仁亦佳。蓋杏仁腐宜甜,花生腐則鹹甜均宜。

張獻忠所鑄幣

張獻忠入川時,所用錢皆爲"大順通寶",李闖王所鑄之幣也。民間流傳本多,民國後,川中軍閥割據防區,各搜舊錢,鑄大銅幣,當五十、當百、當二百、當五百者,舊幣遂少。予入川,急從鄉間訪之,得二枚。獻忠自鑄者,爲"西王賞功",雖作錢形,然非通行之幣,蓋用以賞有功者。原分金、銀、銅三品,金銀者早不可得,想皆銷毀充用矣。予竭力求之,得一銅質,大如所見古當十錢,字極勁厚,此殆等於今之獎章,以銀幣八圓獲之。友人語予:"愛古錢者,以百金求此一枚,尚不可得,子真有緣。"予曰:"此亦軍閥私鑄鑪中偶然漏網之物耳,使軍閥知此價,彼又將設法開古董肆矣。"

芥 子 録

目　　録

御 容 穆 然

御容穆然，懸堂之中，我來止此，坐於堂隅。

我曰：看戲佳也。有生登場，正襟聳立，引吭發聲，聲徐徐可聽也。淨者，以濃粉墨塗面，怪叫盤旋以出，若惟恐人之不畏其容，不聞其聲者。丑者，身體面目皆動，語皆雜嘲笑，不知其心何寄也。旦者，如與揚州人語，語便態出，時以目瞚座客，少需落場，皆反其初矣。不知演者真耶？初者真耶？我語御容，看戲佳也，而御容穆然。

我曰：聽天籟佳也。荒山之中，無人聲，無犬聲、雞聲，風吹修竹聲，人不願來聽此，而各自善其聲，聲聲聲聲，非出自彼口中者耶？而顧自以為善耶？我語御容曰，聽天籟佳也，而御容仍穆然。

我曰：無知識佳也。闃然游大衢之中，不知何者為戲，何者為人，何者為禽獸木石，何者為種種聲。已而發聲，不知對於己者知己之所發為何聲也，彼固不知己之聲歟？己固不知彼之為聲歟？兩皆不知也。我語御容曰，無知識戲佳也，而御容更穆然。

此御容者，想堂落成時，即懸此矣。其初穆然耶？抑今始穆然耶？堂中無種種聲，故穆然耶？非也！堂中蓋時演戲也者，然則御容之穆然，蓋為戲耳。

戲耳——，戲耳——！

今日我不知爲戲，不知爲戲中種種聲，不知爲有知識與無知識，但有我對御容耳。

戲散之後，堂中空空然。我禮穆然之御容以出。

出——出——，如聞空中語。我曰：此戲夫收場，明日再演也。

明日——明日——，我將踽踽然去聽天籟矣。

論 國 家 銀 行

今日欲救金融界之窘迫，必須通用紙幣，此説人人皆以爲然；今日必須全用國家新銀行紙幣，向時各銀行自造之紙幣不得任意再用，此説未必人人皆以爲然，故説明之。

必須全國新銀行紙幣，有二便四利：

一便於調查全國商辦儲蓄銀行之實款。儲蓄銀行往時有百萬實款，用百萬紙幣或紙幣不及百萬，浮於百萬，亦間有之，然其實數是否百萬，惟辦者知之，國家不能知其確實也。今不能自造紙幣，必須嚮銀行購買，則有一萬實款，始有一萬紙幣，斷無不情不實之弊。購買時之辦法，各國國家銀行皆有成例。

二便於旅客。商辦銀行其紙幣行於甲省者，未必行於乙省，行於大埠者未必行於僻地。國家銀行之紙幣則國內皆可通用，此二便也。

一利於今日取信於民。以紙幣爲易中品，其信用全在銀行之危險與否，國家銀行以國家之存亡爲紙幣之擔保，民間之信用必矣。

二利於將來商業。往時各銀行遇有小亂，取款者紛紛，幸而挹彼往此敷衍無事，然全市已受其影響；不幸即中道倒坍，數埠搖動。今由國家給發，即一方有亂，商業斷不至牽動。

三利於目前之財政。造紙幣者，國家之特權也。暫時須發之數務當從少，然頒紙幣千元即多千元之款，其爲利且踰於公債票。公債者,聚民間之財於政府,非能增加者也。

四利於保全永久之實力。匯豐之鈔票不行英國境内,正金之鈔票不行於日本境内,道勝之鈔票不行於俄羅斯境内,獨在我國各商埠到處通行。雖由於數銀行之實力足以取信於商界,其實外人以紙幣易我國之貨物,此後之危險爲何如? 而推其原則,我國無國家銀行故也。今辦國家銀行,各外國銀行之紙幣自將日少,保全利益爲何如矣。此四利也。

今之論者曰,向時各銀行自造之紙幣不得任意通用,則往時所造紙幣皆將使之作廢,而各銀行無利可圖,勢必閉歇商務,將大受影響,故爲今日計,祇有任其通用而已。不知各銀行自造紙幣雖廢,仍可從國家銀行購買,其中亦非無利可圖,且儲蓄銀行之利在通用,自造紙幣則此銀行之性質不問而知其不堪,此説可無慮也。又有曰,今日財政通行紙幣,急不可待,不如發現有紙幣較爲便捷,不知印發鈔票爲時幾何,就大清改辦僅須易人易幣,爲時幾何,今不通籌全局,惟目前是圖,豈人民所仰望於新政府者乎? 又有曰,外國銀行紙幣不通行,恐起交涉。夫就不完全之國家論之,詢有此事;就完全國家論之,紙幣爲國家特權,外人銀行在中國所發紙幣且不能通行於本國,豈能强别國必用,且不通行者,非目前即云禁止之令也,待其自絶亦何不可。夫銀行爲全國財政之命脉,新政府而仍苟且於目前,則以上諸説誠爲饒舌矣。

長 安 聞 見

陳君仲恕處有陶器三件，一爲膽瓶，高一尺五六寸，底徑三寸弱，腹徑七尺弱，口徑一寸強，胎厚質粗底糙，中爲白釉，全瓶皆紅釉，略帶紫黑色，頸上有金色，釉不多，色斑駁間以藍黃，大類變霽漢陶也。以一端硯與邵君裴子易得。一爲細腰瓶，高五寸，底平，徑三寸弱，自底而上漸小約三寸而極，腰徑一寸，自腰而上漸大，至口約二寸，口徑二寸弱，底無釉，全體爲藍釉，亦有變爲黃色處，底質極松，不能容水，已漆其外。瓶本有二，購自琉璃廠，一爲叔通携去。一爲圓缶，高三寸，底徑一寸不足，口倍，腹之圓徑如其高，全體無釉，色如古磚，腰有凸紋兩道束之，燒此器時係上下合成，近口處有字二，不能識，陽文。此器亦有二，一已破，未購。以上兩件不能定其時代，要非唐以後物。

仲恕所未購之破圓缶，後代予購得之，已膠合完善，其碎裂紋幾不能辨，但不能容水物，較仲恕所有爲佳。字極清楚，凡六字，二字一行，計三行。字曰："河二十在百斤。"字體大似裴岑紀功碑，必漢物也。

仲恕處見雍正六彩磁碟一，徑四寸餘，正面分兩層，中層畫松樹、壽星及一童子，外層畫人賓，以藻葉連之。背之四周畫八仙,底心畫一團鶴,純紅色,口銜桃,桃葉淡綠色。各彩皆凸出釉外,綠色者如釉面鋪一層極薄之玻璃翠,惟紅色與釉平,此實精品。

金君鞏伯處有水注一,云係寄賣。高二寸弱,圓徑三寸弱,全紅,近口蘋果綠,四處如極好翡翠,索價一千五百金。

燈光凍有黃、白兩種,總以内藏鸜鵒眼者爲真。

朱君志侯處見吳兔牀畫一幅,周圍不及尺,中坐兩人,對而論劍,圍以古樹亂石,有屋三四楹在人後,實神品也。前有"説劍圖"三隸書,後有一詩,皆叔未所作。

裴子有青田石一,高二寸有餘,長方,長寸餘,闊四分弱,無紐首。凹凸自然,其實人力斷之,歷時久若未施人工者。然質膩,色白,光灔灔然,若羊脂之凝,通體無一瑕,初視若壽山,細察疑甸白,實則青田也。裴子費一百五十金購大、小石三十餘方,我意此爲最矣。

《昇仙太子碑》亦裴子所有。向在仲恕處亦見過一本。此碑本不難得,在欲學行書者不可不購。碑首飛白書"昇仙太子碑"五字極有力。次爲薛稷書一行。次爲碑文,武曌書,用墨極重,筆能勝墨,重之處源出於王,得其恣肆,不沾沾於形跡而勁不可言,有幾字太宗不能及,高宗無論矣。想萬歲通天時,見王真跡不少故能臻此。包慎伯一生行書全得力此帖,然僅得其二三,論書中絶口不言此帖,諱之乎? 抑秘爲枕中鴻寶乎?碑文後有薛稷、鍾紹京、李邕數行,亦佳。鍾爲下,全法而無韻。

仲恕藏刀真一本,就拓本論,佳矣。然字容不取北碑,可寶處全在字字有法,字字無法,筆筆不應如此寫,筆筆不能不如此寫,一筆不能移動,一筆不能伸縮,密處無局促之態,疏處無隙縫可鑽。此碑圓熟流動而已,近人稱之,或因近唐字可攀而登,故喜之乎?

北海行書無論字體大小,結體皆同,用筆多逆入順出,何子貞謂其沈雄與魯公同。予謂其得法於魏,得神於晉(晉帖流傳叢帖中爲多,然皆幾經鉤刻,無真相可言。其故因在人間者,皆帖而無碑,所以法意浸失也。後人能自唐而隋而魏,皆能了然胸中,然後細閱晉帖,坐而思之,或可得其大意。由戎路《保母》觀之,可斷定晉字者必非趙吳興輩所寫之字能及其仿佛,而法律實與魏相近者也。學北海之書近可接魏,遠可紹晉,其故無他,轉必三折,劃必力勻耳。)。魯公若無大《麻姑仙壇》,萬不能與北海爭雄。魯公真書用筆法魏而力皆外露,不能内涵,故學之易蠻橫,結體學魏而能自然,故往往下筆時極寬而結處有局促不安之態(此弊小歐陽最甚)。大《仙壇》從容不迫,險而穩,幾與雲峰《觀海論經》并驅神乎。

魯公草書以《送裴將軍書》爲最。以魏碑筆法作狂草,後世所無(張二水得十三四)。此帖不多見,忠義堂内最佳(非湖州復刻本)。近人學魯公行草書,皆喜《争座》、《三謝》。《争座》後半如鋼鐵範成,然無法;《三謝》長筆,力皆聚於起訖處,中間無力,學之如何能成名家(《三謝》撇捺尤不可學)?

陳宏甫處見《李思訓碑》一種,字極肥,較坊間石印本爲佳,字數亦多十餘,必係宋初拓本。聞此碑本擬售於余,因余歸遲,宏甫竟以廉價得之。

何道州學北碑甚深,尤得力者爲《張黑女》(撇捺皆用《黑女碑》筆法),然平生多欺人之作。想自慎伯下世,餘子碌碌無一是處,遂自尊大,下筆漫不經意,故流傳之作十有八九出於法外。

道州《黑女碑跋》,極言慎伯不足信,實則慎伯晚年頽唐之筆時時有之,然未全越乎法,不若道州隨便亂書,不顏不魏,以欺俗目也。

道州晚年病臂,其摇蕩屈曲之處尚可不論,獨其下筆、收筆及結構何至草率如此。

道州小行書、楷書有極佳者,且作李書尤佳。杭州岳廟中有一跋,沉雄駿快,真入法華之寶。

道州字品自在諸城下,字法亦萬不及安吳。

張廉卿學《猛龍》無一分神似處，獨用筆尚斬絕耳。

曾文正大字呆若木鷄，小行書俊爽有神，秀拔而厚。

左季高大字氣魄在曾上，特有俗氣逼人，想二公胸襟故不同也。

吳讓之自是安吳高弟，獨惜氣力薄弱，守法有餘，運法不足耳。包、吳楷自《敬使君》入門（此碑轉折變化皆明白可尋，近唐字而不薄，學之自佳，然不免有圓滑之弊），行草皆得力《昇仙太子》，故不患不能用墨，而爛漫之病則在所不免。

劉諸城，安吳斷爲由董入門，誠爲至言。然其得意之作往往起筆、收筆無粗細之分，而其中自有轉換之妙，且一字之中用筆亦無粗細可分，望之凝然若彝鼎，此真諸城本色，他人所萬不能及處。若其尋常之作以粗細合成一字，實落纖巧一流，不足貴也。

王夢樓亦出身董字者，淡不及董，鋭利過之，往往有病而救病之法極多，人遂覺其病處轉佳，此真天分極高者。

鄧石如未見聞山時所作恣肆無法，余曾見一長聯，下款未改名，運筆極開張，然其中則空無所有。

張二水書以法論，實在董上，且非宋人所能及，獨氣韻不佳耳(所書魏閽《生祠記》,惜無一傳本,否則更有可以研究之處)。尋常所見行書皆用偏鋒,一往直前,鋭不可當,其得力當在魏。

二梁皆得書名,聞山實遠過山舟。山舟舍《多寶》、《玄秘》外,無他字矣,寫碑尤不堪。

翁學士一生言帖,實則帖亦未見善本;一生寫虞字,實則相去甚遠,故無一筆不似是而非者。

書肆中見《四庫全書》發抄稿本六種,内有《釋大圭集》一種,本係刻本,一、二、三三卷已佚,第一册第一行即爲卷之四,第二行爲"古詩五言"四字。"之四"兩字用墨圈去,改爲"卷一古詩";"五言四字"用墨鈎爲"五言古詩"。以下逐卷皆如是,八、九兩卷且合而爲一。又見一黄紙鈔本,即照改處謄寫,每半頁八行,每行二十一字,蓋《四庫》初寫樣本也。乃知《四庫》所抄書並非盡皆完本,而當時武斷實屬不少。同時見《西清硯録》一種計二十四本,亦係《四庫》中書,據云清恭王府流傳人間者。硯分端、歙、陶、瓦、磚數類,皆墨畫,極精致,惟瓦及蕉葉白或用淡赭色着底,銘款印章悉全,索價一千五百金,不知將來入何人之手(以上兩種皆錢念劬先生邀去閲看)。

稷山詩文選集序

　　《稷山詩文選集》者，爲陶冶公弟編録從叔心雲先生遺稿而成之書也。辛丑春，冶公書來云："年老衰病，侵尋大燿，只夕填溝壑。幼爲叔氏教養，待稍有所成立。若不及身整理，他日散佚，罪何可逭。顧先叔著述至夥，悉爲編録，精力已有所不逮，則選其有關百年來史實學藝者，成此四卷，并丐作序。"予惟心雲先生，當清季，外侮日亟，國是日非，官箴日隳，民生日弊，天下之民垂足側目者久矣。而越士尤憤慨不平，若徐錫麟，若秋瑾，若章炳麟，皆以滿洲政府爲不良，思起而覆之，或死，或四相接踵。先生與諸人皆所系謵，則其著作之有關當時史實可知矣。時代之不同，觀察之不同，發爲言論或有戾於今者，此固不必執今量以衡古衣肥也。但知其爲古衣服，可用者用之，不可用者置之，俾後人知數十年前社會情況，所謂士大夫者之議論可耳。非有正負相形、是非相衡之跡，不成其爲史，亦不足證人類之前進也。況先生所作若《鑒湖女俠行》等詩，因贊嘆革命烈士，有裨世道之故乎！先生詩文至富，《陶山北征》以至《稷山論詩》，凡九集；又《通藝堂詩録》、《翼教》以至《述懷》，凡七十篇；文則《稷山文》三卷，《儀一堂札記》、《南國擬墨》、《山陽丁晏周易解》、《故稷山堂金石目》之類又六七種，今已蓄其目於附録中，而選擇詩文中之有關史實者，得此四卷,真滄海之珠、崑山之玉。冶公弟之用心可謂勤且至矣。先生書法宋,尚魏碑,《論書》一卷尤其特見,故悉録入,以重藝事。先生無後,嗣一孫曰"照",孫亦從予游,文采焕發,中年不禄。遺著之整理乃復萃於冶公弟一身,衰世貧病,勉競此功,可念也。一九六一年春。張宗祥序。

文 章 泛 論

曾文正用兵以拙爲主，予於詩文亦然。必先文從字順，秩序井然，然後可以言通。譬如構屋，地平柱直墙堅，然後可以經久。若徒事丹堊之美，梁柱倒置，豈復能成？近人喜爲奇僻之文及浮艷之作，叙一事先後倒置或亂用辭藻，同時之人閱之已覺茫然，欲傳久遠，理所必無。

實齋章□□□□□乙卯、丙辰等劄記及《文史通義》，古人所不及處甚多。獨自爲文則冗長寬泛，無異制義，且疵病百出，不知何故？讀書愈多，下筆愈難。老蘇文最健，讀書最少；大蘇無父之險健而書卷較多；子由較其兄所見爲多，文最弱。

古之成名者皆專爲一家之言，其他皆不之顧。故諸子各自爲體，而文亦各有獨到處。後之爲文者，不摹倣古人則泛觀古籍，以文爲事而中無所守，欲其成名，難矣！

摹擬之弊譬如常伶唱名伶拿手之戲，雖好終不能勝名伶。
泛觀者雖亦有弊，然久而久之或可自成一家言。如米芾作書，先集古人書，後乃自立一門户也。

《張廉卿集》有送人叙，仿《易·説卦》，文字不滿千，而

"爲"字幾占其半，一何可笑。

文字者世運所釀造而成者也，一時有一時之佳作，不能以時代古今分優劣也。明七子文摹兩漢，豈能及歸震川佳？盛唐豈能及高青邱、劉誠意？是知强笑不歡，强哭無淚。

文字又隨人境遇位置而異，曾文正諸《昭忠祠記》，非曾文正爲之，豈能如此佳妙？杜工部非身逢亂離，則諸詩皆無病之呻矣。

劉、宋之文，明開國時之文也。王漁陽、朱竹垞_{寧人}、船山、梨洲、二曲_{身未仕清}。之文，清開國時之文也。明之中興若張江陵、于忠肅，清之中興若曾文正、姚惜抱，非氣象闊大，則亦清真雅正，自足見當時士習。明之亡也，錢虞山之文如彼。不意近復有樊雲門諸人，學不迨牧齋，浮艷輕薄過之，此何種氣象耶？

左氏之文至漢分爲三派，得雄健者司馬遷；得慎密者班彪父子；得富麗者司馬相如、揚雄，然並不規仿左氏，自成爲漢文，均佳。

六朝五季同一風世，五季無文可言，而六朝文學極盛，當由君主出身不同之故。六朝有秀才作皇帝者，五季君主大半多年老兵耳。迄宋開國尚無文可言，故歐陽復古之功不下昌黎。

　　文章至六朝而大變，良由釋氏東來，遂與古人不同。故六朝文非六朝人不能做，亦不必做也。

　　數人轉輾語一事，輕重語氣之間立刻不同，況文人乎？文人興到筆隨，初無定見，何能實在？故記古人之事，苟欲刪節原稿或潤色之，必須精心體貼，不至失真爲妙。

　　全榭山有良史才而文不逮之，其弊正與歐陽永叔相反。

　　無論治何種學問，苟能融會貫通，深究其理，爲文無不通達者。

讀 史 記 稿

　　自黄帝傳五世爲帝堯，自黄帝傳七世爲虞舜。舜者，堯之族孫，堯女則舜之姑也。

　　堯立七十年，得舜，二十年而老，令舜攝行天子之政，薦之於天。堯避位凡二十八年而崩。舜年二十以孝聞，三十而帝。所謂帝者，即攝行天子之政也。徐廣曰："舜以堯之二十一年甲子生，三十一年甲午徵用。"是舜僅十歲即徵用。二女妻，舜九男。興處當在二十至三十之事，徐氏之解誤矣。以上《五帝本紀》。

　　黄帝至舜七世，至禹五世，舜傳禹則傳其族祖也。昌意及鯀不在帝位，猶爲人臣。窮蟬、敬康、句望、橋牛、瞽瞍，乃皆不顯且窮。蟬亦出昌意，不知世系是否有誤。禹之治水專遵之順行，其中阻礙處則開之，與後人防水不同。以上《夏本紀》。

　　自契至湯十四世，凡八徙國都，無考。湯自商邱遷亳，仲丁自亳遷隞，河亶甲自隞遷相，祖乙自相遷邢，盤庚復都亳，武乙去亳復居河北，屢往來於河南北兩岸，必避水患。以上《殷本紀》。

　　自禹至履癸，中康爲太康弟，扃爲不降弟，孔甲爲不降子不計外，凡父子相傳十四世。自湯代夏至帝辛，兄弟相及不計外，凡十七世。后稷與禹同時，至武王凡十五世，而代殷相差十六世，雖壽夭不同，恐萬無此事。

周公旦謚“文”，厲王出奔，周公、召子二相行政。周、召皆不著名，想係變旦之後留周任事者。西周武公“西”字誤。以上《周本紀》。

水　菓　雜　記

荔支,以廣東糯米剌爲最,核小,僅黄豆大,肉厚味醇,新鮮者每斤四五元,乾者十一二元。荔支味較龍眼甜,香較龍眼烈,然略酸,純腴而不清,故予嗜龍眼甚於荔支。

柚,一時皆推沙田。沙田之妙無酸味,與凡柚不同。然小且乾,肉硬,次者如嚼木屑,爰未盡美。湖南永州之柚,大而水多,入口甜,肉軟而甜,所不及沙田者略酸耳。

梨,以青州爲佳。新摘者手擘之即破,入口脆而無渣,聖品也。萊陽梨形陋而質美,以味鮮勝,略酸。白梨小而不酸,皆可食。雲南之梨大至一斤,有餘味,與青州梨略等。

石榴,以雲南爲最,大逾一升器,一粒之大較常榴四五倍。純甜不酸。

葡萄,南方無佳者,此地以牛奶葡萄爲最。近有一種牛奶葡萄入口作玫瑰香,萬牲園種之葡萄色味本上乘,又益以香,完全無缺矣。

醉李,出桐鄉之間,嘉興則無之。色熟時深紫外略有粉,食時摘皮撮唇吸之，皆甜水也。裏核有筋，味酸。醉李無香，又不宜多食，多則病腹，惟產地少，不能致遠，故珍貴過荔支，品實未必勝荔支也。

潘園李較醉李更少，色正者熟則略黃，有粉裹之。皮酸澀不能食，肉熟則離核，甜脆，品實在醉李上。

楊梅，洞庭山及蕭山所出，皆上乘也。刺圓者佳。蕭山產者不必極大，色亦不必深紫，純甜而不酸。

白沙枇杷，洞庭山及塘棲皆產，其佳者肉色幾正白，味不在甜而獨鮮。塘棲有紅枇杷，較常見者小，形幾正圓，肉較乾，甜則白沙者尚不及。

梅，則塘棲產者最脆。聞不以手摘，手摘即不脆。

糖蔗，廣東產者較福建產爲甜，然福建產者水多而脆，亦有長處。

蜜橘、廣橘皆佳品，而新會橙尤佳，溫州柑味略苦。蜜橘爲美人，美人愛之；廣橘爲名士；新會橙爲純德君子；福橘爲富翁；金橘爲俠客；本地早台橘最佳者之名爲學者；盧橘爲婢；溫柑爲逸士。

棗，北地產者佳，脆而甜，若熟棗自以金華爲最。以縐紋細密者爲上。

栗，以乾甜爲上品，亦北地爲良。

桃，北方著名者，深州、肥城。深州産地甚小，市所售者無真品。肥城略多，然亦難得。兩種皆以味勝，如南方水蜜桃。山東亦有蜜桃，甚小，十月熟，甜如蜜。故桃南北皆美。

西瓜，三白者最佳。南方則以平湖所産馬鈴瓜爲佳。

疑　是　録

辛亥秋武漢起義時，予在杭州，居高等學校内。八月杪，見自湖北寄來告示，作六言韻語，用紫色印，印文係“軍政都督府”，黃帝紀元。其時江浙尚未動。九月初學生崔□告予，將有變動，可以離校。予思離硤甚近，且無甚危險，不思行。十二日，全校教職員、學生皆去，寂寞甚，乃於午後□□□□□□□復矣。

初光復時，秩序□□□□湯壽潛爲都督，印大張告示，免漕糧，撤釐卡，並有軍令數條，仍用“擾亂市面者斬”等語。

按：辛亥秋浙西農田減收十分一二，免糧係爲見好農民起見，裁釐係爲見好商民起見。然一方面減收入，一方面增兵，不及半年，統捐局林立，漕糧亦改爲抵補金矣。當湯君蒞浙之次日，予有書致之，論漕糧、釐局不必急免急裁，俟經濟上有把握或另定他種良法設行時，再免再裁。書中並有“此番舉事與君主得天下不同，君主得天下，天下即爲一人私產，故必先收人心。此次係出於國民公共之意思，有力者致其力，有財者竭其財，無免漕裁厘之必要”等語。此書稿既不存，當時不知達到否？然聞各項告示皆在上海印好帶至杭州，則雖達亦無益也。

湯君到浙之後，深居簡出，以防刺客。都督府中公事悉由上海帶來、及杭州一二不相干之人主持。於是城中紛紛告搶，而四鄉更不堪聞矣。硤石因辦團自衛，至省領槍，予亦同去。時爲九月十七，城中蕭條不堪，至都督府，但見不成行列之兵，荷槍來往而已。入招待室見一人，出問遍。又有報搶案者，其人云：「誰叫他們做小百姓，此刻哪裏有功夫管他報搶者。」嘿然而去。予後聞此人姓王，實主一切。浙江各游手組織北伐隊，任意招兵，亦無一可稱爲兵者。

　　起事日，燒浙撫衙門者爲敢死隊，在前者僅數人，從而觀者甚多。論功行賞，則從而觀者皆各得科員、局長以去。方鴻聲其一也，先爲交涉局長，恐不易辦，則願以局長讓王偉臣。偉臣不受，又讓邵裴子，裴子亦不受。其後不知以何事故捨局長做知事矣。計仰先雖預其事，口不言功，賞亦不及，難能哉！

　　旗營防範頗密，有機關槍數座，座上螺釘皆先爲一銅匠竊去，且營中人大半老弱，遂不血刃而下。

　　貴翰香爲駐防卓卓者，其人亦無他才能，但每有會場，則必演說。演說亦正不佳，惟聲音響，説話多耳。褚輔成等與之有宿嫌，乃假蟄仙名刺請其赴議，至則不令入見，縛而槍斃之。其子及一統領偕來，亦斃之。今已議恤。其時主軍事者爲周赤忱，征南京者爲朱介人，夫保城之彼軍士僅一夜不睡，略放幾槍而已，歸則張大其事以爲功。赤忱旋携款赴日本，聞爲四萬。而蜇仙亦不能支持，遂邀蔣百器爲都督。百器遇事不甚了了，所用秘書又係蟄仙舊人，後知其弊，乃羅致陳仲恕等，而逐其舊者。仲恕爲百器師，憚之甚，不敢妄有舉動。始稍稍有所建設，秩序亦漸復矣。

都督府本在諮議局，百器來，主張遷入高等學堂，而蔣百里亦持此議。遂逼孫廣才讓校，所有高校儀器、圖籍損失殆盡。其實百器、百里皆高等未改辦時向爲求是舊生，而遷入亦毫無關係者也。後聞百里頗悔孟浪，勸百器不遷，已無及矣。

百器時，任民政司長者爲褚輔成，財政司長爲胡銘盤，教育司長爲沈鈞儒，提法司長爲朱劼人。

褚號慧僧，嘉興人。清末禾人皆不齒之，狎尼嗜賭，無所不爲。諮議局成立，運動當選爲議員，始入上流社會。嗣後入國民黨，勢大張，任民政司。時杭城幾皆爲國民黨勢力，又羅致青、紅兩幫立共進會，褚亦入之，聞開香堂時叩頭行禮如幫中儀。後因選舉一案反抗中央，奪官二次，亂事亦有嫌疑，遂錮之安徽。褚未達時眷一尼，尼死，爲之開弔。有桐鄉人張某贈一挽聯，下有“玉門從此禁僧敲”句，喧傳一時。褚在民政司任內，湖南買米一事，嘩傳所獲不資，其時省議會國民黨居大多數，雖詰問，不窮其事。予用一僕，向入青幫幫辦“有”字輩，據云褚較之小兩輩。要之，褚一無賴人也。

沈字衡山，嘉興人。清末在諮議局，表表有所建議，人亦頗刻苦自勵。民國初建，忽入國民黨，謀爲教育司，欲自樹立，其實所設施不及清季袁提學樹五也。聞浙江內亂之案，亂黨二人口供中，亦牽涉衡山，當道置不深究。

胡銘盤任財政司長甚短，人極練達，先則一紈袴而已。

百器行時虧空三四萬金，繼之者爲朱瑞。朱瑞攻南京時適南北議和，雙方領餉，而屈映光亦預聞其事，且報銷甚難，故必逼蔣去代之，而以民政司一席酬屈。

屈本赤城公學未畢業生，好大言，善逢迎。有人請赴宴，親書謝柬云："本司向不吃飯，今日更不吃飯。"云云，請者駭然，後知是日有小病。屈嘗改一法，校稟請立案，批有云："地址、經費既漫漫，而未列校規，學則亦杳杳，而未詳其他。""鬼祟"誤"鬼崇"，"訟棍"誤"訟混"，笑史不一而足。其售缺之處，杭州爲一藥鋪；上海爲一臺州人聚居之處，是否會館不得而知。

宋教仁、應桂馨、趙秉鈞之死，皆疑案也。然趙秉鈞死後長安遂無軍變謠言。

王治馨之死，於改革時實一功構矣。亦不收賄，獨開銷極巨，不敷則向秘書借錢，不問其自來，諸秘書遂插標賣缺矣。

京師兵變時，姜桂題親出彈壓，跨一馬，一親兵持刀跨馬從之。諸亂兵見者皆釋槍大立，略問數語即殺之，無敢嘩者，視南省新兵遠矣。浙省湯都督時，兵士嘩餉，槍彈及大堂，天花板皆洞穿。二次亂事時朱都督府前不準人行，行必搜檢。已則居山屋中，屋四周皆堆沙包，懼炸彈也，可謂張皇之至。

張小松入財政部即調八鰲公債案，與應繼中有宿嫌，一也；欲搖熊秉三，二也。實則光復時各省皆無報銷，獨蘇省有之，因而興大獄，豈非怨甚！故此事結局恐尚遠哉遥遥。

　　張岱杉在鹽署除見好外人外，無他本領。一德人在署充顧問，歐戰起例須回國當兵，其歸不樂。岱杉即爲上一呈，內述德顧問非常得力，請電駐德華使，嚮德政府商留云云。此德人遂得留華，其實署中不需此人也。

　　岱杉褫職之令，上云"誤國殃民"，下云"才尚可造"，"着加寬以原官發往四川交巡按使酌量任用"云云。"誤國殃民"大罪也，"才尚可造"小善也，因此加寬，異事異語。

　　王壬秋，在清史館見一面，身量中人，衣服皆同、咸時制，獨腦後有髮一團，如螺大，細審之則小辮也。聞其辮有時下垂，有時糾作團。其任國史館長一無所爲，但支薪而已。嘗語人曰："李少荃在時每月用乾脩甚巨，曾許以苟入刑部牢，當爲送飯。今雖用項城乾脩，然年老矣，恐將來不能任送飯之役。"史館中自周媽其侍姬得罪諸纂修後，已不可居，宋育仁事又有嫌疑，遂匆促南還。上車時楊晳子送之，忽語之曰："館長印已交送府上。"晳子不解所云，回宅則咨文一角、印一已送至矣。咨內云："本館長即日南還，所有印信相應咨送貴參政查收。"云云。晳子無奈，呈總統，遂有副館長之命。壬秋至京時，有一聯曰："民亦是也，國亦是也；總而言之，統而言之。"額曰"旁觀者清"。其文籍亦大半滑稽，真不羈之士。

　　易實甫、樊雲門日以浮麗之文倡導後進，且喜咏女伶，都下風靡，視明末虞山更不如，不意開國時乃有此種文妖。

陸軍部徐次長嚮德購軍械，一次至欲獲四十萬。不問罪，僅以修墓開缺。

教育部湯總長飭部屬在外兼教科，每星期不得過六小時。而自任軍官學校教員，其機關報上且美其能出所學以享學者，實則總長出所學享學者恐不在任一教員也。

梁士詒打樸克徹夜不休，晝則入公府辦事。出府復打，精力真不可及。

張弧在天津與女伶王克琴作麻雀之戲，一夕輸四十餘萬。豪哉！

命令禁賭而下無應者，財政總長周緝之獨參一胡文藻，乃褫職奪官。雖別有原因，要亦快事。明太祖上諭："六博者，卸了手；學唱者，割了舌。"今日非此恐不能使百寮戒懼。聞胡文藻並不豪賭，因長在湖北將軍署，而巡按使與將軍意見不洽。財政部派員去查，巡按使遂有湖北賭不能禁，胡某長在將軍署叉麻雀，誰敢過問等語，其意在將軍，胡適當其冲。總長據以入告，故有是命。

女伶劉喜奎名重一時，其實貌藝皆僅及中乘，不知如何忽舉國若狂，一時男伶叫座之身皆不能及。予戲語人曰："京師聽戲程度今漸退步矣！予每月聽戲一兩次，然女伶、秦腔、花旦三者皆不願聽，劉喜奎一身兼而有之。況貌不及梅蘭芳，唱不及崔靈芝，做不及路三寶，更有何取？"一日爲友人强拉去，不終劇余已行矣。

都人好新。有某甲者構一茶園，掘溝其中，入者以船渡之，人取四十文，名曰"望園"，亦聳動一時。聞即係創青雲閣者。

中央公園中有屋三間，非內務總長不得入，不知何義？

瑜妃於民國四年七月初旬傳各園伶人演戲，清廷當中日交涉最棘手時，交通總長梁敦彥壽辰亦演戲三日，可謂全無心肝。

梁卓如長司法一無所事，但畫"行"而已。初到部時改一稿，其後諸多扞格不通，遂不敢改。

清史館初成立時卓如擬一目録，不能悉記，內有"商埠志"一門，不新不舊，最覺可笑。等於"上海夷域記"。而一時報上推重其人，以爲清史館才僅有任公所擬目録爲最完備云。

卓如當戊戌變政時開創風氣之功不可没，今日則學問、事業皆不足取。

卓如派至東南各省考察司法、教育至浙，屈映光使人招妓治筵，流連湖山之間者數日，一無所問。歸京即大爲游説，以所見推"浙省爲第一"云云。

張季直長農商，與人言語不出通州範圍，頗有左文襄自道新疆功業氣象,部務則不能精心措置。國務院存在之時,農商部竟有不署名之公文送至院中者。

蔣懋熙爲浙江財政廳長,不及四月,與巡按使互劾,中央本憑屈映光之電命蔣解職。電文中考語"不顧大局"、"險詐周章",不知何所指,惟"險詐"與"周章"兩字連爲一句,頗奇。

小叫天在總統府唱戲,賞鴉片烟膏二百兩。

將軍府爲軍界鉅子下塲之地,參政院爲政界鉅子下塲之地。此二處者譬如衙門存儲檔案之屋,要查某案則調取一閱,閱畢仍舊儲藏。

光復後政黨林立,實皆爲推廣勢力起見,並無實心爲國之黨。第一流内閣成立之後,政界諸人皆有統系,或屬熊系或屬梁系,然一系之中流品極雜,其主之者亦不以才具取人,惟情面是從,故每部換一總長,則更動者紛紛,實大有害於國是。

京師大老無一留心人才者,潔身自好已不可多得。前清中興,曾文正以一人之力羅致英俊,傳至李文忠亦皆留意付託衣鉢之人。今之總統則曾系中直傳之人而李文忠所賞識者也。創國立業真非易事。

民國成立三四年間,最大獄一爲王治馨;二爲八釐公債;三爲路案,今尚未結。王治馨前已略記一二。八釐債則財政次長張小松一人主之，而肅政史李映庚等具參者也。小松與程雪樓無大齟齬，而與應德宏則在蘇有宿怨，借此以傾之，且牽連者甚多。因之以搖熊秉三。其實各省當光復時皆無報銷，蘇省過意討好上之人，即據以爲罪案亦不甚平允者也。

肅政廳有一人具稟，滿一年不得批。因再具一稟，結語曰："聊爲週年紀念之詞，不勝無可奈何之嘆。"調侃不少。

都中書攤上有《陳七奶奶》小說一種，記許世英等嫖妓事甚詳。

張壽齡將離財政部，八釐公債案發錄事全數抄去，預防反坐。深心哉！

周自齊長財政時，周作民、李景銘、徐文蔚部中目爲大司，李尤擅權。李所辦稿總長不敢違，即初有駁語，亦終必允之，總長擬辦事則必李允諾然後能下。

周作民薦一親故在庫藏司辦事，到司之後即命之管收發，遂至賣預算案稿與日本，其人槍斃，周竟置之不議。

財政部裁員，公債司開單，請裁者僅二人，其考語爲"辦事勤奮。"予初聞此語殊不解，後知其餘考語爲"辦事尤其勤奮"也。

内務部部員每月皆有津貼，多少不定，由總長按月批給。其款之自何而來，不得而知。惟公園售票及各項建築所入，正恐不勝計算。

四年陽曆開歲之始，警廳傳諭妓家許賭三天，遂有發電至津邀其素識來京者。事聞於上，總統詰責總監甚嚴，立刻停止，僅賭一日。

中日交涉最難解決時，大員紛紛告假出京，或家眷搬至天津，真鼠膽也。

雍濤爲捷成洋行買辦，二次亂事時，黃興托其買軍火一百五十萬，先付一百萬。雍濤與洋人接洽後，先付洋人五十萬，其後軍火未至，黃已事敗出奔。雍濤即嚮陸軍部報告，有亂黨大批軍火已運來華，現爲所知，知照洋人截留，請即由政府收買云云。政府即交款一百五十萬，而雍濤乃坐享一百萬之巨款，及照例扣錢十餘萬矣。以十餘萬之款辦數小學，又竭力討好一班無品要人，遂獲獎章，内務總長且與之爲兒女姻家。

八鰲公債之案因證據不全，大理院宣告應德閎無罪，幾於取消平政院原案。平政院移大理院時所開罪狀係"跡近侵占"云云。李映庚爲原參之肅政史，遂復提起彈劾法院之呈，張小松亦不以爲然，而應德閎遂重行傳訊矣。

光復之時女怪物甚多，而以唐群英、沈佩貞等爲巨擘。唐自《長沙日報》鬧事之後，銷聲匿迹，不再露面。聞係爲老母所管束。沈則仍遨游長安道上，出入馬車，忽自命爲"總統府顧問"，忽自命爲"大總統門生"，到處招搖，其下人皆呼之曰"大人"。無耻女流亦依之，以作蕩檢踰閑之事。四年夏，遂有大鬧醒春居之舉。聞係佩貞偕男女數人至醒春居轟飲猜拳大勝，逼人嗅足。而上海報紙登其事，遂率劉、蔣二女打北京分報館，館中有郭姓同住，誤打郭姓客廳，因而赴訴。今此事將了，判決五個月徒刑，此後不知仍出風頭否？

章太炎學問文章冠絶海内。初光復時同盟會中人擬分爲平民、貴族兩種，凡舊時同盟會中人，皆爲貴族。太炎爲副會長，力辟其説，乃止。然光復後忽與湯女士結婚，一異也。任籌邊使時，政府囑其携款前往，堅拒不必，及出京後，即發電索款六十萬，書生究不能辦事。

教育部社會司司長夏曾佑，名士習氣甚深，不能辦事無可諱言，換之可也。四年春，長安報上乃長載社會司種種事實，有云"司長長日在室内看書，司長室幾變爲書室者"；有云"社會司司員無事可辦，日惟説笑者"。而總長即諷之辭職，夏竟置之不理。於是，總長呈請派爲圖書館長，而高步瀛繼其任矣。高某者，即登報之人，而向爲編審處主任者也。或云登報事總長亦預聞。總之，社會司辦事如何，司長如何，總長負其責，當換當改自不必以報紙爲憑，以長小人傾軋之志。

京師向有人能畫人容貌於水晶鼻烟壺内，惟妙惟肖，每具十二兩。余見畫小叫天扮黃忠像，真不知其如何運筆。

王月峰善彈三弦，其人雙目皆盲，本在廟市售技，庚子之後始有人招之赴宴會奏技。初必四兩，繼乃增至十二兩。能以三弦之中彈出唱戲、讀文、洋鼓、號各種，唱戲則生、旦、淨、丑皆具，旦爲最佳，後場采聲皆備，宛然一留聲器也。今其人已死，所有學徒皆不能及。

揚州于歗軒能於方寸象牙上刻字四五千，用一百倍顯微鏡方能辨識。予請其刻《永和宮詞》一篇，連款一行，長不逾八分，闊不逾二分半。今其人在京，無過問者，中國絶技之不足貴如此。

中日交涉最困難時，南下窪有聲若蛙鳴甕中，群往聽察，謡言紛起，言甲午一役前亦聞此聲。後經派警考察，獲水鳥二，製爲標本，列入萬牲園，乃聲既不復聞，謡亦隨息。

陸子欣辦中日事，始終抱悲觀主義，曾語人曰：「此一肚皮怨氣，如中國能强則有發泄之日，否則長埋地下矣。」

朱桂辛自三年之後日以興土木爲事。其實各處馬路所用石塊大不可言，不及半年，崎嶇難行，且下無水溝，每逢雨季大雨時行，僅見路脊在水面耳。

樊雲門之客，坐人力車者皆不見，大約汽車能直達上房矣。

蒙藏院司長李誅以汽車饋院長，其他可知。然參查後竟逍遥事外。

趙慶華送人汽車並司機，薪水亦先支三年。

關外鐵道站長每月至三四千元，一缺之運動費七八千、萬餘不等，如何不作弊？

總統自中日交涉結後，兩次密諭各部部員，皆須在後簽名及書"恭閲"字樣。第二次密諭忽經報上登載，外務部致書内務部，内務部遂以"顯係造謡，應即查辦"爲覆，蓋諭中有引日報語也。

日人在山東竟有白日輪奸過路婦女之案。東三省日本所辦高小學校有兵式操，彼本國各高小所無。

朱爾典當歐戰發生時即語總統，"現在英國勢力不能遠及東亞，如果日本啓釁，必須萬分忍耐，讓其稍得便宜"云云。

有一洋顧問，每月一至總統府，必在發薪之日。見面之後，則操華語曰："總統你好，我們外國報上時常説是括括叫呢！"隨説隨取薪水放袋中而出，月月皆然。聞沈佩貞在二年時確係每月由總統府送洋二百元，此項開支則歸入顧問項下，

477

不知現在尚照常發給否？

朱桂辛第三女最浮薄，每逢慈善事業開會集款，則必到場親賣烟糖之物，從其後者甚夥。強賣與人，不買則高聲曰："某人不肯買。"聞一日在跳舞會中晤伶人梅蘭芳，語之曰："我昨天約你在某處吃飯，你竟不賞，見這麼意思？"梅伶不答，入人叢避之。

王金發本一紹興地棍，光復時招集土匪竟佔一府，逼索富室兵餉至二百餘萬之多。元年春季，尚爲紹興都督，不受浙江都督節制，幾費周折，始取消都督名義。時至上海建一大屋，廣羅姬妾，暇則濫抄麻雀，以輸爲度。一日與許君五芳抄五百元底麻雀，連輸七底有餘，取出鈔票四千元算結之後，尚餘四百餘元，即用火焚化。二次亂事頗思復動，繼乃遁至日本。黨人自首之命既下，始回上海，然仍日夜謀亂，強盜性質不變也。四年夏，爲朱瑞誘至浙江，擒而斃之。

公園中來今雨軒必須年捐五十元之董事方準入，聞其屋即爲捐款所建。然不應建於公園中。若屋不精致而標以辦事室之名，則游人自然不入；今揀最勝之地蓋最精之屋，而非董事不能入，實爲異事。余迄今未至公園一次，上所云皆得之傳聞。復聞張作霖至京到公園來今雨軒外間椅上小坐，張師長衣服儉樸，雍濤見之，不識其人，即斥僕役曰："此何地而容此種人在此？"役命之出，作霖大怒，起而予辯。雍濤則曰："此地必係董事能入。"張問"董事何物？"則曰："内務總長所委。"張即曰：

"你不配與我説話，叫總長來再説。"雍濤怒極而出，時朱啓鈐在園中，雍即告之曰："有人强坐來今雨軒，責之出則詈及總長，非重辦不足以警，特稟。"總長即隨雍入，將至，總長識爲作霖，即退出。而雍不知，正思發揮，回顧則總長不見矣，亦蹀躞而出，尋之則總長已將上汽車，問以何故？低告曰："此張某也。"汽車即開，雍亦鼠竄。朱啓鈐汽車入公園，不停園外。

王純之獄，李剛成之。李與王感情本好，有副官親戚當最優局差，王純調之，副官日進饞言，李遂假亂黨嫌疑提一財政廳科員去，用軍棍嚴訊逼其供。王純賣差，彼爲經手，遂將王純下獄。王爲梁燕孫派中人，京師有人説項，則移其獄於京。到京後本已邀保在外，而王又日夜花酒招搖，喧傳報紙，遂復看管。究其罪案，則爲賣一局長差，而局長已死，無對證之人。李所持者局長資格不合，無介紹人，故斷爲得賄。王則曰：有履歷在，資格並非不合格，且有袁某介紹信。信雖有而袁亦已死，且科員硬證爲經手過付之人，李來京又謂京中辦法不合，當時京中無必死王純之意。遂不得不宣告死刑矣。其實證據不能充分，是否得賄未必的確，王如果處死刑，實死於李，實死於副官也。

廣東大水之後繼以大火。浙江衢屬水災，杭屬風災，海塘既懼，江南如鎮海、餘姚、上虞各縣死傷尤多。江蘇江北患蝗，江南風災。山東水災。一年之中天災迭出，羅握既窮，勢將不國。

　　楊度、嚴復、劉師培、孫毓筠等創設籌安會,以討論國體爲前提,而主張君主立憲。湖南人賀世雄禀請肅政史轉呈究辦,肅政史以程式不合却之。總檢察長羅某擬提起訴訟,司法總長阻之,遂思辭職。不數日又有國是討論會出現,其宗旨則反對籌安會者也。士大夫急功好利至以國家爲孤德,尚有人心耶?

　　機要科科長張一麔仲仁不欲袁氏帝制自爲,袁克定與江朝宗等恐張氏力阻,邀張氏飯,江出手槍語張曰:“如君再進言相撓阻,當以此相餉。”張遂出任教育總長。至部後予等例須上堂相見,獨周豫才彼見後又傳見,諄諄以戒嗜好爲言。其時任社會司司長者高閬仙,豫才爲第二科科長,張又囑高氏勸周戒烟。豫材立至予而忽笑語予曰:“不意我乃鴉片烟鬼。”蓋豫材黄瘦、長牙,牙及手指均爲翠鳥牌香烟燻成黄黑色,故張誤以爲中鴉片烟癖也。

　　此三十餘年前所記者,自辛亥至丙辰六年中事,有確有不確。抗戰歸來理舊篋,尚存,因亦存之,不足爲外人道也。
　　冷。

圖書在版編目(CIP)數據

鐵如意館碎録　鐵如意館讀書札記(外四種)/張宗祥著;浙江省文史研究館編.—上海:上海古籍出版社,2015.7
(張宗祥文集)
ISBN 978-7-5325-7704-0

Ⅰ.①鐵… Ⅱ.①張… ②浙… Ⅲ.①社會科學—文集 Ⅳ.①C53

中國版本圖書館 CIP 數據核字(2015)第 145744 號

張宗祥文集

鐵如意館碎録　鐵如意館讀書札記(外四種)

張宗祥　著

浙江省文史研究館　編

上海世紀出版股份有限公司

上　海　古　籍　出　版　社 出版

(上海瑞金二路 272 號　郵政編碼 200020)

(1)網址:www.guji.com.cn

(2)E-mail:guji1@guji.com.cn

(3)易文網網址:www.ewen.co

上海世紀出版股份有限公司發行中心發行經銷

浙江臨安曙光印刷有限公司印刷

開本 890×1240　1/32　印張 15.375　插頁 2　字數 320,000

2015 年 7 月第 1 版　2015 年 7 月第 1 次印刷

印數:1—1,300

ISBN 978-7-5325-7704-0

Ⅰ·2939　定價:58.00 元

如有質量問題,請與承印公司聯繫